国家图书馆年鉴

National Library of China Yearbook

2016

国家图书馆出版社
National Library of China Publishing House

图书在版编目（CIP）数据

国家图书馆年鉴 . 2016 / 国家图书馆编 . -- 北京 : 国家图书馆出版社 , 2016.9
ISBN 978-7-5013-5846-5

Ⅰ . ①国…　Ⅱ . ①国…　Ⅲ . ①中国国家图书馆—2016—年鉴　Ⅳ . ① G259.251-54

中国版本图书馆 CIP 数据核字 (2016) 第 124356 号

ISBN 978-7-5013-5846-5

书　　名　国家图书馆年鉴 2016
著　　者　国家图书馆　编
责任编辑　金丽萍　高　爽　张　颀　王炳乾　唐　澈

出　　版　国家图书馆出版社（100034　北京市西城区文津街 7 号）
（原书目文献出版社　北京图书馆出版社）
发　　行　010-66114536　66126153　66151313　66175620
66121706（传真）　66126156（门市部）
E-mail　nlcpress@nlc.cn（邮购）
Website　www.nlcpress.com ⟶ 投稿中心
经　　销　新华书店
印　　装　北京信彩瑞禾印刷厂
版　　次　2016 年 9 月第 1 版　2016 年 9 月第 1 次印刷

开　　本　889×1194（毫米）　1/16
印　　张　26.25
字　　数　520 千字

书　　号　ISBN 978-7-5013-5846-5
定　　价　450.00 元

《国家图书馆年鉴》编纂委员会

《国家图书馆年鉴》编辑部

撰稿人（按姓氏笔画排序）：

万静　于瑞　于良杰　于春媚　卫萌萌　马涛　马骏　马超
马静　马谊　马玉峰　支娟　牛淑娟　王欢　王丽　王洋
王娟　王新　王颖　王蕊　王燕　王萃　王一楠　王三珊
王六长　王东芹　王乐春　王亚宏　王会娟　王旭东　王青云　王彦侨
王雁行　代坤　台钰莹　宁三香　宁秋丹　田颖　田周玲　申子超
申晓娟　白云娇　石文生　龙伟　龙利方　任震　全凤燕　全桂花
刘丹　刘杨　刘瑛　刘颖　刘赟　刘洁　刘贺　刘小川
刘化刚　刘明杰　刘洁萍　刘娉婷　刘源泓　孙乐　孙俊　孙倩
孙莹莹　孙梦晖　安洁　安载良　朱庆华　朱青青　许京生　闫征
齐世峰　何梦琼　冷熠　吴洋　吴密　宋辰　宋晶晶　张军
张炜　张玮　张洁　张峰　张涛　张颀　张彬　张雪
张煦　张鹏　张文敏　张永贵　张立朝　张收棉　张建平　张若冰
张珊珊（典藏阅览部）　张倩竹　张蕾累　李丹（业务管理处）　李丹（研究院）
李伟（交换组）　李进　李健　李婧　李雪　李红霞　李际宁
李昌明　李金涛　李晓鸣　李继红　杜燕京　杨凡　杨进勇　杨晓微
杨海帆　肖君　邵燕　陈阳　陈卓　陈敏　陈琳　陈都
陈月婷　陈慧娜　陈魏玮　周广厚　孟梦　岳小艺　房明　林世田
林俊飞　罗林池　郑伟　金龙　金文昌　南江涛　姚迎　姜婧
姜元刚　姜晓曦　宣艺瑶　胡泊　胡洁　胡宏哲　胡昱晓　茹文
贺燕　赵悦　赵敏　赵磊（离退休干部处）　赵磊（保卫处）
赵婷　赵丹丹　赵丹阳　赵建国　赵洪雅　赵海英　郝玉凯　郝金敏
钟晶晶　唐书　唐龙　徐燕　徐亚娟　徐梦菲　索晶　翁莹芳
袁琳　郭妮　郭炯　郭丽霞　顾恒　高馨　崔云红　崔明明
常慧慧　曹丽萍　梁淳　梁钜霄　梁爱民　黄亮　黄静　黄鑫
黄炜宇　彭福英　彭增光　敦文杰　景申　景晶　曾文婷　温泉
程天舒　程鲁洁　童忠勇　董婧　蒋宇弘　谢天　谢强　谢万幸
谢冬荣　韩华　韩尉　韩超　韩新月　蒙海光　解晓毅　雷亮
雷蕾　靳诺　廖甜添　蔡丹　蔡旭彦　樊桦　樊亚宁　潘常青

编辑说明

一、《国家图书馆年鉴》力图系统、全面记录国家图书馆年度事业发展进程，着眼于记录主要事件，反映年度工作，保存重要数据，提供决策参考，服务业界社会。首卷出版于2011年，每年编辑出版一卷。

二、《国家图书馆年鉴》由国家图书馆主办，编纂工作由国家图书馆研究院《国家图书馆年鉴》编辑部主持。

三、《国家图书馆年鉴》2016年卷反映2015年国家图书馆事业的发展状况。

四、《国家图书馆年鉴》2016年卷正文采用分类编辑法。全文由综述、特别记载、基础业务工作、服务工作、国家数字图书馆建设、重点文化工程、文献整理与开发、学术与科研、编辑与出版、对外交流与合作、机构与人员、设施建设与安全保卫、党建与群团活动、统计资料、重要文件选编、媒体报道、年度大事记以及综合索引等部分构成。

目 录

综述 ·· 5

特别记载 ·· 19

一、国家图书馆国家文献战略储备库项目获国家立项 20
二、《国家图书馆"十三五"规划纲要》等"十三五"系列规划编制 23
三、纪念中国人民抗日战争暨世界反法西斯战争胜利 70 周年系列活动 25
四、公共开放课程平台"国图公开课"上线 29
五、中国古籍保护协会成立 31
六、《中华优秀传统文化百部经典》编纂项目启动 33
七、国家图书馆少年儿童馆迁址开放 36
八、善本特藏文献回迁顺利完成 37
九、"海外中华古籍调查暨数字化合作项目"启动 39
十、国图艺术中心正式开放 40
十一、举办第十届文津图书奖评选推广活动 41
十二、重大展览 44
十三、新入藏珍贵文献 47

基础业务工作 ·· 55

一、文献信息资源建设 56
二、文献信息资源组织 58
三、文献信息资源保存与保护 60
年度掠影 65

服务工作 ·· 71

一、立法决策服务 72
二、重点教育科研和生产单位的信息服务 75
三、社会公众服务 76
四、业界服务 87
年度掠影 105

国家数字图书馆建设 ·· 123

一、硬件设施建设 124

二、数字资源建设与发布 125
三、应用系统和平台建设 131
四、数字图书馆服务 135
五、信息安全建设 141
年度掠影 143

重点文化工程…… 149
一、中华古籍保护计划 150
二、数字图书馆推广工程 154
三、民国时期文献保护计划 157
年度掠影 159

文献整理与开发…… 185
一、善本古籍的开发 186
二、普通古籍的开发 186
三、民国文献的开发 188
四、馆藏重大出版整理项目 189
五、数据库开发 189
年度掠影 190

学术与科研…… 193
一、科研项目 194
二、学术成果 194
三、博士后科研工作站 195
四、图书馆事业发展研究与图书馆政策研究 197
年度掠影 201

编辑与出版…… 203
一、《中国图书馆学报》 204
二、《国家图书馆学刊》 205
三、《文献》 206
四、《中国图书馆年鉴》 206
五、《国家图书馆年鉴》 207
六、国家图书馆出版社专业文献 207
年度掠影 210

对外交流与合作…… 219
一、赴国外及港、澳、台交流 220

二、国外及港、澳、台重要来访 220
三、对外合作项目 221
年度掠影 223

机构与人员……233
一、事业单位人事制度改革 234
二、人才队伍建设 234
三、机构设置与调整 235
四、干部管理 236
五、职称评审 236

设施建设与安全保卫……241
一、基建工程 242
二、安全保卫 242
三、后勤服务 244
年度掠影 245

党建与群团活动……247
一、党建工作 248
二、纪检监察审计工作 250
三、工会工作 252
四、共青团工作 254
五、离退休服务与管理工作 256
年度掠影 259

统计资料……265
一、经费使用 266
二、国有资产 266
三、业务统计数据 267
四、科研立项与结项 273
五、人员 279
六、馆内奖励 283
七、馆外奖励 285
八、出访和来访 287
九、部分会议、培训、讲座、展览 292
十、馆史档案资料 318

重要文件选编 ······ **321**
一、馆发文件目录 322
二、重要文件选编 324

媒体报道 ······ **337**

年度大事记 ······ **371**

综合索引 ······ **388**

综 述

综　述

2015年是国家图书馆的“规划发展年”，一年来，国家图书馆深入开展“三严三实”专题教育，科学谋划“十三五”事业发展，圆满完成全年各项工作任务。

一、扎实推进“三严三实”专题教育，促进事业发展水平和管理水平上台阶

（一）结合工作实际深入开展“三严三实”专题教育

根据中央要求和文化部党组总体部署，制订《国家图书馆“三严三实”专题教育实施方案》，重点结合国家图书馆工作实际，通过理论学习、专题研讨、讲授党课、参观交流等多种形式，提升管理水平，确保“三严三实”专题教育落到实处。党委中心组分别围绕“严以修身，加强党性修养，坚定理想信念，把牢思想和行动的总开关”“严于律己，严守党的政治纪律和政治规矩，自觉做政治上的明白人”“严以用权，真抓实干，实实在在谋事创业做人，树立忠诚、干净、担当的新形象”进行集中交流学习，并将参与学习范围扩大至部分中层干部；各党支部创造性地结合本部门实际情况，查摆不严不实问题，狠抓业务，狠抓管理，围绕岗位特点，逐项整改落实。全馆上下形成学习和实践“三严三实”的良好氛围，增强践行“三严三实”的思想自觉和行动自觉，为全面完成全年工作任务提供有力思想保证。

（二）以学习总书记系列讲话精神为重点加强思想建设

精心组织党员干部，认真学习党的十八届四中全会、五中全会精神，特别是根据雒树刚部长在文化部十八届五中全会精神学习培训班上提出的“七个牢牢把握”“八项文化建设任务”和“十个方面文化研究问题”，联系实际认真研究如何贯彻落实全会关于文化建设的各项任务；以习近平总书记系列重要讲话精神指导国家图书馆事业发展，系统整理习近平总书记关于文化建设、历史研究等方面的论述资料，为各级领导干部加强学习、拓宽视野提供理论读本，不断增强各级领导干部把握大势、谋划发展的能力；策划举办“馆长公开课”，每位馆领导轮流开讲，就所分管工作领域的大政方针、发展趋势与工作思路同干部员工进行深入交流，截至2015年年底，馆班子成员韩永进、陈力、魏大威等同志已分别围绕国家图书馆事业发展当前环境与未来展望、数字时代图书馆的资源建设、“互联网+”与国家数字图书馆创新发展等主题做了专题讲座，带动全馆干部员工围绕业务工作加强学习和思考，在不断深化认识、开阔视野的基础上进一步提升业务工作能力。

二、有序开展系列规划编制工作，科学谋划“十三五”事业发展

（一）以《国家图书馆“十三五”规划纲要》为重点，建立点面结合、系统完备的规划体系

今年年初，文化部部长雒树刚和副部长杨志今对国家图书馆未来发展提出明确要求。为落实部领导重要批示精神，国家图书馆将今年确定为“规划发展年”，建立主要部门牵头、相关部门参与的工作机制，立体推进规划预研及文本编制工作。围绕事业发展环境及目标、优秀传统文化传承体系建设、国家文献信息资源总库建设、资源整合战略、分层服务战略、数字图书馆建设与发展、业界引领示范等国家图书馆事业发展中的重大突出问题进行专题研究，以准确把握国家经济社会发展大势，充分借鉴国内外成功经验，形成60余万字的规划预研报告。在此基础上，进一步明确发展思路，确定发展重点，策划发展项目，规划发展路径，形成以《国家图书馆“十三五”规划纲要》为重点，科研、人才等专项规划为支撑，点面结合、系统完备的规划体系，为将国家图书馆建设成为“国内最好，世界领先”的图书馆做好路线图设计。各规划已形成初步文本，并以多种形式面向馆内外广泛征求意见。

（二）积极推动行业重点规划编制，主动谋划全行业未来发展

受文化部公共文化司委托，组织编制《全国公共图书馆事业发展“十三五”规划》；结合有关重点文化工程，组织或参与编制中华古籍保护计划、民国时期文献保护计划、公共数字文化工程等专项规划；支持行业组织编制中国图书馆学会、全国图书馆文献缩微工作、全国图书馆标准化工作等“十三五”规划。这些规划是国图发挥行业引领作用和图书馆业务指导职能的重要体现，也为国图“十三五”时期推进有关工作提供重要依据。

三、深入挖掘展示馆藏文献资源，传承弘扬中华优秀传统文化

（一）成功举办“中国人民抗日战争暨世界反法西斯战争胜利70周年”系列纪念活动

以纪念“中国人民抗日战争暨世界反法西斯战争胜利70周年”为主题，精心策划举办“不朽的长城——纪念中国人民抗日战争暨世界反法西斯战争胜利70周年馆藏文献展”“以史为鉴·和平发展——纪念抗战胜利70周年联合国资料特藏文献网络展”“铁军魂·中华情——纪念中国人民抗日战争胜利七十周年图片摄影展”“向着胜利——纪念抗战胜利70周年”等线上线下专题文献展览；组织“中国的抗日战争与日本的战后处理”“新四军在抗日根据地的历史地位和作用”等专题讲座；举办“聆听经典——战争年代的歌”“神圣的战争——大型诵读音乐会”“铭记历史筑梦中华——抗战胜利70周年纪念歌会”等抗战主题音乐会；组织“冯仲云图书馆揭牌暨重走抗联路”主题纪念活动；召开“抗战时期古籍抢救保护史迹研讨会”，举办“烽火中的记忆·国图与抗战”学术征文；开展“中日战事史料征辑会资料整理与研究”工作；建设并发布“东京审判资源库”，依托“中国记忆”项目采集东北抗日联军老战士口述史料，编辑整理“中国记忆”项目东北

抗日联军专题、抗战史料、对日战犯审判史料等系列图书；设立中文图书阅览区抗战图书专架。这些举措获得社会各界的广泛好评，充分发挥国家图书馆在服务国家战略、推动抗战研究、开展爱国主义教育和培育社会主义核心价值观中的独特作用。

（二）典籍博物馆的社会效益进一步彰显

典籍博物馆在修整完善基本陈列的同时，举办“红学重要文献——李煦诞辰360周年特展”“三山五园文化巡展——圆明园四十景文化展”“千年古郡 九朝神韵——正定历史文化展”“册府千华——珍贵古籍雕版展”“我们的文字——非物质文化遗产中的文字传承”“炫彩童年——中国百年童书展”“甲骨文记忆展”“非遗传承 人人参与——2015中国非物质文化遗产摄影展”“书香养我——熊召政诗文书法作品展”“绘和谐新景·展农民新貌——庆祝新疆维吾尔自治区成立六十周年新疆农民画作品进京展”等近20场重大专题展览，选题紧扣时代脉搏，以传承弘扬优秀传统文化为着力点，使社会公众得以近距离体味典籍之美，感受中华传统文化的恒久魅力，全年共接待个人参观77万余人次，并接待多位重要领导、多国文化官员，提供公益讲解2500余场次。举办“书香校园”雏鹰建言征集启动仪式、“典籍智惠生活”“灿烂的中华文化”等多场“走进典籍博物馆大课堂”系列活动，受益中小学生超过万人；配合展览举办22场学术讲座，从多角度解读展览；全年设计开发文创产品近百件，选送的三类文创礼品在第十二届“北京礼物”旅游商品大赛海淀区初赛中全部获奖，其中庆赏昇平卡通系列获一等奖。

（三）优秀文化典籍整理、研究、出版工作成果丰硕

受中宣部委托，组织开展《中华优秀传统文化百部经典》编纂工作，通过对古代典籍的阐释，传播当代中国价值观念，体现中华文化精神，为中华优秀传统文化传承体系建设做贡献。设立编纂办公室，根据“有主题的节选、有内涵的提炼、有特色的设计”的要求，进一步明确工作思路，建立工作机制，确定首批选题，邀请多位知名专家参与编纂，首批样书已提交中宣部审查。编辑出版《中华珍贵典籍史话丛书》《佳联赏析》，为推进中华优秀传统文化、节日习俗知识的普及做出贡献，使中华优秀文化能够以更为通俗和生动的形式润泽百姓心灵。依托国家图书馆出版社，出版《中华再造善本总目》《楚辞文献丛刊》《中国古籍珍本丛刊》等三种重要文献整理成果。《抗日战争史料丛编·第一辑》《中华大典·艺术典·音乐分典》等4种图书获2015年度国家出版基金资助，《国家图书馆藏样式雷图档·圆明园卷（一）》等5个出版项目获2015年度国家古籍整理出版资助。

四、国家文献信息资源总库建设取得重大突破，文献信息资源保障利用水平不断提高

（一）入藏具有重要历史意义的珍贵文献

在中央和文化部、财政部、国家文物局等相关部委的大力支持和全馆上下的通力配合下，国

家图书馆入藏多件具有重要历史意义的珍贵文献。一是入藏五代后唐天成二年刻本《佛说弥勒菩萨上生经》、唐末五代刻本《弥勒下生经》及李仁锐雕印《金刚经》等三件珍贵刻本，为研究唐末五代中国民间文化提供重要实物证据。这三件早期印刷品的发现是重大古籍新发现，其中，《佛说弥勒菩萨上生经》是世界现存有明确纪年的第二件雕版印刷典籍，在世界印刷史上堪称标志性例证。二是从宁夏私藏购入西夏文纸本文献18包、大小擦擦37个、僧帽装饰物6件，其中世俗文献《碎金》《谚语集》《三才杂字》等具有很高的价值，丰富了国家图书馆珍贵少数民族文字馆藏。

（二）国家文献战略储备库项目成功立项

在国家图书馆几届领导班子的大力推动下，国家图书馆从保障中华民族文明成果长久、安全保存和传承，保障经济社会发展拥有可靠、坚实文献支撑，保障国家图书馆事业长远发展的高度，围绕国家文献战略储备体系建设进行大量前期研究，在此基础上提出国家图书馆国家文献战略储备库建设方案，并根据发改委要求与专家评审意见，同有关方面积极沟通，不断论证完善。近日，项目方案已正式由国务院批准立项。该项目的建设将确保国家战略文献的永久保存，逐步实现国家层面重要文献资源的全面储备，同时为"十三五"和"十四五"时期推进地区和专业文献储备库建设提供探索与示范，并为最终建成大规模分级分布、共建共享的国家文献战略储备体系奠定基础。

（三）文献信息资源规模持续扩大

全年入藏各类型文献140万册（件），馆藏文献总量达3518.15万册（件），中文图书全品种缴送率为75%；开展46个文献数字化专项，完成近7.4万种文献、84小时视频资源的数字化加工，完成缩微文献数字化转换超过602万拍，完成44个国内专题网络信息资源采集和2967次国外网站收割，采集制作"我们的文字""非物质文化遗产"等100余小时专题口述资源，数字资源总量达1160.98TB。积极拓展文献补藏渠道和方式，重点加强对海外珍贵古籍文献的数字化和缩微补藏，以及周边国家、重要专题的文献补藏，全年补藏各类型文献近1.9万种。

（四）文献信息资源整合揭示持续推进

全年制作各类型文献书目数据达86.6万余条；大力推进基于元数据的资源整合，编制《数字馆藏元数据著录规范》，完成116万条中文数字馆藏的元数据改造和16万条馆藏外文电子资源元数据的清洗，馆藏数字资源基础元数据创建和维护工作基本完成；基于主题对馆藏各类型资源进行整合，策划开发图书鉴赏、历史图书、民国报纸史料和戏曲文化知识4个专题数据库；对读者门户系统、手机门户网站、数字资源发布系统进行升级改造，实现资源可视化展示和多终端统一发布；元数据仓储有序开展，全年完成约2200万条元数据的接收和存储，"文津搜索"系统整合的元数据总量已达2.8亿条，月均访问量近1000万次；编制完成2014年国家书目。此外，国家图书馆还初步搭建数据管理与分析平台，利用大数据技术对资源、服务及读者数据进行分析和汇总，为资源建设与服务政策调整提供依据。

（五）文献信息资源保存保护水平稳步提升

金石拓片、民文古籍、善本、手稿、新善本等上百万册件古籍善本文献安全回迁；完成综合布线、安防布控、漏水报警等系统设备安装，一期维修改造工程顺利竣工，馆藏文献存藏条件显著改善；制定缩微文献存藏规范，完善母片库及拷底片库建设。配合中共中央网络安全和信息化领导小组办公室，就在全国建立分级分布的网络信息资源采集与保存体系开展研究，制订方案，全年共保存数字资源 187.25TB，长期保存数字资源量达 1292TB；取得国家文物局“可移动文物修复资质”。

五、推出系列重大服务举措，凸显国家图书馆公共文化服务阵地作用

（一）“国图公开课”上线

借鉴“慕课”理念，推出公共开放课程平台“国图公开课”，以馆藏各类型文献信息资源和历年积累的专家学者讲座等资源为依托，通过互联网为公众提供 16 个学科、12 个专题的精品讲座 900 余场，策划“汉字与中华文化”等 6 门精品课程，已制作完成 36 讲，发布上线 19 讲，初步形成较为完善的精品课程体系。自 4 月 23 日“国图公开课”专题网站上线以来，网络访问量月均 45 万人次，中宣部和文化部领导同志先后做出重要批示，高度肯定该项目对于拓展互联网宣传教育阵地的重要作用。为推动“国图公开课”科学规范发展，制定系列标准草案、技术平台支撑方案和宣传推广方案。通过镜像形式向黑龙江、江苏、福建、安徽、四川、贵州等 10 家省级图书馆提供部分课程视频，依托数字图书馆推广工程，立项支持 103 家省市级公共图书馆在今后一年内联合建设公开课资源 2485 小时。

（二）部级领导干部历史文化讲座品牌影响力持续扩大

全年举办部级领导干部历史文化讲座 12 期，讲座总数达 229 场；启动讲座视频库建设；进一步规范讲座管理，修订完成《部级领导干部历史文化讲座工作手册》。许其亮、孙春兰等国家领导同志多次莅临，并对讲座内容和形式给予高度好评。

（三）立法决策服务向纵深发展

新建“两会”人大和政协平台，圆满完成“两会”服务任务；“中办数字图书服务平台”上线，实现对中央最高决策层的数字化信息保障服务；建立第 16 家部委分馆——最高人民法院分馆，成为首个面向全国实现四级人民法院系统垂直化服务的部委分馆；着力推进中国边疆文献研究中心建设，编辑出版《文献为证：钓鱼岛图籍录》《南海图籍录》，与国家海洋局南海信息中心合作建设南海数字图书馆；全年完成党政军文献信息专题咨询 1674 件，比 2014 年增加 28.6%。

（四）教育、科研与企业用户服务稳步推进

筹备建设国家图书馆科学评估中心，面向科研和教育用户提供科学评价类咨询和论文收引查证服务，国家图书馆科技查新中心参与中国科学技术情报学会科技查新专业委员会各项工作，并入选该委员会；努力拓展面向机构用户服务的专业化深度咨询，全年累计完成专题委托咨询7009件；接收文献传递、馆际互借、国际互借请求5.4万宗，为科研院所和高等院校开展科研教育工作提供文献支撑；完成国家图书馆企业信息服务平台改造升级工作。

（五）面向特殊群体的服务取得新进展

开展“关爱夕阳”老年课堂服务，针对老年读者特点提供上网、智能手机应用等个性化培训服务，设立“老年读者绿色通道”，为老年读者提供优先预约、文献咨询和检索等便利服务。少年儿童馆新馆于6月1日顺利迁址并开放服务，服务面积从600平方米扩大到1200平方米，文献数量和阅览座席均比原馆址增加一倍；积极策划“全国少年儿童主题阅读年”“儿童阅读推广进校园”系列活动，进一步发挥国家图书馆在少年儿童服务方面的示范引领作用。继续深入开展面向残障人士的数字图书馆服务，截至12月底，遴选并发布600册电子图书资源；实地走访北京、河北、山西和天津四地10家公共图书馆调研残疾人服务现状，把握残障人士信息需求，为社科基金重点项目“图书馆面向残疾人的服务模式与规范研究”及面向残障人士的数字图书馆服务提供参考；与中国残联、腾讯公司开展合作，成为“为盲胞读书”公益活动机构领读的参与机构。

（六）服务效能显著提升

在一期维修改造工程全面竣工、读者服务空间逐步调整到位的基础上，坚持免费开放和零门槛服务，不断探索交互式、个性化、多媒体等多种服务形式，服务效能显著提升，全年办理读者证卡21.15万个，接待到馆读者近388.29万人次，文献流通超过2308.12万册次，网站访问量近14.5亿次，解答各类咨询近102万件，举办各类公益性展览、讲座、培训活动768场。圆满完成第十届“文津图书奖”评奖活动，10种图书获奖，60种图书获得推荐图书奖，在全国80余家图书馆举办获奖图书巡展，受到社会各界广泛关注；与京港地铁有限公司联合启动“M地铁·图书馆”项目，为公众提供移动阅读服务；国图艺术中心正式开放，向公众提供艺术素养培育服务，全年共举办演出127场，接待观众10万余人次。

六、扎实推进重点文化工程建设，在构建现代公共文化服务体系中做出积极贡献

（一）“中华古籍保护计划”深入开展

“中华古籍保护计划”实施以来，受到中央领导同志的专门批示和高度肯定，认为这件事情做得好。全年主要工作一是继续推进全国古籍普查登记工作，与国家文物局“第一次全国可移动文

物普查”进行数据对接；“全国古籍普查登记基本数据库”发布数据32万条；出版9种《全国古籍普查登记目录》，公开发布68家收藏单位的古籍普查登记目录；《中华古籍总目·天津卷》编纂成稿。二是完成第五批《国家珍贵古籍名录》和“全国古籍重点保护单位”的评审上报工作，编纂《第五批国家珍贵古籍名录图录》。三是推进新疆、西藏古籍保护工作专项，基本完成新疆汉文古籍普查，《新疆维吾尔自治区珍贵古籍图录》已交付出版；成立西藏自治区藏文古籍修复中心，深入宗教系统，重点推动布达拉宫、哲蚌寺等藏文古籍收藏量大的著名寺庙的古籍保护。四是首次开展“中华古籍普查志愿服务行动”，遴选来自京津冀6所高校的76名志愿者，在河北5个古籍存藏单位共清点普查古籍1.5万种19万余册，有力推动河北省古籍普查工作的进程，为进一步在其他地区推广古籍保护工作志愿服务积累经验。五是建设“中华古籍资源库”，推进古籍数字化，累计接收19家单位的约29万拍国家珍贵古籍影像资源。六是大力开展古籍文献整理与研究，《中华珍贵典籍史话丛书》累计出版10种史话（其中6种为本年度出版），反响良好；一至三批《国家珍贵古籍名录》中的古籍题跋整理工作全部完成，共整理87家收藏单位近1000部珍贵古籍中的手书题跋3500余条，约63万字。七是依托国家级古籍修复中心、国家古籍保护人才培训基地，加大古籍保护人才培养，全年共举办各类培训班17期，培训694人次；增设9家国家级古籍修复技艺传习所，累计达15家，传习所全国布点工作基本完成。八是加强古籍保护宣传与推广，开展“我与中华古籍”摄影大赛，在全国458家图书馆巡展，社会反响热烈。

（二）“民国时期文献保护计划”顺利实施

按照习近平总书记关于深入开展中国人民抗日战争研究的要求和中宣部“加强中国人民抗日战争研究专题会议”精神，进一步深入推进“民国时期文献保护计划”，在中宣部启动的10个抗战研究项目中，由国家图书馆主持或参加的研究项目达6个。全年主要工作一是深入开展文献普查，启动面向专业图书馆的普查合作，与中国社会科学院近代史研究所和中国科学院文献情报中心签署普查合作协议。截至2015年年底，征集书目数据近30万条，馆藏50余万条；启动《民国时期文献总目（图书卷）》编纂工作。二是积极开展海外民国文献征集，制定《国家图书馆海外民国时期文献数字化加工规范》；重点围绕细菌战、天皇战责、日本虐俘罪行等主题，启动美国国家档案馆藏纸质抗战档案和日本战争罪行专题档案数字化回归工作；完成美国藏二战盟军联合军事会议记录、陆海军联合情报处报告等民国时期缩微文献5批58种1784卷的征集入藏。三是推进专题文献整理开发，完成2015年民国时期文献整理出版项目申报评审工作，立项22个项目；加快日本战争罪行、抗日战争系列文献资料的整理出版，集中首发《国际检查局询问记录》（70册）、《抗日战争史料丛编：第二辑》（50册）、《中华抗战期刊》（67册）等三套大型抗战文献；筹划“对日战犯审判文献精选编译”工作。四是开展专题文献数据库建设，“东京审判资源库”面向社会提供服务，启动“抗战时期图片资源库”建设工作。五是积极开展项目宣传推广，举办“民国时期文献保护计划”宣传推广系列活动。六是推进文献保护研究与人员培训工作，开展“民国时期文献脱酸研究与脱酸设备研制”。

（三）数字图书馆推广工程有序推进

工程建设重点由硬件与网络平台建设转向资源建设与服务，服务效益不断凸显。全年主要工作一是构建联通全国的数字图书馆网络体系，275 家省、市级图书馆接入该体系，各地图书馆平均网络带宽、存储容量、服务器速度等指标较“十一五”末翻一番。二是以唯一标识符系统、统一用户管理系统为代表的数字图书馆业务平台投入使用，全国各级图书馆 356 个业务平台实现互联互通。三是开展全国性资源共建共享，272 家公共图书馆参与资源联合建设，当年新增资源量超过 1TB；通过专用网络向全国各级公共图书馆提供 160 余万册中外文图书，1000 余种中外文期刊，500 余种中文报纸，23 万余篇学位论文，以及 2500 余场视频讲座等，向少数民族地区推送民语资源 60GB。四是开展基层图书馆数字资源提升活动，向全国所有县级图书馆提供 4TB 优秀数字资源，包括电子图书、电子期刊、视频、图片、政府公开信息等。五是开展全媒体服务，实名用户超过 655 万人，遍布内地及港澳和部分海外地区，各服务系统年均点击总量超过 12 亿次。其中，移动阅读用户辐射全球 44 个国家，总访问量达到 9600 万次；数字电视及互联网电视面向全球 67 个国家 50 万用户服务；盲人数字图书馆为 101 个国家和地区的用户服务，总点击量近 2000 万次。各类活动带动全国百余家图书馆参加，服务人数超过 351 万人次。六是加强培训，完善在线培训平台，举办馆员研修、“网络书香”讲坛等专题培训 23 场，培训 7700 人次，网络培训 4 万人次，协助 16 个地区开展区域培训，提供授课师资 40 余人次。

七、充分发挥行业引领作用，积极推进全国图书馆事业统筹协调发展

（一）加强图书馆事业发展支撑研究

积极履行全国图书馆发展研究中心职能，围绕图书馆事业和公共文化事业发展中的重大业务、制度及政策问题开展调研，为各级政府文化主管部门科学决策和各级图书馆创新发展提供参考；受文化部公共文化司委托，围绕《公共图书馆法》开展立法支撑研究，启动《古籍保护条例》立法工作，完成省、市、县三级公共图书馆业务规范研制，组织开展公共文化机构法人治理结构改革、文化行业标准化工作体系等专题调研；组织编纂《中国图书馆史》《中国图书馆年鉴》《中国图书馆事业发展报告（蓝皮书）》《国家图书馆概论》《全国少年儿童图书馆基本藏书目录（2015 卷）》等；依托全国图书馆标准化技术委员会、全国文献影像技术标准化技术委员会，进一步完善图书馆标准规范体系，全年共申请立项标准制修订项目 5 项，标准化研究项目 4 项。

（二）深化业务合作平台建设

在已有各业务合作平台的基础上，进一步拓宽合作领域，深化合作内容。全国联合编目中心成员馆达 2530 家（其中图书馆用户 1986 家），书目数据超过 1120 万条，规范数据超过 139 万条，馆藏数据 3099 万条，全年上传数据 10.5 万条，下载数据超过 909 万条；全国图书馆文献缩

微复制中心确定两批 11 家成员馆为数字缩微建设单位，推动文献缩微合作模式转型；开展全国省级公共图书馆决策咨询服务协作平台应用部署和业务培训，探索资源联合建设模式，启动成员馆“中国市情数据库”共建试点工作；全国图书馆讲座联盟全年累计完成平台主讲人和讲座数据约 5000 条。

（三）全力支持行业组织发展

国家图书馆作为中国图书馆学会、中国古籍保护协会等 5 个社会组织的秘书处挂靠单位，为其发展提供人员、经费、设施设备等全方位支持与保障。成功举办中国图书馆学会第九次全国会员代表大会，选举产生第九届理事会；顺利召开中国古籍保护协会第一次代表大会，完成理事会选举；完成第二届全国图书馆标准化技术委员会和第六届全国文献影像技术标准化技术委员会换届；组织召开 2015 年中国图书馆学会年会、第九届全民阅读论坛、第五届百县馆长论坛、中国儿童阅读发展论坛、第三届图书馆现代技术学术研讨会、2015 年海峡两岸学术交流活动等重要学术会议，就图书馆事业发展的战略性、全局性问题进行深入交流研讨。

八、务实推进国际及港澳台交流与合作，推进中华优秀传统文化的海外传播

（一）策划实施“海外中华古籍调查暨数字化合作项目”

启动“海外中华古籍调查暨数字化合作项目”，对散落海外的中华典籍进行全面调查，促使其以数字化形式回归。今年成功实现法国国家图书馆《圆明园四十景图》数字版本和英国牛津大学博德利图书馆 19 册《永乐大典》的高清数字版本回归；“海外古籍登记平台”累计完成数据 10 万条；启动《海外中华古籍珍本丛刊》《海外中华古籍书目书志丛刊》编纂工作，出版《宋拓本兰亭序》《西班牙藏中文古籍目录》《文求堂书目》等海外古籍整理成果；与北美大学图书馆就善本书志、古籍编目等领域开展合作。

（二）积极拓展丝绸之路沿线图书馆交流与合作

配合国家“一带一路”战略，积极与丝绸之路沿线国家和地区图书馆开展交流合作，与阿盟秘书处合作举办首届中阿图书馆及信息领域专家会议；与突尼斯国家图书馆、土耳其国家图书馆、阿塞拜疆国家图书馆、伊朗德黑兰大学中央图书馆签署合作协议，达成“共同保护、利用与展示丝绸之路”的共识；筹备建立“丝绸之路”图书馆联盟和“丝绸之路”数字图书馆。

（三）在国际图书馆及相关事务中发挥积极作用

紧密围绕典籍展览、文献数字化、古籍保护与修复、数字图书馆建设等重点业务工作，谋划国际及港澳台交流活动，全年共接待来访 66 批次 732 人次，组织出访 39 批次 99 人次，与 60 个机构举行了双边或多边交流活动，参加国际会议 59 人次，参加境外展览及商议办展 5 场次，外事

工作对事业发展的促进作用进一步增强。制定海外中国文化中心数字图书馆建设方案，着力推进中华传统文化的国际传播，展示中国现代化建设成就。

九、进一步加强保障能力建设，全面提高综合管理水平

（一）深化体制机制改革

配合文化部直属事业单位机构编制管理，研究制定国家图书馆“三定”方案；落实国务院《关于机关事业单位工作人员养老保险制度改革的决定》《关于在京中央和国家机关职工住宅区物业管理和供热采暖改革有关问题的通知》等文件要求，顺利完成调整工作人员基本工资标准、增加离退休人员离退休费、实施事业单位养老制度改革、物业采暖补贴发放方式调整等工作，在财政资金不到位的情况下，积极筹措资金，按时发放离退休费增加部分636万元、在职人员基本工资增加部分2283万元和员工物业、采暖补贴1184万元，调整员工伙食补助发放形式；调整现行退休政策，规范退休审批程序，共计为40人办理退休手续。

（二）加强员工队伍建设

严格遵循聘任调整程序，完成4名处级干部职务调整工作，完成3名馆属企业负责人职务聘任工作，完成121人次科级干部聘任、调整工作；接收大学应届毕业生73人、军转干部2人，补充安全工程、给排水等急需专业人才，为保卫、后勤人才队伍提供有力保障；完成2015年度职称评审工作，推荐晋升各系列高级职称13人，通过晋升或转任副研究馆员50人；分批次对85名科组长进行集中轮训，组织员工业务培训11场，培训员工1100人次。

（三）科研能力进一步提升

成功立项国家科技支撑计划项目1项，国家社科基金项目3项，国家社科基金后期资助项目1项，全国艺术科学规划项目1项，文化部国家科技提升计划项目2项，中国博士后科学基金第57批面上资助一等项目1项，获科研资助经费共计610万元；立项资助48个馆级科研项目，资助经费77万元，6项“馆史资料征集、整理与研究”项目，资助经费29万元；承担6项全国文化系统2015年度课题研究与调研项目，6项文化行业标准化研究项目和标准制修订项目；“我国文化场馆语言文字使用情况调查及对策研究报告”被评为2014年度全国文化系统优秀调研成果；自主研制的文献脱酸剂和脱酸系统已申报国家专利，研制完成国内首个一体化民国文献整本脱酸设备。

（四）宣传推广工作全方位推进

围绕馆内重大活动和重点工程，开展全方位、多媒体、立体化宣传推广，全年与国家图书馆

有关的各类新闻媒体报道共计9000余篇。世界读书日活动宣传成效显著，文化部首次围绕国家图书馆的工作内容举行专题新闻发布会，中央电视台、《人民日报》、新华社等近50家来自广电、平面、网络、新媒体等的媒体现场报道，人民网、光明网先后对韩永进、陈力等馆领导进行视频专访。出台《国家图书馆网络公众信息服务管理办法》，截至2015年年底，微博微信累计用户超22万人。向文化部信息刊物报送稿件60余篇，稿件采用量在文化部直属单位中高居榜首。国家图书馆的社会影响力进一步提高。

（五）财务、国资管理和监管审计工作规范有序

2015年，国家图书馆财政预算资金8.04亿元，占文化部系统资金总量的近1/7，其中当年预算6.85亿元。截至年底，完成当年预算支出6.78亿元，支出比例为98.95%；完成2016—2018年三年滚动预算编报工作；制定实施《开源节流工作分解实施方案》，支持重点创收项目，全年共创收17695万元，在基本工资调整、物业采暖费发放方式调整、离退休人员离退休费增加等相关财政资金不能足额到位的情况下，竭尽全力调配资金，实现全年收支平衡；在文化部组织的部直属事业单位2014年度财务工作考核评价中排名第一，被评为优秀。加强审计监督、绩效管理、内部控制体系建设，在文化部组织开展的书刊资料购置项目绩效评价中获得91分，稳步推进一期维修改造决算审计工作，自主开展中华古籍保护计划项目和数字图书馆推广工程项目绩效评价。国有资产管理规范化程度不断提升，完成2015年度全馆固定资产对账和资产管理系统升级试运行；加强馆属企业监管，修订下发《馆属企业监督管理办法（暂行）》，组织馆属企业申报2015年度文化产业发展专项资金项目，其中国家图书馆出版社获批资金2100万元，馆属企业经营状况良好，实现了向馆方的较好回报。

（六）网络与软硬件基础设施平稳运行

开展网络安全系统及设备调研分析，及时制定调整信息安全体系策略，全年发现并消除网络隐患18次，及时处理故障38次，调整策略42次，阻断来自互联网的高风险事件约423万次，完成321台存在高危漏洞服务器整改；圆满完成重大活动专项网络安全保障工作；有序推进全馆网站及邮箱域名调整工作，分三批完成82个应用系统域名切换和测试，完成95个nlc.cn域名的配置工作，实现新旧域名系统安全平稳过渡；完成文献数字化中心场地施工及部分设备采购；基本完成异地灾备系统机房建设及光纤链路铺设工作。

（七）安全保卫与后勤服务工作保障有力

拓宽消防安全和反恐防恐宣传教育途径，全年组织消防及反恐等培训演练3000余人次；组织开展消防安全专项整治活动，加强易燃易爆、危险化学品排查，增加消防设施投入，切实提升馆区安全防范能力；全年无一起重大安全责任事故。安全高效完成系统设备的运行保障和日常维修，综合设备完好率达到96%以上；完成食堂售饭系统升级改造；组织员工体检2086人次，车队安全行驶32万多公里；进一步加强对物业公司的监督管理和工作考核；圆满完成全馆及各类重要活

动的供电、供水、空调、医务、收发、保洁、车辆管理等服务保障任务；节能减排成效显著，与2014年相比，全年用电减少11.58万度，用水减少5064吨，热力消耗减少2.98万吉焦。

十、党纪工团工作立体推进，助力事业可持续发展

（一）坚持不懈加强基层党组织建设

以创建学习型、服务型、创新型基层党组织为引领，组织各党支部深入学习党的基本理论和路线方针政策，充分发挥党员先锋模范作用，切实增强干事创业的使命感和责任感；积极稳妥地开展组织发展工作，不断优化队伍结构，2015年新发展党员13名，预备党员转正14名；加强党员领导干部培训力度，着力提升综合素质，全年有6名馆级领导参加中组部干部调训班，33名正处级及以上干部参加文化部十八届五中全会学习培训，4名党员处级干部参加中央党校文化部分校学习；积极参与全国文化系统党建课题研究，提交课题研究成果12篇；多角度、多侧面报道交流党建活动，全年印发《党委工作简报》13期，向文化部“党建在线”投稿700条；严肃认真地完成文化部直属机关党委第九次党代会代表和第九届党委会委员候选人推选工作。

（二）积极推进党风廉政建设和反腐败工作

以落实党风廉政建设“两个责任”、强化领导干部思想作风建设为抓手，持续推进党风廉政和惩治与预防腐败体系建设。组织召开“国家图书馆2015年党风廉政建设工作会议”，部署安排全年反腐倡廉工作；认真执行中央八项规定精神，严肃把控各节日关口反“四风”工作；学习贯彻《中国共产党廉洁自律准则》《中国共产党纪律处分条例》，稳步开展党风廉政预警教育和监督惩治工作；落实“依法治馆”，严肃查办各类信访举报和违纪违法案件，妥善处理各类涉及国图权益的法律事务，保证全馆各项工作合法有序推进。

（三）以人为本营造和谐组织氛围

加强馆内信息沟通与交流，举办8次“馆长—员工交流午餐会”和2次馆情通报会，召开职工代表大会，征集员工合理化建议、提案31件；关心员工生活与健康，开放母婴室、调整餐费补贴发放方式、开通员工健身通道、举办节日特色活动，组织广播操、健步走等活动，举办第十一届员工运动会，活跃馆内文体生活，不断提高员工职业归属感与荣誉度；举办“百年新韵文津芬芳”主题赛诗活动，编写《国家图书馆服务英语实用手册》，助力青年岗位成才；全年为馆内各类活动提供志愿服务820小时。获“全国文明单位”“全国巾帼文明岗”“文化部五四红旗团组织”“中央国家机关五四红旗团委”等荣誉称号。

（四）为离退休员工提供精细化服务

召开“2015年离退休干部党小组长及协管工作骨干培训会”，使离退休党支部成为团结、服

务老同志的坚强堡垒；持续关注老同志的家庭、就医、救助等实际需求，做好政策宣传和解释，组织慰问抗战老战士、老同志，全馆联动，通过走访、慰问、祝寿等方式向离退休干部送温暖；切实解决困难员工的生活问题，落实人文关怀；着力推动“文化养老”，坚持组织新春团拜会、老同志春秋游，大力支持老干部俱乐部活动，协助退休员工 288 人次报名参加文化部老年大学西区分校；依托“关爱夕阳老年课堂”项目，举办智能手机使用知识讲座，帮助老同志老有所学，老有所乐。

特别记载

- 国家图书馆国家文献战略储备库项目获国家立项
- 《国家图书馆“十三五”规划纲要》等“十三五”系列规划编制
- 纪念中国人民抗日战争暨世界反法西斯战争胜利70周年系列活动
- 公共开放课程平台“国图公开课”上线
- 中国古籍保护协会成立
- 《中华优秀传统文化百部经典》编纂项目启动
- 国家图书馆少年儿童馆迁址开放
- 善本特藏文献回迁顺利完成
- “海外中华古籍调查暨数字化合作项目”启动
- 国图艺术中心正式开放
- 举办第十届文津图书奖评选推广活动
- 重大展览
- 新入藏珍贵文献

特别记载

一、国家图书馆国家文献战略储备库项目获国家立项

国家图书馆国家文献战略储备库项目建议书于2015年10月20日、11月3日和11月18日分别获得国务院、国家发展改革委和文化部批复，标志着该项目获得国家正式立项，列入国家“十三五”重点文化设施项目。该项目建设用地位于河北省承德市承德县大杖子村龙王沟地块，建设用地面积10万平方米，总建筑面积60890平方米，总投资78646万元，建设内容包括存储库区、业务加工区、配套服务区及武警用房等。

（一）国家图书馆国家文献战略储备库项目申报背景

文献信息资源是一个国家历史文化的重要载体，承担着传播知识与文化、传承文明与历史的重要责任。在进入知识经济社会的今天，文献信息资源在提升国家文化软实力方面发挥着日益重要的作用。无论是进行重大战略决策部署还是开展灾后重建工作都需要大量的文献资源提供参考，因此，将全面记载政治、经济、科技、文化等文明发展脉络的各类文献资源，作为国家重要的战略储备加以收集和妥善储藏显得尤为重要。国家文献的战略储存保护工作，在国内尚属空白，是一项开创性事业。从现状看，国家图书馆所有的馆藏文献和数字资源都保存于一处，虽然便于管理和使用，但是抵御战争和地震等特殊情况的能力有限。一旦图书馆遭遇重创，文献信息资源载体将面临无法修复的灾难，因此保证文献在任何情况下都处于安全状态显得十分重要。从国内外发展趋势看，建设储备库异地备份已成为最安全的文献信息资源保护策略，也是国际通常采用的保护方式，被誉为保证文献与数据安全的最后一道防线。

建设文献战略储备库，妥善地保存中华民族文化的载体，有利于推动文化大发展大繁荣，提升国家文化软实力；有利于提升国家图书馆立法决策服务能力与水平，为国家重大决策部署提供更有力的支撑；有利于加强民族文化遗产的保护，为后世留存历史资料。建设国家文献战略储备库，充分利用先进技术和设备，对文献和信息资源进行异地防灾备份保存，是一项功在当代、利在千秋的战略举措。因此，立足于维护国家文化安全，从保护国家文献的最后一道防线的战略高度，2010年，国家图书馆馆领导班子率先在国内提出文献战略储备的概念，建议从国家层面制定并推进国家文献战略储备体系建设的整体规划，从文献储备库体系、标准规范体系、政策法规体系3个层面具体实施，并逐步完善组织协调、经费保障、资源共建共享等管理运行机制。同时，启动建设申报工作，争取在“十三五”期间，完成国家图书馆国家文献战略储备库建设基础性工作。

（二）建设国家图书馆国家文献战略储备库的目标

建设国家文献战略储备库的目标就是重点收藏并长期保存纸质以及数字资源，建成文献资源保障中心，成为文献资源的保存基地。

国家文献战略储备库一是依托国家图书馆文献资源总库的建设，对国内各种类型的文献资源进行全面收藏，包括国家图书馆现存于保存本库的图书、期刊、报纸及缩微文献，亦可凭借完善的保存体系代存各省市地方的孤本、珍本文献。还可以在一定时间内作为存储库系统的典范，代存地方公共图书馆的呆滞文献，促进文献资源的共建共享。二是对馆藏数字资源进行异地灾备保存，同时也可以对地方图书馆自建数字资源进行异地灾备保存。三是对于网络信息资源进行收集整理储存。通过3—5年时间，在全国图书馆界形成以国家图书馆牵头，大部分数字图书馆成员馆，以及多家文献机构联合加入的分布式联合保存网络，真正实现国家级战略储备库的建设目标。

（三）国家图书馆国家文献战略储备库的功能定位

国家文献战略储备库建成后，将与现有国家图书馆总馆共同承担其国家图书馆各项职责，其中，国家图书馆总馆主要承担面向读者的各项功能，如流通本的保存、读者阅览等，本项目主要承担不直接面对读者的各项功能。

1. 传统载体文献资源异地长期保存

国家文献战略储备库建成后，拟将国家图书馆保存本库搬迁至此，以实现传统载体文献的长期保存。保存本是为履行建设国家总书库职责而特藏的永久保存的馆藏文献，通常是入藏国内出版物的第一复本。保存本不予流通。

2. 馆藏数字资源异地灾备

随着全球数字化与网络化的不断发展，数字资源面临的安全问题日益突出。灾难已经呈现多元性，除相对概率较低的地震、台风、水灾、火灾等自然灾害外，更为常见的则是网络病毒、设备设施损坏、系统故障、误操作或人为破坏等无法预料的事故，而任何异常变故都可能威胁数字资源的正常利用。因此，数据异地备份在长期保存过程中的重要意义已经逐步被业界所接受，异地备份也被誉为保证数据安全的最后一道防线。

3. 网络信息资源的收集、整理、存储

为了解决网络信息资源的长期保存问题，建设首先对主要门户网站进行迁移和仿真处理，逐步实现网络信息资源的收集、整理、存储。

4. 进行地方古籍及重要文献出版物的寄存

由于我国目前还存在着较大的东西部差别和城乡差别，地方图书馆建设还有待完善，很多图书馆的文献保存条件相对落后，加之自然环境的恶劣，部分图书馆、机构甚至个人的珍贵文献藏品损毁严重。因此，我们一方面需要依托国家古籍保护中心，在全国进行普查和宣讲工作，另一方面从保存中华文明的角度出发，建立可以为全国公共图书馆、机构和个人提供国家图书馆缺藏古籍、具备重要文献出版物的寄存服务功能的国家文献战略储备中心。在提供文献寄存服务的同时对此部分文献进行数字化，纳入国家图书馆的数字化馆藏，以期更好地进行文化的传承和利用。

（四）国家图书馆国家文献战略储备库项目建议书上报与跟踪审批

国家图书馆作为国家总书库，肩负着保护传统文化遗产、传承文明的重大历史使命，出于安全长久地保存国家文献的强烈责任感，2011 年 9 月 29 日，国家图书馆向文化部报送《关于上报国家文献战略储备库项目建议书的请示》。文化部于 2011 年 12 月 8 日向国家发展和改革委员会报送《文化部关于报请审批国家文献战略储备库建设工程项目建议书的函》。因项目选址调整，2012 年 12 月 5 日，国家图书馆向文化部财务司报送《国家图书馆关于报送国家文献战略储备库项目建议书及项目概要的函》。2012 年 12 月 11 日，文化部办公厅向国家发展改革委办公厅报送《文化部办公厅关于国家文献战略储备库建设工程项目建议书调整部分内容的函》。

国家文献战略储备库项目得到新一届中央领导集体的高度重视。2013 年 3 月 22 日、23 日，李克强、刘云山、张高丽、刘延东等同志分别对该项目做出重要批示，要求相关部门予以支持，加快推进。2013 年 4 月 1 日，时任文化部部长蔡武也做出“请抓紧与国家发改委对接，落实领导批示精神，落实项目，不要拖延”的重要批示。

2013 年 5 月 13 日，国家发展改革委委托中国国际工程咨询公司开展对该项目建议书的评估工作。评估认为，从国家的文化发展战略和作为国家总书库的国家图书馆的长远发展来看，该项目建设的必要性和紧迫性是毋庸置疑的。但评估认为《国家文献战略储备库项目建议书》的内容皆以作为国家总书库的“国家图书馆自身存在的问题和需求”来立论，因此，“建议本项目的名称调整为《国家图书馆文献战略储备库》”。

对于评估建议，国家发展改革委非常重视，并积极协调各方意见。2014 年 4 月 16 日，国家发展改革委社会发展司副司长彭福伟召集文化部、国家图书馆及中国国际工程咨询公司相关人员对存在的争议进行商讨。国家发展改革委指出，对于该项目的必要性和紧迫性，各方已经达成共识。但是关于项目的宏观定位专家组还存在争议，即专家组认为根据项目建议书的内容，项目名称应改为“国家图书馆文献战略储备库”。此外，认为《国家文献战略储备库项目建议书》中关于选址的内容论证不足，拟选区域过于单一，考虑还有欠周详，必须在立项前解决选址问题。因此，国家发展改革委要求国家图书馆尽快补充该项目的《宏观定位研究报告》和《选址专篇报告》。

根据国家发展改革委的意见，文化部和国家图书馆对项目的宏观定位进行进一步论证，于 2014 年 8 月共同组织编纂《国家文献战略储备库建设研究报告》。报告认为：国家图书馆的职能决定了国家图书馆是国家文献战略储备库的最佳建设主体，也是承担国家文献战略储备库建设任务的唯一适合主体；建议尽快以“国家图书馆国家文献战略储备库”为名称，启动申报建设工作。2015 年 1 月，国家图书馆完成报告编纂，并上报文化部。

同时，根据国家发展改革委的意见，以及 2014 年 5 月 7 日北京市规划委员会出具的《关于国家图书馆建设战略储备库选址意见的函》中国家对首都规划建设和京津冀一体化的有关指示精神，在新的形势下，国家图书馆拟将国家文献战略储备库建在京外，重点放在承德地区。2015 年 5 月，国家图书馆编纂完成《国家图书馆国家文献战略储备库建设工程选址报告》，对国家图书馆历年来考察过的50余处地块综合考虑、多方比选，拟将国家文献战略储备库建在承德地区。同月，国家图书馆将该报告上报文化部。

2015年5月28日，文化部向国家发展改革委报送《文化部办公厅关于报送〈国家文献战略储备库建设研究报告〉和〈国家图书馆国家文献战略储备库建设工程选址报告〉的函》。2015年6月1日，国家图书馆副馆长王军陪同文化部财务司基建处处长周宇和中国国际工程咨询公司专家组实地考察河北省承德拟选项目用地。2015年7月2日，国家图书馆副馆长王军陪同文化部财务司副司长燕东升、国家发展改革委社会发展司副司长彭福伟实地考察河北省承德拟选项目用地。

2015年8月19日，国家图书馆向文化报送《国家图书馆关于〈国家图书馆国家文献战略储备库〉选址地价的请示》；同月，文化部向国家发展改革委报送《文化部关于补充报送国家图书馆国家文献战略储备库项目选址地价有关材料的函》。2015年9月21日，国家发展改革委向国务院报送《国家发展改革委关于报批国家图书馆国家文献战略储备库建设工程项目建议书的请示》。

副馆长王军实地考察河北省承德拟选项目用地

2015年11月，国家图书馆国家文献战略储备库项目获得国家正式立项后，国家图书馆随即启动项目可行性研究阶段工作。下一步国家图书馆要完成项目可行性研究报告编制和上报工作，力争获得国家发展改革委关于项目可行性研究报告的批复。

二、《国家图书馆“十三五”规划纲要》等“十三五”系列规划编制

（一）《国家图书馆“十三五”规划纲要》编制

2015年，国家图书馆就“十三五”时期事业发展的重点领域及“十三五”规划起草的重点内容进行专题性深入预研，撰写《国家图书馆“十三五”规划纲要》专题预研报告，共完成包括《国家图书馆事业发展环境与目标分析研究》《国家图书馆与中华优秀传统文化传承体系建设研究》《国家文献信息资源总库（总书库）建设研究》《国家图书馆资源整合战略研究》《国家图书馆分层服务战略的拓展与提升研究》《国家图书馆数字图书馆的建设与发展研究》《国家

图书馆行业引领示范的目标、任务与路径研究》7个专题预研报告，共计60余万字，为规划文本的起草奠定较好的研究基础。在预研基础上，完成编制《国家图书馆“十三五”发展规划纲要》初稿，并于7月召开中层干部会组织专题讨论，11月完成修改后，分别面向馆内各部处、馆外专家学者、其他各级各类图书馆和政府主管部门征求意见。12月，在2015中国图书馆年会中组织策划“新起点，新思路，新发展——图书馆事业发展‘十三五’规划研讨”分会场，与不同类型的图书馆交流国家图书馆“十三五”规划的编制思路，并吸取其他图书馆的规划编制经验。

同时，组织完成《“十二五”时期馆藏发展政策、管理制度及资源建设主要数据分析》和《“十二五”时期服务发展政策、服务制度及服务主要数据分析》两个报告，对国家图书馆“十二五”时期的建设与服务进行深入分析。

（二）《全国图书馆文献缩微工作“十三五”时期规划纲要》编制

《全国图书馆文献缩微工作“十三五”时期规划纲要》（以下简称《规划纲要》）于2014年开始进入前期调研、纲要起草阶段，几经修订，初具雏形。2014年12月，在“全国图书馆文献缩微工作三十年成果展”上，文化部公共文化司巡视员刘小琴与国家图书馆馆长韩永进观展后指出，缩微工作在“十三五”期间要发挥其不可替代的作用，缩微中心应带领全国成员馆做好未来五年发展规划。在北京召开“全国图书馆文献缩微工作‘十三五’规划预研座谈会”，征求各成员馆领导意见建议。2015年4月在江西召开“全国公共图书馆技术部主任会”，征求各成员馆技术部主任意见建议。4月—11月在各成员馆举办“缩微工作成果展全国巡展”，期间广泛征求业界意见建议。11月向国家图书馆各相关部处征求意见建议。12月再次向各成员馆发函，向各成员馆领导征求意见建议。至2015年年底基本完成《规划纲要》研究编制工作。

《规划纲要》回顾“十二五”期间全国图书馆文献缩微工作发展成果，明确未来五年缩微事业的发展方向、总体思路和重点任务，对于促进全国图书馆事业更好更快发展，具有重要意义。

（三）《中华古籍保护计划“十三五”时期规划纲要》编制工作

国家古籍保护中心于2014年启动《中华古籍保护计划“十三五”时期发展规划纲要》的预研工作，成立起草小组，多次就规划编制工作召开研讨会，在开展系统性调研并广泛听取意见、建议的基础上，经过十数次修改，内容逐步完善，形成《中华古籍保护计划“十三五”时期规划纲要（征求意见稿）》。

2015年1月24日，省级古籍保护中心工作会议在京召开，国家古籍保护中心主任韩永进做工作报告，将编制《中华古籍保护计划“十三五”时期规划纲要》列入年度工作重点。

4月22日，国家古籍保护中心下发关于填报《中华古籍保护计划“十三五”规划预研调查表》的通知。通知发放范围包括全国31个省级古籍保护中心、中央直属古籍收藏单位、国家图书馆。调查内容涉及机制、经费、古籍普查、人才培养、古籍保护环境建设、古籍修复、古籍数字化、古籍出版等多个方面。全面系统摸清了全国各地古籍保护现状，国家古籍保护中心依据相关数据，进行统计、梳理、分析，组织撰写完成《中华古籍保护计划“十三五”时期规划纲要（初稿）》。

9月10日，国家古籍保护中心办公室下发《关于〈中华古籍保护计划“十三五”时期规划纲要〉征求意见的函》。征求意见范围包括：各省级古籍保护中心、中央直属古籍收藏单位、国家图书馆、全国古籍保护工作专家委员会部分专家委员。国家古籍保护中心收到专家及相关单位积极复函，共收集意见600余条、约25000字反馈信息。国家古籍保护中心办公室根据各项意见反复研究，对文本进行修改完善。

11月9日，受文化部委托，国家古籍保护中心召开《中华古籍保护计划“十三五”时期规划纲要》专家审议会。文化部公共文化司巡视员刘小琴，全国古籍保护工作专家委员会部分委员、部分省级古籍保护中心和高校图书馆负责人共30余人出席会议。会上，张志清介绍了《中华古籍保护计划“十三五”时期规划纲要》的调研、起草及修订情况，并就文本内容进行全面解读。行业专家和古籍保护界同仁积极发表意见建议，大家对《中华古籍保护计划“十三五”时期规划纲要》的全局性和实践性给予充分肯定，同时联系工作实际，围绕“十三五”时期工作重点、现存问题、发展方向等方面展开热烈讨论，就“十三五”期间如何更好地开展全国古籍保护工作、实施“中华古籍保护计划”提出众多宝贵意见和建议。专家们普遍认为，“十三五”时期应该理顺体制机制，突出工作重点，创新古籍保护人才培养模式，将古籍保护工作纳入公共文化服务体系，加强地方和基层对古籍保护的重视和支持。文化部公共文化司巡视员刘小琴在充分听取专家意见后表示，行业专家热爱古籍事业的拳拳之心令人感动，古籍保护工作者应认真学习和贯彻中央提出的“十三五”规划建议，考虑进一步完善古籍保护工作体系，将“十三五”时期古籍保护事业推上新的台阶。本次会议对进一步厘清思路，推进《中华古籍保护计划“十三五”时期规划纲要》后续编制工作发挥重要作用。会后，文化部公共文化司会同国家古籍保护中心又召开专题会议，对审议会上的意见建议进行梳理讨论，明确修改意见，再经十余次修改完善，形成《中华古籍保护计划“十三五”时期规划纲要》（征求意见稿）。其内容主要分为“中华古籍保护计划”工作回顾、“十三五”面临的发展环境、发展思路和主要目标、“十三五”主要任务、组织实施五大部分。

三、纪念中国人民抗日战争暨世界反法西斯战争胜利70周年系列活动

（一）不朽的长城——纪念中国人民抗日战争暨世界反法西斯战争胜利70周年馆藏文献展

8月14日至9月20日，“不朽的长城——纪念中国人民抗日战争暨世界反法西斯战争胜利70周年馆藏文献展”在国家图书馆举办。展览以文献为证，让历史说话，用史实发言，充分发挥文献史料在爱国主义教育和培育社会主义核心价值观中的独特作用。文化部党组书记、部长雒树刚出席开幕式并宣布展览开幕，国家文物局副局长宋新潮，文化部和国家文物局机关司局、文化部直属单位有关负责人，国家图书馆馆长韩永进以及在京馆领导班子成员，专家学者代表参加仪式。

本次展览分为“烽火连天”“血肉长城”“抗战文化”“鉴往知来”和“抗战中的国图”5个单

元。国家图书馆精选馆藏抗战相关珍贵历史资料展出，展品包括新善本、日记、手稿、报刊、图书、照片、缩微胶片、影音资料等 1500 多件。

“烽火连天”以馆藏报刊资料、老照片、海外征集日本侵华罪行文献史料等反映战争背景、日军罪行。“血肉长城”以馆藏新善本《中共对于抗日民族统一战线的主张》《东北抗日联军游击实录》《山东八路军抗战 8 年战果统计表》等文献，展现抗日民族统一战线、东北抗日义勇军与东北抗联、正面战场、敌后抗日斗争和抗日根据地建设等抗战史实。“抗战文化”以抗战文艺运动相关的新善本、手稿和档案史料为视角，再现抗战期间中国各行业文化工作者用文学、戏剧、电影、音乐、美术、新闻及出版等各种形式，用爱国的精神凝聚人、激励人，用优秀的作品鼓舞人、陶冶人，发扬民族意志、抵抗文化侵略、宣传抗战救亡的事迹。“鉴往知来”以馆藏《大众日报》号外等报纸资料以及老照片等展示抗战胜利、东京审判、中日建交等历史事件，反映中华民族铭记历史、珍视和平、开创未来的坚定决心。“抗战中的国图”以国立北平图书馆善本南迁，开展抗战咨询服务，坚持搜集抗战史料，以及战后藏书回迁，追缴散佚书籍档案，开展损毁书籍修复，接收整理敌伪机关图书档案等史实，集中展示图书馆人满怀爱国之心，不屈不挠，在保护馆藏文献、拓展收藏渠道、宣传服务抗战等方面发挥的作用及重要贡献。配合展览，现场循环播放抗战老兵口述影像、抗战老照片、老电影、抗战歌曲等。

文化部部长雒树刚出席“不朽的长城——纪念中国人民抗日战争暨世界反法西斯战争胜利 70 质年馆藏文献展”开幕式并宣布展览开幕

展览还集中展示“民国时期文献保护计划”立项以来积极开展抗战史料调研征集、整理出版、广泛宣传等工作，以及“中国记忆”项目采访以东北抗联老战士为代表的抗战老兵，做好战争亲历者记忆中活资料搜集工作的丰硕成果。

展览开幕同日，"东京审判资源库"也在国家图书馆网站发布。资源库下设庭审记录、证据文献、判决书、影像记录等 8 个子库，内容包括国家图书馆近年来从海外征集到馆的东京审判庭审记录 4.9 万页，中英文判决书各 1200 页，证词、证据文件 4949 份，庭审现场历史照片 384 张等，对于了解真实的历史，并以史为鉴、面向未来具有重要的意义。

8 月 14 日展览开幕以来，新华网、光明网、人民网、网易新闻、凤凰财经、新浪网、搜狐网及《京华时报》等多家媒体对本次展览进行相关报道或转载，影响颇大。通过各媒体的报道和介绍，使得更多的观众对展览有了了解并前来展厅参观展览，回顾那段难忘的历史。

（二）"冯仲云图书馆"揭牌暨"重走抗联路"主题纪念活动

为纪念中国人民抗日战争暨世界反法西斯战争胜利 70 周年，缅怀东北抗日联军杰出领导人之一、新中国第一任国家图书馆馆长冯仲云同志，8 月 18 至 20 日，由国家图书馆与黑龙江省兴隆林业局共同策划的"冯仲云图书馆"揭牌暨"重走抗联路"主题纪念活动在黑龙江省兴隆林业局举办。

冯仲云图书馆揭牌暨捐赠仪式

"冯仲云图书馆"是我国第一个以东北抗日联军将领命名的图书馆，馆址地处巴彦县兴隆镇，该镇是抗日战争期间中共北满省委机关所在地，也是东北抗联长年驻扎并战斗的地方。在此背景下，经黑龙江兴隆林业局提议，冯仲云子女授权，将兴隆林业局图书馆命名为"冯仲云图书馆"。在揭牌仪式上，国家图书馆馆长韩永进代表国家图书馆将"民国时期文献保护计划"的重要出版成果 80 册《远东国际军事法庭庭审记录》、中国记忆项目东北抗日联军专题口述史料视频资源，以及中国记忆丛书《东北抗日联军口述史》等抗战主题图书赠送"冯仲云图书馆"，以支持其东北抗战文献的专题收藏。同时，冯仲云长女冯忆罗向该馆赠送冯仲云著《东北抗日联军十四年苦斗简史》的手稿仿真复制件。黑龙江省森林工业总局、兴隆林业局领导，黑龙江省文化厅、省图书馆领导，国家图书馆馆长韩永进、馆长助理孙一钢等出席揭牌仪式。揭牌仪式当天，展现东北抗联历史及抗联将领冯仲云事迹的展览"白山黑水铸忠魂"也在兴隆林业局拉开巡展帷幕。

揭牌仪式后，国家图书馆举办"重走抗联路"主题纪念活动，韩永进馆长、孙一钢馆长助理、冯仲云之子冯松光、馆内优秀党团员代表及兴隆林业局工作人员一同前往兴隆林业局沙河林场，走访尖山子东北抗日联军密营、交通壕、散兵坑等战迹地。韩永进馆长在东北抗联密营遗址为馆内优秀党团员代表讲了一堂生动的党课。

在纪念活动中，“中国记忆”项目在东北抗日联军战迹地首次实践“记忆空间”的设立与保护。将兴隆林业局施业区内东北抗联密营遗址群及战迹地设立为“中国记忆”项目东北抗日联军专题“记忆空间”，在历史事件发生地保存和保护东北抗联相关史料、文物，采集战迹地、密营遗址影像资料约 10 小时。

同时特邀《中国文化报》记者随队参加活动，并于 8 月 27 日在《中国文化报》第四版推出整版报道，包括国家图书馆馆长韩永进署名文章《缅怀冯仲云　重走抗联路》、记者采写文章《“中国记忆”与冯仲云图书馆》，以及冯仲云长女冯忆罗、历史学家步平、东北抗联研究学者史义军、冯仲云图书馆馆长许刚的寄语。

“冯仲云图书馆”的成立，不仅对缅怀抗战先烈、继承抗战精神有着标志性的纪念意义，同时也对研究中国共产党在抗日战争中的中流砥柱作用、东北抗日军民 14 年的浴血奋战，以及中、苏、朝东北亚地区联合抗日的史实等，具有重要的现实意义和深远的历史意义。

（三）国家古籍保护中心开展“抗战时期古籍抢救保护重要事例征集”，召开“抗战时期古籍抢救保护史迹研讨会”

5 月 4 日，“抗战时期古籍抢救保护重要事例征集”活动正式启动，在国内首次全方位、多角度地揭露日本军国主义破坏中国文化典籍、展示民众抢救保护珍贵古籍的义举。国家古籍保护中心组织各事例报送单位提交图片、视频、文字等材料，撰写事例稿件，收集 24 个省、区、直辖市的 45 家单位上报的 61 个事例，从中遴选出 40 篇文稿（内容包括转移蔽藏保护、抢救购买、劫余保护等几大类），开展《抗战时期古籍抢救保护史迹文集》编撰出版工作。

8 月 15 日，国家古籍保护中心、中国古籍保护协会召开“抗战时期古籍抢救保护史迹研讨会”。文化部公共文化司巡视员刘小琴，国家文物局博物馆与社会文物司（科技司）司长段勇，国家图书馆馆长、国家古籍保护中心主任韩永进，国家图书馆副馆长陈力，国家图书馆副馆长、国家古籍保护中心副主任张志清，及国家文物局原顾问、中国文物学会名誉会长、著名文物保护专家谢辰生先生

抗战时期古籍抢救保护史迹研讨会

等专家学者，全国各省级古籍保护中心领导和参与活动的有关单位负责人、撰稿人等60余人出席会议，共同研讨抗战时期古籍抢救保护史迹。会上，参会代表通过大量生动丰富的图片和数据，让历史说话，用史实发言，讲述八路军保护《赵城金藏》、钱存训转运平馆善本、清华大学南运古籍、文澜阁《四库全书》西迁贵阳秘藏6年8个月等典型事例，展示中华古籍饱经战乱颠簸的命运，记录前辈先人守护文明的艰辛历程。

8月至12月，国家古籍保护中心与《藏书报》合作，开展“勇护国宝——抗战时期古籍抢救保护史迹大型报道”，出版专版18期，对八路军保护《赵城金藏》等重要事例进行报道；2015年年底，《抗战时期古籍抢救保护史迹文集》正式出版，填补对这段历史做全面深入研究的空白，使民众牢记中国人民抗日战争伟大历史，牢记中国人民为维护民族独立自由、捍卫祖国主权尊严、保护民族文化遗产所建立的伟大功勋，对增强民族自尊心和自豪感，推动抗战史料收集整理，促进优秀典籍传承与保护具有重要意义。

四、公共开放课程平台“国图公开课”上线

2014年6月，中宣部副部长黄坤明在国家图书馆调研时，要求国家图书馆“利用文津讲坛，认真谋划，面向社会，做历史文化方面的公开课，并带动全国各级图书馆开展面向社会的大讲座，用便捷的方式把正宗的精神食粮输送给广大人民群众”。根据黄坤明的指示精神，国家图书馆精心策划，全力筹备，积极探索在“互联网+”环境下的图书馆社会教育新形态，于2015年4月23日第20个世界读书日之际正式推出公共开放课程平台“国图公开课”。

“国图公开课”致力于为社会公众提供成体系的国民通识教育课程，鼓励高尚精神追求，引导正确舆论导向，以传承弘扬中华优秀传统文化、塑造社会主义核心价值观为重心，以服务国家战略、提高公众生活品质为主线，加强对优秀传统文化思想价值的挖掘，梳理和萃取中华文化中的思想精华，以通俗易懂的表达形式，赋予其新的时代内涵，为人们的终身学习和全面发展提供丰富的国家级开放课程资源。

馆长韩永进、北京师范大学教授王宁及读者代表一起开启“国图公开课”

“国图公开课”上线

后，中宣部副部长黄坤明和文化部部长雒树刚又对公开课工作做出重要指示，肯定公开课是“新的有益的探索，望不断扩大受众，不断提高质量，不断创新方式，不断取得新成就”，“这是互联网上进行宣传教育的一个创新，望办出特色，办出质量，不断增强吸引力，扩大影响力”。两位部长都对公开课提出更高的要求和期许，国家图书馆根据两位部长的指示，对国图公开课的工作进行持续的实践和探索。

内容组织上依托国家图书馆宏富的馆藏资源，以服务国家战略、传播中华优秀文化、提高公众生活品质为主线，以专题形式设置课程，推送多种形态的学习资源。截至12月底，“国图公开课”已经初步形成较为完善的精品课程体系，内容涉及经典阅读、历史文化、抗战史实、非物质文化遗产保护、音乐欣赏、儿童教育、休闲生活等多个专题领域，共900余场精品讲座。特别是结合传统文化传承、“一带一路”战略和纪念抗日战争暨世界反法西斯战争胜利70周年等重点和热点领域，策划“汉字与中华文化”“丝绸之路与丝路之绸”“道法自然，天地同和——论古琴的文化精神”“中国的对日战争与日本的战后处理”“昆曲”“中国大发明”6门精品课程，已录制完成41讲，网站上线19讲，54期节目。拍摄制作“数学与人文”等读书推荐节目22期，上线18期。

著名古琴家丁承运主讲国图公开课专题课程“道法自然，天地同和——论古琴的文化精神”

课程形态上充分调研国内外公开课的特点，通过征询专家意见，结合国家图书馆自身的功能定位，按照制作标准划分为专题课程、读书推荐、特别活动和业界公开课等多种类型。其中专题课程以选题准、品质高、配套资源丰富、受众服务完备取胜，注重对古今中外优秀传统文化思想价值的挖掘，梳理和萃取中华文化中的思想精华，做出通俗易懂的当代表达，赋予新的时代内涵，发挥精神文化产品育人、化人的重要功能，培育和弘扬社会主义核心价值观。读书推荐则是适应当今碎片化阅读体验专门设置的一档以优秀图书推荐为主要内容的线上节目，旨在鼓励、引导公众精品阅读。每期由一位嘉宾推荐一本书，时长5分钟，推荐图书主要依托国家图书馆文津图书奖评委会和社会阅读推广组织机构及相关媒体的权威推荐。特别活动则是聚焦文化热点，提高社会关注度的特别策划，把握时效性原则，如重要纪念日举办特别活动。每年1—2场殿堂级公开课，邀请世界级学者、名人、政要担任主讲嘉宾，采取直播形式推送。业界公开课旨在发挥国家图书馆龙头作用，以国家图书馆的业务探索和馆员培训为依托，传播新思想、新理念、新趋势，提升馆员素质，拉近公众与图书馆的距离，促进跨界的国内外交流。

为加强和完善国家图书馆公开课视频资源元数据和对象数据的加工流程管理，确保公开课资源建设质量，制定《国图公开课视频资源元数据加工标准》和《国图公开课视频资源对象数据加工标准》。为国家图书馆自主建设、合作建设及征集的所有公开课视频资源的元数据和对象数据加工提供技术支持。

平台搭建上以互联互通强化多元开放。将国家图书馆现有各类资源进行深度挖掘，以文字、图片和音视频的形式插入与课程有关的背景知识，实现与馆藏图书、期刊、报纸、音像制品等资源的链接，从而形成既相互关联又保持独立的知识网络，读者可随时进行文献阅读与学习，与课程本身融会贯通。在服务上还提供对内容推荐与收藏、精确到时间点和内容点的笔记添加、好友和个性化记录管理以及面向多种主流互联网社交平台的内容分享。全国各省市公共图书馆的655万实名用户无须再次注册就可获得“国图公开课”的服务，用户还可以使用个人QQ、新浪微博等社交网络账户进行关联登录，并利用社交媒体直接分享学习内容。“国图公开课”同时实现主流移动终端的应用，利用云计算技术，开通全国各区域的网络加速服务，为读者提供流畅的视频课程访问服务。服务已覆盖手机、平板电脑等智能移动终端和互联网电视平台，用户可以随时、随地、随身进行自主学习。

宣传推广上，为扩大“国图公开课”的社会影响，吸引更多社会公众走进公开课课堂，国家图书馆调动各方面资源，进行全方位的宣传推广，成效显著。一是利用国家图书馆已有平台进行宣传推广。目前，对“国图公开课”的宣传已覆盖国家图书馆的网站、微信公众号、官方微博、掌上国图、光明网“国图播报”、有线电视“国图空间”等所有服务平台，特别是利用微信自媒体平台招募现场观众，反响热烈。二是统筹全国公共图书馆联合开展宣传推广。国家图书馆向全国各级公共图书馆提供“国图公开课”共享服务，同时将部分课程视频通过镜像形式提供给黑龙江、江苏、福建、安徽、四川、贵州等10家省级图书馆，并通过这些图书馆向当地公众提供服务。三是借助社会力量开展宣传推广。国家图书馆与传统媒体、网络媒体开展广泛合作，加大“国图公开课”的宣传推广力度。已先后与中国国际广播电台互联网电视、中国网、优酷网、北京人民广播电台达成合作意向，长期播出“国图公开课”的专题课程和读书推荐节目。四是通过举办特色活动促进宣传推广。国家图书馆通过在重大节日、重要纪念日举办特别活动，扩大“国图公开课”的社会关注度和影响力。例如，4月23日世界读书日之际，特别邀请著名天文学家、科普作家卞毓麟先生和哲学家、作家周国平先生分别做题为“阅读与科学”和“阅读与生活”的精彩演讲，社会反响热烈。在抗战胜利70周年之际，开办抗战主题课程，并首次尝试举办媒体开放日，有60多家媒体进行报道或转载，国际广播电台还以日语、意大利语和越南语对外播出。截至目前，“国图公开课”网络访问量月均45万人次，平均每天1.5万人次，并保持攀升态势。

五、中国古籍保护协会成立

1月23日，中国古籍保护协会成立大会在国家图书馆隆重召开。文化部党组副书记、副部长杨志今出席大会并为中国古籍保护协会揭牌。民政部民间组织管理局副局长李勇宣读批准同意协

文化部副部长杨志今为中国古籍保护协会揭牌

会筹备成立的文件，文化部办公厅副主任陈丁昆宣布协会第一届理事会领导机构成员、常务理事及特邀顾问名单。文化部公共文化司司长张永新，国家图书馆馆长、国家古籍保护中心主任韩永进分别致辞，国家图书馆副馆长、当选协会会长刘惠平发言，傅熹年、安平秋、李致忠等国内著名古籍保护专家作为特邀顾问出席活动，来自国家图书馆、副省级以上公共图书馆和部分高校图书馆代表、社会团体和相关机构以及个人会员代表150余人参加会议。

2013年12月，国家古籍保护中心发起筹备成立中国古籍保护协会并获文化部批复，后经民政部正式批复同意中国古籍保护协会筹备成立。中国古籍保护协会的成立是深入贯彻党的十八大和十八届三中、四中全会精神，特别是习近平总书记关于中华优秀传统文化系列讲话精神的重要举措，是建设、完善由政府主导、社会力量积极参与的古籍保护体系的必然要求，对形成政府、市场和社会良性互动关系，鼓励民间资本参与古籍保护工作，促进古籍保护事业快速发展具有重要意义。

张永新司长在致辞中说，中国古籍保护协会是由全国古籍收藏、保护修复、整理出版研究等有关企事业单位、社会团体和相关机构以及个人自愿组成的全国性、行业性、非营利性社会组织，是加强行业自律、维护行业权益、促进行业发展的民间行业组织。发展公共文化行业协会组织，发挥协会的行业代表、行业服务、行业自律、行业协调作用，是社会主义市场经济条件下加快转变政府职能的重要要求，也是全面深化文化体制改革的重要内容。

韩永进馆长在致辞中表示，中国古籍保护协会的重要职能代表全面深化文化体制改革、政府转变职能、调动社会力量参与文化建设的大方向，也是正在实施“中华古籍保护计划”的国家古籍保护中心职能的有效补充，并可以与之形成良性互动的管理体制和工作格局。国家古籍保护中心作为政府主导全国古籍保护工作的业务组织实施单位，会全力支持协会的发展，按照各自的职能定位，相互支撑、优势互补，形成古籍保护工作的合力。

全国高等院校古籍整理研究工作委员会主任、北京大学教授安平秋在发言中表示，一个学会、一个协会，它的作风，将影响该学会或协会的发展。很高兴看到中国古籍保护协会的《章程》总则里面有一条是“加强行业的自律”的内容。这是非常重要、非常英明的。

刘惠平副馆长在发言中表示，中国古籍保护协会要以服务为宗旨，坚持依法办会、民主办会、科学办会，充分调动社会资源和民间力量，在文化部的领导和国家古籍保护中心的支持下，结合古籍保护工作实际，认真开展各项工作，为构建优秀传统文化传承体系做出应有贡献。

成立大会前，召开中国古籍保护协会第一届会员代表大会和第一届理事会会议。会员代表大会审议通过《中国古籍保护协会章程》《中国古籍保护协会会费标准及管理办法》，选举产生第一届理事会。第一届理事会会议选举产生第一届常务理事以及会长、副会长等领导机构成员，并选举产生秘书长。目前，协会已有会员 124 个，其中单位会员 77 个，个人会员 47 个。

中国古籍保护协会成立后，要重点做好四方面工作：一是做好政府的参谋助手，在政府与行业之间发挥桥梁纽带作用，发挥服务、沟通、咨询、监督的作用，提出有价值的工作意见和建议；二是发挥行业代表和协调作用，建立健全有效的沟通协调机制，了解行业诉求和行业情况，及时向文化主管部门传递行业的需求、意见和建议，积极向会员宣传贯彻古籍保护的相关政策要求、措施办法；三是发挥行业自律和加强队伍建设的作用，协调维护行业利益，督促行业履行社会责任并有效实施行规、行约，提升会员单位和从业人员整体水平；四是完成政府交办的职能任务，充分发挥自身优势，积极承接文化部委托的有关工作任务，协助国家古籍保护中心，为制定行业规划、行业标准、行业立法等提供有力支撑。

六、《中华优秀传统文化百部经典》编纂项目启动

（一）项目启动及主要工作进展

2014 年 4 月，受中宣部委托，国家图书馆正式着手编纂《中华优秀传统文化百部经典》的项目策划建议书。12 月，国家图书馆上报文化部并转呈中宣部的《中华文化经典导读工作实施方案》（国图立报〔2014〕157 号）顺利通过中宣部批复。该项目作为《中华优秀传统文化百部经典》编纂项目的先期启动工作，秉持“普及经典，大众阅读”的宗旨，以严谨认真的态度遴选中华民族最具代表性的经典名著，采取便于单位图书馆收藏和家庭阅读使用的形式，重新编辑出版，是为普及优秀文化、满足大众阅读需求，构筑社会主义核心价值观而编纂的一部经典文库丛书。

2015 年 1 月 22 日，韩永进馆长主持召开国家图书馆 2015 年第 3 次馆务会。会议决定成立“中华文化经典导读、海外中华古籍数字化回归项目领导小组”，负责领导中华文化经典导读项目及海外中华古籍数字化回归项目的规划设计和组织实施工作。1 月 23 日，国家图书馆下发《国家图书馆关于成立中华文化经典导读、海外中华古籍数字化回归项目领导小组的通知》（国图人发〔2015〕2 号），成立中华文化经典导读、海外中华古籍数字化回归项目领导小组，负责领导中华文化经典导读项目和海外中华古籍数字化回归项目的规划设计和组织实施工作。组长为韩永进，副组长为张志清、孙一钢、苏品红。成员包括人事处、财务处、业务管理处、国际交流处、立法决策服务部、国家古籍保护中心办公室有关负责同志。

4 月 1 日，国家图书馆《中华优秀传统文化百部经典》编纂项目工作组专职工作人员全部到位。同时，国家图书馆为项目实施提供支持，在资源提供、人员配置、后勤保障等多个方面确保工作顺利开展。

6 月，中宣部对《中华优秀传统文化百部经典》编纂提出明确要求，即“有主题的节选、有内涵的提炼、有特色的设计”。丛书拟采用经典节选的方式对经典进行重新编纂，用导读的形式，

将中华传统文化的最新研究成果与现实相结合，挖掘经典的思想精华及其蕴含的时代价值。从书在内容提炼方面既保持经典自身的特质，又深度契合社会主义核心价值观，具有思想上的深意和新意。从书设计拟组织创作大众喜闻乐见形式的插图，并充分利用国家图书馆的馆藏优势，挖掘文献中的经典图片或者精美书影，形成有文化、有品位的设计风格。

根据中宣部、国家图书馆中华文化经典导读领导小组指示，《中华优秀传统文化百部经典》编纂项目工作组不断研究、完善工作机制，改进工作思路。截至2015年年底，共讨论提交编纂方案4个版本、宣传方案1版。召开专家及领导小组工作会议10余次。工作组内召开方案讨论会10余次。京内外机构调研10余次。借阅图书学习图书编排体例、导读结构共计300余册，认真学习中宣部提供内部资料10余册。编发会议、调研纪要共计7期。上报领导小组《〈百部经典〉工作组近期工作安排》27期。先后走访北京大学、清华大学、中国人民大学、武汉大学、华中师范大学、北京师范大学、中国社会科学院的多位专家学者，通过邮件、电话、短信等多种方式联络各领域专家学者50余人次，分别涉及哲学、历史、宗教、文学、文献学、传播学等多个学科领域，实地拜访京内外专家5位，与6位专家就《论语》《道德经》《六祖坛经》《大学》《中庸》《礼记》《颜氏家训》《诗经》8部书的编纂工作达成合作意向。截至2015年年底，已出版样书4部。

（二）重要工作会议

1.《中华优秀传统文化百部经典》编纂工作专家座谈会

4月21日，《中华优秀传统文化百部经典》编纂工作专家座谈会在国家图书馆召开。中共中央党校原副校长李君如，中央民族大学藏学研究院名誉院长、教授、中央文史馆馆员王尧，全国古籍保护工作专家委员会主任李致忠，国家图书馆副馆长兼国家古籍保护中心副主任张志清，北京大学中文系教授、博士生导师、北京大学中国古文献研究中心主任安平秋，中华书局总经理徐俊，国家图书馆古籍馆研究馆员赵前，国家图书馆出版社副社长殷梦霞等专家学者及中宣部文艺局理论文学处处长彭云，国家图书馆馆长兼国家古籍保护中心主任韩永进，国家图书馆馆长助理孙一钢等参加会议。会议由韩永进主持。

专家学者针对工作组所列百部书目框架、2015年拟出版书目版本选择和“导读”形式进行讨论并发表意见。学者们充分肯定《中华优秀传统文化百部经典》编纂项目的意义，指出该项目有利于传承文化遗产，发掘典籍时代价值；有利于普及中华优秀传统文化，推进社会主义核心价值观建设；有利于弘扬民族精神，抵制错误思潮的侵袭；通过历史和现实的契合，体现中国人的传统价值观。项目工作组提交的工作方案在选目时间跨度、书目板块分类、导读体例结构及指导思想等方面具有鲜明的特色，符合项目定位。

2.中宣部领导莅临指导《中华优秀传统文化百部经典》编纂项目工作会议

5月12日，中宣部领导莅临指导《中华优秀传统文化百部经典》编纂项目工作会议在国家图书馆召开。中宣部文艺局局长汤恒、中宣部理论文学处处长彭云、国家图书馆馆长韩永进、国家图书馆副馆长刘惠平等出席会议。会议由韩永进主持。

会上，中宣部领导听取国家图书馆关于《中华优秀传统文化百部经典》编纂项目的工作进展汇报，并给予积极肯定的评价。汤恒指出，该项工作需要进一步整合、解放思想，打好基础，在提高思想高度的基础上集中创意进行整体设计；要充分理解和领会习近平同志治国理政理念和中华优秀传统文化的相互关系；要与现实相结合，解读经典，为今天服务；要面向下一代，并具有求是精神。

中宣部领导莅临指导《中华优秀传统文化百部经典》编纂项目工作会议

韩永进表示要充分吸收中宣部领导的指导意见，继续深入学习，统一思想，把思想从政治层面统一到习近平关于中华优秀文化的相关讲话精神中来。从内容到形式等方面，还要继续论证，继续提高，定好大的方向，要从根本上设计出更加完整、更加科学的体例，把工作继续向前推进。具体操作方面，要进一步推进首部图书“论语”的试点工作，通过试点理清相关工作程序。

3.《中华优秀传统文化百部经典》编纂项目领导小组会议

6 月 6 日，国家图书馆《中华优秀传统文化文库》编纂项目领导小组会议在国家图书馆召开。国家图书馆馆长韩永进、副馆长刘惠平、副馆长张志清、馆长助理孙一钢等相关工作人员参加会议。会议由韩永进主持。

《中华优秀传统文化百部经典》编纂项目工作组就工作组近期工作情况及工作计划向领导小组做汇报。与会人员对工作组相关工作情况予以充分肯定。认为工作组近期工作推进有力，工作方案及编纂体例定位明确，兼顾经典与普及性，符合项目立项初衷及中宣部要求。希望工作组继续深入学习和把握习近平总书记关于中华优秀传统文化的相关讲话精神和中宣部关于弘扬中华优秀传统文化的思想精髓，继续有力推进项目发展。

4.《中华优秀传统文化百部经典》编纂项目工作汇报会议

8月13日,《中华优秀传统文化百部经典》编纂项目中宣部汇报会议在中宣部召开。中宣部文艺局局长汤恒、理论文学处处长彭云,国家图书馆馆长韩永进、副馆长张志清、馆长助理孙一钢等参加会议。

会上,工作组向中宣部汇报《中华优秀传统文化百部经典》编纂项目工作进展、工作计划及难点重点等情况。双方充分交流意见。汤恒充分肯定工作组近期工作进展。他表示,首批书目决定整套丛书的品位和前途,要重点打造好样书。在导读专家方面,汤恒强调要在组织工作方面下大功夫,组织化程度高,才能出文艺精品。可多组织几次专家讨论会、改稿会,统一思想、达成共识,以使专家撰写的导读更能够注重理性化、注重空间关系、面向今天、简明、晓畅。整体书目可滚动调整,继续完善。随时报告,保持总体框架不变,并使其成为多年延续性的工作。

韩永进表示,第一批书目为中华优秀传统文化绕不过去的经典,与丛书编纂指导思想和社会主义核心价值观深度契合,能够代表此丛书与彼丛书的区别、特点。工作组在中宣部的指导下认真学习总书记的讲话和相关材料,为丛书的编写打下思想和理论方面的基础。在做好样书出版工作的同时,继续与专家讨论调整书单,广种薄收,继续推进工作整体进展。

5.《中华优秀传统文化百部经典》编纂项目推进会

11月24日,《中华优秀传统文化百部经典》编纂项目推进会议在国家图书馆召开。中宣部文艺局理论文学处处长彭云、干部杨光,国家图书馆馆长韩永进、副馆长刘惠平、副馆长张志清、馆长助理孙一钢等参加会议。会议由韩永进主持。

会上,彭云传达中宣部关于《中华优秀传统文化百部经典》编纂项目的意见:①作者要为相关领域一流专家。②设立项目主编、顾问等职务。③丛书风格定位为普及型、导读型、大众化。④做好出版前的宣传工作。

与会者一致认为,工作组已取得阶段性进展,样书稿件基本符合项目要求。要加快样书设计工作,尽快出版样书,尽快召开专家审读会,推进项目进展;同时,要多渠道开展项目宣传工作,扩大项目影响力。

七、国家图书馆少年儿童馆迁址开放

国家图书馆少年儿童馆自2010年5月31日开馆以来,得到社会各界的广泛关注与好评,到馆读者数量持续攀升。为更好地服务读者,提升未成年人服务品质,经过多方论证,全新的国家图书馆少儿馆于2015年6月1日正式迁址并开放。

调增后的国家图书馆少儿馆南北通透,宽敞明亮,通透一体的阅读区域大大提高了馆区空间的实际利用率,整个馆区布局,动静分区,文献分层,采用概念性分区,不做物理隔断,便于小读者在适合自己的文献区域间选择和阅读。调整后的馆区面积扩至原有馆区面积的一倍,共计约1200平方米,室内在架文献9万余册,可同时容纳约300人室内阅览。室内根据不同年龄段儿童的阅读习惯及行为特征分为上下两层。

一层分为亲子阅读区、数字阅读空间、主题活动室，服务读者年龄为0—8岁，服务方式主要以亲子阅读、读书活动、数字阅读等为主，室内提供座位约150个。亲子阅读区包含低幼读物区、绘本读物区、双语读物区、拼音读物区、民语读物区和桥梁读物区。该区域采用分层分级原则，结合读者年龄与图书类型及内容，将文献按照适读年龄，从低幼读物到绘本读物，再到桥梁读物和拼音读物依次排列，使小读者可以结合自身阅读水平选择性阅读，并逐渐实现从听读到阅读的过渡。该层主题活动室室内空间约110平方米，在一层阅读区域中闹中取静，主要用于各种故事讲读、小型展览、手工制作等馆区活动。数字阅读空间内设有电脑16台，主要用于开展小读者的到馆数字阅读及线下阅读活动。

二层为青少年阅读区，主要分为青少年读物区和研讨区。该区域共计提供文字类文献约5万余册，室内文献含哲学、政治、法律、文学、艺术等多个学科，采用中图法依次展开。整体风格迥异于一层亲子阅读区，更加接近于成人馆，服务方式主要为读者自主性阅读。室内同时设有10余个阅读专架，包含新书推荐、动物小说、名家佳作、小人书等，有利于小读者及时获取热门文献。

调整空间后的少年儿童馆服务能力大大提升，馆区阅读环境得到明显的改善，得到到馆读者的一致好评，较好地提升了未成年人的到馆服务能力。

国家图书馆少年儿童馆新址外景

八、善本特藏文献回迁顺利完成

随着总馆南区维修改造工程的渐趋结束，善本库房各项条件达到要求，从2015年1月起，古籍馆按照馆要求，正式启动善本特藏文献回迁工作。到11月，除南区中转库文献因舆图书柜未到位以及场地原因未调整外，其他善本特藏文献的回迁基本完成。

（一）拟订工作方案

因场地原因，2011年外迁的时候，善本特藏文献分布比较零散，在北区四库库房、南七八库、北四库，文津街馆区普通古籍库、地方文献库等地皆有收藏。维修改造之后，善本库房摆满书柜，空间狭小，文献上架的周转场地有限，必须仔细筹划，方能确保文献回迁工作顺利。为此，古籍馆在广泛征求意见的基础上，拟订工作方案，并报馆领导审批。为加强对此次回迁工作的领导，副馆长张志清、王军牵头，成立回迁领导小组，古籍馆、保卫处、后勤服务部负责人为小组成员。工作方案明确各类文献目前的保存、数量、拟回迁场所，确定文献回迁的顺序。为了确保文献的安全，古籍馆还拟订《安全工作预案》。

（二）成立党员突击队

由于此次回迁工作时间紧、任务重，为调动党员的积极性，确保善本特藏存放环境的干净整洁，同时也为了充分发挥党员先锋模范作用，古籍馆党支部、团支部组织党员突击队，青年党员、2012—2014年入馆员工共计50余人组成突击队，随时处理搬家过程中出现的紧急事务。

（三）书柜保洁

为了文献安全，古籍馆组织党员突击队对善本特藏库房的书柜进行清理保洁。由于书柜本身材质以及善本库房的安全要求，擦书柜的毛巾必须经过洗衣机洗净并脱水后才可使用。为此，古籍馆专门采购200余条毛巾，由专人负责定时回收使用过的毛巾，使用洗衣机清洗，再及时运送至库房以供循环使用。善本库房共计1066个书柜，擦柜活动先后组织10次，共有70人次参加，圆满完成所有善本书柜的清理保洁工作，确保后续藏品上架工作陆续开展。

（四）回迁经过

此次回迁的文献搬迁工作，除四库库房暂存的战备库文献、敦煌遗书、赵城金藏、甲骨善拓等由华协国家珍品货运服务有限公司承担之外，其余文献都由北京国图创新文化服务有限公司承担，文津街馆区至总馆的运输工作由北京路安顺达运输服务公司负责。

1月20日，南七八库善本文献开始搬迁，标志回迁工作正式开始。至5月，基本完成总馆北区库房以及文津街馆区普通古籍库房、地方文献库房等地所藏善本特藏文献的搬迁工作。由于场地限制，各类、各地的文献穿插搬运，上架完一批书之后再搬运下一批书。总馆北区往南区运送时，每一辆运输车除一名运输工人外，还有一名古籍馆工作人员和一名保安。出库和入库皆有专门的人员记录数量，每次搬运结束后都要进行核对，确保出库箱数与入库箱数一致。9至11月，主要进行提善外文书的冷冻工作。

11月13日，随着最后一箱外善书搬运入库，整个善本特藏文献回迁工作顺利完成。总共搬运各类藏品13252箱。

九、“海外中华古籍调查暨数字化合作项目”启动

2015 年，国家图书馆启动“海外中华古籍调查暨数字化合作项目”，并成立“海外中华古籍调查暨数字化合作项目领导小组”，馆长韩永进任该项目领导小组组长。该项目实施旨在通过多种方式调查散落在海外的中华古籍存藏情况，通过与海外各存藏单位合作并协助其开展馆藏珍善古籍的数字化，使古籍以数字化形式回归祖国，为文献利用和学术研究提供便利，实现中华优秀传统文化典籍的传承。

作为该项目实施的开局之年，2015 年与海外中华古籍存藏单位在文献数字化、人员交流及培训、合作出版等领域开展合作，取得重要成果。国家图书馆通过积极与对方沟通联络、商谈，最终促成英国牛津大学博德利图书馆所藏 19 册《永乐大典》、法国国家图书馆所藏《圆明园四十景图》等珍贵典籍的数字化回归。

国家图书馆代表团于 3 月赴美国亨廷顿图书馆，对其于 2014 年发现的 1 册《永乐大典》抄本进行考察。经鉴定该抄本为目前世界上发现的第 419 册《永乐大典》，包括第 10270 卷《教世子》和第 102071 卷《文王世子篇》两卷，卷中引用《礼记》等 12 部文献书籍，讲述皇室家族如何教育皇子。除引用文献记载，书中还有不少注解具有很高的文献价值。双方对本册《永乐大典》的利用等内容进行沟通，为今后的合作打下基础。在随后召开的美国东亚图书馆年会上，副馆长张志清发表题为“海外中华古籍调查暨数字化合作项目”的报告，向参会的北美图书馆界同仁详细介绍该项目的实施情况，进一步提升该项目在北美图书馆界的知名度，为今后合作做好铺垫。

4 月，法国国家图书馆馆长布鲁诺·拉辛率代表团访问国家图书馆，拉辛代表法国国家图书馆向国家图书馆捐赠《圆明园四十景图》的数字版本。《圆明园四十景图》是乾隆元年（1736 年）由宫廷画师沈源、唐岱依据圆明园实景绘制而成，现藏于法国国家图书馆。

5 月，副馆长李虹霖率团访问牛津大学图书馆。2012 年，国家图书馆与该馆签署合作备忘录，在此基础上，双方在推进中文古籍善本的保存、保护与利用，推进人类文明的传承与共享上都做了大量工作。经过双方共同努力，博德利图书馆将馆藏 19 册《永乐大典》的数字化高清硬盘赠送给国家图书馆，以支持国家图书馆的古籍数字化出版项目。

此外，正式启动“海外中华古籍书目数据库”的建设，截至年底，累计完成 10 万条数据的登记著录工作。开展古籍编目、版本鉴定和书志撰写工作，完成与美国艾默里大学图书馆合作编目项目。与美国芝加哥大学东亚图书馆开展合作，完成其馆藏经部、史部善本书志的撰写。

同时积极开展海外古籍合作出版工作，启动《海外中华古籍珍本丛刊》《海外中华古籍书目书志丛刊》等出版项目，出版《宋游似藏兰亭本》《西班牙藏中文古籍目录》《文求堂书目》等。推动与日本存藏《永乐大典》单位合作项目，向 8 家机构发送合作出版函，商议仿真影印出版日藏《永乐大典》。

十、国图艺术中心正式开放

5月2日，国图艺术中心首届春夏演出季正式拉开序幕，本届演出季持续到6月初，历时一个月。期间，有11台剧目、15场精彩演出上演，汇集国内一流的名家、名剧、名团，打造一场缤纷夺目的艺术交流盛宴，为社会公众呈现精彩纷呈的艺术精品大餐。首届春夏演出季的举办，标志着国图艺术中心经过一年的试运营阶段后，各项系统及组织运营工作已步入正轨，正式面向社会公众开放，重新加入京城具有综合特色的文化演出阵地。

国图艺术中心是集文艺演出、艺术交流、电影放映、会议培训等多功能于一体的现代化综合文化设施。建筑面积达5000余平方米，包含音乐厅、电影厅和培训中心三部分。音乐厅可容纳1008人，拥有当今世界一流的舞台、音响、灯光设备，可满足交响乐、戏剧、舞蹈等不同演出需要。电影厅是保利院线成员，配备全球最先进的杜比数字影院系统，能为观众奉上品质一流的观影感受。国图艺术中心具有五大优势：一是区位优势，地处海淀区中关村科技园区，紧邻地铁枢纽站，交通便利，高等院校和文化机构集中，地区人口对文化生活有较高需求；二是馆藏优势，国家图书馆是国家总书库，馆藏宏富，品类齐全，有中外经典音乐舞蹈、戏曲戏剧、电影等文化艺术文献50余万种；三是合作优势，长期以来，国家图书馆与文艺院团、各类学校和演出场所都有着良好的关系，可进一步发挥各自专长，资源共享，加强密切合作；四是人才优势，国家图书馆与相关领域的专家学者有着密切的联系，使中心可充分借助外脑，策划选题，创作优秀文化品牌；五是综合保障优势，国家图书馆拥有现代化的读者阅览空间、典籍博物馆、读者餐厅，且车位充足、可满足大型演出需要。

春夏演出季中，国图艺术中心推出多种类型的演出以飨观众，艺术门类丰富，涵盖广泛。既有自由奔放的爵士乐，又有丰满欢愉的民歌精品；既有气势恢宏的交响音乐，又有形式灵活的室内乐；既有即兴随心的钢琴独奏，又有幽默诙谐的儿童剧。本次演出季在剧目选择上坚持追求艺术性、原创性、经典性，追求名家、名剧、名团，所有引进的剧目无不经过认真筛选和严格把关，艺术水准高，艺术品位上乘，兼顾各个年龄层、不同艺术偏好的观众的观演需求。“永恒的经典——奥斯卡作品音乐会”在室内乐的风格基础上，加入了多媒体声画技术。观众可在纯弦乐演奏中配合多媒体画面重温《泰坦尼克号》《天堂电影院》《教父》等奥斯卡经典名曲的华彩乐章，领略奥斯卡音乐的无限魅力；“千与千寻——久石让·宫崎骏动漫作品交响音乐会”，小提琴、中提琴、大提琴等各弦乐部首席演奏家及知名钢琴演奏家倾力演出，一曲曲温暖人心、震撼心灵的优美音乐把观众的思绪带入一个浪漫且充满梦幻色彩的美妙世界。

在乐团及演唱家的阵容上，此次演出季特别邀请国家级交响乐团——被评为“世界十大最具影响力的乐团”之一的中国爱乐乐团为观众带来耀目技艺和动听乐音相交织的厄尔诺·多纳伊《童谣变奏曲》，这也是该作品在中国的首次亮相。西区爱乐室内乐团的青年演奏家更是技艺精湛，其中不乏国际大赛获奖者，这支年轻乐团演奏风格严谨但又不失激情，被业内盛赞为“古典新势力”。

作为国家图书馆突破固有服务格局，积极拓宽文化服务领域的重要布局，伴随着春夏演出季的落幕，国图艺术中心艺术教育普及工程也全面启动，为广大公众开启艺术教育之门。艺术中心紧紧围绕全馆总体工作要求，积极探索新时期图书馆艺术教育的工作机制，进一步明确夯实基础业务的具体工作思路，以先进的现代化硬件设施和高品质的服务质量为基础，以文化传播、艺术普及为工作核心，以文化交流、品牌塑造、市场营销为重要牵引，以专业化经营、精细化管理为支撑开展部门工作。加强传统服务与创新服务的融合，会同相关部处，不断提升精细化服务水平，完善艺术中心服务，积极开展特殊群体服务，使观众服务工作水平进一步提升，完成了缤纷国图系列暑期及冬季演出季的工作。

暑期演出季自 6 月底持续至 9 月上旬，历时两个半月，共 15 台剧目、16 场精彩演出，汇集国内外的名家、名剧，呈现缤纷夺目的艺术盛宴。演出季艺术门类丰富，受众群体广泛。既有南拳妈妈演唱会的热力开唱，又有纪念反法西斯战争胜利 70 周年的系列演出，包括“聆听经典——中国抗战及苏联歌曲‘八只眼’演唱会”“神圣的战争——纪念中国人民抗战胜利暨反法西斯战争胜利 70 周年大型音乐会”等。“缤纷国图——冬季演出季”包括 12 个项目，12 场演出，如“聆听经典迎新年——醇美人生‘八只眼’世界名歌演唱会”“爱乐汇·摩尔多瓦国家广播交响乐团 2016 北京新年音乐会”等，其中 12 月 22 日“纽约哈莱姆合唱团创团 20 周年亚洲巡演北京音乐会”是国图艺术中心首次以众筹模式成功举办演出活动，获得业界人士及音乐爱好者好评。该场演出打破传统营销模式，通过众筹网进行营销推广，拓展销售渠道，为广大音乐爱好者提供优秀的艺术演出信息，让大众参与到演出活动中，彰显国图艺术中心艺术教育的职能作用。

艺术中心通过积极推进业务的开展，多渠道宣传，提高艺术中心知名度。对客户专业周到的服务，积累客户资源，逐步稳定扩展租场收入。2015 年国图艺术中心获批文化部“我的音乐厅”项目落地承办场地，并圆满完成系列项目的策划与实施。获批为海淀中小学校外教育基地。积极与北京市教委合作，圆满承接“北京市阳光艺术节”和“海淀区中小学优秀节目展演”活动。获得中国演出行业协会授予的“中国演出行业诚信经营单位”证书，该项评选由中国演出行业协会评定，共有 44 家演出行业单位获此殊荣。全年共接待演出工作 127 场，接待大型演唱会 6 场，接待重要领导约 300 人，接待社会公众约 3000 人。

艺术中心秉持稳中求进方针，力图保证每场演出的高品质，不盲目追求演出场次数量，打造艺术中心自身品牌，形成品牌力量、品牌效应。积极开拓市场渠道，以举办各类传播文化、普及艺术活动为己任，立足音乐艺术，多方面发展，逐步扩大国图艺术中心在民众中的影响力，促进馆内其他业务的发展，为国家图书馆事业的发展提供正能量。

十一、举办第十届文津图书奖评选推广活动

2015 年，适逢 4.23“世界读书日”20 周年，为营造全民阅读的良好氛围，发挥国家图书馆在阅读推广工作中的引领作用，国家图书馆以“每个人的文津奖”为主题，第十届“文津图书奖”发布为契机，结合“国图公开课”重点项目，推出一系列主题突出、内容丰富、形式多样的读书

活动，助力全民阅读，构建书香社会。

（一）第十届文津图书奖评选工作

第十届文津图书奖评选活动2014年12月正式启动，评选范围是自2014年1月1日至2014年12月31日（以版权页记载时间为准），由国家出版行政管理部门批准成立的出版机构在国内正式出版、公开发行（包括限国内发行）的汉文版图书。在广泛征集读者和专家意见的基础上，国家图书馆组织专家进行两轮认真审慎的评审，本着公开、公平、公正的原则，综合专家评审委员会的投票及讨论，最终评选出10种获奖图书及60种推荐图书。

第十届文津图书奖评选主要分为启动、推荐、初评、终评、发布几个阶段。共汇总来自出版社、终评专家、媒体评委、图书馆评审、作者、读者等各方推荐书目1400余种，创历届之最。其中参与推荐初评的图书馆联合评审单位达到65家，既有高校图书馆也有省市县等各级公共图书馆，参与广泛度空前。另外读者首次采用微信等新媒体方式直接参与推荐，拓展了推荐形式。

本届评选工作呈现出几个新亮点：1. 完善评审流程。第十届文津图书奖广泛调研读者、评委、出版社等多方意见，增补多位书评人和阅读推广人进入初评评委，并增设初评评委讨论环节，终审时将3个评审分委会整合成1个评审委员会，从而使评选质量大大提升。2. 参与广泛度增加，引领图书馆业界阅读风尚。第十届文津图书奖充分调动全国图书馆和普通公众参与的热情。全国共有110多家图书馆参与评选推广，参与巡展的图书馆达到80多家，参与度较之上届提高一倍，真正成为图书馆界的大众阅读公共示范平台。另外，借助新媒体形式，读者首次可以用微信等方式直接参与推荐和有奖竞猜，提高了文津图书奖的群众参与性。荣获第十届文津图书奖的10种优秀图书分别是：《中国古代物质文化》《沈从文的后半生》《耶路撒冷三千年》《瞩望新轴心时代——在新世纪的哲学思考》《是什么带来力量》《人类简史：从动物到上帝》《万万没想到：用理工科思维理解世界》《群体性孤独：为什么我们对科技期待更多，对彼此却不能更亲密？》《写给儿童的中国历史》《万物运转的秘密：给青少年的物理世界入门书》。3. 第十届文津图书奖颁奖活动暨“国图公开课”4.23特别活动。4月23日下午在国家图书馆嘉言堂举办第十届文津图书奖颁奖仪式和“国图公开课”首期特别活动。从“国图公开课”特别活动引入，通过名家演讲与对话，与公众一起回顾文津奖十载的点滴历程，并向已故作者和文津奖创办人任继愈先生致敬。颁奖仪式上先后公布少儿、科普、社科类获奖图书，并为作者和出版社颁奖。同时，历届获奖作者代表现场捐赠其作品的有声版权。本届活动主题为“每个人的文津”，旨在让文津图书奖更广泛地融入读者生活当中，成为每位读者阅读的重要参考。

本次颁奖活动特邀文化部领导、国家图书馆领导、专家评审、媒体评审、图书馆联合评审、获奖作者、获奖出版社、合作单位（京港地铁、盲文出版社、中国友好和平发展基金会等）、读者代表、媒体记者等数百人参加。新华网、“国图公开课”网站对颁奖活动进行现场视频直播，全国数十家图书馆通过数字图书馆推广工程官网（http：//www.ndlib.cn/）同步直播，《人民日报》、人民网、腾讯网、国家图书馆官方微博同步发布获奖图书书单。

第十届文津图书奖社科类获奖图书颁奖现场

（二）第十届文津图书奖宣传推广活动

文津读书沙龙特别活动——“为生活重塑教育”主题沙龙。3 月 14 日至 4 月 19 日期间，国图讲坛与 21 世纪教育研究院、搜狐教育、单向空间等机构合作推出“为生活重塑教育”主题沙龙，邀请梁鸿、杨东平等文津图书奖获奖作者以嘉宾对话的形式进行现场交流，同期推介每个主题相关获奖图书。

举办多种线上线下互动，调动普通公众参与的积极性。围绕第十届文津图书奖，先后举办“第十届文津图书奖读者荐书”“与大师同品味，和书友共分享”读者竞猜线上投票线下参与活动，赠送文津精美纪念品和文津读书沙龙听讲门票，读者踊跃参加。

与京港地铁合作开展两个月的“M 地铁 · 图书馆”“文津十年”主题活动。精心设计地铁图书馆移动阅读专题页面，在站内灯箱、专列、备用房等场所通过图文和视频等媒介集中展示和呈现文津图书奖获奖及推荐图书。另外作为北京市首个地铁图书馆落户项目，“文津十年”主题活动中还首次开放地铁实体图书馆的现场借阅服务，乘客凭证件可以免费借阅《邓小平时代》等历届文津图书奖获奖实体图书，受到媒体和公众的广泛好评。

出版《又见文津——历届“文津图书奖”获奖图书书评集萃》。由国家图书馆出版社出版，内容汇集任继愈先生、王蒙先生文津图书奖寄语，历届总序和获奖图书书评 111 篇。

开设“国图公开课 · 读书推荐”专栏，邀请十几位文津图书奖评委和获奖作者分享好书，推荐阅读。

出版《文津听书》有声读物系列。主动联系历届文津国书奖获奖作者捐赠图书版权 10 种，并与盲文出版社、中央人民广播电台共同制作有声读物《文津听书》第二辑《拾贝集》等文津图书奖获奖图书有声书 3 种。

举办第十届文津图书奖获奖图书展暨历届回顾展。4 月 23 日至 5 月 23 日，第十届文津图书奖获奖图书展暨历届回顾展在国家图书馆总馆和多家地方图书馆同步举办。最后统计，全国共有 80 多家地方图书馆参与巡展，甘肃省等多地还将展览推广到基层，如榆中县图书馆举办文津科普图书进校园等各种活动，深受读者欢迎。

十二、重大展览

（一）炫彩童年——中国百年童书展

5 月 27 日，“炫彩童年——中国百年童书展”在典籍博物馆开幕。展览由国家图书馆主办，国家图书馆少年儿童馆、国家图书馆展览部联合承办，北京师范大学中国儿童文学研究中心协办。国家图书馆副馆长、党委副书记刘惠平，北京师范大学文学院教授、中国儿童文学研究中心主任王泉根，中国图书馆学会未成年人图书馆服务专业委员会副主任、天津市少儿图书馆馆长李俊国先后致辞。来自全国各级公共图书馆、少年儿童图书馆的 50 余位馆长出席活动。

从清末至今，我国儿童读物的创作和出版走过百余年，留下许多如星光般璀璨的儿童书籍。这些脍炙人口的精品佳作为广大少年儿童提供了丰富的精神食粮，哺育一代又一代人健康快乐地成长。本次展览从百年来浩如烟海的儿童读物中精选出一百余册书籍展出。这些优秀的童书代表我国儿童读物的最高水平，皆是耳熟能详的大家之作。它们彰显中国百年童书发展历程中不同时期儿童读物的风貌，具有鲜明的时代印记。

本次展览横跨百年，集趣味性、学术性于一身，集中展示各个时期代表性强、艺术水平高、影响力深远的经典童书。展览将我国百年童书史按照时间脉络分为晚清时期儿童读物、民国时期儿童读物、新中国成立至“文革”时期儿童读物、70 年代末至 90 年代儿童读物以及新世纪以来儿童读物 5 个单元，展现童书绚丽辉煌又艰难曲折的发展历程。每个展览单元既有提纲挈领的文字说明，简明扼要勾勒出该时期我国童书发展基本状况，也有能够代表这个时期特征、深受广大少年儿童喜爱的作家和作品说明。这些经典童书作品涵盖图书、期刊、报纸、音像等各种童书载体，囊括童话、小说、诗歌、散文等多种体裁，包含战争、科普、校园、科幻等多种题材。这些童书展品充分体现我国儿童读物百花齐放、异彩纷呈的繁荣发展局面。

炫彩童年——中国百年童书展

除常规展板和展品相结合的展览形式外，为营造活泼的展览氛围，增添展览的互动性和体验感，主办方在展厅中特别设计2个阅读体验区和1个多媒体放映区。阅读体验区摆放文津图书奖获奖童书等优秀少儿读物，多媒体放映区循环展播多部由少儿读物改编的经典影视作品。参观展览之余，观众可在这3个区域进行自主阅读和体验。

（二）非遗传承　人人参与——2015中国非物质文化遗产摄影展

6月12日，由文化部主办，国家图书馆（国家典籍博物馆）和《中国摄影家》杂志社承办的“非遗传承　人人参与——2015中国非物质文化遗产摄影展”在国家图书馆典籍博物馆第三展厅正式拉开帷幕，展期为期1个月。在第10个文化遗产日到来之际，在国家图书馆举办本次非物质文化遗产摄影展，用优秀摄影作品启迪公众心灵，使观众通过感受摄影家镜头下瑰丽多彩的非物质文化遗产，珍视祖先的天才创造，自觉地参与到非物质文化遗产保护中来。

观众参观2015中国非物质文化遗产摄影展

国家图书馆作为国家总书库，保存了古今中外大量非物质文化遗产的文献资料。为进一步深入履行其“传承文明、服务社会”的宗旨，近年来，国家图书馆积极配合文化部非遗司的非遗保护工作，以“我们的文字”“蚕丝织绣”“中国年画”“大漆髹饰”等几个方面为主题，将与这些非物质文化遗产相关的口头传统、传统表演艺术、民俗活动和礼仪、传统手工技艺等与国家图书馆的馆藏文献相结合，组织开展一系列形式多样、丰富多彩的展览、展演、讲座、论坛等活动，多方位、多角度地展示我国丰富的非物质文化遗产资源，宣传我国非物质文化遗产保护成果。

（三）铁军魂·中华情——纪念中国人民抗日战争胜利七十周年图片摄影展

9月25日，由北京市委党史研究室、中国艺术节基金会和北京新四军暨华中抗日根据地研究会联合举办的“铁军魂·中华情——纪念中国人民抗日战争胜利七十周年图片摄影展”在国家图书馆开幕。第十五届中央政治局委员、中央军委副主席迟浩田，北京新四军研究会名誉会长万海峰，第十二届全国人大法律委员会副主任委员张海阳，第十一届全国政协委员钱海皓，北京新四军研究会会长陈昊苏、常务副会长邓淮生，国家图书馆馆长韩永进，北京市委党史研究室主任李良，中国艺术节基金会会长田建平，以及新四军老战士和读者代表共300余人出席开幕式。

本次展览采用大量珍贵的历史老照片与精心遴选的新照片，运用讲故事的形式，把新四军在抗日战争时期，在华中敌后战场与日伪军浴血奋战、英勇不屈的历史史实展现给观众。展览分为：华中砥柱，奋斗牺牲；精忠报国，血肉长城；鱼水情深，老区新貌；铁军精神，传承弘扬4个部分，其中还特别展示《掩不住的阳光》手稿原件及新四军相关馆藏文献。

《掩不住的阳光》手稿捐赠国家图书馆

开幕式上，开国将军乔信明、于玲夫妇创作的长篇纪实小说《掩不住的阳光》手稿正式捐赠国家图书馆。作者子女代表乔阿光、乔泰阳和韩永进馆长互赠手稿与捐赠证书。家属代表乔泰阳发言，介绍乔信明夫妇创作该纪实小说的经过以及小说手稿几经辗转、历经周折的流转过程。作为方志敏的狱中难友，乔信明将军以亲历者和见证者的身份，和夫人于玲共同创作长篇纪实小说《掩不住的阳光》，记录方志敏烈士领导被捕同志开展狱中斗争的史实，具有珍贵的史料价值。

（四）“甲骨文记忆”主题展览

10月14日，由国家图书馆（国家典籍博物馆）主办的“甲骨文记忆”展览在国家典籍博物馆第五展厅、第六展厅开展。

国家图书馆的甲骨收藏至今形成35651片的规模，其中不乏罗振玉、孟定生、郭若愚、刘体智、胡厚宣等名家旧藏的珍品，收藏量约占存世总量四分之一，是目前世界上收藏甲骨最多的单位。甲骨作为中国现存最早的文献，是目前追溯中国典籍发展的源头，对于国家典籍博物馆具有非同一般的意义。如此大规模、高规格地集中展示甲骨，这在国内尚属首次，所展甲骨优中选优，所取甲骨体量大、刻字清晰、代表性强，材质上选取象骨、人头盖骨、龟甲和其他兽骨，全方位

"甲骨文记忆"主题展览

地展示高质量的甲骨实物，让观众得到完美的视觉享受。

展览分为"重现的文明""神秘的文字""传奇的王国""探索的旅程"4个部分，从不同角度探寻甲骨文的发现、特点、时代背景和研究成果。"重现的文明"采用探秘的方式，让观众走进甲骨文发现之旅，体会它在世界引起的重大影响；"神秘的文字"使观众了解甲骨文制作方式和甲骨文特点；"传奇的王国"以独特的视角，为观众呈现甲骨文所处的殷商社会以及有字甲骨对于探寻和研究殷商社会的作用；"探索的旅程"介绍目前世界各地的甲骨文收藏情况，展现新中国成立以来，甲骨文研究不断深入，成就卓著。文字风格追求通俗易懂、生动活泼，以最少的文字向观众传播最大的信息量。

本次展览通过甲骨的展示，还原商代的相关历史文化信息，满足研究者、甲骨爱好者观赏多类型甲骨实物的需求。展出后反响十分热烈，不仅得到新闻媒体、社会各界的广泛关注，也吸引国内外不同年龄段、各种职业的参观者。

十三、新入藏珍贵文献

（一）三件早期刻本佛经

2014年秋季，北京保利国际拍卖有限公司上拍三件早期刻本佛经，分别是晚唐五代刻本《金刚般若波罗蜜经》一卷、五代后唐天成二年（927）刻本《佛说观弥勒菩萨上生兜率天经》一卷、五代北宋初刻本《弥勒下生经》一卷。经馆外古籍文献专家两轮鉴定，并得到文化部、财政部、国家文物局、北京市文物局、保利公司等单位鼎力协助和支持，这三件早期刻本佛经于2015年2月正式入藏国家图书馆。

1.《金刚般若波罗蜜经》一卷，（后秦）鸠摩罗什译，晚唐五代刻本

《金刚般若波罗蜜经》，简称"金刚经"。早期大乘佛教经典。魏晋之际，佛教般若经典已在中原译出，般若学说开始广为流传，般若"空""无"学说与门阀氏族、社会名流的玄学空谈、风度超逸相结合，两种思想相互激励，有力地促进了般若空义思想的发展。

在中原地区，《金刚经》相继六次译为汉文：第一后秦鸠摩罗什译《金刚般若波罗蜜经》；第二北魏菩提流支译《金刚般若波罗蜜经》；第三南朝陈真谛译《金刚般若波罗蜜经》；第四隋达摩笈多译《金刚能断般若波罗蜜经》；第五唐玄奘译《能断金刚般若波罗蜜多经》；第六唐义净译

《佛说能断金刚般若波罗蜜多经》。

鸠摩罗什（343—413），龟兹人。祖上为印度婆罗门族，父鸠摩罗炎为龟兹国师。建元二十年（384），罗什被吕光虏至凉州，留拘十七年。弘始三年（401），后秦攻陷凉州，罗什被迎请至长安。自弘始四年（402）始，罗什在长安翻译佛经，至十五年（413）逝世止，前后翻译佛经三百余部。鸠摩罗什译本后代流传最广。

本件卷轴装，首残，尾全。全长367厘米，纸高24.5厘米，四周单边，无界栏。第十、十一、十二、十三纸存版片号。卷尾存尾题“金刚般若波罗蜜经”，题后有“金刚经陀罗尼”“转经回施文”。经文后有刻工名“李仁锐雕印”。

全件存8纸，每纸27行，行14至15字。每纸长度如下：

第1纸：09.5厘米，05行；

第2纸：51.5厘米，27行；

第3纸：51.0厘米，27行；

第4纸：50.9厘米，27行；

第5纸：51.8厘米，27行；

第6纸：50.5厘米，27行；

第7纸：50.0厘米，27行；

第8纸：50.7厘米，24行；

本件文献内容保存晚唐五代传本所具有的特点。本件字体保存比较浓郁的唐代写经风格。本件雕刻刀法细腻，比较准确地保留了书写者的风格。

本件版式尚保存写本时代诸多特点，但其印刷用纸张、雕版风格和雕版技术等方面已渐趋成熟，堪称中国早期雕版印刷技术的重要标本，具有重要文物价值。

2.《佛说观弥勒菩萨上生兜率天经》一卷，（南朝宋）沮渠京声译，五代后唐天成二年（927）刻本

《佛说观弥勒菩萨上生兜率天经》，简称“弥勒上生经”“上生经”。本经主要叙述弥勒菩萨命终往生兜率陀天，教化诸天，昼夜六时说法。宣说天宫庄严妙丽，清净快乐，往生兜率陀天、称念弥勒菩萨名号诸种功德利益。

魏晋间，弥勒经典传入中原，以翻译和抄写弥勒经典、绘制弥勒形象、开凿和供养弥勒造像为内容的信仰活动，在中国社会各阶层逐渐传播，形成弥勒信仰，并演化成为中国佛教的净土信仰。

沮渠京声，祖先天水郡临城县胡人，河西王沮渠蒙逊从弟。幼禀五戒，锐意内典。少年时代，跋涉流浪到于阗国求访佛教，学习梵文。东归途中，在高昌郡求得“观世音观经”“弥勒上生经”回到凉州，并译为汉文。北魏攻陷凉州时，沮渠京声南奔，避祸刘宋。常以居士身份与止塔寺僧人往来，并在此将已初译的“弥勒上生经”等改定传写，成为弥勒信仰主要经典之一。京城内外、僧俗“咸敬而嘉焉”。刘宋大明年末（464），沮渠京声病逝于建康。事迹见梁僧佑《出三藏记集》卷第十四。

本件卷轴装，首残，尾全。全长 123.6 厘米，幅高 26.5 厘米，经文 69 行，每行 17 字。全卷存四版，版片号为第八、九、十、十一；上下单边，下边栏外刊版片号。四版尺寸为：

第八纸：20.5 厘米，经文 12 行；

第九纸：31.5 厘米，经文 19 行；

第十纸：31.3 厘米，经文 19 行；

第十一纸：30.8 厘米，经文 19 行；

经文后存拖尾 9.5 厘米。卷尾存原轴，轴头涂棕色漆。卷末存尾题“佛说弥勒上生经一卷”，并存造经功德衔名“功德主讲上生经僧栖殷”，刻工“雕经人王仁珂”，刊经题记“天成二年十一月日邑头张汉柔”。

本件文献内容渊源于唐五代时期北方地区流传的写本。字体风格保留许多民间俗写和古朴书法。雕版特色具有典型北方地区粗犷、硬朗的雕刻刀法。本件版片编号反映早期雕版书籍版式已经趋于成熟。

本件雕版于五代后唐天成二年（927），是继敦煌藏经洞所出唐咸通九年（868）雕版印刷《金刚经》之后，世界上现存有明确纪年的第二件雕版印刷书籍，其年代较咸通九年《金刚经》晚 59 年，是中国早期雕版印刷的重要实物证据，具有极高的文物价值。

3.《弥勒下生经》一卷，（后秦）鸠摩罗什译，五代北宋初刻本

《弥勒下生经》，又称“佛说弥勒下生成佛经”，一名“弥勒当来成佛经”。本经内容主要叙述弥勒菩萨下生、成道、说法等事。经文描述弥勒将来下生此世界，于龙华树下，三会说法、救度众生，自己亦生此世界，于龙华树下听受说法成佛。

该经历史上有多种译本，本件为鸠摩罗什翻译。本件首残，尾全，上下单边。全件总长 152.6 厘米，高 26.8 厘米，存两版六纸，经文 87 行。第一版长 46.5 厘米，2 纸 27 行；第二版长 106.1 厘米，4 纸 60 行。经文后存尾题“弥勒下生经”。卷尾存原轴，轴头涂黑漆。

本件装帧特点为经板长、印刷纸张短，每版皆多纸先拼接、后刷印。本件古时已残破严重，卷背用五代寺院文书托裱，文字向内黏贴，文书中保存有五代年号。本件字体较为规整，反映该时代写版工艺已经达到相当成熟阶段。雕版细腻、精致，反映五代北宋间雕版技术已经趋于成熟。

本件是中国早期雕版印刷书籍的重要实物证据，反映雕版印刷书籍开始摆脱原始状态，走向成熟。

（二）林洙与费慰梅往还书信等手稿资料

2015 年 11 月 24 日，林洙女士向国家图书馆无偿捐赠费慰梅与林洙往还书信等手稿资料，共计 277 种 416 叶。

费慰梅（Wilma Canon Fairbank，1909—2002），研究中国艺术和建筑的美国学者，是历史学家、中国问题观察家费正清（John King Fairbank，1907—1991）的夫人。1932 年，费正清夫妇来到北平，初识梁思成、林徽因夫妇，两家结下深厚友谊。然而在朝鲜战争爆发之后，费、

梁两家音讯中断。1971 年 4 月 10 日，美国乒乓球队访华，打开隔绝 22 年的中美交往大门。4 月 16 日，费慰梅致信梁思成，表达她与费正清重访中国的强烈愿望。此时梁思成已被打成“反动学术权威”，幸得周恩来关照，被送至北京医院住院治疗。梁思成接信后将其翻译，托林洙送交清华大学建工系“革委会”，请求如何答复，却杳无音讯。梁逝世前对林洙说：“等到中美建交的时候，你一定代我向费正清先生和夫人祝贺。”1979 年 1 月 1 日，中美正式建交。同月，林洙写信向费正清夫妇祝贺。在“文化大革命”刚刚结束的那个年代，林洙与费慰梅通信仍冒着极大的风险，但怀着对梁思成、林徽因与费正清、费慰梅友谊的敬意，和对梁思成深深的爱，林洙义无反顾。从此，林洙与费慰梅保持了近二十年的鸿雁往来，直到 1997 年下半年费慰梅因病不能执笔。

林洙 1962 年与梁思成结为连理，从此二人相知相伴，不离不弃，共同走过艰难的人生岁月。梁思成逝世之后，林洙倾注大量心血整理出版梁思成著作，同时还撰有《建筑师梁思成》《梁思成、林徽因与我》《中国营造学社史略》等作品。费慰梅与林洙之间的通信由林洙较为完整地保存下来，主体是 1979 年至 1997 年费慰梅来信原件及林洙去信信底，以及两封费正清致林洙的书信。除费、林通信外，捐赠文献还包含 1956 年 12 月 30 日梁思成致费慰梅书信复印件，1971 年 4 月 16 日费慰梅致梁思成信的译稿（复写稿），1971 年 4 月 25 日梁思成致建工系“革委会”的信（复写稿），最末是 2002 年费慰梅逝世之后，林洙与费慰梅女儿 Holly 之间的通信，前后历史脉络清晰。此批文献已由林洙联系出版，准备付印。作为珍贵的史料，它见证了中美两国人民的友谊，见证了两个家庭的变迁，让人常读常新。

（三）《荣福圣母玛利亚的玫瑰经》（意大利文）

《荣福圣母玛利亚的玫瑰经》（意大利文），1582 年意大利威尼斯出版。

圣母玛利亚由于天主上智预定，感圣神而孕，成为救主耶稣的母亲，在基督教中占有特殊地位，但基督教原始教义并没有圣母崇拜的痕迹，《圣经》中相关的记载也非常简略。后来，在基督教传播的过程中，圣母崇拜才逐渐成为基督旧教即天主教的一个重要的宗教传统。中世纪时，圣母生活的事迹衍化为圣母领报、圣母升天等重要的节日，而《玫瑰经》正是在这个过程中逐渐形成，并最终在 16 世纪由教宗庇护五世（Pius V）正式颁布的。

《玫瑰经》（Rosarium Virginis Mariae）是天主教徒用于敬礼圣母玛利亚的祈祷文。“玫瑰”一词，来源于拉丁语“Rosarium”，意为“玫瑰花冠”或“一束玫瑰”。之所以取名为《玫瑰经》，乃因为玫瑰花是花中之巨擘，其他群芳没有能与之媲美的，又因为玫瑰花清净芬芳，好似圣母玛利亚之德馨，因而将荣福圣母玛利亚的经书称之为《玫瑰经》。《玫瑰经》共计十五端，即欢喜、痛苦、荣福各五端，分别为圣母领报、圣母往见圣妇依撒伯尔、圣母献耶稣于主堂等。

馆藏《玫瑰经》书前有安德烈·扎纳蒂 1573 年 3 月 25 日写于罗马，敬献给多明我会会长塞拉菲诺·卡瓦利（Serafino Cavalli）的序言。正文为《玫瑰经》的经文。1582 年由威尼斯著名书商乔瓦尼·瓦里斯科（Giovanni Varisco，ca.15??-1590）和吉罗拉莫·弗兰奇尼（Girolamo Francini）出版。16 开，羊皮精装，首收木刻版画扉页一幅，内收整页木刻版画 19 幅，版画线条细腻清晰，生动地表现了主耶稣和圣母的有关事迹。装饰大写首字母，或以花叶纹饰，或为场景小图，每页印有印贴，印刷精美，保存状况良好。国家图书馆所藏《圣经》版本甚多，然《玫瑰经》缺藏。此书可补充馆藏，同时由于出版年代早，具有重要的文献价值和美学价值。

（四）《西洋小说发达史略》（英文）

《西洋小说发达史略》，（英）吴可读著，1933 年北平出版。

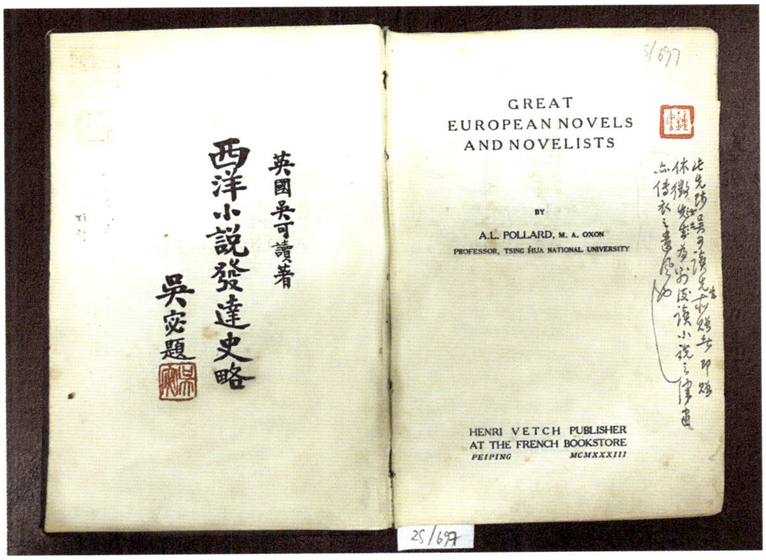

新入藏珍贵文献之《西洋小说发达史略》

吴可读（A.L.Pollard-Urquhart，1894—1940），英国牛津大学硕士，1923 年 8 月始任清华学堂英语教授，抗战期间受聘于昆明西南联大教授，1940 年任上去世，将全身心都投入中国外文教育事业，培养大批人才，钱钟书和季羡林便是吴可读在清华讲授英文时的学生。

吴可读将自己在清华授课期间的讲稿整理而成 Great European Novels and Novelists（《西洋小说发达史略》），1933 年由北平法文书店（The French Bookstore）亨利 · 魏智（Henri Vetch）出版发行，主要介绍英、法、德、意、西、俄等国的知名小说家及其作品。成书烫金字精装，封面上印“英国吴可读著　西洋小说发达史略　吴宓题”字样，书后附录当时已然翻译成中文的“作家和作品中英文对照目录”（叶公超编写）。实际上，吴宓不仅为吴可读题写书名，而且连中文名也由他确定。同年，钱钟书在《中国评论家》第六期发表书评，指出吴宓题写的中文书名略有误导之处，因为该书涉及面远比中文书名所蕴含的范围要窄。接着钱先生指出该书侧重于谈论欧洲大小说家及其作品，并未提及美国小说，建议易名为《欧洲伟大的小说家和小说》更为妥帖。关于此书，钱钟书评价说：“作为一本主要是学生使用的教材，这本书是令人钦佩的；该书目前在中国几乎是独一无二的，在未来相当一段时间也可能同样如此。”尽管书中也有讹误，但在当时的学界，仍是不可多得的英文学习课本。

此书国家图书馆有藏，但该本特殊之处在于扉页有著者吴可读赠予钱钟书先生的题赠文字，题名页有钱钟书先生钤印、亲笔题记，以及书中钱先生铅笔亲书批注约计四十余页，其版本意义非比寻常。目前国家图书馆尚无钱先生手稿入藏，此批校本可补缺憾。

（五）西夏文文献

2015年5月，国家图书馆购藏一批珍贵的西夏文古籍文献，包括西夏文纸本文献18包，其中8册较为完整，其余残片亦有百余叶，另有37个“擦擦”，以及五佛冠等装饰物6件。这是近些年来发现的数量最大、内容最丰富、版本与装帧类型最多的西夏文古籍文献。

这批七八百年前的西夏文古籍包含西夏和元朝两个时期，以刻本为主，也有不少写本，分卷轴装、经折装、包背装、缝缋装等多种装帧形式，内容涉及宗教、政治、经济、文化、艺术等诸多方面，为国内西夏研究提供新的第一手资料，具有重要的文献及文物价值。其中，就保存较为完整的抄本《碎金》而言，国内罕见，仅敦煌研究院藏有20世纪90年代敦煌莫高窟北区出土的28纸残叶。西夏谚语《新集锦合辞》则属国内首见。值得一提的是，1909年在内蒙古额济纳旗黑水城遗址曾经出土两种《碎金》抄本和一种《新集锦合辞》，可惜均被俄国探险队劫往圣彼得堡，现藏于俄罗斯科学院东方文献研究所（圣彼得堡）。因此，此次入藏的《碎金》与《新集锦合辞》，填补了国内的典藏空白。另有写本《三才杂字》，亦十分珍贵。此次入藏品中有很多西夏文佛经，品类很多，也十分珍贵。其中有的佛经发愿文涉及西夏的帝师、国师以及元代初期印刷西夏文、藏文、汉文三千部佛经事，至关重要。西夏王朝历史资料稀缺。这批新的西夏文资料的入藏，丰富了西夏的历史文化遗产，有助于对西夏历史文化的深入研究。

国家图书馆历来重视中国少数民族文字古籍的搜集、保护与研究，对西夏文古籍文献的保护与整理工作起步更早。早在1929年，本馆即以重金购入一批西夏文古籍文献，由此一举成为国内收藏西夏文古籍最多的公藏单位。

（六）山东摩崖刻经拓片

2015年，国家图书馆购藏一批非常重要的拓片——山东邹城四山摩崖石刻拓片。四山摩崖刻石，即山东省邹城市东北小铁山、岗山、葛山、尖山之摩崖诸刻石。四山摩崖刻石一直以来深受历代学者和书家的重视，清末著名学者叶昌炽在他的代表作《语石》卷四中说：“邹峄之间尖山，亦武平中刻，葛山、冈山、小铁山诸经，皆周大象中刻，世谓之四山摩崖。其字径尺，妥帖力排奡，巨刃摩天扬。”叶氏给予四山摩崖以很高的评价。

此批拓片共9种47张拓片，皆为整幅，拓工精良，弥足珍贵，对丰富馆藏具有非常重要的意义。

从形制上来看，此批拓片皆为整幅拓本，整幅本不仅椎拓非常困难，重要的是保存了摩崖刻石的完整信息，较之于单字拓本，更能体现摩崖石刻的整体风貌和非凡气势。特别值得一提的是葛山摩崖刻经《维摩诘经》，原石在邹城葛山西麓，刻经面纵2100厘米，宽850厘米。传拓者将此经拓为十纸，每纸纵2073厘米，宽67厘米，蔚为壮观。

从内容上来看，佛教自两汉之际传入中土，到南北朝时期开始进入兴盛发展阶段。佛教传入中国后，公元三世纪中期开始镌凿石窟，随着石窟的镌凿和宣传佛法、诵念佛经的需要，窟内便出现书写的佛经。大规模刻经是从北齐废帝乾明元年开始，直到北朝结束，刻经仍盛而不衰。邹城四山摩崖是我国重要的佛教石刻之一，所刻皆为佛教经典篇目，如峄山《文殊师利所说般若波罗蜜经》、葛山《维摩诘所说经》、岗山《入楞伽经》《佛说无量寿佛经》等。这些刻经文字虽然不全，但是却保留了佛经的古老版本，为我们了解当时佛教的传播和发展提供非常宝贵的资料。

从书法艺术上来看，魏晋南北朝是中国书法史上的第一个高峰，这一时期书法的主旋律是隶、楷的错变。刻经所处的北朝后期，书坛上早已完成隶书向楷书转化的关键环节。此时期的魏碑书法，隶意已经脱尽，楷法相当成熟，而北朝刻经却表现出隶楷杂糅的特殊风格。这种风格在我国书法史上呈现出独特的审美内涵，无不透露出魏晋以来佛教空性思想和玄学文化影响的简约玄澹、超然绝俗的风骨。这种书风既保留隶书开张洞达的体势，又吸收魏碑的峻厚，从而达到安详、简约、含蓄的审美效果。正如康有为在《广艺舟双楫》中所说："尖山、冈山、铁山摩崖，率大书佛号赞语，大有尺余，凡数百字皆浑穆简静……《四山摩崖》通隶楷备方圆，高浑简穆，为擘窠之极轨也。"

基础业务工作

- 文献信息资源建设
- 文献信息资源组织
- 文献信息资源保存与保护
- 年度掠影

基础业务工作

一、文献信息资源建设

（一）中文文献

1. 中文图书：接收缴送 367669 种 996944 册，较 2014 年种数增加 7.97%，册数增加 9.24%。购买 159488 种 332398 册，较 2014 年种数增加 19.12%，册数增加 18.99%。接受赠送 10698 种 16343 册，较 2014 年种数增加 67.65%，册数增加 45.62%。补藏原缺中文图书 7402 种，较 2014 年增加 0.6%。

2. 学位论文：采访 218876 种，较 2014 年增加 1.97%。其中博士论文 52886 种，博士后报告 7290 种，硕士论文 158700 种。

3. 台港澳文献：采访图书 22110 种，较 2014 年减少 4.98%；采访台港期刊 893 种 7911 册，较 2014 年种数增加 41.3%，册数减少 17.34%；采访报纸 89 种 25685 期，较 2014 年种数减少 1.11%，期数增加 5.9%。

4. 中文期刊报纸：入藏期刊 10716 种 568212 册，较 2014 年种减少 0.6%，册减少 1.98%；入藏报纸 1513 种 588413 册，较 2014 年种减少 0.1%，册减少 0.03%。

5. 音像制品和电子出版物：接收缴送 10316 种 43000 盘，较 2014 年种增加 3.06%，盘增加 74.46%。购买补藏 2380 种 5626 盘，较 2014 年种增加 51.2%，盘增加 2.3%。接受赠送 247 种 709 盘，较 2014 年种增加 929.2%，盘增加 317%。

6. 中文资料：采访非正式出版文献 7703 种 7923 册，较 2014 年种增加 6.12%。存疑文献 850 种 889 册，较 2014 年种减少 14.83%。

（二）外文文献

1. 西文文献：订到图书 51875 种 53846 册，与 2014 年册数基本持平；UMI 缩微平片 5694 种，较 2014 年种数增加 18.67%，验收登记其他缩微文献（传记、档案类）60 种 2360 件；补订中国学文献 1650 种。

2. 东文文献：订到日文图书 20029 种 20267 册，较 2014 年册数增加 4.79%，补订日文中国学文献 1600 种；订到东文图书 5073 种 5261 册，种数增加 5.36%（其中阿拉伯文图书 985 种 1080 册；韩文图书 648 种 648 册；越南文图书 768 种 812 册；泰文图书 728 种 731 册；蒙文图书 543 种 584 册；马来文图书 289 种 290 册；印尼文图书 387 种 391 册；印地文图书 725 种 725 册）。

3. 俄文文献：订到 7067 种 7094 册，较 2014 年册数减少 5.73%。补订中国学文献 33 种。

4. 国际组织与外国政府出版物：订到图书 883 种 902 册，期刊 489 册，缩微平片 8197 种

29906片，光盘35种41盘。

5. 出版物交换：交换到各类型文献8481种22056册/件（其中图书4195种4310册，期刊1237种7405册，平片2594种7413张，随书光盘89种89盘，电子出版物8种37件，音像资料358种2802件）。

6. 外文报刊：订到外文期刊49771册，外文报纸19362份。

7. 外文实体电子资源：订到外文实体电子资源925种2022盘（其中西文实体电子资源787种1883盘，日文实体电子资源16种17盘，韩文实体电子资源122种122盘），较2014年盘数增加3.4倍。

8. 外文数字资源：开通外文试用数据库8个，完成新增3个数据库的开通链接交接工作；提交文献资源建设委员会数据库调整方案，停订数据库20个；完成PQDT学位论文的采选工作，订购1800篇。截至12月底，外文数据库总量为133个，开通远程访问的外文数据库总量为54个。

（三）古籍文献

2015年，采访各类古籍及特藏文献17266种47185册/件。其中：善本7种74册/件，新善本116种203册/件，手稿1045种1980册/件，外文善本21种37册/件，精装精印20种87册，其他597种4322册/件，金石拓片16种62册/件，西夏古籍器物61种61册/件（含文献18包、大小擦擦共计37个、僧帽装饰物6件）以及民文图书5623种14684册、期刊1073种9808册，敦煌资料699种887册，中文舆图1230种2268件，外文舆图788种812件，老照片1种1件，普通古籍4223种4342册/件，地方文献1746种7557册。

继续开展敦煌遗书数字化与数据库维护工作，完成418件敦煌遗书的数字化，上传图像19753幅，累计完成3366件敦煌遗书的数字化，上传图片总量已达140567幅；开展50万拍普通古籍数字化工作；完成馆藏印谱数字化75%的图像处理及相关元数据制作；完成62种馆藏舆图的数字化，以及相关元数据及关联数据的制作。

（四）缩微文献

全国图书馆文献缩微复制中心各成员馆全年共拍摄民国图书984960拍，报纸368209拍，共计1353169拍。其中国家图书馆完成拍摄民国图书874461拍，报纸172594拍，共计1047055拍。完成国家图书馆藏地方志数字资源转换缩微胶片1778种465428拍，其中转换黑白胶片1748种460129拍，转换彩色胶片30种5299拍。完成母片拷底13416卷，拷贝8554卷。完成民国文献10555种1921007页缩微数字化制作，善本6425种2159235页缩微数字化制作。

（五）数字资源

截至2015年年底，国家图书馆引进中文数据库126个（包括中文少儿数据库14个，残疾人数据库4个），与2014年相比，中文引进数据库总量减少1%。79个数据库获得馆外访问授权，与2014年相比减少2.5%。其中中文数据库包含：中文期刊2.1万余种（经查重），中文图书503664种984408册，中文报纸2300种（未查重），中文学位论文501万篇，中文会议论文516万篇，国家标准49149条，行业标准19489条，专题节目16300小时，学术性报告近5.104万场，多媒体课程11148学时，少儿多媒体教学课件125548个，音乐50万首，语言55942集，舞台艺术1100部3000小时，影视剧5000集，工具书11605册（未去重），年鉴30293册/卷，图片57.4万张。

（六）学术讲座资源

2015年完成讲座拍摄、视频编辑及资料数字化加工110场，文津经典诵读诗词音频制作310首。采集或收集口述史料约440小时、影音文献约260小时。

（七）移动服务资源建设

完成“掌上国图”手机特色资源建设，建设视频讲座资源139GB，学位论文数据248MB。完成手机门户3个专题的建设。续订“手机知网”“读览天下电子期刊”商业数据库。在“国家数字图书馆”应用程序中发布听书资源23862集。

二、文献信息资源组织

（一）中文文献

1. 中文图书：制作中文图书书目数据316692种，较2014年种数增加17.2%，其中普通图书书目数据201891种，少儿图书书目数据114795种，民国图书6种。新建名称规范数据109841条，完成规范数据与书目数据的同步挂接。完成中文图书加工1028634册（含光盘），较2014年增加10.38%。新建中文标准篇名数据2307条，维护中文标准篇名数据445条。

2. 学位论文：完成学位论文编目加工200866种，较2014年增加0.11%。其中博士论文40611种，博士后报告6926种，海外学位论文328种，硕士论文153001种。

3. 台港澳文献：完成图书编目加工21341种21547册，较2014年种数增加3.41%，册数增加4.4%；制作图书书目数据21809种，较2014年减少4.52%；完成期刊编目71种。完成报纸编目2种。

4. 中文期刊报纸：新编期刊书目数据220条，完成期刊加工568212册。新编报纸书目数据26条，完成报纸加工588413期。

5. 音像制品和电子出版物：完成登记加工12950种32213盘，较2014年种数减少5.2%，盘数增加21.6%；编目入库8906种18598盘，不含复本、附件，较2014年种数减少14.3%，盘数减少7.9%；制作书目数据8922条，较2014年减少14.7%。完成少儿音像电子文献编目送库1919种3443盘，较2014年种数增加24%，盘数增加19.3%；书目数据制作1919条。

6. 缩微文献：制作缩微品拷底片书目数据13162种，缩微品拷贝片书目数据14554种。

7. 中文资料：完成非正式出版文献编目加工 7710 种，较 2014 年增加 6.05%。完成存疑文献编目加工 850 种，较 2014 年减少 7.61%。

（二）外文文献

1. 西文文献：编目加工西文图书 56866 种 59891 册；UMI 缩微平片 5694 种，较 2014 年种数增长 18.6%；缩微胶卷 53 种 1728 卷。

2. 东文文献：编目加工日文图书 18921 种 19148 册，较 2014 年种数增加 6.95%；编目加工东文图书 7029 种 7271 册，较 2014 年种数增加 46%（其中阿拉伯文图书 985 种 1080 册，韩文图书 2604 种 2658 册，越南文图书 768 种 812 册，泰文图书 728 种 731 册，蒙文图书 543 种 584 册，马来文图书 289 种 290 册，印尼文图书 387 种 391 册，印地文图书 725 种 725 册）。

3. 俄文文献：编目加工图书 7001 种 7001 册。

4. 国际组织与外国政府出版物：编目加工图书 1004 种 1283 册，期刊 1 种 198 册，缩微平片 8963 种 28990 片，光盘 68 种 165 盘。各类文献编目加工较 2014 年种数增加 0.5%。

5. 外文报刊：新编目外文期刊 65 种。

6. 外文实体电子资源：编目加工外文实体电子资源 1743 种 4508 盘，附件 325 件（其中西文实体电子资源 1605 种 4369 盘，附件 325 件；日文实体电子资源 16 种 17 盘；韩文实体电子资源 122 种 122 盘）。

7. 书目数据回溯：美国政府出版物缩微平片书目数据回溯 44641 种 70705 册；东方小语种图书书目回溯数据 5995 种（其中马来文书目数据回溯 1275 种，印尼文书目数据回溯 4720 种）。东方小语种图书回溯书目数据单册挂接 41418 册（其中韩文图书 18528 册、越南文图书 11630 册、蒙文图书 5600 册、泰文图书 5660 册）。缩微阅览室未编目缩微文献书目数据回溯西文 13228 种 26251 件，完成俄文缩微制品书目数据回溯 1300 种 1300 件。外文实体音像电子资源书目数据回溯 10133 种。

（三）古籍文献

全年完成各类文献的数据编制 32233 条，其中：善本编目 2330 条（含提善书目数据），再造善本续编 559 条数据，新善本编目 148 条，手稿 462 条，外文善本书目回溯 1047 条，精装精印编目 20 条；完成中文舆图编目 1885 条、西文舆图 7443、俄文舆图 934 条、日文舆图 2492、老照片 1 条、年画 1000 条；民文新书 2025 条、回溯 4351 条；普通古籍编目 1128 条；线装家谱 1820 条、非线装家谱 453 条；石刻拓片 2653 条（含甲骨等）、墨迹类数据 1482 条。

继续推进已建数据库数据的日常维护、整合工作。删除已提善书数据 1179 条，修改古籍普查等工作中发现问题的数据 300 条，补充馆藏数据 1000 条。

数据库专项工作稳步开展，完成新旧家谱回溯书目数据 505 条，法帖子目校对及数据制作 1030 条，回溯整理契约文书 5135 件、编目 119 条，完成制作年画回溯书目数据 1000 条、外文舆图数据 10000 条；敦煌吐鲁番文献篇名数据整合项目，新建 NLC03 库篇名数据 2215 条，删除 NLC01 库篇名数据 4302 条。

（四）数字资源

1. 中文数字馆藏整合

针对图书馆半结构化数据和非结构化数据比重逐渐增加的变化，国家图书馆自2014年起开展数字馆藏文献资源整合工作，通过海量异构数字资源的融合、聚类和重组使资源从数据层面的揭示与描述向数据挖掘和知识发现转变，为构建科学合理的知识组织体系和提供智能化信息服务奠定基础。在《国家图书馆文献资源整合总体规划》及相应《实施方案》基础上，进行中文数字馆藏元数据改造，编制《数字馆藏元数据著录规范》并通过馆内外专家论证，细化“中文图书”“博士论文”“征集资源”“方正电子书”等数据库的元数据改造规则。全年完成元数据改造120万条，并对20%的数据进行抽检、核查和人工干预，改造后的元数据支持时间轴及地域轴等多维度的可视化展示，有利数字馆藏充分揭示和有效利用。

2. 元数据仓储

加强元数据仓储的汇集和管理，对各类资源的元数据进行清洗、整理、加工、组织及存储，为文津搜索系统及其他整合项目提供元数据。2015年共接收元数据40余批次，数据量2000万条，完成对数据的核查、登记、存储，更新映射规则，针对存在问题进行沟通反馈，并将符合发布要求的元数据提交文津搜索系统。为相关版权征集和数字化项目的开展，提取元数据62万余条。为“基层图书馆数字资源提升活动”整理元数据4000余条。将4000条中文图书元数据转换成DC，用于外事资源服务。

3. 数字资源门户系统（Metalib）和开放链接系统（SFX）管理与更新

全年完成23个中外文商业数据库的整合、发布，修改64个数据库的设置，累积修改和维护100余次，对系统进行核查和管理，每月检查所有资源链接的有效性。配合域名调整，及时更新门户系统60个资源库域名，修改网页49个602处，为读者正常访问数字资源门户提供了保障。提交《数字资源门户使用报告》，就具体工作内容、使用和服务情况进行总结和数据汇总，给出分析结果和进一步工作建议。根据利用SFX系统进行资源整合的要求，对国家图书馆自建资源库进行试验，分析中文电子图书、少儿文津奖图书、少儿图书和少儿新闻出版总署推荐图书的链接生成规则，年底已完成测试工作。检查SFX中所有已激活数据库的服务状态，并对SFX知识库更新升级至最新版本。

三、文献信息资源保存与保护

（一）数字信息保存与保护

1. 自建数字资源入藏

2015年，国家图书馆自建数字资源典藏库房正式入藏光盘69222盘，入藏量与上一年度基本持平。截至12月31日，自建数字资源典藏库房已累计入藏光盘54.7万盘，光盘信息已全部导入数字资源库房管理系统进行统一管理。

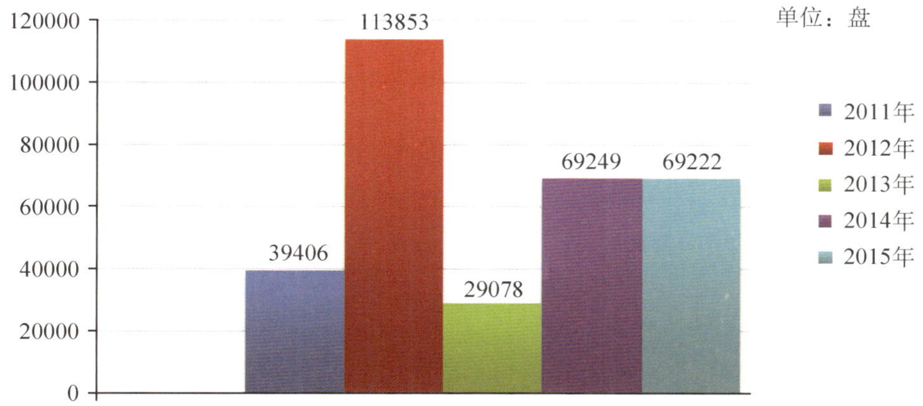

国家图书馆 2011—2015 年自建数字资源光盘入藏量对比

2. 数字资源长期保存

2015 年，共完成 IDP 数据、博士论文、电子报纸、数字方志、馆藏音像电子出版物、老照片、类书、民国期刊、年画、网页采集、中文图书、发布级数字资源，共计 12 大类 143946 册 21166862 页 163.5TB 的数字资源的长期保存。网络信息采集专题数据和国外网站数据压缩后总量为 13.96TB，已提交长期保存；完成缴送电子报纸数据的长期保存共计 1.96TB。截至 2015 年底，国家图书馆的长期保存数字资源总量达到 1310.7TB。

长期保存数据安全性检查依旧采用效率较高的全盘检查方式，对所有保存有数据的磁带介质进行检查。全年共完成 1285 盘次的检查，数据检查结果均正常，没有发现损坏数据，全面保障长期保存数据的安全性和磁带介质的健康性。

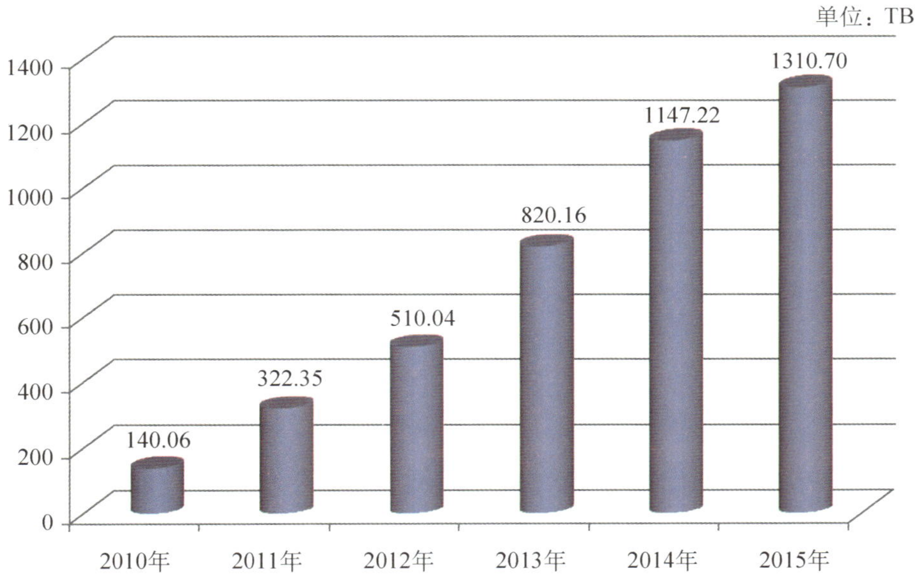

国家图书馆长期保存数据总量历年增长情况

（二）文献修复与保护

1. 文献修复

本年度在保证天禄琳琅修复工作顺利进行的同时，先后重点开展抗战文献修复，赴澳大利亚展览破损藏品修复，以及新入藏3件早期印刷品的修复工作。截至2015年11月，共完成馆内藏品修复586册/件，其中金石拓片276件，线装古籍56册/件，舆图5件，单张地契249张。馆外藏品修复1052册/件（其中含抗战文献1000叶）。

2015年6月，古籍馆文献修复组取得国家文物局“可移动文物修复资质”。这体现国家图书馆拥有精湛的文献修复水平，也标志着今后国家图书馆有资格承接包括文博系统在内的国内各类单位团体的纸质文献保护修复工作。

“馆藏三件早期印刷品修复用纸自行抄造”项目获批，并已启动实施。“拓片修复技术规范与质量要求”申请国家标准工作进入审核结项阶段。“古籍文献及修复用纸张纤维原料与显微图谱”“西文古籍传统烫金技术研究”两个项目进入结题阶段。

随着修复工作的全面恢复，针对工作中出现的问题，对修复室的设备布局和使用功能进一步改进和优化，进一步落实安全责任制度和工具材料领取登记制度，明确修复室每周一卫生扫除制度，细化卫生责任区。

已完成主要设备的采购和安装，抓紧时间进行调试工作。修复材料的采购工作也已基本完成。通过半年的工作，传统烫金工艺、传统大理石花纹纸制作工艺等西文文献修复技术攻关工作已取得初步成果。

受国家古籍保护中心办公室委派，作为指导教师，文献修复组多位专家先后承担或参与“第十八期全国古籍修复技术培训班”“广东省档案保护技术培训班”“全国第三期少数民族古籍修复技术培训班”等馆外培训课程的培训教学工作。在首都联合职工大学国家图书馆分校开设的“文物鉴定与修复专业”相关课程中承担大量的教学工作，总计200余学时。此外，2015年还以长期跟随工作的方式，为邯郸学院图书馆培训古籍修复人员2名，总计培训时长6个月。为国家第一历史档案馆培训学员1名，总计时长2个月。为安庆博物馆培训学员1名，总计时长3个月。为西藏自治区图书馆培训学员1名，时长1个月。

8月，举办古籍修复专家朱振彬收徒仪式。本年度继续拍摄教学片《杜伟生古籍修复技法》第二集，内容主要包括中国传统线装古籍修复、册页装古籍修复等。目前正在进行后期剪辑，预计总时长约60分钟。

2. 文献保护

继续对国家图书馆13个重点书库的温湿度进行每周监测，包括总馆四库全书库、善本书库（负二层、负三层）、典藏阅览部旧报库、旧刊库、基藏库五层、十四层、保存本库，古籍馆后二库、中三库、前五库、地方文献库和普通古籍阅览室等。检测5个重点库房的二氧化硫、二氧化氮和TVOC等有害气体2次，检测阅览室及办公室有害气体2次，检测空气微生物4次。购入20箱天然樟脑和部分防鼠药，投放于总馆、文津街馆区及天竺库房的重点库房。冷冻杀虫新入藏文献99批次，1400余箱又130包，共计45000册/件，冷冻函套5800个。

检测古籍馆装具22个，指标如下：冷抽pH值48个，白度15个，碱保留量15个，高锰酸钾14个。检测古籍保护中心纸样35种，指标如下：定量10个、厚度15个、白度17个、纤维成分32个、冷抽pH值11个、表面pH值18个，耐老化白度值下降5个，撕裂指数3个，帘纹5个，吸水性3个，伸缩率3个。

扩大古籍保护实验室面积，进行装修和设备调整，采购老化烘箱等设备。获得“古籍保护科技文化部重点实验室”授牌。获得国家文化科技提升计划项目一项：“文献用纸保存寿命评估体系研究”，经费总额72万，其中国家拨款50万。在研文献保护科研项目9项。完成国家标准《信息与文献　纸张上书写、打印和复印字迹的耐久性和耐用性　要求与测试方法》报批稿的上报和修改。编制国家标准《图书冷冻杀虫技术规程》和《古籍函套　技术要求》。在研民国时期文献保护项目“民国时期文献脱酸研究与脱酸设备研制”，研制完成整本批量文献脱酸设备。研究充氮、充空气和密封保存加速老化实验。

完成第五期《文献保护研究简报》。准备一期《文津流觞》文章稿件。搜集整理撰写《古籍保护新探索》相关文章。搜集整理国外文献保存保护相关研讨会议题。

接待国内外各单位参观学习20余次。赴英国国家图书馆交流甲骨保存保护项目，赴武汉参加档案虫霉防治一般规则专家讨论会，赴西安参加历史档案修复保护研讨会。参加技术培训和仪器推广学术会议。古籍保护中心培训班授课40余学时。举办第一期古籍保护技术培训班，共计5天30余课时。

2015年，国家图书馆除对库房进行常规巡视与检查外，还在天竺库房增设温湿度监测仪，加强天竺库房典藏文献的保存保护，并继续配合古籍馆监测民国文献库房的温湿度状况。同时，将文献流通过程中发现的破损文献装入脱酸纸袋保存，对脱落书标的文献进行补标。

为加强民国文献的保存保护，并使馆藏民国文献资源得到更有效的开发利用，提高馆藏民国文献资源的利用率及信息可获取量，2015年，继续加强馆藏民国文献的基础性保存保护工作。由民国文献库工作人员对残破民国文献进行筛选整理，对残页散页文献进行拼接整合，并加装防酸纸袋。与此同时，继续进行保存本与基藏本书库中遗留民国文献的清查提取工作，2015年共提取遗漏在两库的民国文献共计721册，配合中文采编部完成数据回溯后整理上架。

因国家图书馆基藏书库年入藏量达30万册，书库架位紧张，为满足未来文献入藏的需要，2015年开展文献外迁调整工作。7月14日至8月21日，基藏库1971—1988年西文科技期刊全部下架装箱，并外迁到天竺库房，共计搬迁期刊210788册，装箱6971箱，运输14车。8月22日至10月15日，基藏库西文科技期刊完成合流，共合流期刊194006册。

由于外迁文献数量多，周转空间小，工期紧，为确保工作安全顺利进行，国家图书馆制定《文献搬迁安全管理规定》，严格做到文献内迁外迁处处有监管、搬迁文献册册有登记。在文献外迁前，对天竺库区进行实地勘察，联系古籍馆对原库房物品进行清理和码放，制订《基藏库文献外迁工作方案》与《基藏库期刊合流调整方案》，并召开文献调整动员会。在此基础上，缜密安排，合理分工，科学管理，在保证正常开展读者阅览服务的同时，完成装箱、写箱标、装车、押运、天竺库房接收、期刊合流等全部工作。文献调整工作手续齐全，顺序精确无误，整个搬迁调整工作井然有序、有条不紊，所有环节可溯可逆。

把位于古籍馆临琼楼地下一层占用原母片库的临时办公区恢复为缩微胶片母片库，并对胶片藏品进行调整，新增78个胶片柜，所有报纸母片均已迁至新胶片柜中，同时对民国书及普通古籍胶片重新进行架位调整，母片库整体规划更为科学合理。

5月29日，“缩微文献长期保存保护研究”课题顺利结题，同时研发醋酸气体浓度的检测装置，检测库房环境。10月底完成《缩微文献保存保护条例（草稿）》的制定工作，根据《缩微文献保存保护条例（草稿）》，完成《国家图书馆缩微文献管理细则（草稿）》的制定。

年度掠影

【配合少儿馆格局调整采购少儿图书】

为配合国家图书馆少年儿童馆馆区格局调整，将现有的 5 万册 / 件增加到 8—10 万册 / 件。2015 年 3 月，中文采编部在有限的时间内，使用现采和订购双头推进的方法，圆满完成少儿馆馆藏增采任务。共采购少儿图书 6736 种 17149 册。采购的少儿图书主要包括读物和绘本，用以满足各年龄层小读者的阅读需求。

【参与新加坡中国文化中心图书馆建设】

为协助新加坡中国文化中心图书馆的建设，2015 年 8—9 月期间，中文采编部完成前期方案制订、选书、流程设计、系统测试，到后期的图书采购、编目加工、顺书装箱等一系列工作，为文化中心图书馆采购图书 8441 种 9981 册。

【元数据整合工作有序开展】

2015 年，新建及维护责任者规范数据 18059 条，题名规范数据 23481 条，删除规范数据 1051 条，关联相应书目数据 107061 条；完成连续出版物数据的关联挂接 12010 条。通过对规范数据的深度揭示与外部关联，实现相关图书、学位论文、缩微文献、音像制品、电子资源等在内的多载体、多类型文献的关联，构建以某一作品、学者为基础的知识网络。

【配合国务院教育督导委员会抽检博士学位论文】

根据《教育督导条例》和《博士硕士学位论文抽检办法》（学位〔2014〕5 号）有关要求，为保证博士生培养质量，7 月 20 日国务院教育督导委员会办公室决定 2015 年度抽检的博士学位论文继续从国家图书馆调用。国家图书馆学位论文收藏中心对分散在采访、编目、待装订库房、外包及保密等多环节工作流程中的博士学位论文逐一筛查，按照要求向国务院教育督导办公室提供相关博士学位论文电子文档 5435 种，圆满完成相关工作。

【加大音像资源接受捐赠宣传力度】

国家图书馆针对音像出版中定制出版、内部出版光盘不能通过新华书店采访的情况，主动寻访资源，通过认真宣传国家图书馆馆藏政策和意义，争取资源方的捐赠。2015 年，走访出版社、艺术团体、艺术类高校等单位，了解定制出版和内部出版的情况，并获得北京电影学院捐赠的《北京电影学院毕业联合作品》（DVD）共 9 套 151 盘，获得北京钧天坊古琴文化艺术传播有限公司捐赠资源“古琴名家名琴名曲系列”（CD）2 种 3 盘。

【中文引进数据库使用统计】

截至 2015 年年底，国家图书馆正式引进、有一定使用时间的中文数据库 126 个。其中：无法统计使用情况的有 27 个，占数据库总量的 21.4%；可直接或间接获取统计数据的数据库有 99 个，占数据库总量 78.6%。同 2014 年相比数据库总量同比减少 1%，可获取统计数据的数据库数量持平，不可获取统计数据的数据库数量减少 3.6%。

【加大中文商业数据库元数据收集力度】

中文商业数据库的元数据是图书馆开展资源整合的基础数据之一，元数据收集工作为国家图书馆的资源建设、数据整合与读者服务提供有力的数据保障。截至 2015 年年底，共获取 55 批次中文商业数据库元数据 25784860 条，其中新增 2 个推广数据库的元数据；共收集 81 个数据库的元数据，占中文商业数据库总量的 64%，其中全文型数据库 47 个、数值事实型数据库 19 个、多媒体型数据库 15 个。

【ISSN 中国国家中心完成罗马化数据库回溯性数据格式转换】

ISSN 中国国家中心历时三年将全部数据回溯性地由 ISSNMARC 转换修改为 MARC21，完成 ISSN 国际中心 Register 数据 1.39 万余条与本中心现有数据 1.4 万余条的核对和修改，补充新建数据 300 余条。截至 2015 年年底，罗马化数据库数据共计 15029 条。该项工作使得 ISSN 中国国家中心数据格式与国际中心数据完全接轨，全面提高数据质量，为今后各项业务发展奠定坚实的基础。

【RDA 中文元数据注册工作正式启动】

10 月，国家图书馆正式启动 RDA 中文元数据注册工作，首批完成 RDA 中文术语注册 230 个。元数据注册机制包括元数据检索与识别、集成与转换、复用与挖掘等，用以实现后续应用中多种元数据的互操作。外文采编部在获得 RDA 发展联合指导委员会的批准后，成立专项工作组，经过测试，完成取值词表部分元数据注册，为该项工作的后续开展提供范式。

RDA 元数据注册工作的启动始于 2007 年，由 RDA 发展联合指导委员会 JSC（现已更名为 RDA 指导委员会，简称 RSC）和都柏林核心元数据行动（DCMI）共同负责。RDA 注册包括元素集和取值词表两类，在开放元数据注册网站（Open Metadata Registry，简称 OMR）上完成，并逐步从英文元数据扩展到德文、法文、西班牙文等元数据的注册。

【出版物交换单位名址库改版升级】

20 世纪 90 年代，国家图书馆自主研制开发出版物交换单位名址库系统，用以存储图书情报机构的名称地址等信息。随着计算机代际更新速度加快，原系统已经不能适应新硬件标准下的运行环境，为此外文采编部组织名址库系统的改版升级工作，以消除数据存储的安全隐患，提升名址库软件服务水平。2015 年，出版物交换单位名址库的改版升级工作完成。升级后的名址库由数据库和管理系统两部分组成。数据库对所有名址信息进行存储和再组织，具有高性能、易扩展、易维护、少冗余、高安全性、高可靠性、一致性和完整性等特点；管理系统采用 web 版形式，实现名址信息的检索、打印和修改等数据管理功能，并可进行用户管理、权限管理等操作。与办公环境相适应的 web 版形式能够兼容 Windows XP 和 Windows 7 主流操作系统，并可在 IE6.0 以上版本（不含 IE6.0）的浏览器上实现访问，语言环境兼容中文（简体）、中文（繁体）、英文、俄文、朝鲜文、阿拉伯文、日文等字符，具有高效性、易用性以及相应的容错性。

【国际组织与外国政府出版物网络资源整合服务平台新增英文版界面】

“国际组织与外国政府出版物网络资源整合服务平台”是集资源导航与检索、用户交互于一体的网络服务平台，包含有联合国及其专门机构和相关机构、欧盟、经济合作与发展组织、亚洲开发银行、美国兰德公司、美国政府、加拿大政府等多家机构和外国政府的百余个资源库与数据库，涵盖各机构的网络资源信息，主要向国内研究型用户提供一站式信息服务。2015 年 11 月，国家图书馆完成该服务平台的英文界面开发建设工作，首次实现中英双语同步服务。在此基础上，该平台新增资源库 49 个，维护变更资源库 63 个，推荐新书目录 4 期，发布新闻动态 4 次，向到馆咨询读者提供代检索文献 76 次，占国际组织与外国政府出版物阅览室全年代检索课题的 91.6%，网络资源的用户覆盖范围持续增加。

【国家图书馆启动外文电子资源元数据清洗项目】

2015 年，国家图书馆启动外文电子图书和电子学位论文元数据清洗项目，累计完成电子图书元数据清洗 19806 种、电子学位论文元数据清洗 153813 种，通过元数据校验、规范控制、与对象数据链接、与馆藏中同作品其他载体表现关系揭示，实现虚拟资源与实体资源之间的整合。外文采编部与信息技术部就项目开展方式、工作流程、技术保障等达成共识，并成立项目管理小组，负责制定项目标准，开展项目培训，验收项目质量，使外文电子资源得到有效揭示。通过外文电子资源元数据清洗项目，外文采编部在继续推进跨科组协调机制的同时，进一步完善与机制配套的组织协调、培训学习和质量检查制度，使参与科组相互学习与交流，促进了全能型人才队伍建设。

【“中国记忆”项目开展“我们的英雄”“当代重要人物”等专题口述史料、影像资料等文献资源采集和收集工作】

2015 年，“中国记忆”项目继续开展专题资源建设工作。在“当代重要人物”专题中，对数学家丘成桐、文学家叶嘉莹、国家图书馆名誉馆长周和平等专家学者进行口述史访问，共获得视

对数学家丘成桐先生进行口述史访问

频素材约 65 小时。收集到黄华、赵朴初等当代重要人物采访录音带 372 盘，录音时长约 370 小时。收集到帅孟奇书信手稿 12 页，并采集手稿捐赠人、帅孟奇养女舒炜口述史料约 5 小时。“东北抗日联军”（第四批资源建设）采集东北抗联战迹地、密营影像资料共计约 10 小时。“我们的英雄”专题“抗倭英雄”相关非遗项目调研拍摄，调研 13 个非遗项目，采集影像资料近 200 小时。拍摄非物质文化遗产昆曲项目传承课 8 讲，获得视频素材约 16 小时。拍摄“我们的文字”专题东巴古籍文献项目相关纳西族传统新年影像资料，获得视频素材约 30 小时。

【美籍华人陈灿培夫妇无偿捐赠一批中外文地图】

2015 年 3 月，美籍华人陈灿培先生及其夫人李碧清向国家图书馆捐赠 50 种 58 件中外文地图，其中数量较多且较为珍贵的有第二次世界大战时期美国陆军航空兵使用的丝质航空路线图（AAF Aeronautical Chart 和 AAF Cloth Map 系列）、美国参与二战以后战争部每周发行的新闻地图（Newsmap）等。此外还有一定数量的 19 世纪末、20 世纪初的中国及其周边地区地图。这些珍贵的地图有助于帮助国内读者更多、更全面了解二战的形势和史实，是对国家图书馆现有二战时期文献的有利补充和完善。陈灿培夫妇一直致力于收藏二战时期的文物，包括书籍、地图和其他纸质文献以及各种实物。他们多次向国内的图书馆、博物馆等机构捐赠珍贵的二战文物，也多次向国家图书馆捐赠历史文献，主要包括地图、期刊、书籍等。

【黎玉藏革命历史文献捐赠国家图书馆】

2015 年 4 月，黎小弟先生向国家图书馆无偿捐赠一批其父亲黎玉珍藏的革命历史文献。黎玉（1906—1986），又名李兴唐。山西崞县（今原平）人。1936 年，被中共中央北方局派往山东，恢复和重建中共山东省委，并担任省委书记。“卢沟桥事变”爆发后，黎玉长期在山东领导抗日武装斗争。

此批捐赠文献共计 9 种 9 册（件）。最早的一种为江华 1934 年填写《党员登记表》。江华（1907—1999），湖南省江华县人。曾用名虞上聪、黄春圃、黄琳、黄春。1925 年加入中国共产主义青年团，1926 年冬转为中国共产党党员，为中国共产党党务工作和政法战线的杰出领导人。曾任最高人民法院院长、中共中央顾问委员会常务委员等职。该表格为油印件，钢笔手书。捐赠文献中还有一件中华苏维埃人民共和国中央政府主席毛泽东和中国抗日红军革命军事委员会主席朱德联名发布的《为反对卖国贼蒋介石阎锡山拦阻中国人民红军抗日先锋军东下抗日捣乱抗日后方宣言》，油印件，右上角有墨笔手书："这是最后修正之稿，请照此翻印"字样。1936 年 2 月 17 日，红军东征抗日，遭到蒋介石、阎锡山的重兵堵截，该宣言谴责蒋、阎破坏抗日的罪行，并号召结成广泛的抗日民族统一战线。此次捐赠的还有山东军区司令部印《一九四二年山东纵队军事总结报告》、中共中央山东分局印《六年来山东群众工作概括总结与今后任务》、山东军区政治部编《军区工作参考材料》等文献多种，皆为反映山东抗日革命根据地革命斗争的历史文献。

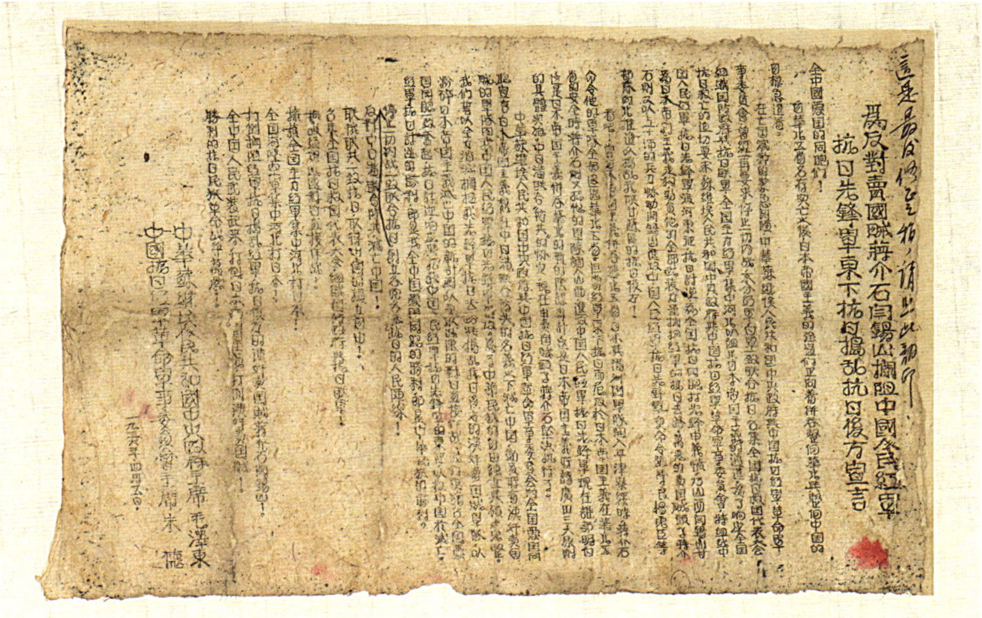
這是最後修正之稿，請照此翻印
為反對賣國賊蔣介石閻錫山攔阻中國人民紅軍抗日先鋒軍東下抗日擾亂抗日後方宣言
全中國愛國的同胞們！

黎玉藏革命历史文献捐赠国家图书馆

【任继愈先生族谱入藏国家图书馆】

10 月 23 日，《任氏族谱》捐赠仪式在国家图书馆举行。国家图书馆馆长韩永进、副馆长张志清、《任氏族谱》总纂修任万平、平原县委宣传部有关负责人出席仪式。韩永进代表国家图书馆接受赠书，并向任万平颁发捐赠证书。

任氏是平原县的大族，自明永乐二年奉旨迁至平原定居后，至今已 610 余年。目前姓氏辈字已传至 26 代。国家图书馆原馆长、宗教学、哲学、历史学家任继愈先生即出自此家族，系第 21 代。《任氏族谱》收录部分任老的资料，包括世系、生平及其贡献等，是研究任老的重要参考文献。

家谱记录了家族的世系、历史与文化，是中华民族最为重要的文化遗产，与正史、地方志一起构成中华民族历史大厦的三大支柱。目前，国家图书馆收藏家谱 1 万多种。近年，国家图书馆通过建设"中华寻根网"和在阅览室开设家谱文化体验区等举措，不断深化家谱服务的方式和内容。

【巫白慧手稿资料、图书捐赠国家图书馆】

12 月 10 日，巫白慧夫人王义澄女士向国家图书馆无偿捐赠巫白慧手稿资料 380 种 1064 册件、图书 370 种 440 册。

巫白慧（1919—2014），当代东方学家，印度哲学、语言、佛教专家。出生于香港，祖籍广东惠州。1942 年赴印度国际大学研读印度哲学、梵语和印地语。1948 年获硕士学位。1951 年获孟买蒲那大学博士学位。1952 年从印度归国。曾任北京大学东方语言学系印地语讲师、商务印书馆编辑。1978 年调至中国社会科学院哲学研究所。1983 年任东方哲学研究室主任。1985 年获印度国际大学最高荣誉教授称号（名誉文学博士学位）。2006 年被授予中国社会科学院荣誉学部委员称号。其研究着重于印度吠陀、奥义书哲学，并为我国东方哲学研究这门新兴学科做了开拓性工作，主要论著和译著有《印度哲学与佛学》（英文）、《印度哲学》《圣教论》《〈梨俱吠陀〉神曲选》《吠陀经和奥义书》等。

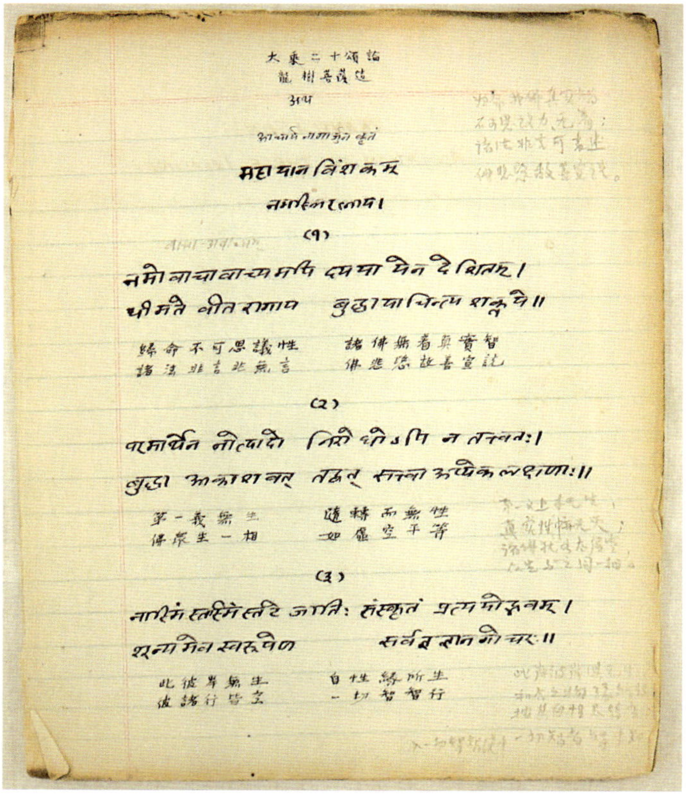

巫白慧手稿图书资料

此批捐赠文献包括手稿资料和图书两部分。手稿资料大体可分五大类：①笔记类，有《印度哲学与佛学（提纲）》《印度哲学拾零》《奥义书笔记》等，大多写在笔记本或笔记零叶上，多为草稿；②论著类，有《〈梨俱吠陀〉神曲选》手稿、《圣教论》校改稿等；③他人论著类，有论著手稿，如姚卫群译《胜论》手稿等，也有作者题赠本，如饶宗颐题赠《北魏冯熙与敦煌写经——魏太和写〈杂阿毘昙心经〉跋》；④友朋通信类，包括巫白慧书信底稿，也有赵朴初、日本学者前田专学等名家来信；⑤个人资料类，包括巫白慧个人简历、科研情况、出国情况、被印度国际大学授予最高荣誉教授称号资料等。以上手稿资料保存完整，对于研究巫白慧其人、其学以及相关学术史，都具有重要的文物价值和文献价值。捐赠图书可分为两类：其一为签名本，包括李幼蒸签赠《论黑格尔的自然哲学》等，其二为相关专业领域图书，有中文、日文、英文、梵文等多个语种，极大丰富国家图书馆馆藏。

服务工作

- 立法决策服务
- 重点教育科研和生产单位的信息服务
- 社会公众服务
- 业界服务
- 年度掠影

服务工作

一、立法决策服务

（一）基础业务建设

1. 专藏文献建设

完成海外中国问题研究资料中心和法律参考阅览室的常规建设，重点开展服务转型期的探索与服务领域的拓展工作。

完成2012年西文、日文、俄文法律图书下架工作；开展中文法律新书验收和上架工作。完成中文法律期刊的遴选和订购工作；完成图书和期刊的统计、接收、暂存工作。

2. 咨询档案整理

完成咨询档案、部门文件入库工作。新咨询档案实时入库，并开展对科研文献的入库工作，同时针对历史咨询档案和工作档案继续开展摸底及数字化扫描入库工作。完成1951—1997年历史咨询档案及工作档案、书目档案的摸底及数字化扫描工作。完成纸质历史咨询档案、历史工作档案翻查工作，整理记录13833条，数字化扫描188418页，文字识别4869761字，数据存储量411GB。

3. 专题数字资源建设

完成国家图书馆立法决策服务平台、国家图书馆部委分馆内网平台、部级领导干部历史文化讲座视频网站、国家图书馆立法舆情监控平台、中华人民共和国法律法规信息服务系统、海外中国学研究资料中心网站、中法中国研究信息资源网、全国省级公共图书馆决策咨询服务协作平台等专题数字资源的维护与更新建设。

完成各国议会数据库、国际组织数据库、民国法律法规数据库、世界遗产数据库、省情概况数据库、国情概况数据库、国际关系史图文库、中国学导航、新书推荐等专题库的维护与更新建设。

4. 基础业务应用系统建设

继续开展“立法决策服务部机构知识库”建设，对机构知识库运行服务情况追踪调研，根据业务需求，不断完善服务，为部门档案数字化和科组管理科学化提供了良好的平台与环境。

（二）重点服务项目

1. 国家立法决策服务

高效、优质完成为中共中央、国务院、全国人大、全国政协、中央军委（含各总部）等党政军领导机构的文献信息咨询服务。2015年12月底，总计完成专题咨询1674件。与2014年同比增加26%。在继续完成原有《国图舆情监测》《国图决策参考》《海外中国问题研究》等系列服务产品基础上，创新推出《国外智库报告》《部级领导干部历史文化讲座视频库》等服务产品。

2.“两会”服务

随着与会代表、委员信息化意识和水平的不断提高以及信息网络技术的大量运用，2015年的“两会”呈现出信息数字化、网络化的新特点。国家图书馆以一贯不变的服务宗旨，及时应对各种变化，顺利完成从传统咨询服务到传统与现代相结合的信息服务新转变。以首次联合地方省馆开展服务的“两会”平台、引进外媒资源重在分析预警的立法舆情监控平台、集成系统便捷访问的移动数字图书馆构成2015年国家图书馆“两会”数字化服务的主体，并为继续深化和提升以创新为内核的服务品牌价值奠定更为牢固的基础。

大会期间，国家图书馆“两会”服务平台访问量达131次；移动数字图书馆终端设备共计发放5个，新增开通试用账户4个。通过平台留言板实现的用户互动较往年有明显增长，共计留言10条并均实现第一时间回复。

2015年，国家图书馆为“两会”提供专题文献信息资料1459篇文章，36个专题；专题文献信息专报48篇文章，5个专题；完成“两会”媒体监测报送12期，184条；完成网络舆情监测报送23期，270条。其中，针对大会整体服务报送的《2015“两会”舆情综报》获得全国人大信息中心的褒奖。完成“两会”代表委托的办证需求3人次；完成专题咨询5人次，11件咨询。随着国家图书馆“两会”服务影响力的不断扩大，来自新闻媒体的关注程度逐年呈上升趋势。2015年“两会”期间，人民网、新华社、《光明日报》等多家新闻媒体从不同角度报道了国家图书馆提供的各项服务，相关报道及转载达103条。

2015年携手福建省图书馆为全国“两会”提供服务。将精选的福建省图书馆资源加入国家图书馆立法决策服务平台“两会”服务平台中，为全国2000多名政协委员提供服务。这是国家图书馆与地方公共图书馆在“两会”服务中的首次合作，开创省级公共图书馆服务全国“两会”的先河。为提升全国公共图书馆决策咨询服务水平，建设从中央到地方的全国公共图书馆决策咨询服务网络做了有益尝试。

3.国家图书馆部委分馆

国家图书馆部委分馆（简称“部委分馆”）是国家图书馆在参考日本国会图书馆支部图书馆运作模式的基础上，结合中国图书馆具体发展实践于1999年创建的面向中央国家机关的一种立法决策服务新模式。该项服务以“资源共享、优势互补、互惠互利、共同发展”为原则，以期为国家法律法规制定和大政方针决策提供更为直接、有效的服务，最大效能地发挥国家图书馆的职能。

1999年国家图书馆第一个部委分馆暨国家图书馆（原）人事部分馆成立，经过17年发展至今，国家图书馆已与包括（原）人事部、国家发改委、（原）劳动和社会保障部、中共中央组织部、民政部、中央编办、水利部、全国政协、农业部、最高人民法院等在内的中央国家机关、部委和司法机构合作，建立部委分馆 16 家。

国家图书馆自 1999 年创建第一家部委分馆以来，部委分馆以每年平均建设一家的速度发展。伴随着信息网络技术的快速发展和国家在立法决策科学化、民主化进程的加快，部委分馆的服务亦在以传统参考咨询服务为核心基础上，逐渐形成了集培训、讲座、展览、信息化服务平台为一体的多渠道、全方位的服务模式。

4. 立法决策服务平台的推广与服务

2015 年，国家图书馆立法决策服务平台全年访问量排名前五的机构用户分别是：中央编办分馆、共青团中央分馆、“两会”全国人大、“两会”全国政协和水利部分馆。完成来自近百个 IP 网段、20 家机关部委用户的日常访问、浏览与下载等平台维护工作。完成 2015 年全国人大“两会”平台和全国政协“两会”平台的升级与改版工作，新增农业部分馆平台与北斗平台。

截至 12 月底，平台共拥有两会专题、民政新闻、国图观察、民航管理等个性化资源 32 个；拥有各国背景资料、省市情资料库、新书简讯、边疆文献数据库、各国文化政策资料库等自建资源 13 个；拥有民国法规、古代典籍、在线讲座等馆网链接 11 个；拥有北大法律信息网、慧科中文报纸、方正电子图书等外购资源 26 个。

对于目前已有的 20 家平台用户进行“以后台访问数据为主、以调查问卷及实地走访方式为辅”的服务情况追踪调研，并对部分平台做出相应的资源调整；如期完成 2015 年《立法决策服务平台季刊》的制作与发放。

5. 部级领导干部历史文化讲座

全年举办讲座 12 场，其中历史类讲座 8 场，时事政治类讲座 1 场，民族宗教类讲座 2 场，文学艺术类讲座 1 场。讲座累计举办 229 场，许其亮、孙春兰等国家领导同志多次莅临，讲座影响力持续扩大。

完成部级领导干部历史文化讲座视频库开发建设并推出服务，目前已完成讲座视频库一期的软件研发、硬件部署和项目的验收工作；筹建“部级领导干部历史文化讲座在线学习平台”，目前该项目已完成市场调研、需求制定、硬件选配等工作；进一步科学规范讲座管理，完成《部级领导干部历史文化讲座工作手册》（2.0 版）修订。

认真做好各期讲座参考资料、活页文选、光盘制作等文字内容的编辑、整理、审阅和质量把关；完成 1—11 月的讲座参考资料、1—9 月活页文选、1—8 月讲座光盘的编辑工作。截至 2015 年 10 月，完成 2014 年讲座数据的整理、录入、发布工作，以及音视频数据的转换工作。并在新建的讲座视频库中回溯了 2014—2011 年度 46 期的讲座数据，包括 194 条视频数据、194 条音频数据、43 条推荐图书信息、46 条主讲人信息以及 138 条图片数据，另有 135 本推荐图书全文数据正在制作中。

6. “5·23”项目

根据中央某机构“三服务”工作指示，国家图书馆以宏富的图书馆藏为基础，在成功策划并组织实施“数字图书服务平台”项目一期、二期的基础上，继续开展项目三期的建设。截至目前，已完成三期功能需求书制定、页面设计、资源加工和系统建设等工作，具体工作包括资源建设、系统建设、服务拓展三个方面，开启个人数字图书馆决策咨询服务的新时代。项目自2013年启动，2014年进入试运行阶段，2015年7月平台正式开放，获得用户好评。

应中央某机构的需求，完成图书馆（含实体和数字图书馆两部分）筹建方案制定、具体合作项目实施等工作，为创新国家图书馆立法决策服务方式、丰富服务内涵做出了积极探索。

7. 中国边疆文献研究中心建设

稳步推进中国边疆文献研究中心建设。正式出版《文献为证：钓鱼岛图籍录》，完成《南海图籍录》的整理和编辑工作，已正式提交国家图书馆出版社，进入出版流程。

合作开展边疆文献研究。与南京大学中国南海研究协同创新中心、武汉大学中国边界与海洋研究院签订合作协议，实现与国家相关决策机构、教学和科研单位的联动合作。与国家海洋局南海信息中心签署合作协议，建设南海数字图书馆，深化南海文献研究与服务。

完成馆藏中国边疆文献的调研，并撰写调研报告。

8. 全国省级公共图书馆决策咨询服务协作平台

深化全国省级公共图书馆决策咨询服务协作平台建设。开展全国省级公共图书馆决策咨询服务协作平台（简称“协作平台”）应用部署和业务培训；与参考咨询部合作举办全国省级及副省级市公共图书馆参考咨询工作会议；探索联合建设资源模式，启动试点成员馆“中国市情概况数据库”共建工作。自2012年“协作平台”正式启动建设至今，已召开工作会议4次，开展业务培训3次，全国省级公共图书馆决策咨询服务协作化、联盟化特征凸显。（参见“四、业界服务（一）业界业务指导与合作 4. 参考咨询和决策咨询协作平台”之“（2）全国省级公共图书馆决策咨询服务协作平台”）

二、重点教育科研和生产单位的信息服务

2015年，完成社科类咨询1134件。其中代检索课题227件，较2014年增长34.32%。一般性咨询907件，因一般性咨询统计标准有改动，所以数据显示有所下降。馆藏复制证明和专题检索证明共1953件，较2014年增长18.36%。

完成科技咨询辅导性咨询1183件，较2014年减少40.25%；完成科技查新235件，与2014年基本持平；专题检索和事实查询119件，较2014年增长10.19%。完成论文收引查证业务共3249件，较2014年增长1.72%。

2015年，竞争情报类咨询量2091件次，较2014年增长35.87%。其中，中央国家机关为612件次，重点生产、科研教育单位为1425件次，一般读者为54件次。全年合作用户数量共22个，其中中央国家机关3个，事业、科研、教育单位11个，企业用户8个；承接年度服务项目共30个，其中每日提交项目7个。全年承接的专题项目共117个，其中媒体监测类项目68个，舆情分

析类项目33个，信息参考类项目16个；2015年共计撰写《国家图书馆舆情专报》、年度媒体合作度分析报告以及《2015年公共文化工作社会影响力分析报告》等各类分析评估报告689篇。与文化部办公厅合作开展“文化领域舆情咨询系列项目”，为文化部部领导提供大文化领域舆情监测与文化工作媒体传播效果的一揽子的咨询服务方案，服务内容包括《每日舆情摘报》、舆情报、媒体传播效果评估、负面舆情监控等，以全面满足用户对于宣传效果评估、政策反响、科学管理与决策支撑的多层次需求。共计完成249期《每日舆情摘报》，完成《关于加快构建现代公共文化服务体系的意见》等分析报告61期，得到用户肯定。完成国家图书馆舆情专报项目，共计完成每日舆情专报249期，每月舆情分析报告12期，敏感舆情专报2期。与文化部政策法规司合作“文化发展改革决策参考”项目，制作《“十三五”时期我国文化发展面临问题研究》、“三严三实”实践活动、十八届五中全会召开等项目，为文化部各司局领导提供信息支持。

文献提供中心共接收各系统读者文献请求54864件。其中馆际互借与文献传递系统共接收文献传递、馆际互借、国际互借（含借进借出）请求47980件，与2014年大体持平。接受BALIS文献传递请求796件，同比增长6.85%；满足BALIS馆际互借请求4698件；满足OCLC借入请求317件，满足OCLC借出请求1073件。接受党政军等特殊专题委托服务2件。

三、社会公众服务

（一）到馆读者服务

2015年，全年共接待到馆读者3882927人次，与2014年相比，减少2.48%。各类咨询101.95万件，与2014年相比，减少1.27%，其中一般咨询100.93万件，与2014年相比，减少1.41%。国家图书馆网站年访问量145072.4万人次，与2014年相比，增加11.33%，月平均访问量12089.37万人次，日平均访问量397.46万人次。办理读者证卡21.15万个，与2014年相比，减少10.65%，其中自助办证充值机受理读者自助办理读者卡173204张。

培训、讲座、参观、展览等各项活动全年共接待读者124.3万人次，与2014年相比，减少20.81%。其中举办展览26场，共计94.26万人次；开办公益性讲座343场，共计6.99万人次；组织培训399批，共计1.43万人次；接待参观4115批，共计18.75万人次；其他活动50场，共计2.89万人次。

（二）参考咨询服务

2015年，总咨询台累计口头咨询245261人次，OPAC检索86777人次，现场代查15890人次。与去年同期相比，口头咨询同比增加15.85%，OPAC检索同比增加17.23%，现场代查同比增加28.45%。呼叫中心接待读者总计46054人次，其中提供语音服务16907人次、人工解答29147人次。与2014年同期相比，呼叫中心接待读者总数增加7.42%，语音服务增加2.5%，人工解答服务人次增加9.03%。共处理有效邮件953封，同比增加6.36%，其中对567封有效邮件进行直接作答，对 386 封有效邮件给其他相关部门进行转发处理。虚拟咨询共接收表单咨询 1428 人次，实时咨询 2811 人次。

数字图书馆推广工程 2015 年通过网络在线、FAQ 导引、电话等多种方式解答推广工程建设中遇到的各种咨询达 2.4 万余条。

（三）新媒体服务

1. 官方网站建设

国家图书馆官方网站及时进行服务宣传与资源揭示。2015 年全年更新数据 12495 条、发布页面 34038 个，PV（页面浏览量）总计 50726974 次，日平均 PV139360 次。制作“不朽的长城”“楹联专题”“为盲胞读书”等专题网站 20 个，完成“文化播报”栏目调整，新增文化行业热点导读，实现专题与动态资讯的馆藏知识链接。国家图书馆网站新版建设工作持续进行，完善中文网站的首页设计，完成英文网站的新增翻译任务。

2. 数字电视服务

继续开展基于数字电视和互联网电视的数字图书馆资源建设和服务，推进与北京歌华有线的合作，以“书藏天下”为主题完成双向交互数字电视的整体改版，将国图资源与地方文化进行有机整合和集成，内容包括讲座、展览、资讯、文化遗产以及地方特色文化等。实现文化播报栏目的整体调整，打造反映文化系统各级文化机构的文化地图，包括“专题导读”和“文化行业动态”两部分。“专题导读”为每月选择文化行业热点事件或关键词进行主题化内容加工，以图文及其他多媒体形式，突出趣味性和知识性。“文化行业动态”资讯每天发布，针对每条资讯，增加背景、人物、事件等相关延展阅读内容和链接，与数字馆藏和公开课等精品内容之间形成关联，注重实现引导阅读，实现实体服务与远程服务的互补。目前北京地区已覆盖 400 万户家庭，比去年增加 50 万户。基于科技部和文化部共同资助的国家科技支撑计划“文化资源数字化关键技术及应用示范”项目，自主研发的“一种基于数字电视的图书借阅系统”已申请国家发明专利。继续推进与首都图书馆、佛山图书馆、佛山广电局、泰达图书馆等基于数字电视领域的自有版权新媒体资源推广，共计提供视频 254 场，图文数据 880 条，覆盖用户 111.2 万户。完成与广东中山农家书屋三年合作项目的收尾工作，实现数字电视内容在云浮、番禺的落地，用户超过 145 万户。

配合国图公开课上线，完成 CIBN 互联网电视的改版工作，将服务内容调整为公开课视频资源，划分为“典籍鉴赏”“名著品读”“非遗漫谈”“走进名城”“父母课堂”“名人故事”等栏目，服务范围覆盖北美、欧洲、东南亚等 94 个国家 2000 万户。

全年完成图文资源加工 5079 条，视频资源加工 361 场，图文资源视频化改造 200 场，视频转制 96 场。在歌华双向交互数字电视平台发布图文资源 5079 条、视频资源 96 场。完成 2014 年专项任务结项和入库工作，以及 1444 条图文资源与 100 场视频资源的验收和入库工作，刻录光盘 52 张。完成本年度所有新加工资源的验收和入库工作。

数字电视服务工作会议

完成文化部国家文化创新工程“基于互联网电视平台的数字图书馆应用与示范”项目结项工作，在项目的支持和推动下，课题组基于互联网电视平台实现在新疆和武汉落地服务，定制开发具有地方特色的文化内容和展示形式，实现少数民族语言等多语种显示功能开发。积极推进《文化资源交互数字电视展示与服务规范》的研究，进行文化行业标准的申报。

3. IPTV 服务

2015 年，中国网络电视台网站中的国家数字图书馆专区累计更新“每周一库”51 次、“最新动态”112 次、“文化播报”312 条、“书刊推荐”72 本、“图说百科”6 场，文津图书奖链接 1 条，专区累计 UV（独立访问人数）7764 人。

4. 官方微博、微信服务

截至 2015 年 12 月底，国家图书馆官方新浪微博粉丝总数为 187748 人，微博发布总数 4044 条，同比增加 78.9%；用户评论总数 6354 条，同比增加 74%；用户总 @ 数 26182 条；回复私信总数 442 条；回复问题 860 条，同比增加 29.1%。国家图书馆官方微博全年先后举办“典籍中的春节”“我们的文字”“M 地铁 · 图书馆”“晒晒我的文津书架”“甲骨文记忆展”等 5 场互动活动，获得光明网、人民网官方微博积极互动、读者和微博用户积极参与，取得良好效果，其中“甲骨文记忆展”互动话题尝试跟随不同展览阶段，以布展预热、开展现场，看图猜字、展品小知识等形成系列不同层次的内容，吸引 10.9 万用户阅读，当天转评数超过 100 人次。

国家图书馆官方微信公众号于 2015 年 3 月完成微信认证，9 月完善微信菜单功能，形成“资讯”“资源”“服务”三大菜单共 15 项内容，通过绑定读者卡后可与 OPAC、统一用户系统进行数据对接，实现书刊查询、续借查询等功能；新增“国图听书”“国图公开课”等视听资源入口；文化资讯内容更加丰富，馆内讲座、培训、活动等信息可以一站查询。截至 12 月底，国家图书馆官方微信用户为 46424 人，新增用户 36539 人；总计发布 106 次，同比增加 104%；发布图文信息 259 条，同比增加 24.5%；回复用户咨询 395 条。

“掌上国图”微信公众号是国家图书馆拓展移动服务形式的新尝试，通过自定义菜单的形式，将移动服务业务整合在“掌上国图”微信服务公众号内，方便读者获取和使用；通过图文消息推送的形式，将国家图书馆的优质移动资源定期推送给读者，提升移动服务的能力和范围。“掌上国图”微信公众号 2015 年新增关注 33410 人，向读者推送图文消息 123 条，推荐图书 188 本。

“国图中文外借”中文图书借阅区微信公众号支持微信端操作检索、续借、预约、短信提醒等服务功能，还提供通知发布、活动宣传、活动预告等信息推送功能。每周定期推送图文信息，按内容分为主题荐书、时令阅读、新书推荐、读书故事和世界图书馆 5 大栏目，为读者提供及时的新书信息以及高质量的阅读导引。关注读者 12592 人，发布图文信息 37 篇。

“国图外文文献服务”外文文献阅览室微博发布信息 125 条，其中原创微博 94 条，现有微博粉丝 855 人。通过微博，外文文献阅览室共推荐图书 198 本，数据库 6 个。

典籍博物馆微信公众号自 2015 年 4 月 9 日正式向公众推送消息以来，关注用户已近 1000 人，发布原创信息 40 余条。微博关注用户达 600 人，发布原创消息 40 条，涉及视频、文字、展览图片等内容，通过关注知名传统媒体微博的方式，如：人民日报（海外版）微博，将新媒体传播与传统媒体传播衔接起来，提升消息传播价值；同时，通过典籍博物馆微博关注业界兄弟场馆及相关文化单位微博的方式，进一步增强典籍博物馆在业界的影响力，发挥新媒体平台在新闻传播中的优势。

5. 触摸屏展示服务

完成总馆触摸屏 200 种电子报纸、100 种电子期刊以及少儿馆触摸屏 50 种少儿期刊的处理、分发及展示；完成总馆触摸屏每月 100 种新书推荐，全年共推荐 1200 种新书；完成总馆触摸屏新增讲座视频 50 场，老照片 100 张、年画 50 张的工作任务。完成 2015 年电子报纸资源备份，总容量 3TB。开展塔里木油田数字图书馆触摸屏资源建设，建立资源更新备忘录，完成每日资源更新、数据传输和问题反馈记录，做到制度化管理。完成 2014 年度资源建设任务总结，制订 2015—2016 年资源推送方案。触摸屏设备维护 43 次，较 2014 年同期增长 38.7%，设备老化问题较为突出。

6. “印象数图”国家数字图书馆体验区

“印象数图”数字图书馆体验区本年度圆满完成上级领导、图书馆业界及社会公众的日常参观接待工作。接待文化部部长雒树刚一行、北京市文化局领导的参观调研；接待全国少儿图书馆馆长、太原地区公共图书馆同仁、高校图书馆同仁、徐州市图书馆同仁、福建省图书馆业界同仁等多个研修班学员参观学习；接待中国图书馆学会第九次代表大会与会图书馆馆长参观；接待中央党校、恭王府等多个单位参观访问；接待欧盟数字图书馆馆长参观访问，为其提供中英文讲解服务，通过认真细致的讲解让所有到访人员更深刻地了解了国家数字图书馆的建设与服务。

5 月 26 日和 28 日“图书馆读者服务周”期间组织“印象数图”数字阅读新体验读者活动，设计读者服务周“数字阅读新体验”活动邀请软件，建立活动报名平台接收读者报名，组织报名读者参观体验区，为读者提供深度讲解和体验。

7. 统一用户管理系统相关数据

统一用户管理系统总注册人数 3915117 人，其中物理卡注册读者 2074894 人，实名注册读者 1073243 人，非实名注册读者 766955 人。与 2014 年相比，实名注册读者数量增幅最大，增加 32%，非实名注册读者增加 22%，物理卡读者增加 10%。继续做好读者权限管理工作，全年新增

Elsevier 学术期刊数据库、律商网、中少动画资源库等 3 个外购数据库远程访问权限。截至 2015 年年底，物理卡用户远程可访问资源 174 个，实名注册用户远程可访问资源 114 个。

8. 移动服务

2015 年，手机门户与“国家图书馆”应用程序分别发布国家图书馆新闻 83 条，公告 38 条，讲座预告 182 条。移动阅读平台完成专题建设 47 个，为读者推荐图书 470 本。短彩信平台发送短信 1652772 条，向公众发送“文津经典诵读”短信 1212311 条。

M 地铁 · 图书馆海报

（四）少儿服务

2015 年，国家图书馆少年儿童馆共接收新到室文献 47035 册，较 2014 年增加 73.7%；接待到馆读者 232047 人，较 2014 年增加 36.7%；文献提供 1741541 册（次），较 2014 年增加 36.4%；文献下架 17433 册（次），较 2014 年增加 63.2%；接待个人参观 50 场，2313 人；接待集体参观 45 场，2300 人。

2 月 19 日，少年儿童馆结合新春假日，特意为到馆小读者准备了系列新春活动。从初一到初六，每天一个新年主题，包括“团团圆圆美窗花”“创意 DIY 相框”“奇趣梦幻童话日”“温暖寒冬故事会”等，得到到馆小读者及家长的一致好评。全年举办低幼悦读会 35 期，先后有 11 名工作人员参与故事讲读工作，讲读故事 88 个，参与读者 616 人次；开办周末故事会 59 场，讲读故事 100 余个，参与读者 4000 余人次；配合周末故事会在“喜马拉雅 FM”APP 上创办“国图少儿馆”频道，全年发布音频 46 个，粉丝量 415 人，点播量 4500 余次。

承办《原创绘本 100》的书目研制工作。该项目旨在通过对原创图画书经典作品的评选，鼓励新生代原创图画书作家，同时实现为广大少年儿童推荐优秀原创图画书作品，弘扬传统文化的目的。

针对《全国少年儿童图书馆基本藏书目录（2015）》工作开展书目搜集规范整理工作。在全面梳理本馆2014年馆藏数据的基础上，重点就国内50余家专业少儿出版社及综合出版社、30余家少儿图书馆及公共图书馆推荐的优秀少儿读物和全国各级各类获奖图书目录进行搜集整理。

2015年，各阅览区域开展一系列面向13—15岁青少年读者的服务。包括北区中文图书区的青少年读者需求调研、图书推荐；“走进学校”为在校学生提供阅读指导和社会实践大课堂。

著名书法家李一在“名家带你写春联”活动中辅导小学生写斗方

国家典籍博物馆积极发挥社会教育，特别是青少年教育的职能。2015年开设的“典籍文化之旅综合班”课程内容涵盖中国古代典籍的历史脉络，从文字的产生、典籍的萌芽，到典籍的传播与发展，全方位地向青少年展示我国悠久的典籍文化；“我是刻版印刷造书匠”“印一本自己的书”两项课程强调让孩子们通过动手的方式去感受和了解古代书籍的印刷、装帧技术，“我是小小讲解员”系列课程以馆藏善本古籍的知识讲授为基础，设计出一套适合孩子们理解记忆的讲解稿，让孩子们能身临其境，感受典籍的浩如烟海，文化的博大精深。

在丰富寒暑假青少年教育服务的同时，典籍博物馆继续加强“走进典籍博物馆大课堂”系列活动的策划与实施，在世界博物馆日等纪念日期间，陆续举办“探秘增强现实技术在《西游记》绘本中的应用”“书是怎么产生的”“灿烂的中华文化”“典籍智惠生活”“书香校园”雏鹰建言征集启动仪式等一系列活动，受众青少年千余人，北京电视台及多家媒体报道相关活动，强化了国家典籍博物馆青少年教育基地的品牌效益。

（五）弱势群体服务

2015年，国家图书馆继续深入开展面向残障人士的数字图书馆服务，完成600册电子图书资源的遴选和更新发布工作。在社科基金重点项目“图书馆面向残疾人的服务模式与规范研究”框架下，通过赴安徽、陕西等省市实地调研图书馆与残联开展文化服务的情况，把握残疾人用户信息需求，寻求从技术层面提升服务效能的方法。与腾讯公司合作，成为“为盲胞读书”公益活动团体领读的重要参与机构，对腾讯公司收集提供的读书音频资源进行数据加工，制作专题网站并通过中国盲人数字图书馆网站进行发布，供视障用户免费收听。

国家图书馆数字共享空间继续针对老年读者群体推出“关爱夕阳”老年课堂。全年共开展10大系列，24讲课程，精心推出的“我来当主讲”老年读者系列主讲活动，为老年读者提供一个分享、交流、展示自己专业与兴趣的开放平台。“我来当主讲”活动一经推出就受到老年读者的青睐，参与老年读者人数高达60余人。“关爱夕阳”老年课堂兼顾实用性和趣味性，受到读者的普遍欢迎和一致好评。全年累计培训1800余人次，平均单课培训达到77人次，较课堂开展初期增长54%，共收获读者感谢信等26封，读者赠送感谢锦旗一面，接受法制晚报、北京电视台、国际广播电台、中央电视台国际频道等多家媒体的报道。2015年不断完善残障读者上机制度，规范残障读者服务标准，全年指导并辅助残障读者上机1863人次，与2014年同期相比，增长37.8%。

自10月21日起，总馆南区综合阅览室正式设立“老年读者绿色通道”。该绿色通道主要帮助不能熟练使用电脑的老年读者，为他们提供优先预约基藏本和保存本图书、文献咨询和文献检索服务，帮助行动不便的老年读者取还图书以及查找中外文开架工具书等。这项服务开展后共接待老年读者100余人次，受到老年读者的一致认可，体现国家图书馆“以人为本，读者至上”的服务理念。

与中国残联合作，通过全国残疾人阅读指导委员会开展面向全国残疾人的阅读推广活动，由国家图书馆承担阅读书目推荐工作。此次推介针对残疾人读者的需求，同时参考卓越、豆瓣、当当等网络推荐榜单，从思想政治、文化教育、心灵励志、文学佳作、盲文文献五个方向入手，最终选出100种推荐图书。通过发布阅读推荐书单、开展主题公益文化活动、图书援助等形式，极大丰富了残疾人的阅读生活，取得良好的社会反响。

（六）第十届“文津图书奖”

参见“特别记载”之“十一、国家图书馆举办第十届文津图书奖评选推广活动”。

（七）讲座、培训、展览

1. 讲座

2015年，社会教育部策划举办“国图讲坛”各系列讲座总计147场。其中包括“我们的文字”系列、“世界遗产视野下的一带一路专题”系列、“外交官亲历”系列、“乡村——诗意的栖息”系列、“2015年非物质文化遗产保护讲座月”系列、“大数据”系列、“不到园林怎知春色如许——昆曲艺术赏析”系列、“纪念中国人民抗日战争胜利70周年”系列等多个有影响力的讲座系列。配合三八妇女节、重阳节、世界读书日、世界标准日、图书馆服务宣传周、科技活动周等大型专题活动及节假日举办相关活动，举办“为生活而教育”“京剧明星公开课”“花艺花事”等多个特别活动，继续举办“中国古今经典小说研究”“二十四史研读”等系列讲座。国图流动讲坛通过全国公共图书馆讲座联盟平台覆盖范围继续扩大，与福建省图书馆、辽宁省图书馆等合作举办讲座 17 场。全年接待读者超过 4 万人次。

4 月 14 日，“国图公开课”进行首次课程录制。4 月 23 日，“国图公开课”正式上线并举办首场特别活动，邀请著名天文学家、科普作家卞毓麟先生和哲学家、作家周国平先生分别做题为“阅读与科学”和“阅读与生活”的精彩演讲。新华网对上线仪式和特别活动进行全程网络直播，31 家图书馆参与直播，各主要媒体均深入报道。据不完全统计，共收集到媒体报道 328 篇，原发报道 107 篇，重要网络媒体转载报道 157 篇。全年策划《汉字与中华文化》《道法自然，天地同和——论古琴的文化精神》《丝绸之路与丝路之绸》《中国的抗日战争与日本的战后处理》《昆曲》及《中国大发明》6 门专题课程。录制完成 41 讲，网站上线 19 讲，54 期节目。拍摄制作《数学与人文》等读书推荐节目 22 期，上线 18 期。同时，网站发布近 900 场精品讲座，整合参考资料 3 万多个，涉及典籍鉴赏、非遗漫谈等专题领域。“国图公开课”网站的点击量月均保持在 45 万人次左右。在抗日胜利 70 周年之际，“国图公开课”开办抗战主题课程，邀请中国抗日战争史学会会长步平主讲“中国的对日战争与日本的战后处理”，从战争和战后两个角度探讨并解释中日关系发展的现实意义；并首次尝试举办媒体开放日，有 60 多家媒体进行报道或转载，中国国际广播电台还以日语、意大利语和越南语对外播出。12 月 14 日，国家图书馆与北京市教育委员会在北京市第三十五中学“志成讲堂”联合举办“国图公开课书香燕京”特别活动“大家与你面对面——古琴与中华传统文化”。此外，“国图公开课”与“国家数字图书馆统一用户管理系统”实现集成，来自全国各省市公共图书馆的实名用户，均可在“国图公开课”平台中进行认证和登陆。同时，地方图书馆可通过自建和共建两种模式参与公开课建设。

“文津讲坛”继续秉承弘扬中华优秀传统文化的宗旨，以系列讲座和主题讲座结合的方式，圆满完成 50 场高质量讲座任务。系列讲座包括“楹联文化”系列 5 讲、“中国传统音乐文化”系列 8 讲，“中国传统经典的对外翻译与传播”系列 6 讲。全年举办的主题讲座涵盖文学、历史、考古、哲学、民俗学等多个学科领域，注重族谱、外文善本、音乐文献等馆藏文献的揭示并与研究相结合。本年度共邀请到北京大学、清华大学、中国社会科学院、南京大学、复旦大学、中国人民大学、德国波恩大学等国内外学术单位以及科研机构的 50 名学者（含外籍人士 4 名）莅临开讲，其中北京地区著名高校、研究机构在职或退休教授、研究员 39 名，京外著名高校在职教授或退休教授、研究员 11 名。全年到场听众 10240 人次。为提升数字资源质量，本年度开始采

李致忠主讲“古书版本鉴定”

用高精度的高清拍摄制作方式，精益求精，努力提升讲座品质，保质保量完成提交全国讲座联盟50场讲座及主讲人的数据制作任务。

“中国典籍与文化”系列讲座继续以中国古代重要典籍为主要选题范围，延续了本系列讲座的学术特色。年初，继续举办围绕儒家、道家、纵横家、阴阳家等先秦诸子百家相关代表言论为主题的“先秦诸子百家系列”讲座3讲；年中，配合“册府千华——西域文书保护成果展”举办西域典籍讲座2讲，特别邀请北京大学段晴、荣新江两位知名教授针对国家图书馆馆藏西域文书解析西域文献的社会、历史价值；2015年是科举制度废止110周年，策划并实施了“科举文化”系列讲座6讲。此外，“中国典籍与文化”系列讲座秉承服务学术的宗旨，举办“谈谈徽州文书与徽学”“少数民族文字文物的辨伪”以及“天树下娜娜女神的宣言——新疆洛浦县山普鲁出土毛毯系列研究之一”等学术研究前沿与热点专题讲座3讲。2015年，“中国典籍与文化”系列讲座共邀请专家学者13人，举办14场高品位、高水准的学术讲座，到场听众1836人次，该系列讲座累计已达307讲。

配合各主题展览，继续举办多场“典籍博物馆系列讲座”，包括《畅春园的故事》《雕版收藏的现状与问题》《存世最早的文字木雕版——西夏文木雕版》《文明之母——清宫旧藏雕版》等23场，内容涉及古代文献、绘画、书法、地方历史文化、中华传统文化、典藏收集等不同方面，实现了让更为广泛的社会公众感受传统文化的内涵与魅力。

继续开展“文津经典诵读”项目，通过国图网站、手机平台每天为读者推出一条中华传统美德格言与一首古代诗词赏析，弘扬中华民族传统美德，传播经典。

每日课堂自1月1日至7月31日开展现场讲座212天，共计讲课211场（5月3日闭馆）。全馆共有130位参考咨询馆员参与讲课，共计108个课题。听众人数共计4708人，平均每天22人，发放讲义4000余份，听众提问数603个。自2015年8月1日起转变培训方式，暂停现场讲座工作。

2. 培训

2015年古籍修复基础培训班

2015年，国家图书馆培训中心举办馆内员工继续教育培训12场，培训员工596人次，与2014年相比减少50%；举办面向全国图书馆界业务辅导培训14场，培训学员867人，与2014年相比减少20%；完成首都联合职工大学国家图书馆分校“文物鉴定与修复（古籍鉴定与修复方向）”专业招生13人，与2014年相比减少38%；完成国家图书馆培训中心与北京大学合办的信息管理专业在职研究生学历教育招生3人，与2014年相比减少79%；继续承担2012年与武汉大学信息管理学院合作的14名在职研究生的教学工作；面向社会公众举办培训班7期，培训学员82人次，与2014年相比减少8%。全年承担文化部老年大学西区分校的教学教务管理工作，服务文化部系统离退休人员160余人。

3. 展览

2015年，国家典籍博物馆举办自办展览14场，包括“历史的审判——馆藏东京审判图片展”“大将手笔 家国情怀——赖少其书画作品及文献”“我们的文字——非物质文化遗产中的文字传承”“千年古郡 九朝神韵——正定历史文化展”“三山五园文化巡展——圆明园四十景文化展”“炫彩童年——中国百年童书展”“第十届文津图书奖”“册府千华——珍贵古籍雕版特展”“非遗传承 人人参与——2015中国非物质文化遗产摄影展”“不朽的长城——纪念中国人民抗日战争暨世界反法西斯战争胜利70周年馆藏文献展”“春雨工程——庆祝新疆维吾尔自治区成立六十周年新疆农民画展”“甲骨文记忆”“傲骨立天地 史学铸丰碑——纪念陈垣先生诞辰一百三十五周年展”“古韵镌拓 纸墨千秋——2015年国家典籍博物馆宋元善拓暨全国书法临摹展”等。内合作举办“迎春送祝福 网聚中国心——国家图书馆藏传统楹联文献展”“2015年中国图书馆年会展览会”中华古籍保护计划展示体验区等展览。接待到馆参观观众94万余人次，提供讲解服务3200余场次，接待领导参观、业界交流共计420余场，接待青少年团体参观共计162场次、10312人次。

全国图书馆文献缩微工作成果展全国巡展

同时完成巡展21场次，如“典籍文化走进校园”巡展11个场次，分别在清华大学、北京大学、人民大学、北京师范大学、北京外国语大学、首都师范大学、对外经贸大学、中国政法大学、北京航空航天大学、中央财经大学、中央民族大学等高校展示宣传典籍文化之美；完成“传承文明 服务社会——全国图书馆文献缩微工作成果展”巡展6个场次，分别在江西省图书馆、河南省图书馆、安徽省图书馆、天津图书馆、广西壮族自治区图书馆、贵州省图书馆展示缩微工作成果；完成“艰难与辉煌”在广东省立中山图书馆的巡展、“敦煌遗书展”在甘肃省图书馆的巡展、“丝绸的记忆”在珠海市斗门区图书馆的巡展和《中国古代典籍简史》在广东省立中山图书馆的巡展，获得良好效果。

此外，国家典籍博物馆还积极探索引进各地方馆优秀展览资源，开拓协调外展、交流展等形式，全年举办9场展览，包括“红学文献重要文献——李煦诞辰360周年特展”“书香养我——熊召政诗文书法展”“全国第十一届书法篆刻作品展·名家特邀作品展暨国家典籍博物馆系列展”“铁军魂　中华情——纪念中国人民抗日战争胜利七十周年图片摄影展”“中国文化西传的使者——波兰17世纪来华传教士卜弥格生平成就展”“华彩乐章——上海音乐学院民族音乐学科的昨天与今天”“太行墨子——焦光明书法精品展”“太行红山——黎城摄影图片展”“向经典致敬——王家新临摹历代名帖作品展”等，反响热烈，扩大国家典籍博物馆的社会影响力。

2015年，古籍馆承办多次展览：羊年楹联展览及笔会，编辑《佳联赏析》；承办“穿过一个世纪的脚步——钱存训先生纪念展”；承办“册府千华——西域文献保护成果展”，并配合展览举办研讨会和讲座；承办“册府千华——民间珍贵典籍收藏展”，并编纂图录；筹备与澳大利亚国家图书馆联办的“大清世相”展、新西兰联办的年画展以及与美国汉庭顿图书馆合办版画展览等。配合妇女儿童博物馆、北京市总工会等单位完成借展工作。

为配合“2015年全国少年儿童经典阅读年”系列活动，更好地传承和弘扬中华优秀传统文化，普及传统国学和戏剧知识，3月25日至4月15日期间，少年儿童馆在国家图书馆北区一层走廊举办主题为“国粹润童心——戏剧知识及原创图画书展”的展览，展出从元明时期至今出版的各个版本的戏曲剧本、唱词、升平署、名家传记等相关戏曲文献实物，同时集中展示由新疆青少年出版社出版的《国粹戏剧图画书》系列并举办2场戏剧专题故事会。本次展览及系列活动获得广大读者、出版界人士和阅读推广人的认可与欢迎，吸引1000余人到馆参观。

5月27日，“炫彩童年——中国百年童书展”“图绘世界——中国百年连环画展”同时开展。8月3日，举办“欢迎来到野兽园——莫里斯·桑达克童书插画展”，并召集喜爱桑达克的研究者、出版创作者和读者成立“桑达克书友会”；10月20日之后，该展览在全国公共图书馆巡展。11月25日至12月25日，由法国驻华使馆主办，国家图书馆少年儿童馆承办的法国绘本童书展览以“从法国到中国，童书的飞翔”为题在少年儿童馆展出，此次展览由法国知名儿童文学专家苏菲·凡·戴尔·林登负责，遴选20世纪50年代至今的100余册代表性中法绘本。

（八）文创产品开发

2015年，国家典籍博物馆在文创产品开发、设计与经营上广开言路，创新思维，先后组织相关人员前往国家博物馆、故宫博物院、恭王府、浙江省博物馆等地进行调研，参加第十届中国文化产品交易博览会并引进合作。截至12月底，共设计近百件文创产品，其中40余种新产品制作上架，包括办公用品、生活用品、展览衍生品及电子产品等。参加2015年第十二届“北京礼物”旅游商品大赛，报送的3件作品中，旅游与景区形象主题“三山五园”丝巾获海淀区级优秀奖、北京市级优秀奖，包装设计主题“庆赏昇平”系列形象获海淀区级一等奖、北京市级优秀奖，包装设计主题“典博士”形象获海淀区级三等奖，相关获奖产品分别在第四届北京国际旅游商品博览会、第十届北京文博会上展览展示，扩大了国家典籍博物馆文创产品的社会影响，为文创产品下一步走出国图，走向社会奠定坚实基础。

四、业界服务

（一）业界业务指导与合作

1. 全国图书馆联合编目中心

坚持公益性原则，全国图书馆联合编目中心为全国各级图书馆提供免费书目数据服务。全国图书馆联合编目中心年内新增成员馆 254 家，成员馆总数达到 1477 家，累计数据用户 1965 家。全国图书馆联合编目中心年内增加书目数据 751524 条，增加馆藏数据 250 余万条，增加规范数据 104695 条。中心发挥书目数据核心的地位，为成员馆和数据用户共提供书目数据下载服务 2300 余万次，其中用户全年下载数据量突破 900 万条。在公共图书馆中省级图书馆 32 家，下载书目数据 154 万条；副省级或地市级图书馆 171 家，下载书目数据 254 万条；区县及以下级图书馆和图书室 364 家，下载书目数据 232 万条；少年儿童图书馆 15 家，下载书目数据 3.5 万条；高等学校及科研院所图书馆 170 家，下载书目数据 100 万条；其他图书馆及机构 253 家，下载书目数据 162 万条。通过书目数据免费下载服务，大大节约编目的社会成本。

（1）召开全国图书馆联合编目中心 2015 年度工作会议

10 月 18 日，全国图书馆联合编目中心 2015 年度工作会议在重庆举行，来自全国各省、市、自治区和直辖市的 46 个单位的 91 名代表参加。国家图书馆副馆长陈力着重指出联合编目工作的重要性以及在全国图书馆事业中的地位，高度肯定联合编目事业近年来的发展，对联合编目工作的未来发展提出指导性意见。全国图书馆联合编目中心副主任王洋作 2014—2015 年度联合编目中心工作报告，从馆藏地图构建、中心题库建设、可供书目平台 3 个方面提出联合编目中心未来的工作设想并对下一年度工作进行部署。会议表彰 2014 年度工作出色的分中心、成员馆和优秀质量监控员。会议对国家图书馆联合编目中心数据质量进行分析，提出完整的全国实体资源馆藏体系建设的思路，介绍国家图书馆联合编目中心用户快速注册系统的作用及功能，探讨全国图书馆联

全国图书馆联合编目中心 2015 年度工作会议

合目录建设的实用性及广大应用前景。本次会议特邀北京外国语大学教授何明星做题为“书目数据库在传播学研究方面的价值与利用——worldcat为例”的报告，从实际运用者的角度讲述书目数据库与馆藏数据库的价值及其利用。此外会议还设立数据质量控制与质量监控员机制、联合编目系统应用及用户服务拓展两个分会场，与会代表紧密围绕数据质量、上传资格考试、联合目录建设等几个议题进行深入交流和探讨。

（2）举办2015年全国图书馆联合编目中心上传资格培训

5月26—29日，全国图书馆联合编目中心2015年上传资格高级培训班在武汉举办，163名来自全国各公共图书馆、高校图书馆及图书供应商的相关人员参加培训。培训内容在以往中文图书书目数据上传细则的基础上增加文献标引规则。授课老师通过大量的实例分析和讲解，使学员对中心的上传流程规范、普通图书和文献的标引规则有了系统、全面的了解，同时掌握最新的联合编目系统操作规程。年内中心先后主办、合办和协办5场培训，培训学员472人次，其中1月在南京、4月在云南、6月在包头分别协助当地分中心或成员馆组织培训，对促进各地区图书馆的联合编目工作培养人才，提高地方图书馆的文献编目质量和效率，推进分中心建立各地图书馆联合目录，提升各地图书馆的服务能力和水平发挥积极作用。

2. ISSN中国国家中心

ISSN国际中心与ISSN中国国家中心座谈会合影

2015年，ISSN中国国家中心完成国内外电子邮件咨询共计186件，电话咨询3546件。完成审核ISSN申请材料约791份，办理ISSN186个，ISSN证书207个；建立卡片目录186张；核对刊物465种；新建和更新CNMARC数据640条；新建和更新罗马化数据558条；传送ISSN国际中心数据5909条；定期向ProQuest公司提供罗马化数据909条。停用ISSNMARC启用MARC21格式编目，并将历史数据回溯性地由ISSNMARC转换为MARC21，该项专项任务基本完成，全年维护数据共计6498条。按月度向国际中心提交新数据及更新的回溯数据，并及时处理国际中心系统校验数据的反馈问题；借助国图网站ISSN中心网页，发布已申领ISSN的数据信息（详版）；依据ISSN国际中心发展动态及相关编目规则，加强数据制作标准化建设，不断提升ISSN中心业务工作。

6月1日，ISSN国际中心主任加艾尔·贝格（Gaëlle BEQUET）和数据网络标准化部门负责人克莱蒙·乌里（Clément OURY）到访。中国中心为来宾详细介绍基本情况、业务发展及我国连续出版物的呈缴情况。国际中心充分肯定ISSN中国中心的出色工作，并介绍国际中心的业务范围以及ISSN的未来发展趋势和目标。克莱蒙介绍依托联合国教科文组织相关政策自主开发的ROAD项目及其未来将发挥的重要作用。通过深入的交流和讨论，双方增强彼此间的了解和沟通，有利于今后开展更密切的业务合作。

3. 全国公共图书馆讲座联盟

全国公共图书馆讲座联盟是由全国公共图书馆自愿组成的非营利性行业联盟，以促进全国图书馆讲座业务发展。讲座联盟宗旨是联合全国公共图书馆，开展讲座资源的共建共享，通过各种行业学习、研究、交流和协作活动，提高图书馆讲座的整体水平，促进讲座工作的良性发展；组织行业摸底和调研，开展理论研究，为相关管理部门制定行业规范、发展规划、管理政策及考核标准提供依据；通过各类活动和合作项目，扩大讲座工作的社会影响，搭建传播知识、陶冶情操的终身教育平台，发掘图书馆文化教育的潜力，满足人民日益增长的精神文化需求。

以全国公共图书馆讲座联盟为平台，国家图书馆与福建省图书馆、辽宁省图书馆、厦门市图书馆等地方馆合作举办“国图·流动讲坛”17场，为其提供讲座策划咨询服务，提高讲座质量和策划水平。继续发挥联盟作用，帮助山西省馆、长沙市馆、中山市馆、宁波市馆等多家馆推荐主讲专家，邀请社会学家周孝正、军事专家罗援、文学评论家雷达等知名专家学者前往地方馆授课，协助解决地方图书馆师资困难的问题。

4. 参考咨询协作网和决策咨询服务协作平台

（1）全国图书馆参考咨询协作网

①召开2015年全国省级及副省级市公共图书馆参考咨询工作会议

3月19—20日，2015年全国省级及副省级市公共图书馆参考咨询工作会议在南京召开。会议由国家图书馆主办，南京图书馆承办，来自全国47家省级及副省级市公共图书馆的参考咨询业务主管馆长、部门主任和业务骨干共计90余名代表参会，就2015年度图书馆参考咨询工作开展及业务协作问题展开工作研讨。国家图书馆馆长助理、研究院院长汪东波、南京图书馆副馆长许建业出席会议并致辞。会议回顾2014年全国省级及副省级市公共图书馆参考部主任工作会议工作落实情况，通报2014年度全国图书馆参考咨询协作网和全国省级公共图书馆决策咨询服务协作平台的工作情况，以及数字图书馆推广工程的资源共建共享情况。会议围绕“全国图书馆参考咨询协作网”与“全国省级公共图书馆决策咨询服务平台”章程、“全国图书馆参考咨询协作网”业务培训规划、“全国图书馆参考咨询协作网”培训教材方案以及其他参考咨询业务领域共同关心的问题分组进行审议和讨论。此次会议促进了全国省级及副省级市图书馆参考咨询工作者的沟通、交流和协作，为进一步推进参考咨询和决策咨询业务发展发挥积极作用。

2015 年全国省级及副省级市公共图书馆参考咨询工作会议合影

②坚持开展馆员研修培训，加强业务骨干队伍建设

9 月，国家图书馆举办以“参考咨询”为主题的数字图书馆推广工程第六期馆员研修培训班，来自新疆维吾尔自治区图书馆、陕西省图书馆的 4 位参考咨询馆员参加此次培训。此次培训以培训教学结合业务实操进行，让馆员在业务实践中进一步提升工作技能。各学员通过在综合咨询、社科咨询、科技咨询、竞争情报等参考咨询各业务类型的实践学习，熟悉参考咨询的全流程服务，并通过实践加深对参考咨询业务的深层次理解，提高服务水平。

③配合公共图书馆积极开展参考咨询基础业务培训

国家图书馆继续通过分层培训、专题讲座的形式培训各省级公共图书馆业务骨干以及业务管理人员，随后由受训人员在本省内开展相关业务培训工作，与各公共图书馆分享参考咨询服务中的服务理念、应用系统与工作经验，培养更多专业化的参考咨询人才队伍。6 月，与广东省立中山图书馆合作举办“数图推广工程 · 全国图书馆参考咨询协作网业务培训班”，来自全国各公共图书馆、高校图书馆和专业图书馆逾百名参考咨询馆员参加本次培训。培训采取专家授课结合学员座谈方式，既有理论知识，又有案例分析，内容贴近具体工作实践，向学员传授文献检索方法与技巧，让基层图书馆馆员就如何利用数字图书馆推广工程以及国家图书馆的文献资源和网络平台开展咨询服务有了清晰的认识和理解。

8 月，国家图书馆与新疆维吾尔自治区图书馆合作举办“数图推广工程 · 全国图书馆参考咨询协作网西北五省公共图书馆馆长培训班”。来自西北五省地市级公共图书馆馆长和新疆维吾尔自治区内共约 110 名地市级公共图书馆馆长参加此次培训，培训主要围绕参考咨询服务的组成、规范、业务流程、信息源、知识工具以及对未来的思考展开，让基层图书馆馆长对参考咨询服务的发展

数图推广工程·全国图书馆参考咨询协作网业务培训班合影

思路、组织管理等有了进一步的思考和认识。为全疆各地州（县市）公共图书馆提供良好的学习和交流的平台，进一步推进全国图书馆参考咨询协作网的各项工作。

④开展专题培训研讨，交流科技咨询工作经验

11月，国家图书馆针对科技参考咨询业务，面向全国省级及副省级市公共图书馆举办“科技参考咨询专题培训班”。国家图书馆参考咨询部张李江做“图书馆科技参考咨询工作”专题报告。广西壮族自治区桂林图书馆副馆长曹旻以及吉林省图书馆信息咨询部主任张素敏分享其在科技参考咨询工作中的经验和心得，对公共图书馆科技参考服务组织与管理、科技参考资源建设与人才培养进行了详细的阐述。来自全国各地35家公共图书馆，共约80名参考咨询馆员参加此次培训班，地方公共图书馆参考咨询馆员对科技参考咨询服务的发展思路、组织管理、资源选择利用、检索工具以及个人知识管理工具使用等方面都有了进一步的思考和认识。

⑤全国图书馆参考咨询协作网网站正式上线

3月，全国图书馆参考咨询协作网历经两年建设正式上线提供服务，目前注册会员75人。网站主要栏目包括新闻动态、资源介绍、资源分享、视听资料、咨询产品交流、系统与服务体验、参考工作、交流社区等。协作网历次培训课件、协作网章程、参考咨询系统介绍等内容均已发布在网站上以供分享，各新闻栏目也在持续更新中。

（2）全国省级公共图书馆决策咨询服务协作平台

①召开全国省级公共图书馆决策咨询服务协作平台培训暨工作会议

8月11日，全国省级公共图书馆决策咨询服务协作平台（以下简称“协作平台”）培训暨工作

会议在国家图书馆召开，“协作平台”试点成员馆的参考咨询部（信息咨询部）或相关业务部门的负责人、中国市情概况数据库建设的相关人员和国家图书馆立法决策服务部的负责人参加会议。本次培训班主要围绕中国市情概况数据库建设、协作平台的管理系统操作以及建设进程和规划等内容进行全面深入的讲解和交流，旨在通过专题培训和实机操作，使试点成员馆能够深入学习并熟练掌握中国市情概况数据库和协作平台的建设、使用及管理，进一步推动协作平台各项工作的顺利开展，共同提高公共图书馆决策咨询工作的能力水平。中国市情概况数据库缘起于中国省情概况数据库建设。中国省情数据库是国家图书馆立法决策服务部自2007年开始建设的专题知识库，它汇集全国34个省、自治区、直辖市（包括台湾、香港、澳门）的最新动态数据，为决策机构全面了解各省情况提供实时参考，受到用户的高度认可。如今，以协作平台中8家成员馆所在的省会城市为试点，以市情概况为共建内容进行试验性尝试，旨在促进公共图书馆馆际协作交流，更好地实现各图书馆间信息资源的共建与共享。

全国省级公共图书馆决策咨询服务协作平台培训暨工作会议合影

②举办全国副省级以上公共图书馆决策咨询服务培训班

10月29—30日，全国副省级以上公共图书馆决策咨询服务培训班在福建省福州市召开。此次培训班由国家图书馆主办，福建省图书馆承办，培训对象为全国副省级以上公共图书馆参考咨询部（信息咨询部）主任及从事决策咨询服务工作的馆员共108人。本次培训班旨在满足全国公共图书馆决策咨询服务工作发展的需要，加强各馆之间的沟通、交流和协作，共同推动全国公共图书馆决策咨询服务水平的整体提高。国家图书馆馆长助理孙一钢和福建省文化厅纪检组组长张佩煌参加培训班开幕式并分别致辞。

培训的内容主要分为决策咨询服务的理论和实务两大部分。培训班邀请文化部公共文化司司长刘小琴、中国科学院文献情报中心教授初景利和汤森路透公司经理马亚鹏为学员授课，内容既包括国家的大政方针，也包括图书馆的发展趋势；还引进了市场竞争机制下的服务思维方式。同时，卢海燕等国家图书馆的讲师围绕立法决策服务工作，从宏观到微观、从理论到具体实践，深入浅出，进行全方位的讲解。在充分听取报告的基础上，学员们主要围绕各馆决策咨询业务开展的情况、创新与困难等进行交流和讨论。

全国公共图书馆决策咨询服务培训班

③探索数字资源共建共享合作模式

国家图书馆启动全国省级公共图书馆决策咨询服务协作平台资源共建项目——“中国市情概况数据库”的建设，制定“中国市情概况数据库”建设规范，完成协作平台8家试点成员馆的资源共建试点工作。携手福建省图书馆为全国“两会”提供服务，将福建省图书馆提供的决策参考中的“公民有序参与政治”“自由贸易区”“建设美丽乡村”“海西动态”4个专题以及“福建文化记忆”2种资源加入国家图书馆立法决策服务平台政协“两会”服务平台中，为全国2000多名政协委员提供服务。这是国家图书馆与省级公共图书馆在“两会”服务中的首次合作，为提升全国公共图书馆决策咨询服务水平，建设从中央到地方的全国公共图书馆决策咨询服务网络做了有益尝试。

5. 全国图书馆文献缩微复制中心

（1）启动全国公共图书馆数字缩微建设工作

为推动缩微事业进一步发展，更好地发挥数字缩微技术在文献保存、保护与服务领域的作用，全国图书馆文献缩微复制中心印发《全国图书馆文献缩微复制中心关于开展数字缩微建设工作的通知》，计划通过配备数模转换相关设备、加强数字缩微技术培训与指导、创新合作模式，全面推进各馆数字缩微建设工作。通过对各成员馆馆藏数字资源、近3年缩微拍摄产量、从业人员、加工场地、基础设备现状等5个方面的综合评估，按照我国东、中、西部区域划分，确定2015—2016年数字缩微建设单位名单。此项工作拟通过全国范围数字缩微技术培训与指导，调动各馆参与热情，全面开展成员馆数字资源转缩微胶片工作，逐步建立覆盖全国的图书馆数字缩微体系。

2015年数字缩微建设单位（第一批）：东部地区：天津图书馆、辽宁省图书馆；中部地区：湖北省图书馆、吉林省图书馆；西部地区：四川省图书馆、贵州省图书馆。

2016年数字缩微建设单位（第二批）：东部地区：福建省图书馆；中部地区：河南省图书馆、

黑龙江省图书馆、湖南图书馆；西部地区：甘肃省图书馆。

（2）召开全国公共图书馆技术部主任会议

4月26—28日，全国图书馆文献缩微复制中心主办、江西省图书馆承办的“2015年全国公共图书馆技术部主任会议”在江西省南昌市顺利召开。江西省图书馆馆长周建文、全国图书馆文献缩微复制中心主任李晓明出席会议并致辞。会议由江西省图书馆副馆长何振作主持，来自全国19个省、市、自治区公共图书馆的40位主管缩微工作的部门主任以及缩微文献复制中心各项业务工作的负责人和业务骨干参加会议。李晓明就全国图书馆文献缩微复制中心草拟的《缩微工作“十三五”规划（讨论稿）》做了概述，王浩对2014年度全国缩微工作开展情况进行了总结，并对2015年的重点工作进行部署。李进通报了各成员馆2013—2014年缩微拍摄情况以及数字缩微建设方案。会议对2013—2014年度缩微建设产量及质量名列前茅的全国图书馆文献缩微工作先进集体、先进管理者和先进个人给予表彰。与会人员就“各馆2014年度工作总结”“下阶段文献缩微抢救方向”做介绍，针对《缩微工作“十三五”规划（讨论稿）》和“数字缩微建设工作”进行深入研讨。

全国公共图书馆技术部主任会议

（3）举办全国公共图书馆缩微技术培训班

8月25—27日，由全国图书馆文献缩微复制中心与安徽省图书馆共同主办，合肥市图书馆承办的2015年全国公共图书馆缩微技术培训班在合肥举行。安徽省文化厅副厅长丁光清、全国图书馆文献缩微复制中心主任李晓明、副主任张阳，合肥市委宣传部部长钟俊杰、安徽省图书馆馆长易向军、副馆长许俊松，合肥市图书馆馆长李永钢出席开班仪式，合肥市委宣传部副部长罗平主持。钟俊杰、易向军、李晓明分别致辞，全国公共图书馆界50余名缩微业务骨干参加此次培训。来自中国人民大学、全国图书馆文献缩微复制中心、3R集团等单位的六位老师分别以缩微技术前沿理论、数转模工作原理与实际操作、1600缩微拍摄机原理、便携式阅读器设计原理，以及民国图书拍摄经验交流等多个主题进行专题讲座。

（4）开展缩微设备全国巡检

2015年，全国国家图书馆文献缩微复制中心开展缩微设备全国巡检工作，完成对湖南图书馆、广东省立中山图书馆、吉林省图书馆等11家成员单位缩微设备的全面检查和调试。在巡检期间，全国图书馆文献缩微复制中心的工程师们对各成员馆的拍照机、冲洗机、拷贝机等缩微设备进行全面的检测、调整、保养和维修，并向各成员单位参与缩微工作的人员讲解设备操作要领，使其更加熟知操作技巧，提高使用技能。在巡检过程中，工程师们还对各成员单位的缩微拍摄工作进行调研，认真听取他们对设备的使用和维护情况，并详细介绍数字缩微理念及解决方案，旨在为各馆提供更具针对性和实用性的技术指导与服务。

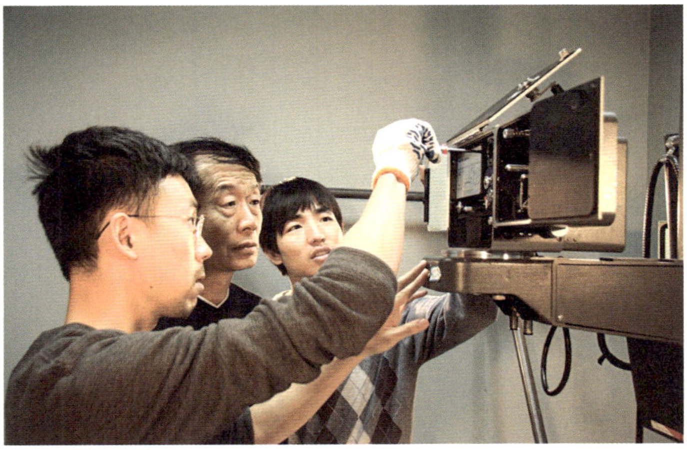

开展缩微设备全国巡检

6. 其他工作

（1）举办第四届全国文献编目工作研讨会

10 月 22—23 日，国家图书馆和中国图书馆学会信息组织专业委员会主办，重庆图书馆协办的“第四届全国文献编目工作研讨会”在重庆举办。国家图书馆副馆长、中国图书馆学会副理事长陈力，国家图书馆馆长助理、研究院院长、中国图书馆学会信息组织专业委员会主任汪东波出席并致辞，全国 160 余名图书馆界代表参加会议。本次会议以“编目：核心能力与挑战”为主题，旨在凝聚全国业界之力共同探讨国际编目领域出现的诸多重大问题，进一步提升我国编目工作的核心能力。会议共收到征文 81 篇，评选出 36 篇获奖论文并结集出版。中国科学院文献情报中心研究馆员宋文、上海交通大学图书馆研究馆员王绍平、华东师范大学图书馆研究馆员胡小菁、国家新闻出版广电总局信息中心数字复合出版技术总监孙卫、国家图书馆研究馆员卜书庆、国家图书馆外文采编部副主任罗翀 6 位专家分别以“《资源描述》国家标准研制综述”“《国际编目原则声明》的新进展”“编目员的素养与修炼”“出版信息标准化——出版与图书馆的纽带”“文献主题规范控制案例及应用探讨”“国家图书馆在 RDA 化道路上的梦想与现实”等为题，对目前国内外编目领域的新动向进行梳理，展望未来编目工作的前景。此外，会议还设立“编目规则的发展和本地化”“网络环境下的文献揭示与知识关联”“编目实践的反思与提升”3 个分会场，以增进与会者对业务工作的交流和探讨。

在当前信息技术环境不断变化的背景下，元数据在图书馆中发挥的作用越来越大，编目工作范畴日益扩展。为了积极应对挑战，提高编目工作核心竞争力，与会者就当下编目工作深入讨论并达成如下共识：

遵循国际编目原则声明精神，积极参与国际编目领域的活动与项目，提升我国行业影响力和国际话语权；跟踪国际编目规则的变化，加速规则本土化实施进程，推进国内编目规则在新的技术环境下的发展和统一；重视信息组织理论研究与实践创新，在统一的标准和体系下，扩大编目范畴，为各类资源整合提供元数据基础，全面实现一站式资源发现和获取；转变编目理念，以用户需求为导向，引入规范控制，建立各种元数据之间的关联关系，扩大图书馆元数据的应用范

第四届全国文献编目工作研讨会

围；推动图书馆联合编目事业发展，加强数据标准化，提高时效性，降低编目成本；加强编目的开放性与跨业合作，实现编目成果社会利用的最大化；强化编目工作历来是图书馆各项工作基础的认识，提升编目从业人员社会价值认同；恪守编目工作职业操守，增强编目员职业自觉意识，加快新型编目人员培养。

（2）着眼全球推进少儿阅读工作发展

随着童书出版事业的快速发展和图书馆儿童阅读工作的深入开展，中国儿童阅读发展事业进入一个新的历史时期，形成一个以公共图书馆为核心，作家、画家、出版机构、各级学校、阅读推广人以及民间儿童阅读推广机构共同协作、相互推进的儿童阅读发展的良好生态。

5月27日，“书香社会建构中的儿童图书馆服务创新座谈会”在北京举办，来自全国17个省市的24位公共图书馆及独立建制少儿馆馆长出席会议。会上，国家图书馆研究院副院长申晓娟、数字资源部主任曹宁，大连市少年儿童图书馆副馆长邓少滨，福建省少年儿童图书馆副馆长康新宇，河南省少年儿童图书馆馆长崔喜梅，江苏省江阴市图书馆副馆长胡光先后做主旨发言，介绍我国少年儿童图书馆事业发展及相关政策和少儿图书馆数字图书馆建设情况，分享各馆的儿童阅读推广、数字平台建设等方面的工作成果。

5月28—29日，国家图书馆主办、少年儿童馆承办的“中国儿童阅读发展论坛”在国家图书馆召开。论坛邀请国内外知名儿童阅读研究专家、公共图书馆、少年儿童图书馆以及各地绘本馆、童书出版相关的从业人员共聚一堂，解读我国儿童阅读发展的政策、理论、发展路径及儿童身心发展特征和阅读特点。论坛讨论了“我国儿童发展政策与文化权益保障”“图书馆视野下的儿童阅读与指导”“儿童文学的特质与价值”“学前儿童身心发展与阅读特征”以及台湾地区儿童阅读发展状况和日本儿童读物的出版情况。国务院妇女儿童工作委员会办公室副主任宋文珍强调在规划儿童阅读发展相关政策时，应对儿童文化权益保障加以重视。华东师范大学信息学系范并思教授针对“图书馆儿童阅读推广的复杂性、多样性和动态性”，提出对图书馆员的培养要求。儿童文学评论家、理论家刘绪源通过梳理近现代中国文学发展史中童话与小说对战争题材的处理，提出“重新认识中国儿童文学之传统”的重要性。阅读推广人阿甲为大家介绍他在大陆亲身参与儿童阅读推广15年间的宝贵经验。儿童心理学研究专家孙莉莉结合学龄前儿童的心理发展指出当前儿童阅读现状中的误区。来自台东大学儿童文学研究所的林文宝详细介绍台湾地区儿童阅读的发展情况，并解析了阅读与教学之间微妙的关系。来自日本的出版家唐亚明从自身经历出发，对日本儿童读物的出版及阅读推广的情况进行详细介绍。国家图书馆典藏阅览部主任、少年儿童馆馆长王志庚通过近百年中国童书发展历程，深入讨论百年童书史中的儿童阅读观。本次论坛集专家报告、儿童文学作品精读、百年童书展览于一身，全面梳理中国儿童文学和中国儿童阅读的发展进程，多方位展现大陆之外其他地区儿童阅读的发展和现状，并号召从事儿童阅读工作的各界人士和机构通力合作，推进中国儿童阅读事业沿着健康、稳定、可持续的道路发展。

8 月 23 日，国家图书馆少年儿童馆与国际儿童读物联盟中国分会、中国少年儿童出版社合作，在国家图书馆召开主题为“儿童与阅读”的沙龙研讨会，邀请国际儿童读物联盟主席、比利时儿童文学家瓦力·德·邓肯，2014 年国际安徒生奖插画奖得主、巴西著名插画家罗杰·米罗和中国童书插画家徐开云就图画书创作与出版国际化问题展开交流和研讨。北京地区大约 40 位编辑、儿童阅读推广人和家长参加此次沙龙研讨活动。瓦利·德·邓肯介绍了国际儿童读物联盟（IBBY）的职责及其开展的工作。罗杰·米罗则就与中国儿童文学作家曹文轩合作创作的图画书《羽毛》进行解析，阐述动物与人的内在互通性以及跨文化之间“和而不同”的哲学思想。与会听众还就国际儿童读物联盟在校园阅读推广中开展的工作、《比利的工厂》和《羽毛》两部跨国作品的细节设计、儿童读物创作国际化，以及本土文化在儿童读物中的保持和传承等问题进行研讨。

9 月 2 日，国家图书馆少年儿童馆、新阅读研究所、台东大学儿童文学研究所共同主办的“儿童阅读与推广”海峡两岸研讨会在国家图书馆召开。国家图书馆少年儿童馆馆长王志庚、台东大学儿童文学研究所教授林文宝、台东大学儿童文学研究所所长游珮芸、新阅读研究所杨子湘，以及来自海峡两岸的儿童阅读研究者、儿童文学作家、出版社编辑、阅读推广人等 60 余位代表出席会议。会议围绕“海峡两岸儿童阅读与推广”的主题，对两岸的儿童阅读与推广相关情况做专题交流和讨论。游佩芸女士在发言中介绍台湾地区儿童读物的出版现状；台东大学儿童文学研究所博士生洪琼君女士分享她在身体阅读实例方面的研究和思考，现场演绎用身体去“阅读”文本；大陆爱心树童书总编分享她多年来编辑童书的感悟，认为编辑与书二者合二为一才能产生好书；阅读推广人、童书翻译林静女士讲述自己从事早期阅读推广人的心得，并在现场分享绘本故事《和平是什么》；少年儿童馆康瑜博士介绍国图少儿馆图画书书目研制工作开展的有关情况；杨子湘女士讲述新阅读研究所对大陆中小学儿童阅读推广工作的开展。林文宝教授对当前两岸儿童阅读及推广存在问题及下一步发展情况作总结发言。

（3）开展培训定制化服务

2015 年，国家图书馆培训中心继续发挥图书馆业界职业知识与技能指导作用，面向全国图书馆界从业人员举办各项常规业务培训。通过与国家图书馆外文采编部、数字资源部，以及厦门华侨大学图书馆等多个部门和外省机构合作，在延续基础业务知识与技能培训基础上，创新地举办了定制培训。以图书馆业界为主要受众，针对被培训对象的需求推出有针对性的定制服务，先后为首都图书馆、天津图书馆、海南省图书馆、常熟市图书馆、朝阳区图书馆、中国五矿集团等多家机构提供定制服务，累计培训人员 340 余人次。

（二）行业组织引领

1. 中国图书馆学会秘书处

（1）“网络书香·数字图书馆建设与服务宣传推广项目”

网络书香·数字图书馆建设与服务宣传推广项目

2015 年，在江西、浙江和吉林三地组织开展“网络书香·数字图书馆建设与服务宣传推广项目”系列活动，主要包括启动仪式、高级研讨班、数字阅读体验、展览、视频播放等内容。活动由文化部公共文化司指导，国家图书馆、中国图书馆学会和各省（区、市）文化厅（局）主办，各省图书馆和省图书馆学会承办。各级公共图书馆、部分高校图书馆馆长及业务骨干 650 余人参加此次活动，数字图书馆体验区和展览共接待参观人数 6000 余人次。

4 月 15—16 日，“网络书香·数字图书馆建设与服务”宣传推广项目（江西站）系列活动在抚州市图书馆隆重举行。国家图书馆副馆长魏大威、江西省文化厅副巡视员谌洪敏、抚州市副市长刘菊娇、中国图书馆学会秘书长霍瑞娟、江西省图书馆馆长周建文和江西省各级公共图书馆、部分高校图书馆馆长及业务骨干 180 余人参加活动。

7 月 29—30 日，“网络书香·数字图书馆建设与服务”宣传推广项目（浙江站）系列活动在舟山市图书馆隆重举行。国家图书馆副馆长魏大威、浙江省文化厅副厅长柳河、舟山市副市长徐燕峰、中国图书馆学会秘书长霍瑞娟、浙江图书馆馆长徐晓军和浙江省各级公共图书馆、部分高校图书馆馆长及业务骨干共 250 余人参加活动。

8 月 19—20 日，“网络书香·数字图书馆建设与服务”宣传推广项目（吉林站）系列活动在吉林省图书馆隆重举行。国家图书馆副馆长魏大威、吉林省文化厅副厅长任智富、中国图书馆学会秘书长霍瑞娟、吉林省图书馆馆长赵瑞军和吉林省各级公共图书馆、高校图书馆和科研图书馆的馆长及业务骨干 220 余人参加活动。

数字图书馆体验区通过统一的设计和编排，凸显数字图书馆的高新技术元素，融合地方图书馆特色，利用现有数字图书馆技术和资源，挂接多样化媒体终端，拓展服务手段和服务方式，呈现新媒体环境下的体验式数字图书馆智慧服务站，为江西、浙江和吉林三地的读者和社会公众展示别具特色的“数字盛宴”，有利于推进数字图书馆建设、提升图书馆服务效能，培养公众的数字阅读习惯，推动创新性国家建设，在全社会营造全民终身学习和热爱阅读的良好氛围。

（2）“我与中华古籍”摄影大赛及优秀摄影作品巡展活动

参见“特别记载”之“十二、重大展览”。

（3）民国时期文献保护计划宣传推广活动

2015 年，国家图书馆和中国图书馆学会联合主办民国时期文献保护计划宣传推广活动。推广活动结合讲座、展览、培训班等多种形式开展，并以省为单位进行面向全省图书馆的巡展巡讲，将推广活动深入基层。4 月、8 月、10 月，分别在江苏、贵州、广西三地举办本活动，培训学员 300 余名（参见“重点文化工程”之“民国时期文献保护计划”相关条目）。

“民国时期文献保护计划”宣传推广项目

（4）全国图书馆未成年人服务提升计划

为发展与繁荣我国图书馆事业，更好地发挥图书馆引导未成年人阅读的独特作用，宣传图书馆未成年人服务新理念，介绍图书馆未成年人服务工作新方法，启迪新思维，开阔图书馆服务未成年人实际工作者的新视野，提高图书馆未成年人工作者专业理论水平和业务工作能力。在文化部公共文化司指导下，11 月 5—6 日、11 月 10—12 日，中国图书馆学会分别在海南省海口市和黑龙江省哈尔滨市举办“全国图书馆未成年人服务提升计划”巡讲活动，来自全国各市（州）、县（市、区）图书馆、少儿图书馆、中小学图书馆和绘本馆，出版界及媒体和图书馆相关技术的学员近 500 人参加培训。

（5）全国数字图书馆建设与服务联席会议第十六次会议

6 月 17 日，全国数字图书馆建设与服务联席会议第十六次会议在上海崇明县图书馆召开。会议由上海图书馆承办，崇明县图书馆协办。文化部公共文化司巡视员刘小琴出席会议并致辞。上海图书馆馆长吴建中代表承办单位致欢迎辞，联席会议各成员单位有关负责人、中国图书馆学会副秘书长仲岩等 18 人出席会议。会议由上海图书馆副馆长刘炜主持。会议第一项内容为研讨全国各系统图书馆数字图书馆“十三五”规划情况，重点讨论数字图书馆在资源、平台、服务等方面所面临的问题和挑战，数字图书馆在数字阅读推广方面的实践经验及成效，数字阅读在移动环境下的

全国数字图书馆联席会议第十六次会议

推广策略与品牌塑造等。上海图书馆副馆长刘炜以“把握机遇促进转型：上图十三五信息化思考”，国家图书馆馆长助理孙一钢以“立足互联网＋战略规划，推动我国数字图书馆的协同创新”，北京大学 CALIS 管理中心秘书长姚晓霞以“CALIS‘十三五’建设发展规划思路”，文化部全国公共文化发展中心副主任陈胜利以“文化共享工程十三五规划与资源建设面临的挑战”，中央党校图书馆副馆长刘俊瑞以“让理论学习插上科技的翅膀——中央党校中国干部学习网研发‘学习中国’APP 情况”，国防大学图书馆馆长于代军以“积极推进‘十三五’军队院校图书馆建设和发展”，中国科学院文献情报中心副主任刘细文以“支撑科技创新的文献情报服务模式的思考”等为主题分别进行专题发言。专题发言后，与会代表就会议主题进行深入交流和讨论。会议第二项内容为审议修订版《数字图书馆安全管理指南》。上海图书馆系统网络中心副主任赵亮以“《数字图书馆安全管理指南》修订解读”为题发言，介绍《数字图书馆安全管理指南》的修订情况。与会代表对修订版《数字图书馆安全管理指南》进行了审议，并提出修改意见和建议。刘小琴进行会议总结。她指出，《数字图书馆安全管理指南》根据各成员单位意见进行多次修订，内容更加严谨、准确，建议吸纳本次会议各单位最新修改意见，形成终稿，尽快发布。

2. 全国图书馆标准化技术委员会秘书处

（1）标准化工作项目征集与立项工作

全国图书馆标准化技术委员会（以下简称图标委）秘书处公开征集 2015 年度图书馆领域标准制修订及标准化研究建议项目 19 项，其中标准制修订建议项目 15 项，文化行业标准化研究建议项目 4 项。根据文化部文件要求，图标委秘书处分别于 2 月和 3 月召开两次专家论证会，先后上报标准化工作建议项目 17 项，其中标准制修订建议项目 13 项（含国家标准制修订建议项目 2 项、文化行业标准制修订建议项目 11 项），文化行业标准化研究项目 4 项。根据批复，正式立项文化行业标准 1 项，文化行业标准化研究项目 4 项。截至 2015 年年底，图标委共立项国家标准制修订计划项目 22 项，文化行业标准制修订项目 35 项，文化行业标准化研究项目 14 项。

（2）已有标准项目管理

①标准制修订项目审查。组织 3 项文化行业标准的审查，其中，《图书馆参考咨询服务规范》和《图书馆数字资源长期保存信息包封装规范》先后于 6 月和 7 月由文化部正式发布，8 月 1 日起实施。“公共图书馆评估指标”系列及《图书馆参考咨询服务规范》等 15 项文化行业标准已完成标准文本核稿，由国家图书馆出版社正式出版发行；完成文化行业标准《社区图书馆服务规范》的报

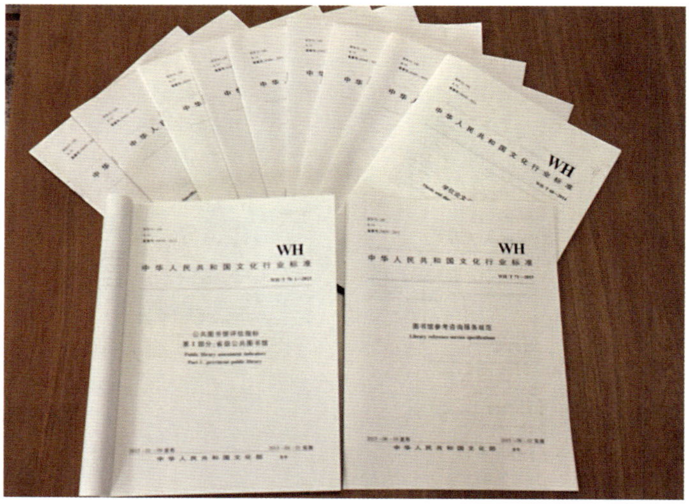

15 项文化行业标准正式出版发行

批工作；《图书馆行业条码》已通过专家审查，并进入送审稿的修改阶段；《流动图书车车载装置通用技术条件》已完成业界征求意见工作。组织开展国家标准《乡镇图书馆管理规范》的业界征求意见工作；配合国家标准技术评审中心完成国家标准《中国机读目录格式》和《图书馆馆藏资源数字化加工规范　第 5 部分：视频资源》报批稿的修改工作。

②标准化研究项目鉴定。完成文化行业标准化研究项目《ISO、IFLA 图书馆标准体系研究》的审查鉴定。

③在研项目管理。8 月，对图标委归口管理的 12 项标准化工作项目进行中期检查，包括 6 项国家标准制订项目、4 项文化行业标准制订项目以及 2 项文化行业标准化研究项目。组织报送 2015 年新立项文化行业标准制修订项目及文化行业标准化研究项目的工作合同。

（3）召开全国图书馆标准化技术委员会委第二届委员会成立大会暨标准化工作与图书馆事业发展研讨会

根据《国家标准委办公室关于全国图书馆标准化技术委员会换届及组成方案的复函》（标委办综合函〔2015〕85 号）精神，8 月 27—28 日，“全国图书馆标准化技术委员会第二届委员会成立大会暨标准化工作与图书馆事业发展研讨会”在国家图书馆召开，标志着图标委第二届委员会正式成立。国家标准化管理委员会服务业标准部主任杨泽世、文化部文化科技司司长孙若风、文化部公共文化司巡视员刘小琴莅临会议并致辞。第二届委员会主任委员韩永进，副主任委员汪东波、倪晓建、周德明、张智雄、柯平，委员兼秘书长申晓娟，委员兼副秘书长李东来等第二届委员会委员及各界嘉宾 40 余人参加本次会议。图标委第二届委员会共有委员 41 人，均具有副高级以上专业技术职称，有较强的专业研究能力，其中来自公共图书馆的委员占 39%，来自高校图书馆和专业图书馆的委员占 24.4%，来自图书馆学教育和研究机构的委员占 19.5%，委员分布涵盖政府主管部门，国家图书馆，省、市级公共图书馆和少年儿童图书馆，高等学校图书馆，科研院所及党校、军队、医院、农业等专业图书馆，以及图书馆学教育和研究机构，特别是本届委员会还新增文化主管部门代表 1 人，中国图书馆学会代表 2 人，民族图书馆代表 1 人，组成结构较为科学合理，并具有更加广泛的代表性。会上，杨泽世主任宣读图标委换届批复文件并向第二届委员会委员颁发委员聘书。主任委员韩永进做“站在新起点抓住新机遇，推进图书馆标准化工作再上新台阶”的讲话，讲话全面总结第一届委员会的工作成果，通报第二届委员会的换届情况，围绕制定“十三五”

全国图书馆标准化技术委员会委第二届委员会成立大会暨标准化工作与图书馆事业发展研讨会

时期标准化工作规划、逐步构建较为完善的标准体系、加快制修订事业发展亟须标准、积极推进标准成果的宣传与推广、加强国内外交流合作、构建图书馆标准化信息平台和进一步加强图标委秘书处工作等七个方面提出第二届委员会的主要工作思路。会议还围绕《全国图书馆标准化工作“十三五”规划纲要》（讨论稿）及第二届委员会工作思路开展专题研讨。会议同期举办“标准化工作与图书馆事业发展研讨会”。第二届委员会全体参会委员及图标委归口管理的部分标准化工作项目组成员 70 余人参加研讨。研讨会邀请国家标准化研究院副研究员金燕芳、北京大学信息管理系教授刘兹恒和南开大学商学院教授柯平分别以“标准制修订全过程管理”“ISO、IFLA 标准规范体系研究”和“公共文化服务体系标准规范研究”为题做主题报告。本次会议的召开，为图标委把握当前构建现代公共文化服务体系，推进公共文化服务标准化、均等化的时代机遇，谋划和推进“十三五”时期的图书馆标准化工作打下坚实的基础。

3. 中国文献影像技术协会与全国文献影像技术标准化技术委员会

（1）召开 2015 年中国文献影像技术协会第一次常务理事（扩大）会议

4 月 2 日，2015 年中国文献影像技术协会第一次常务理事（扩大）会议在国家图书馆召开。会议由中国文献影像技术协会理事长魏大威主持。会议听取李晓明传达文化部社团办会议精神，张阳通报 2014 年协会财务收支情况及近两年协会会费收取情况，徐建华说明 2015 年海峡两岸学术交流活动筹备工作，全国文献影像技术协会秘书处落实各工作委员会的计划。会议最后讨论学术工作委员会、教育培训工作委员会、编辑出版委员会、全国文献影像技术协会秘书处提出的工作计划及 2015 年年会相关事宜。

（2）召开中国文献影像技术协会、全国文献影像技术标准化技术委员会 2015 年年会

11 月 17—19 日，中国文献影像技术协会（以下简称中国文影协）、全国文献影像技术标准化技术委员会（以下简称全国文影标）在福建省泉州市召开 2015 年年会。国家图书馆副馆长、中国文影协理事长、全国文影标主任委员魏大威，中国文影协副理事长徐建华、杨成斌，福建省图书馆馆长郑智明、泉州市文广新局副局长林育毅，泉州市图书馆馆长许兆恺以及来自全国各公共图书馆、高校图书馆、档案馆、科研单位 60 余位代表参加会议。魏大威作中国文影协和全国文影标 2015 年度工作报告及第五届全国文影标的标准制修订总结报告。来自天津图书馆、上海市浦东新区档案局、北京市汉龙实业有限公司以及国家图书馆的 4 位专家，分别就《分层次检索模式与缩微文献利用》《基于大数据管理与

中国文影协、全国文影标 2015 年年会暨学术研讨会

云技术平台的数字档案馆建设框架研究》《数字缩微技术的应用与前景分析》《数转模技术的应用探析》4 项学术研究成果在会上做交流及讨论。

4.《中国图书馆分类法》编委会

《中国图书馆分类法》(以下简称《中图法》)编委会是《中图法》各种系列版本的研究、编制、修订和管理的组织机构，由国家图书馆领导并主持其常务工作。编委会下设办公室，负责日常工作。《中图法》编委会办公室组织编委通过中图法网站在线咨询（http://clc.nlc.cn/）解答业界有关类表词表及标引问题的咨询。2015 年，为更好地为业界提供服务，根据《中图法》第八届编委会工作规划，《中图法》编委会组织 8 个专项工作组，实施七大项工作任务。包括：基于《中国图书馆分类主题词表》(以下简称《中分表》) 及其 Web 维护环境研发自动标引服务系统的需求设计；基于 SKOS 数据建立《中分表》注册及关联数据服务平台；基于《中图法》的资源导航检索服务版研制；继续研发完成《中图法》第五版集成电子版；增补《中分表》入口词，完善参照系统；翻译及发布《中图法》第五版（Web 版）中英文三级类名对照版；编辑与发布“中华人民共和国学科分类与代码国家标准（GB/T 13745—2009)”“教育部学科门类及代码标准”与《中图法》第五版的对照版。编委会办公室负责对各项工作任务的进展情况及遇到问题进行跟踪与协调，为各项目组提供数据及资料支持，并咨询解答各项目组提出的问题。

《中图法》第八届编委会 2015 年工作会议

11 月 5—6 日，《中图法》编委会 2015 年工作会议在山西太原召开。来自全国各地的 30 多位《中图法》编委会委员、顾问参加会议。国家图书馆馆长助理、《中图法》编委会副主任委员兼主编汪东波出席会议。本次会议主要对《中图法》编委会 2015 年七项工作任务的进展情况及相关成果进行汇报、讨论及审核。会上，委员贾君枝就“基于 SKOS 数据建立《中分表》注册及关联数据服务平台”项目，副主编毛雅君就“增补《中分表》入口词，完善参照系统”项目，顾问侯汉清及委员曹树金分别就学科分类与代码国家标准和教育部学科门类及代码标准与《中图法》第五版的对照项目，委员司莉就《中图法》第五版三级类名中英文对照版项目，顾问陈树年及委员张鹏翼就“基于《中分表》及其 Web 维护环境研发自动标引服务系统的需求设计”项目，副主编卜书庆就“基于《中图法》的资源导航检索服务版研制”和“《中图法》第五版集成电子版”项目分别做专题介绍。与会人员对各项工作任务的实施进展情况进行了讨论，并提出完善修改的意见。为期两天的会议总结了编委会 2015 年的工作成果，确定 2016 年的工作方向。

5. 中国古籍保护协会

中国古籍保护协会自 2015 年 1 月成立以来，各项工作稳步推进。为推动古籍普查工作在“十三五”期间全面完成，中国古籍保护协会在国家古籍保护中心支持下，于暑期组织京津冀高校学生文化志愿者，以河北省为试点，实施“中华古籍普查志愿服务行动”。一方面发挥行业组织作用，调动社会力量参与文化建设；一方面倡导志愿服务精神，为构建社会主义核心价值体系做出贡献。此次活动自 5 月招募高校学生志愿者开始，7 月举办普查培训班，8 月 23 日普查结束，历时 3 个多月。来自北京大学、北京师范大学、南开大学、天津师范大学、河北大学、河北师范大学等京津冀高校的 76 名志愿者，在河北大学、河北博物院、保定市图书馆等 5 个古籍存藏单位共清点普查古籍 1.5 万种、19 万册（件），有力地推动了河北省古籍普查工作进程。

启动中华古籍普查志愿服务行动合影

中华古籍普查志愿服务行动受到高校、古籍存藏单位、专家和志愿者的一致好评，志愿者们表示在活动中增长了才干，收获了专业技能，加深了对中华古籍的热爱。指导专家认为，志愿者具备古典文献学、历史学等专业背景，拥有较强的学习能力，普查实践既可以推动古籍普查进程，又能够培养古籍保护后备力量，非常有意义。中国古籍保护协会将在条件具备的省份持续开展志愿者古籍普查活动，引导社会力量积极参与古籍保护工作，为传承和弘扬中华优秀传统文化做出应有的贡献。

年度掠影

【国家图书馆人民法院分馆开馆】

6 月 30 日，国家图书馆人民法院分馆在北京开馆。最高人民法院常务副院长沈德咏、副院长贺荣，文化部副部长杨志今，国家图书馆馆长韩永进出席活动并共同开通国家图书馆人民法院分馆平台，沈德咏、韩永进分别代表合作双方致辞，文化部公共文化司巡视员刘小琴、办公厅副主任陈发奋，国家图书馆馆长助理孙一钢以及来自最高人民法院、国家图书馆等相关部门的负责同志参加活动。沈德咏、韩永进在致辞中表示双方要加强合作，将服务主动纳入国家法制信息化建设中，提供及时、便捷、优质、高效的信息服务。

国家图书馆部委分馆服务模式创建于 1999 年，该模式为拓展和深化国家图书馆为中央国家立法与决策服务发挥着重要作用。人民法院分馆是国家图书馆的第 16 家部委分馆。该平台在为最高人民法院提供服务的同时，也将通过最高人民法院，实现对全国四级人民法院系统的服务，这是部委分馆中首个面向全国实现垂直性服务的分馆。今后，全国法院 30 多万干警在办公室就可以查阅国家图书馆数万册馆藏图书，浏览实时报刊，在线观看部级领导干部历史文化讲座等各类视频，研读智库报告等资料。

【国家图书馆部委分馆馆长联席会议暨国家图书馆立法决策服务平台服务年会召开】

12 月 29 日，国家图书馆部委分馆馆长联席会议暨国家图书馆立法决策服务平台服务年会在国家图书馆召开，中办档案图书馆资料室、中组部图书馆、中编办信息中心、全国人大信息中心、全国人大机关图书馆、国务院发展研究中心、全国政协机关图书馆、最高人民法院信息中心等 20 多家重点合作单位、30 位有关领导同志应邀出席。国家图书馆业务处、中文采编部、参考咨询部、数字资源部、信息技术部、立法决策服务部等相关部门负责人参加会议。国家图书馆馆长、党委书记韩永进出席会议并致辞，国家图书馆馆长助理孙一钢主持会议。会上，立法决策服务部主任卢海燕向与会代表汇报国家图书馆 2015 年立法决策服务工作的重点任务完成情况及未来发展思路。立法决策服务部副主任白云峰作《国家图书馆部委分馆调研汇报及下一步合作建议》的报告。与会代表在充分肯定国家图书馆在为国家立法决策服务领域所取得的成绩同时，紧密围绕“建立部委分馆文献资源联合采购合作机制；针对国家立法和大政方针制定开展舆情监测服务工作；国家图书馆与部委分馆联动开展全国“两会”服务；发挥中国图书馆学会国家机关图书馆分会的作用，强化业务交流与培训”等 4 点建议展开讨论。

在国务院部委建立国家图书馆部委分馆，为中央国家机关用户开通国家图书馆立法决策服务平台，是国家图书馆创建的立法决策服务的重要形式之一。到 2015 年年底，国家图书馆已在中央国家机关建立部委分馆16家，平台用户20家。国家图书馆部委分馆馆长联席会议暨立法决策服务平台服务年会自2009年开始已成功举办五届。

国家图书馆部委分馆馆长联席会议暨国家图书馆立法决策服务平台服务年会

【举办RDA系列培训讲座】

2015年，国家图书馆举办两次RDA理论与实践培训讲座。5月18—22日，国家图书馆与江苏省图书馆学会、南京图书馆在南京联合举办“RDA的理论与实践”培训班，来自全国各地编目领域的专业馆员100余人参加了培训。外文采编部师资团成员以《RDA全视角解读》为教材，结合编目实践编写讲义手册、练习手册等培训教材，培训内容分为认知RDA、解析RDA和应用RDA三大部分，其中认知RDA包括RDA的缘起、思想基础和结构框架；解析RDA包括识别载体表现和单件、描述关系、RDA与规范控制；应用RDA包括RDA与AACR2的差异分析、RDA化多语种记录的编制、套录编目的本地化应用策略。

10月26日，国家图书馆邀请加拿大渥太华大学图书馆编目专家克里斯·奥利弗（Chris Oliver）进行题为“RDA的挑战和未来方向”的专题讲座，从国际前沿的角度介绍行业发展动态，阐明RDA作为国际性编目规则的发展现状和未来趋势，并就编目工作国际化、RDA实施途径、RDA对数字时代信息组织影响等问题进行深入探讨，发挥国家图书馆在业界的示范引领作用，约120名北京地区各图书馆的编目人员参加此次讲座。

【纪念抗战胜利70周年联合国资料特藏文献网络展成功举办】

9月3日，国家图书馆举办“以史为鉴　和平发展——纪念抗战胜利70周年联合国资料特藏文献网络展”。展览为期2个月，共分为“抗日战争历史档案”“外交战线中的抗日与国际对华援助”“联合国文件中记录的第二次世界大战”三大模块，以网络展形式向公众呈现国家图书馆联合国资料特藏文献中具有特殊历史意义的史料内容，收录《美国国务院公报》（Department of State Bulletin）中记载的日本政府签署的投降文件，国联《前进》（Headway）月刊中报道的顾维钧在国联大会上的发言，《国联调查团报告书》中记录的国联调查团对中日冲突展开的调查和专题研究等史料。中国人民抗日战争不仅是中华民族历史上一次伟大的民族解放战争，也是世界反法西斯战争的重要组成部分。战后，中国参与发起成立联合国并成为联合国安全理事会常任理事国，显著提高自身国际地位和国际影响，有力维护了世界和平，其正义行为在国家图书馆典藏的国联刊物、联合国大会文件、美国政府出版物等诸多文献中均有记载。

【综合阅览室完成室内格局优化调整】

为更好满足读者对工具书的利用需求、合理布局阅览区空间，综合阅览室于2014年12月23日正式启动室内格局优化调整工作，2015年1月14日调整到位并恢复服务，历时20余天。此次调整涉及文献23092册、光盘223张，新装30排书架及179个双面架，除文献搬迁外，还进行了阅览桌线路改造及出纳台搬迁。前期主要进行阅览室格局调整的各项筹备工作，包括制定阅览室调整方案、文献组织方案；与后勤服务管理中心、信息技术部、基建工程办公室等部门沟通协调，完成阅览室新增桌椅线路改造；1月9—11日集成系统升级期，完成阅览室179个双面架的安装；元旦前启动并完成外文工具书顺架工作，1月13日完成23000余册西文、俄文、日文工具书的搬迁及上架工作；1月14日综合阅览室重新开放接待读者。此次格局调整过程中科组克服时间紧、任务重等困难，积极加强与相关部门的沟通，最大程度降低对到馆读者的影响，在短时间内完成阅览室格局优化、室内改造及文献搬迁上架等任务。

【年鉴新方志阅览室成立】

2月16日，年鉴新方志阅览室正式接待读者，根据文献类别为读者提供开闭架阅览服务。该阅览室根据国家图书馆总馆南区改造部署计划，自2014年起开始筹备，由原属典藏阅览部的中国年鉴阅览室与原属古籍馆的地方文献阅览室1949年以后编辑出版的地方文献两部分组合而成，以达到便于读者利用的目的。在重组过程中，两部门充分谋划，协同合作，典藏阅览部参考书组具体执行实际建室工作。截至2015年1月，共交接年鉴25111册（件）、新方志21030册（件）、非正式出版地方志19322册（件）、文史资料21147册（件）。

【少年儿童馆举办戏剧知识及原创图画书展】

为配合2015年全国少年儿童经典阅读年系列活动，更好地传承和弘扬中华优秀传统文化，普及传统国学和戏剧知识，推广少年儿童经典阅读，3月25日至4月15日期间，少年儿童馆在国家图书馆总馆北区一层走廊举办主题为“国粹润童心——戏剧知识及原创图画书展”的展览。本次展览采用展板和实物相结合的展览方式，对中国传统戏曲的基础理论知识和发展史进行系统梳理与提炼，并依托国家图书馆丰富的馆藏资源，展出从元明时期至今出版的各个版本的戏曲剧本、唱词、名家传记等相关戏曲文献实物，同时集中展示由新疆青少年出版社出版的《国粹戏剧图画书》系列。展览期间，少年儿童馆围绕《国粹戏剧图画书》举办两场戏剧专题故事会，并设立戏剧原创图画书专架。本次展览及系列活动获得广大读者、出版界人士和阅读推广人的认可与欢迎，吸引1000余人到馆参观。

【中文图书阅览区开启读者调查新模式】

5 月 25—30 日国家图书馆服务宣传周期间，为吸引更多居民走进图书馆、利用图书馆，中文图书阅览区工作人员走进西城区广内街道办事处老墙根社区、大街东社区服务中心，向社区居民开展图书馆知识小型讲座，介绍国家图书馆历史概况、馆藏资源、服务内容等，并解答居民到馆阅览和外借图书时遇到的问题；同时发放相关调查问卷 80 份，收到良好的效果。

此外，为进一步了解读者需求，提升服务针对性，宣传周期间在馆区及微博、微信上同步发放“读者需求及满意度调查表”。调查表就读者的图书馆使用习惯、室藏建设满意度、服务满意度等进行调查，共回收有效问卷 800 份。7 月，经过对 800 份调查表的整理，完成数据分析及报告撰写，并着手开展对读者需求及满意度的深入调查。从调查表中整理出 100 余位表示愿意参加后续访谈的读者信息，拟定采访方针及采访提纲，开展一对一读者访谈调查。本次计划对 30 位读者进行访谈，截至 12 月底已采访读者 14 位，并完成录音整理工作。

【国家图书馆举办中国百年连环画展】

5 月 27 日，由国家图书馆主办的“图绘世界——中国百年连环画展”在总馆北区一层走廊开展。展览展示清末至今的代表性连环画作品 123 册、期刊 1 册，展品类型包括民国时期连环画、民国期刊等原件，展期 2 个月。此次展览以图文并茂的形式，集中展示各个时期代表性绘画家的经典作品，追溯连环画从萌芽到繁荣，从高峰到转型的历史过程。每个展览单元前通过简要文字说明介绍该时期我国连环画发展的基本状况，配合代表这个时期特征的、深受广大读者喜爱的作家和作品简介，使观众能够大致了解各个时期的代表作家及经典作品。这些经典的连环画作品包含古典名著、讽喻现实、儿童教育、卡通漫画等多种题材，充分展示我国连环画艺术的辉煌历史。

图绘世界——中国百年连环画展

【少年儿童馆举办莫里斯·桑达克童书插画展】

8 月 3 日至 9 月 10 日，少年儿童馆与蒲公英童书馆在馆内联合举办“欢迎来到野兽国——莫里斯·桑达克童书插画展”。本次展览由 38 块展板组成，介绍桑达克的个人生平、图画书作品及其艺术特点，并展示等比例复制的原画作，同时陈列其大部分图画书作品以及相关研究资料。此次展览共展出插画作品60余幅，选自桑达克所创作的《野兽国》《致我的兄弟》《兔子先生和美好的礼物》《亲爱的小熊》《格林童话》等图画书。此次展览有助于中国童书研究界、创作出版界以及热爱图画书的读者了解桑达克其人其作，推进图画书研究和出版工作的深入发展。在8月3日举行的展览开幕式上，蒲公英童书馆首发桑达克的图画书作品《亲爱的小熊》，并召集喜爱桑达克的研究者、出版创作者和读者成立"桑达克书友会"。在国家图书馆少年儿童馆的展期结束后，该展览启动全国公共图书馆巡展，让更多读者了解和欣赏这位插画大师的作品。

【中文图书借阅区增加书架、扩充室藏】

9月21日，为扩充馆藏、便利读者，中文图书借阅区启动室藏文献调整工作。本次调整包括拆除部分阅览桌椅、安装书架、倒架室藏文献、上架预留文献等内容。此次调整采取边调整边服务的服务政策，为保证日常外借服务的正常开展，借助微信更新调整进度，每周定时推送调整信息，减少读者困惑。截至2015年年底，中文图书借阅区新增5联排4层矮书架16组，倒架室藏文献约38万册，上架预留文献约2.4万册，更新书架层架表1448个，重新绘制中文图书借阅区一层北厅、一层西厅导航图2张。调整后，中文图书借阅区一层西厅提供阅览桌椅6张、阅览座位24个，室藏可外借文献总量达41万册。

【国家图书馆读书周期间开展多项活动】

12月21—27日读书周期间，为响应国家图书馆"推广全面阅读"的号召，中文图书阅览区以"我与书之缘"为主题邀请到馆读者及网络读者填写图书分享单，通过简短的小故事或撰写书评的形式分享一本在自己的成长经历中影响至深的书籍；同时统计全年图书流通率，据此制作2015年度图书阅览排行Top10榜单并印刷在100份推荐单上。读者踊跃参加此次活动，工作人员从中精选出12份阅读感悟在北区二层展示。中文图书借阅区开展"与书为友，诚信借还"倡议活动，针对一线服务中常见的读者提问，通过图书保护展板展示、现场修补破损图书、发放宣传指南等方式，向到馆读者介绍图书借阅规范，答疑借还过程中常见的问题；根据读者服务中出现的读者存疑相关事项，列举读者借阅失范行为、图书污损纪实及防范对策，推出《欲与书为友》主题文章并在官方微信配合线上宣传，传播爱书理念，截至活动结束，文章阅读量达1083人次，转发收藏量75人次。活动还借助大学生青年志愿者在馆区发放宣传资料，讲解展板内容，介绍借阅规则，呼吁读者自觉珍惜图书馆馆藏，协助完善外借区文明借还新秩序。外文文献阅览区以"推进文化创新，共享经典阅读"为主题开展活动，分别在总馆北区二层大厅和南区外文文献第一阅览室门口设立"跟着习总书记读外文原版经典"专题经典阅读推广展区，向广大读者推荐介绍习近平总书记的书单，宣传国家图书馆丰富的馆藏资源和服务。

【少年儿童馆举办法国绘本童书展】

11月25日—12月25日，由法国驻华使馆主办，国家图书馆少年儿童馆承办的"从法国到中国，童书的飞翔"法国绘本童书展在少年儿童馆主题活动室展出。此次展览由法国知名儿童文学专家苏菲·凡·戴尔·林登负责，遴选20世纪50年代至今的100余册代表性中法绘本。展览设计以七巧板为设计理念，通过异形展板的拼插与展示，全面对法国绘本发展中代表性作品进行集中回顾与展示。通过中法绘本的多版本比对，向读者展现法国绘本在中国的发展历程。本次展览得到社会大众的广泛关注，受到到馆读者的好评，观展人数达6000余人次。

【中文图书阅览区“图书专架”为读者提供服务】

2015年，典藏阅览部中文图书阅览区继续以“图书专架”的形式为广大到馆读者提供图书推荐服务。图书专架设置于二层北区书墙，年内共推出主题图书专架7期：2月推出“经典国学”专架，共展出相关文献200册；3月推出“环境保护”专架，共展出文献150册；4月推出“全国党员教育培训教材”专架，共展出文献118册；5月科技周期间推出“创新创业，科技惠民”专架，共展出文献150册；10月展出“国家哲学社会科学成果文库”套书，共计150册；还在4月23日配合文津图书奖活动推出“第十届文津图书奖”专架展示，展出获奖图书80种；在9月3日配合反法西斯战争胜利70周年纪念活动推出主题专架，展出相关文献300册。专架展示定期更新，并设置读者留言簿，邀请读者为图书专架工作提供建议和阅读感想。此外，成立图书推介小组开展残疾人图书推介工作，对中文图书阅览区万余册图书做摸底，同时浏览卓越网、豆瓣、当当网等网络推荐榜单，查阅残疾人相关资料，了解他们的阅读倾向，最终筛选出精品推介书目100种。

【中文图书借阅区开展图书馆信用体系建设读者调研】

为完善国家图书馆中文图书借阅区文明借还秩序，有效应对外借服务中出现的读者失信行为，中文图书借阅区2015年围绕“图书馆信用体系建设”开展读者调研工作。3月至8月，工作人员就国内外图书馆借阅信用体系建设相关研究成果进行整理、研读和综述，并在此基础上结合中文图书借阅区实际业务内容制定调研方案，设计“读者信用体系认知”及“读者实际失信行为成因”两份调查问卷。9月，工作人员通过在中文图书借阅区发放问卷和“国图中文外借”微信平台推送图文信息的方式开展读者调研，并得到广大读者的积极响应。截至年底，调研活动共回收读者有效纸质问卷181份，有效电子问卷1148份。调研结果显示，95.64%的被试读者支持并愿意参加图书馆信用体系建设，同时还收到有关外借服务的读者意见和建议356份。读者调研工作是回收读者反馈、提升读者服务质量的有效方法，中文图书借阅区日后还将在培养读者信用意识上加强宣传，并在实际工作中落实调研成果。

【国家图书馆推出多个老年读者专项活动】

2015年，国家图书馆数字共享空间继续针对老年读者群体推出“关爱夕阳”老年课堂。全年共开设10大系列、24讲课程，采取定期定时举办和预约报名机制。在馆内服务的基础上，开展推送服务，配合党员活动将课堂搬进社区，同时为文化部老年大学学员开展相应培训。“关爱夕阳”老年课堂兼顾实用性和趣味性，受到读者的普遍欢迎和一致好评。全年累计培训1800余人次，平均单课培训达到77人次，较课堂开展初期增加54%，共收到读者感谢信等26封，读者赠送感谢锦旗一面，《法制晚报》、北京电视台、国际广播电台、中央电视台国际频道等多家媒体给予报道。同时，为增加学习兴趣，在常规课堂培训的基础上推出“我来当主讲”老年读者系列主讲活动，为老年读者提供一个分享交流、展示自己专业与兴趣的开放平台。该活动一经推出就受到老年读者的青睐，参与人数达60余人。

自10月21日起，总馆南区综合阅览室正式设立“老年读者绿色通道”。该绿色通道主要帮助不能熟练使用电脑的老年读者，为他们提供优先预约基藏本和保存本图书、文献咨询和文献检索服务，帮助行动不便的老年读者取还图书以及查找中外文开架工具书等。这项服务开展后受到老年读者的一致认可，共接待100余人次，体现图书馆以人为本、读者至上的服务理念。

【全国文献影像技术标准化技术委员会参加ISO/TC171第28次年会】

国际标准化组织文献影像技术委员会（ISO/TC171）第28届年会于4月20—24日在美国加州圣何塞Adobe公司总部召开。TC171/SC1技术委员会专家、国家图书馆信息技术部总工程师王乐春作为中方代表参加会议。此次年会的主要任务是各分委员会分别讨论相关标准草案和更新工作计划。来自美国、英国、中国、法国、德国、加拿大、澳大利亚、南非、日本的专家代表共30余人参加此次会议。4月21日举行全体会议开幕式，秘书长范宁（Betsy A.Fanning）女士（美）就大会的日程安排和分组情况等向与会代表作详细介绍。4月21—24日，两个分委员会分别召开会议，对各自负责的相关标准和工作计划进行了深入细致的讨论。4月24日，召开全体人员总结大会。根据会议领域分类，王乐春参加了SC1技术委员会相关标准的讨论。

【召开2015年海峡两岸档案暨缩微学术交流会】

7月4—5日，由中国文献影像技术协会和中国档案学会共同主办的第24届“海峡两岸档案暨缩微学术交流会”在青岛召开。国家档案局、中国文献影像技术协会、山东省委、青岛市委、中国档案学会、台湾档案暨微缩管理学会等领导出席开幕式并致辞。中国文影协副秘书长张阳出席会议并进行学术交流主持，海峡两岸档案、缩微及文献影像界的专家、学者140余人参加会议。

2015年海峡两岸档案暨缩微学术交流会

会议以“档案、文献的信息化：经验、问题与方向”为主题，围绕“档案、文献数字资源的保存与应用”“大数据时代档案、文献的收集与整理”“数字档案、文献的技术标准、法规及规范”“档案、文献资料的抢救、修复与安全保障”4个子题展开研讨。会议共交流论文21篇，中国文影协交流论文5篇。本次学术交流会是自1992年以来，两岸共同举办的第24次学术交流会。会议期间，两岸档案与文献工作者展示各自对档案文献保存、保护及应用的新理念、新想法，在交流中互相启发，开拓思维为促进两岸档案文献影像事业的发展起到重要作用。

【中国古籍保护协会与松岭（上海）股权投资基金管理有限公司签署战略合作框架协议】

12月2日，中国古籍保护协会与松岭（上海）股权投资基金管理有限公司战略合作框架协议签约仪式在国家图书馆举行。国家图书馆副馆长、中国古籍保护协会常务副会长张志清与松岭公司法人代表蔡晨分别代表甲乙双方在协议书上签字。国家图书馆副馆长、党委副书记、中国古籍保护协会会长刘惠平，国家图书馆副馆长魏大威，中国古籍保护协会副会长倪晓建、李忠昊、郭向东，松岭公司代表朱桐、汤建新、陈刚和国家图书馆相关部处主任等出席仪式并见证签约过程。

中国古籍保护协会成立于2015年1月，是公益性社会团体和行业组织，是动员社会力量参与公共文化建设，促进古籍保护工作交流与合作的桥梁纽带。松岭（上海）股权投资基金管理有限公司是新加坡资深投行与国内专业机构共同发起设立、2012年经上海市人民政府金融服务办公室批准的中外合资股权投资基金管理公司。在国家图书馆馆领导和相关部处以及国家古籍保护中心办公室的支持下，经过认真调研、审慎论证、友好协商，协会与松岭公司就在古籍保护领域开展战略合作，发挥各自优势，资源互补、合作共赢达成战略合作框架协议。中国古籍

中国古籍保护协会与松岭公司战略合作框架协议签约仪式

保护协会在加强行业建设、探索引入社会力量参与古籍保护工作、促进中华古籍保护事业发展上迈出重要一步。

【国家图书馆培训中心业界培训工作继续坚持巩固基础、开拓创新】

2015年，国家图书馆培训中心共举办各类型业务培训班14期，培训学员总数867人。与2014年相比，在培训班次数量保持不变、延续已有成熟项目的基础上，紧随业界动态和学员培训需求对培训项目进行调整和补充，形成编目实践及理论前沿、图书馆公众服务理论与实践、数字图书馆理论与实践等3个特色培训方向，以及职称考试辅导班、新员工入职培训班2个专题培训。在巩固成熟项目的基础上注重业界新动态和新发展，不断进行改革和创新：配合RDA中文版的出版发行，与南京图书馆合作举办“RDA的理论与实践培训班”；配合民国时期文献保护计划的实施，举办“民国时期文献编目培训班”；结合互联网及新媒体技术在图书馆领域的开发和应用，与数字资源部联合举办“图书馆新媒体服务培训班”。以上培训项目，在巩固的基础上有所创新，在合作的基础上实现共赢，无论在内容设计上还是在教学效果上均取得良好的结果。在充分了解学员需求的基础上，调整、补充分类法、编目和标引类培训项目，增加“标引规则和技能”“名称规范”等内容，使编目主题更符合学员需求。

此外，本年度还注重从职称职级、工作经验两方面出发，提高授课教师的整体水平。参与授课的教师人数达到31人，其中正研11人、副研15人、中级5人。授课教师队伍中，高级职称占到84%，较2014年度的74%提高10个百分点，对于保证授课质量起到关键作用。

【国家图书馆培训中心承担文化部老年大学西区分校的教学教务管理工作】

国家图书馆培训中心负责文化部老年大学西区分校教学场地的落实、教学计划的执行、教学设备设施的补充、教务管理和教学活动组织以及安全保障对接工作。2015年，根据文化部离退休干部局安排，文化部老年大学西区分校共开设书法、装裱、电脑、摄影、舞蹈、合唱等6门共8个班次的课程，服务文化部系统离退休学员160余人。任课教师队伍由文化部离退休干部局指派教师与国家图书馆部分在职专业人员共同组成，国家图书馆培训中心工作人员在保证常规业务工作的同时，安排专人负责老年大学教学教务管理工作。

【国家图书馆培训中心举办古籍修复提高班】

8月17—28日，国家图书馆培训中心在古籍修复基础班的基础上，举办古籍修复提高班（集中班）。应社会需求，9月20日开始又举办古籍修复提高班（周末班）。提高班授课教师为古籍馆修复组的朱振斌，授课内容为传拓（拓碑）、经折装装帧形式的制作、挖衬装帧形式的制作、函套制作（月牙套）、古籍修复方法（去酸、清洗书页等）等，招收学员15人。2015年还举办两期古籍修复基础班（集中班、周末班），授课教师分别为古籍馆修复组的朱振斌和刘建明，内容为古籍修复基础流程、包背装、线装、金镶玉、蝴蝶装四种装帧形式、函套制作（四合套和六合套）等，招收学员30余人。

【国家图书馆培训中心开展西式传统手工精装书装帧培训】

11 月 16—21 日，国家图书馆培训中心开办新的培训项目——西式传统手工精装书装帧培训班，招收学员 7 人，授课教师为古籍馆修复组的杜伟生。经过近一周的学习，学员们学习了锁线、扒圆、起脊、裱外封等西方传统手工装帧工艺流程和操作，掌握布面、皮面、分隔面等多种西式装帧形式。精装书在清代已经出现，是西方舶来装帧方法。精装书和平装书最大区别在于封面质地和形式的不同。平装书价格低廉，生产周期快；精装书装帧精致，易长期保存。西式装帧培训为首次举办，受到业界关注。

西式传统手工精装书装帧培训班

【国图讲坛外交官亲历系列讲座开讲】

为了宣传外交知识和外国文化，“国图讲坛”2015 年邀请多位外交官来到国家图书馆参与“外交官亲历系列”讲座，结合重大热点地区热点问题与读者面对面分享中国外交官与当代世界著名政治人物的交往实录，以及对这些国际风云人物所作重大决策的评论兼具文化博览和史学分析。全年共安排 10 场讲座，分别是：前驻法国大使蔡方柏的“中法建交的重大意义及中法关系的回顾与展望”，前驻南非开普敦总领事陆苗耕的“曼德拉的高尚人生及中国和南非关系”，前驻古巴大使徐贻聪的“我与卡斯特罗”，前驻纽约总领事张宏喜的“从河南贫穷农村到美国繁华纽约”，前驻英国大使马振岗的“从英国大选结果看中英关系的发展兼我所知道的布莱尔”，前驻俄罗斯使馆公使李景贤的“俄罗斯：宽阔与厚重——名人辈出的国度兼我所知道的苏联—俄罗斯政要”等。

外交官亲历系列讲座之蔡方柏大使主讲“中法建交的重大意义及中法关系的回顾与展望”

【国图讲坛策划“世界遗产视野下的‘一带一路’”系列讲座】

副馆长李虹霖在开讲前与主讲人刘庆柱交流

2015年，为了使国图讲座更好地服务于国家“一带一路”经济文化发展战略，推动中华文化遗产的保护与合理利用，加强对中华优秀传统文化的挖掘和阐释并以人们喜闻乐见、具有广泛参与性的方式传播推广，社会教育部“国图讲坛”策划举办“世界遗产视野下的‘一带一路’”系列讲座8场。首讲于3月15日启动，由中国社会科学院学部委员，中国社会科学院考古研究所研究员刘庆柱讲授“汉唐盛世与丝绸之路”。此外，还邀请吕舟、姜波、陈凌、王开玺、李水城、齐东方、韦正等知名专家担任主讲人，分别就“世界遗产和文化战略”“天山廊道的丝绸之路”“考古学视野下的海上丝绸之路”“清代的中西交通及其特点”“齐家文化：‘前丝绸之路’的重要奠基者”“‘一带一路’的文物、经济发展与文化交流的情况”等主题展开全面系统地阐述。

【国图讲坛策划“乡村，诗意的栖居”系列讲座】

2015年年初，关于农村现代化建设的中央一号文件出台，“美丽乡村”建设引起全社会关注。社会教育部“国图讲坛”为此策划举办“乡村，诗意的栖居”系列讲座，旨在通过学术讲座来思考和回应时下方兴未艾的乡村文化保护与建设实践。该系列讲座自3月22日启动，每月举办1场，共举办8场。先后邀请张琦、闵庆文、李秋香、朱启臻、张杰、谭金花、曾辉、李迪华等知名专家学者，分别就“乡村与设计之美”“关乎未来的重要农业文化遗产”“乡土文化与乡土建筑”“留住乡村的内在美”“古村落保护发展的问题与对策”“文化遗产保育与发展的内涵及其乡村实践探索”“乡村设计与乡村手工业复兴”“生态文明视野下乡村文明价值的另类解读——乡村遇工业文明衰，逢生态文明兴”等主题进行阐述，内容涉及乡村文明、乡村保护与发展、乡土文化、乡土建筑、乡村文化遗产等方面，从多维度切入，深度发掘乡村的历史、文化、社会和生态价值，为建设创新型国家和现代生态文明提供参考。

【举办“2015年非物质文化遗产保护讲座月”活动】

国家图书馆作为重要的社会教育场所，历来重视宣传和推广非物质文化遗产保护工作。在2015年6月13日我国第十个文化遗产日当天，中国艺术研究院研究员孙建君在国图讲坛开讲“中国非物质文化遗产中的民间智慧”，指出民间智慧是我国非物质文化遗产中最重要的闪光点，随后拉开“2015 年非物质文化遗产保护讲座月”的序幕。6—8 月期间，“国图讲坛”连续举办 13 场内容丰富、形态多样的学术讲座，曾永义、乌丙安、刘楚华、苏思棣、张振涛、赵斌、高丙中、徐艺乙、祁庆富等 20 多位非遗保护领域的专家和传承人相继登台主讲，内容涵盖公众关注的各个方面，尤其重视探讨非遗传承与现代生活之间的关系。4000 余人次听众聆听非遗专题讲座。

【国图讲坛推出昆曲艺术赏析系列讲座】

7—8 月，“国图讲坛”推出“不到园林　怎知春色如许——昆曲艺术赏析系列讲座”，每周举办 1 场，共 8 场，讲座邀请石小梅、赵坚、李鸿良、孔爱萍、龚隐雷、钱振荣等多位著名表演艺术家和孙建安、迟凌云等昆曲作曲家、演奏家担任主讲嘉宾，其中多位艺术家为梅花奖、文华奖得主，石小梅老师还是国家级非物质文化遗产传承人。各位专家从昆曲历史、音乐、行当、文学等各个方面解析昆曲，以示范、赏析以及名段清唱会等方式面向大众传播昆曲之美。本系列讲座为读者提供全面深入学习昆曲艺术知识的机会，获得广大读者的热烈欢迎与一致好评，场场听众爆满，社会反响强烈。

“不到园林　怎知春色如许”——昆曲艺术赏析系列讲座

【世界标准日标准知识普及与维权成果展示活动在国家图书馆举行】

世界标准日标准知识普及与维权成果展示活动之标准图书捐赠仪式

10 月 13 日，由国家标准化管理委员会主办、中国质检出版社承办、标准出版机构自律维权发展联盟（以下简称标发联）20 家出版社参与的世界标准日标准知识普及与维权成果展示活动在国家图书馆举行。国家质检总局党组成员、国家标准化管理委员会主任田世宏出席活动并讲话，国家标准化管理委员会党组成员、纪检组长郭辉，文化部公共文化司巡视员刘小琴、国家图书馆副馆长李虹霖以及标发联成员单位相关负责人出席活动。

本次活动包括标准图书捐赠仪式、标准知识讲座、标准知识现场咨询和标准维权成果展示 4 个部分，旨在普及推广标准知识，增进社会各界对标准化和标准维权工作的认识，在全社会营造“知标准、学标准、用标准”的良好氛围。在标准图书捐赠仪式上，以中国质检出版社为理事长单位的标发联 20 家出版社联合向国家图书馆赠送 900 册价值 4 万元的标准图书。捐赠仪式结束后，中国汽车认证中心主任强毅在国家图书馆学津堂作题为“标准，让大家更安全”的专题知识讲座。同时，来自标准化领域的专家向现场听众宣传与衣食住行密切相关的标准质量知识、消费维权常识并解答疑问。

【国图·流动讲坛——罗援少将福建巡讲】

4 月 24—25 日，社会教育部“国图·流动讲坛”邀请十一届全国政协委员、中国战略文化促进会常务副会长兼秘书长、军事科学院世界军事研究部原副部长、博士生导师罗援少将赴福建省巡讲，在福建省直机关、福建省图书馆、厦门市图书馆连续举办 3 场讲座，为省机关干部和广大读者讲授“周边安全环境和软实力建设”。针对东海、南海、钓鱼岛等热点问题，罗援从经济价值和地缘战略价值的角度，分析相应对策。他指出，一个国家的周边安全环境影响着一国各项事业发展和稳定的经济环境，所以加强国防教育和国家软实力建设尤为重要。

【举办正定历史文化展】

3 月 10 日—4 月 10 日，由国家图书馆（国家典籍博物馆）、中共正定县委、正定县人民政府主办的“千年古郡　九朝神韵——正定历史文化展”在国家典籍博物馆三展厅举办。国家图书馆馆长、党委书记兼国家典籍博物馆馆长韩永进，石家庄市副市长、正定县委书记王韶华，河北省社会学科院副院长孙继民出席开幕式并致辞。展览结合正定的历史文物和国家图书馆馆藏资源，以历史发展的时间脉络为线索，通过文物、典籍、老照片、展板、模型、多媒体等多种手段的联合展示，分六个部分向观众介绍享有“千古之美”之名的正定古城从新石器时期至新中国建立后横跨数千年的发展与变迁。此次展览是弘扬正定历史文化，再现古城九朝不断代的历史风貌，展示正定数千年来的风云流变和历史遗珍，继承和弘扬中华优秀传统文化的一项重要举措。

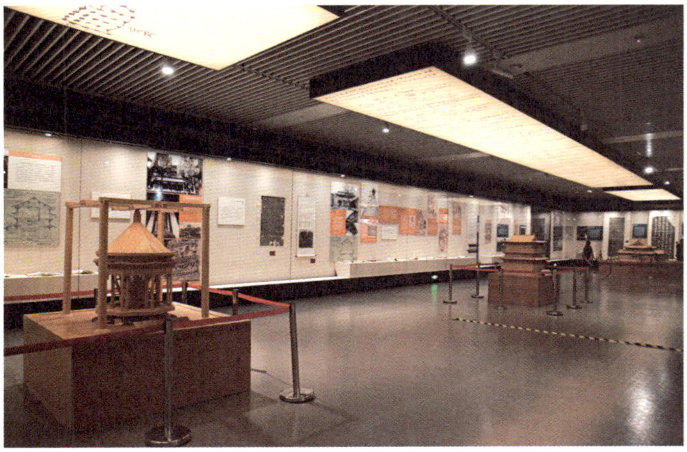

正定历史文化展

【举办圆明园四十景文化展】

4 月 28 日—5 月 31 日，“三山五园文化巡展——圆明园四十景文化展”在国家典籍博物馆三展厅举办。此次展览由国家图书馆（国家典籍博物馆）、北京市海淀区人民政府、上海世纪出版集团主办，法国国家图书馆国际部、上海远东出版社、中共北京市海淀区委宣传部、北京奇想飞航文化传播有限公司承办，北京市海淀区文化发展促进中心、圆明园管理处、颐和园管理处等协办，并得到故宫博物院、中国国家博物馆、中国公共外交协会、中共北京市委宣传部的支持。展览由隔世光影、万园之园、印象江南、走进样式房、东方凡尔赛宫等单元组成景图咏。为配合该展览，国家图书馆藏圆明园史料展在国家典籍博物馆四展厅开展，展出馆藏 10 余件普通古籍，30 余件样式雷画样，以及法国国家图书馆捐赠的《圆明园四十景图咏》。为配合此次展览，出版精致图册。

【举办全国第十一届书法篆刻作品展 · 名家特邀作品展】

8 月 10—20 日，全国第十一届书法篆刻作品展在北京开幕，展览的重要组成部分“名家特邀作品展”在国家典籍博物馆举办。本次展览共邀请出生于 20 世纪 20 年代至 70 年代并具有代表性的 240 余位当代名家参展，参展书家中既有参与本届全国书法篆刻作品展评审工作的评审委员、监审委员、学术及媒体观察委员，也有在专家学术提名方式下推举的 100 余位特邀名家。邀请展作品在国家典籍博物馆第一、四、七、十展厅展出。

【书香养我——熊召政诗文书法展】

9 月 15 日，由国家图书馆（国家典籍博物馆）、湖北省文化厅主办，湖北省文学艺术界联合会、湖北省中华文化促进会、湖北省图书馆承办的“书香养我——熊召政诗文书法展”在国家典籍博物馆开展。全国政协副主席、中国文学艺术界联合会主席孙家正出席开幕式。国家图书馆党委副书记、副馆长刘惠平，湖北省文化厅党组书记、厅长雷文洁、湖北省文联党组书记刘永泽，中华文化促进会主席王石，中国书法家协会副主席胡抗美讲话。熊召政致答谢词并向国家图书馆赠送诗文书法作品。湖北省人大常委会副主任周洪宇宣布展览开幕。仪式由国家图书馆副馆长、国家典籍博物馆常务副馆长李虹霖主持。来自中国文联、中华文化促进会、中国书法家协会、国家图书馆以及湖北省人大常委会、文化厅、文联、文促会、图书馆等单位负责同志百余人参加活动。

熊召政向国家图书馆赠送诗文书法作品

熊召政，著名作家，诗人，现系中国作家协会会员，湖北省作协副主席，兼任湖北省图书馆名誉馆长。本次展览是熊召政先生在京首展。展览以阅读为主题，大部分作品为熊召政先生近期最新创作的诗词联赋并首次面向社会公众展出，包括手札、扇面、中堂、斗方、条屏、题签等多种形式，共72幅作品。巨幅开本《书香养我——熊召政诗文书法展作品集》在展览现场一并展出，同时展出的还有国家图书馆馆藏相关文献。

【举办庆祝新疆维吾尔自治区成立六十周年新疆农民画作品进京展】

9月28日，由文化部公共文化司、新疆维吾尔自治区文化厅、国家图书馆（国家典籍博物馆）共同主办的2015年“春雨工程”全国文化志愿者边疆行之“绘和谐新景·展农民新貌——庆祝新疆维吾尔自治区成立六十周年新疆农民画作品进京展”在国家典籍博物馆第三展厅展出，展期10天。展览展出农民画166幅，分现代文化、民族团结、经济发展、民生建设、社会发展5个板块，较为全面地展示六十年来特别是中央新疆工作座谈会以来天山南北的新发展、新变化、新面貌、新成就，展现新疆各族人民“爱国爱疆、团结奉献、勤劳互助、开放进取”的精神风貌，表达基层农牧民对伟大祖国的热爱之情。为配合展览，主办单位还开展“新疆农民画家画北京活动”，并出版《新疆农民画参展作品集》。

新疆农民画作品进京展上作者现场作画

【举办陈垣先生诞辰135周年纪念展】

11月6日，“傲骨立天地　史学铸丰碑——陈垣先生诞辰135周年纪念展”在国家典籍博物馆第十展厅开幕，展览由国家图书馆（国家典籍博物馆）、北京师范大学、江门市人民政府联合主办。中央编办原副主任黄文平，中国侨联原副主席唐闻生，国家图书馆馆长韩永进、副馆长李虹霖，北京师范大学党委副书记刘利，江门市副市长钟军，陈垣先生嫡孙陈智超等出席展览开幕式。韩永进、刘利、钟军分别代表主办单位在仪式上致辞。陈垣（1880—1971），广东省江门市蓬江区（原新会）人，20世纪中国著名历史学家、教育家，伟大的爱国主义者。此次展览分为陈垣先生生平展览、藏书专题、来往信札与名人评价三个板块，展出文献100余种，采用展板说明文字、老照片、实物及小故事的形式生动地再现陈垣先生在史学方面的成就、在教书育人方面的贡献和炽热的爱国情怀。

【举办 2015 年国家典籍博物馆宋元善拓暨全国书法临摹展】

12 月 10 日，由国家图书馆（国家典籍博物馆）、中国书法家协会共同主办的“古韵镌拓 纸墨千秋——2015 年国家典籍博物馆宋元善拓暨全国书法临摹展”和“向经典致敬——王家新临摹历代书法经典作品展”在典籍博物馆开展。宋元善拓暨全国书法临摹展是国家图书馆与国家艺术基金立项签约的 2014 年度传播交流推广类资助项目，是国家艺术基金成立后的第一批资助项目，得到文化部、国家艺术基金等单位和机构的高度重视和大力支持。国家图书馆从馆藏中精选宋元明清时期具有代表性的碑帖名品 60 余件，包括从早期的石鼓文、琅琊台刻石到汉隶代表史晨碑、张迁碑、曹全碑，从影响深远的瘗鹤铭、九成宫醴泉铭、神策军碑到三希堂法帖等，按照篆、隶、楷、行、草 5 种字体分类展示，充分体现“晋尚韵，唐尚法，宋尚意”等书法流变及其艺术魅力。展览上，社会知名书法家的临摹作品与原碑帖同时展出，古今辉映，拉近观众与历史文化和书法艺术的距离。

宋元善拓暨全国书法临摹展

【“华严颂”朗诵音乐会在国图艺术中心举行】

3 月 20 日晚，“2015 年花语缤纷——新春经典朗诵音乐会”在国图艺术中心举行。此次活动邀请了著名节目主持人任永宏、李立宏、张宏、春晓、吕诺、常虹及著名朗诵艺术家徐涛、虹云，印能法师等，特邀香港佛教文化产业“佛乐大使”、著名古琴演奏家赵晓霞任音乐会演出嘉宾。音乐会恭请来自五台山的僧众唱诵庄严的《宝鼎赞》，各位艺术家为观众分享《华严经》中经典部分，由印能法师唱诵梵呗。五台山碧山寺方丈妙江法师带领诸法师进行本次音乐会的回向，祈愿国家昌盛、人民安泰。赵晓霞老师以一曲古琴佛曲《普庵咒》把音乐会推向高潮，此曲象征着平安、正义，音乐庄严、平和，使得现场观众心境更为沉静、升华。

【国图艺术中心推出“缤纷国图”暑期演出季】

6 月底至 9 月上旬，国图艺术中心“缤纷国图”暑期演出季精彩上演，共演出剧目 15 台、16 场，汇集国内外的名家、名剧。此次演出季艺术门类丰富，受众群体涵盖广泛，包括爵士乐、民歌精品、交响乐、室内乐、流行演唱会、儿童剧等；在剧目选择上坚持追求艺术性、经典性、丰富性，追求名家、名剧、名团，所有引进的剧目无不经过认真筛选和严格把关，艺术水准高，艺术品位上乘，兼顾各个年龄层、不同艺术偏好的观众的观演需求。

历时近三年装修改造，国图艺术中心 2015 年初正式对外营业，致力于打造品牌性、固定演出板块的演出季，“缤纷国图”系列演出季每季度一期，争取构建全年高潮迭起的波浪式无缝演出格局。同时，作为国家图书馆突破固有服务格局、拓宽文化服务领域的重要布局，国图艺术中心致力为广大公众开启艺术教育之门，以服务惠民为宗旨，此次暑期演出季即针对不同场次的演出制定立体化票价，大力推出亲民票、平价票、特惠套票，让广大观众真正享受“高贵不贵”的艺术体验。

【2015“第十届北京九门爵士音乐周”在国图艺术中心举行】

10 月 9—15 日，2015“第十届北京九门爵士音乐周”邀请世界各地优秀爵士音乐家，在国图艺术中心上演 4 场中外名家爵士音乐会，分别为爵士波兰 Jazzpospolita 音乐会、第二届“爵士中国”原创音乐集萃音乐会、美国 Trio Globo 环球爵士三重奏音乐会和爱沙尼亚梦想爵士乐队 Estonian Dream Big Band 音乐会。其中“爵士中国”原创音乐集萃音乐会由九门当家人、著名爵士音乐家黄勇先生发起，是每两年举办一届的中国优秀原创爵士音乐的集萃晚会，演出阵容强大，标志着中国原创爵士乐的最高发展水平。

【国图艺术中心首次以众筹模式举办演出活动】

12 月 22 日，“纽约哈莱姆合唱团创团 20 周年亚洲巡演北京音乐会”在国图艺术中心举行。这是国图艺术中心首次以众筹模式成功举办演出活动，获得业界人士及音乐爱好者良好反响，演出当天座无虚席。此次演出被海淀区文化委员会评为 A 类演出，并纳入 2016 年度海淀“海之声”新年演出季项目。

文化众筹助力演出市场，哈莱姆合唱团唱响国图艺术中心

音乐众筹，即利用互联网发布音乐演出信息，共同筹集资金开展演出活动，通过众筹方式进行演出市场的摸底调查，为演出立项降低风险，提供较好的票房保障。此次演出，国图艺术中心打破传统营销模式，通过众筹网进行营销推广，让广大音乐爱好者参与到演出活动中，彰显国图艺术中心艺术教育的职能作用。

国家数字图书馆建设

- 硬件设施建设
- 数字资源建设与发布
- 应用系统和平台建设
- 数字图书馆服务
- 信息安全建设
- 年度掠影

国家数字图书馆建设

一、硬件设施建设

（一）国家图书馆总馆南区网络系统梳理

国家图书馆网络系统始建于1997年。随着业务的发展需求，网络系统进行了一系列的改造和扩建，尤其是数字图书馆工程建设期间，扩建主干网络，增建北区网络、辅助区网络、无线网络和网络信息安全体系，目前互联网带宽已扩大至1.2GB。2015年，随着总馆南区机房的改造完成，信息技术部对国家图书馆网络体系进行了全面的、系统的、细致的梳理。

国家图书馆网络为互联网用户、馆内用户提供服务，同时为国家图书馆主页、文津搜索系统、国图公开课、国家典籍博物馆等众多应用和1000多台服务器、2000多台终端、2000多台移动终端提供网络通信、资源共享、信息交换，数据传输等服务。现有网络覆盖国家图书馆三个馆区，共计28万平方米，拥有网络及网络安全设备600多台，通过网络信息安全体系阻断互联网攻击、数据恶意下载及终端病毒防护。国家图书馆网络系统主要由边界网络、主干网络、北区网络、南区网络、古籍馆网络、数据中心网络（服务器机房）、无线网络、辅助功能区网络组成。边界网络通过中国电信和中国联通两大运营商的7条链路与互联网联通，带宽总计1.2GB，通过10个专线与教育网络、科技网、社会主义学院、法制办等局域网直接联通，实现资源共享和服务共享。现有主干网络采用的是大二层网络架构，主干为万兆、接入为千兆，部署在北区网络机房。

国家图书馆网络信息安全体系主要分成四个部分防护，针对互联网攻击的边界防护包括：入侵防护系统、DDOS攻击；针对应用系统、数据的数据中心防护，包括为主页防篡改系统上网行为管理系统等；针对终端的卡巴斯基防病毒软件、桌面安全管理系统，监控用户行为的上网行为管理系统。

（二）国家图书馆总馆南区机房完成验收并修订机房管理办法

国家图书馆总馆南区机房改造项目自2014年8月1日开始实施，改造施工采取边使用边改造的方式，施工过程中机房网络服务除必要的切换过程外未发生过长期服务中断。2015年，总馆南区机房改造项目施工完成，并通过项目验收，达到国家标准GB50174—2008中A级机房的规范要求，同时进一步修订机房管理办法。国家图书馆总馆南区机房系统采用国际先进、成熟、实用的技术，构建合理并适当超前的技术体系架构，确保长时间的技术领先。各系统通过集成，实现资源和信息共享以及现代化科学的机房管理。系统软硬件均采用模块化、开放式结构，具有高可靠性，对可能存在单点故障的环节在设计上尽可能减少其对整个系统的影响并具备足够的备份能力。

二、数字资源建设与发布

（一）数字资源建设

截至2015年年底，国家图书馆数字资源总量达1160.98TB（较2014年总量增加136.53TB），主要来源为馆藏特色数字化资源969.69TB、外购数据库71TB、网络导航和网络资源采集77.28TB、征集数字资源37.39TB、电子报纸呈缴5.62TB。其内容单元主要包括：电子图书3747724种、4228468册；电子期刊55882种；电子报纸15063种；学位论文5829206篇；会议论文5573228篇；音频资料1099669首；视频资料约140224小时（讲座按每场1小时计）。

1. 数字化资源

国家图书馆特色数字化资源全文超过2.7亿页，资源存储量计969.69TB。其中包括：现代文献电子图书660708种、660708册、213490237页；博士论文255521种、35005059页；音频资料543727首；视频资料54304小时；民国时期文献民国图书68767种、72595册、12775800页；民国期刊4515种、5050000页；民国报纸17种、48667期、275248版；民国法律11118件、37199页；年画607种、734幅；海外民国文献数字化842种、23175页；善本古籍甲骨实物影像6575种，11732幅；甲骨拓片影像7774种、9011幅；敦煌写卷书目数据1.6万条，全文影像3366卷、140567拍；石刻拓片影像23995种、29472幅；地方志全文影像6868种，3340000叶；地方志全文文本3161种，2001200叶；西夏文献全文影像124种，4909页；西夏论著全文影像1202种，9793页；善本老照片7264种，7328幅；永乐大典38种，14930页；宋人文集513种，162237页；家谱2626种、2707687页；海外回归古籍善本8313种，1258227页；善本胶卷转换数字资源7545种、73895册、5020511页；中国古代典籍1084种，1亿字。

2015年，文献数字化在丰富国家图书馆数字馆藏、保存中文信息资源、珍贵典籍保护、读者服务与社会教育等领域继续发挥重要作用，通过实体文献数字化、数字资源征集、数字资源交换、海外资源数字化回归等不同方式继续馆藏数字资源建设，年内数字资源建设量145980GB，同比增长9%，其中善本古籍和民国文献资源建设量增幅明显，资源建设量分别是上一年度的5.2倍和4.5倍。不同文献类别的资源建设量如下：

现代文献：中文图书35448册，其中图像扫描773.7万页，全文识别0.82亿字；博士论文1万种，160.4万页。资源建设量55877.83GB。

民国文献：民国图书20996种，21862册，317.4万页；民国报纸17种，48667期，27.5万版；海外回归民国老照片3895幅；与上海图书馆交换入藏民国文献数字化资源315种，5.7万页。资源建设量6801.04GB。

善本古籍：地方志全文文本38种，833卷，3万叶；甲骨拓片影像500种；敦煌写卷全文影像8.3万拍；善本缩微胶卷转换7280种，59512册，384万页；世界数字图书馆馆藏精品古籍数字化40种，6623页；与上海图书馆交换入藏家谱数字化资源407种，60万页；全国古籍数字化验收合格6批数据，累计图像11.5万页。资源建设量72986.8GB。

视频资源：业务培训讲座4场；文津讲坛50场；重大活动专题片30场；戏曲文化知识库

183 场。资源建设量 290.23GB；

其他资源：援疆期刊 12 种，138 期，9266 页；“5·23”文献加工 1253 册；法律法规信息服务系统 4 种，5624 条；培训平台课件制作 139 场；网站专题和多媒体动画制作 8 种。资源建设量 631.15GB。

征集资源：来自 20 个地方馆、38 个资源包，资源内容涵盖民国文献、碑帖、老照片、专题视频资料、少年儿童资源、少数民族资源、非物质文化遗产等馆藏特色数字资源，资源建设量 9393GB。

除常规数字化任务外，国家图书馆依托馆藏海量资源，进行资源二次开发，建设适用于手机门户、数字电视、触摸屏等新媒体发布的数字资源，完成国图公开课视频资源和元数据加工，并为海外文化中心加工制作英文视频，为国务院学位委员会加工制作博士论文抽检数据 5200 册。

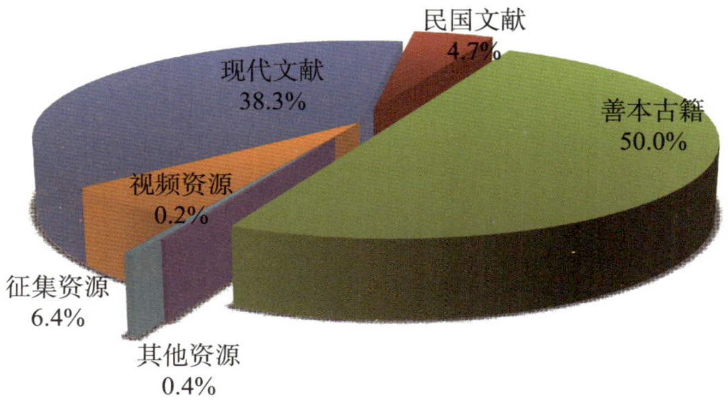

2015 年不同文献类别数字化资源建设量分布

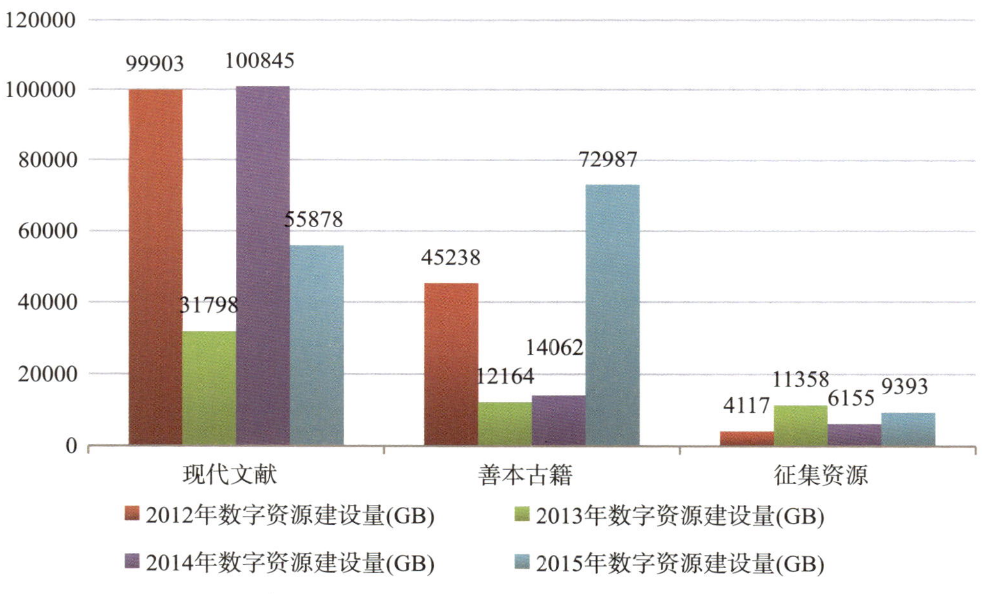

国家图书馆 2012—2015 年数字化资源建设量对比（一）

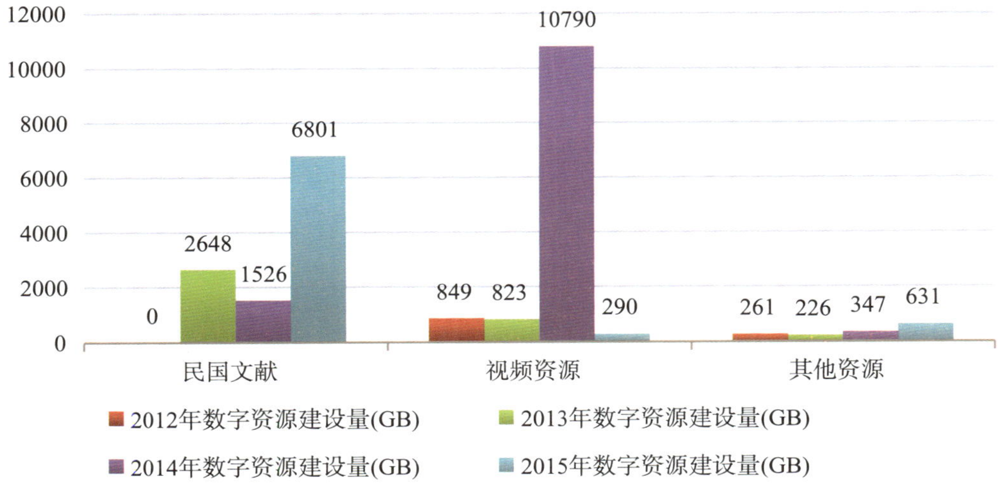

国家图书馆 2012—2015 年数字化资源建设量对比（二）

2. 外购数据库

国家图书馆外购数据库共计 259 个，包括中文数据库 126 个、外文数据库 133 个。其中，已完成本地镜像数据库 103 个（包含子库），占用本地存储约 71TB。现有中文引进数据库包含的文献数量为：中文图书 503664 种、984408 册，中文期刊 21000 种，中文报纸 1389 种，中文学位论文 5010000 篇，中文会议论文 5160000 篇，国家标准 49149 条、行业标准 19489 条，工具书 101605 册（未去重），年鉴 2180 种、30293 册，实物影像 4000 副，语言 55942 集，音乐 500000 首，专题节目 16300 小时，学术性报告 51040 场，多媒体课程 11148 学时，少儿教学课件 125548 个，舞台艺术 1100 部、3000 小时，影视剧 5000 集；外文引进数据库包含的文献数量为：图书 2512367 种，英文期刊 30364 种，英文报纸 11063 种、俄文报纸 627 种、西班牙语报纸 230 种、法语报纸 160 种、德语报纸 143 种、其他报纸 921 种，学位论文拥有 16920 篇、访问 546765 篇，会议论文 413228 篇，报告 19146 篇，标准 3669 项，档案 645.97 万页，行政法规 9656 条，案例 207817 件，手稿 11100 件，工具书 767 种。

外购数据库相关数据见下列表格。

外购数据库类型及数量

数据库类型	中文库数量（个）	外文库数量（个）
全文数据库	63	85
文摘 / 索引数据库	13	21
数值 / 事实数据库	28	19
多媒体数据库	19	0
工具型数据库	3	1
复合型数据库	0	7
合计	126	133

外购数据库所含主要内容单元

文献类型	中文数量	外文数量	合计
电子图书	503664 种 984408 册	2512367 种 2512367 册	3016031 种 3496775 册
电子期刊	21000 种	30364 种	51364 种
电子报纸	1389 种	13144 种	14533 种
学位论文	5010000 篇	565685 篇	5575685 篇
会议论文	5160000 篇	413228 篇	5573228 篇
音频资料	555942 首	0 首	555942 首
视频资料	86488 小时	0 小时	86488 小时

3. 网络信息资源建设

国家图书馆网络导航资源主要包括国内外图书馆导航、电子报刊导航、新农村建设专题导航、农林导航等，总计 18514 项。网络资源采集已保存我国 5 万余个政府网站信息（每半年更新一次）、2967 个国外网站、315 种中文电子报纸以及中国学、开放存取、奥运会、航空航天、日本地震核泄漏、雅安地震等 154 个专题信息，网络采集资源存储量共计 77.28TB。

根据政府机构的调整，2015 年国家图书馆对 70 余个中央国家机关及各部委政府门户网站资源进行重新梳理，整理采集点，调整采集策略。按照 2014—2015 年资源加工项目要求完成政府信息采集与加工工作以及元数据规范著录，按照规范统一的分类标准对资源进行多个维度的准确分类，包括题材分类、主题分类和文种分类，实现按不同类型资源、不同维度对政府信息进行的类聚、展示。2015 年政府公开信息整合服务平台国图分站新建测试站点一个，新增机构栏目 5 个；整理平台旧数据 7629 条；新增数据 330036 条，新增容量 196.2GB。配合数字图书馆推广工程各项工作，为推广工程 1134 县级图书馆推广计划提供 3 万条 50GB 政府信息数据。

国家图书馆网络信息采集工作 2015 年从顶层设计出发，完善工作流程管理，制定项目三年发展规划及年度工作方案，就工作方案召开馆外专家咨询会，提出扩大网站采集范围，为信息保存提供存储空间保障，实现藏用并重与按需发布齐头并进。2015 年相继完成项目国内外情况调研报告、工作规范和资源评价体系，完成国家标准的修订和项目联建元数据标准的制定。网络信息采集范围扩展到国内网站信息与国外网站信息两大领域。其中，国内部分又包含国内整站采集与专题性信息采集。截至 2015 年 12 月底，共采集国外网站 15872948 次，国内专题 3144 个，正在开展 2 万个国内网站采集范围 2 万个，预计采集结束后新数据量将达到 80TB。逐步开展历史数据的回溯整理。对互联网保存保护中心网站进行改版，截至 2015 年 12 月 31 日发布数据 8903 条，发布数据量为 16.33TB。

4.“掌上国图”资源建设

2015年，“掌上国图”继续加大资源建设量，丰富资源服务形式。国家图书馆手机门户新增视频讲座150场，视频总时长236.23小时，转换标准分别为360P、480P两种视频标准，300个视频文件，139GB；新增学位论文数据9597条，包括元数据：数据库数据9597条，对象数据：中文摘要9586个，英文摘要9575个，共计19161个，MARC数据9597条，存储量248MB；手机门户建设“我们的文字”“炫彩童年——中国百年童书展”“不朽的长城——纪念中国人民抗日战争胜利70周年馆藏文献展”3个专题，共计约12万字，图片876张，音视频共19小时，存储量3.53GB。

外购资源方面，继续购入“手机知网”“读览天下”两种商用移动资源，其中“手机知网”包括四个数据库：《中国学术期刊网络出版总库》(手机版)、《中国重要会议论文全文数据库》(手机版)、《中国重要报纸全文数据库》(手机版)、《中国工具书网络出版总库》(手机版)；读览天下包含商业财经、生活休闲、艺术传媒、通信科技、文学教育、人文科学、政法时事、医学保证各类优秀期刊460种，并实时更新；发布云图数字有声图书馆资源共23862集，包括评书相声、戏曲、电视电台节目、有声书摘、精品广播剧等类别。

5.公有领域图书版权筛查与甄别工作

2015年，国家图书馆继续开展“公有领域图书版权筛查与甄别”项目，建立并不断完善图书版权筛查与甄别的科学方法，共筛查和甄别50144条相关数据。其中，筛查制作公有领域图书数据30107条，包括：名称规范数据1174条，书目数据28933条。通过持续开展筛查工作，不断丰富公有领域图书资源，强化图书资源服务保障能力。此外，甄别数字化民国图书版权数据20037条，通过甄别明确数字化民国图书不同的版权状态，为民国图书资源的进一步建设与服务提供有力支持。

6.数字资源征集工作

国家图书馆征集资源存储量共计37.39TB，主要包括地方志、民国文献、老照片、家谱、专题视频、非物质文化遗产、少数民族资源、少年儿童资源和馆藏特色资源等。

根据国家图书馆数字资源建设和整合工作要求，制定《2015年国家图书馆数字资源征集办法》，进一步明确征集原则和征集主题，并修订元数据制作规范。2015年共计向56家图书馆发布征集函件，其中24家单位申报27个资源包，国家图书馆完成了初步审核工作。此外，国家图书馆积极开展数字资源补藏实践，通过其他单位补藏珍贵家谱数字资源110万页，直接面向作品权利人签订15种图书版权捐赠协议。依据国家图书馆相关数字资源建设规范以及数字资源整合发布要求，国家图书馆对2014年及往年征集的38个资源包、27623种资源和287份版权证明材料进行检查，并对2014年补藏的60万页家谱数字资源进行全面验收，确保数字资源质量和版权情况符合征集工作要求，通过验收的资源及时在计算机网络、新媒体等范围内向国家图书馆注册用户和合法授权用户提供阅览服务。

征集数字资源 2015 年度验收资源量统计

类目	验收资源量
资源品种数	27623 种
版权证明材料	287 份
长期保存图书类	2701819 页
长期保存图片类	20133 幅
长期保存音视频类	96813 分钟
长期保存存储量	8.55TB
发布服务图书类	2701621 页
发布服务图片类	19853 幅
发布服务音视频类	96813 分钟
发布服务存储量	0.615TB

7. 电子报纸呈缴

国家图书馆接受电子报纸呈缴 119 种，存储量 5.62TB。

8. 唯一标识符注册

2015 年完成馆藏自建数字资源唯一标识符注册并回写 URL 146536 条，其中包括中文图书 113865 条，博士论文 9597 条，民国图书 21862 条，馆藏音像资源 1064 条，文津沙龙 23 条，视频荟萃 90 条，文津讲坛 46 条，内部讲座 4 条。

9. 唯一标识符在图书馆的应用

2015 年，开展“馆藏自建数字资源与纸质文献整合展示”专项，通过唯一标识符系统将电子图书与纸质图书进行关联，提取中文图书、民国图书、碑帖精华、甲骨拓片、民国期刊等专题库资源共计 77 万余条唯一标识符数据，并转交给 OPAC 系统。

（二）数字资源发布

截至 2015 年年底，国家图书馆数字资源发布总量达 815.72TB（同比 2014 年增加 81.2TB），占数字资源建设总量的 70.7%。已发布数字资源的内容单元包含：电子图书 3585272 种 4066016 册；电子期刊约 55699 种；电子报纸约 14537 种；学位论文 5826713 篇；会议论文 5573228 篇；音频资料 669588 首；视频资料约 89152 小时。

1. 馆藏特色数字化资源

国家图书馆已发布馆藏特色数字化资源存储量为 686.19TB，占全部馆藏特色数字化资源的 70.8%。

2. 外购数据库

259 个外购数据库均已在馆域网发布。其中，92 个数据库授权许可馆域网服务，占全部外购数据库的 35.52%；167 个数据库授权许可互联网远程访问，占全部外购数据库的 64.48%。

3. 网络导航和网络采集资源

网络导航数据采取建设即发布的方式，并保持定期更新维护，全部实现互联网服务。网络资源采集发布资源的存储量为 19.66TB，占全部网络资源采集存储量的 25.4％。

4. 征集资源

征集数字资源已发布资源的存量约为 37.37TB，占全部征集资源存储量的 99.9%。

5. 电子报纸呈缴

国家图书馆接受呈缴的电子报纸 119 种，其中 37 种实现馆域网发布，数据量 1.5TB，占缴送数据总量的 26.7%。

各种来源数字资源建设和发布情况汇总表

资源类型	建设数量	存储量（TB）	发布数量	发布存储量（TB）	发布比例（%）	备注
呈缴（电子报）	—	969.69	—	686.19	70.8	
外购数据库	259 个	71	259 个	71	100	存储量只含镜像到本地存储的数据库
馆藏特色数字化资源	18514 项导航，5 万个政府网站，2967 个国外网站 315 种电子报，154 个专题信息库	77.28	18514 项导航，315 种电子报，116 个专题信息	19.66	25.4	
征集	—	37.39	—	37.37	99.9	
网络导航和网络资源采集	119 种	5.62	37 种	1.5	26.7	
合计	—	1160.98	—	815.72	70.3	发布比例按存储量统计

三、应用系统和平台建设

（一）图书馆业务自动化管理系统——Aleph 系统

2015 全年共完成 Aleph 系统相关业务报文 68 个，较 2014 年增加 171%；常规业务工作数据量不断增加，全年数据处理量达3233万条，共84批次。配合业务工作开展，完成435个Aleph系统账号的新增和修改操作。

系统功能进一步完善，工作效率稳步提高。2015年，完成Aleph系统中文文献书目数据校验程序开发项目建设实施和验收；完成Aleph系统主题规范控制功能在正式机的实施和项目验收；完成外文元数据整合、缩微数据处理等新增数据处理项目。完成对Aleph系统技术支持服务需求的细化和完善。自主设计开发Aleph离线数据处理系统，引入NoSQL数据库进行书目、馆藏及单册数据的存储与处理，初步实现数据下载、输入与检索的功能。

（二）联机公共目录检索系统——OPAC系统

2015年，OPAC系统共发布馆内重要通知8次，完成系统功能优化升级8次，解答业务部门、读者疑问，回复读者意见53次。在做好日常通知发布、页面优化、数据备份的基础上，针对OPAC系统因用户访问量大影响检索速度的问题，采用加强监控、定期了解系统负载情况、自动阻断非法套录数据用户等多种手段进行应对，减轻系统负载，确保系统稳定运行。

完成在OPAC检索机中少数民族语言多语种输入法的调研和实施工作，增加并调整检索机语言输入法，特增加藏语、维吾尔语、彝语、蒙古语、印地语、泰语输入法。利用JavaScript语言开发“多语种键盘”，支持25个种类大约1000个字符和语言文字的输入；解决相关业务部门在使用过程中出现的部分分类导航信息字体过大和目次信息错误等各种问题。配合馆内域名修改工作，于10月23日完成OPAC系统域名调整工作。

（三）统一用户管理系统

继续做好统一用户管理系统定期监控，做到故障及时处理。针对系统所集成的各个外购数据库进行监测，及时解决业务部门及读者在使用外购数据库中发现的各类问题。对系统进行优化，为馆内基础业务和读者服务提供技术支持，自主完成与“国家动漫公共素材库”“国图公开课平台”“百度学术”等四个外部系统密码验证、实名认证、单点登录等二十个接口开发工作；完成馆际互借与文献传递系统和虚拟参考咨询系统的接口测试、用户数据比对、数据导入等工作。配合馆内域名修改工作，于8月24日完成统一用户管理系统域名调整工作。

继续做好统一用户系统的读者意见回复工作。截至2015年年底，共回复1123封读者意见。继续做好读者权限的管理工作，及时为不同类型读者进行资源库的权限赋予和修改等，新增Elsevier学术期刊数据库、律商网、中少动画资源库等外购数据库的远程访问权限。截至2015年年底，物理卡用户远程可访问资源174个；实名注册用户远程可访问资源114个。

（四）文津搜索系统

文津搜索系统2015年完成整合原始数据500GB容量的备份工作，对已经在文津搜索系统中揭示的中外文外购数据库元数据、联合编目元数据、自建资源数据，以及Aleph系统中目次数据、篇名数据等数据库，按照每种数据库的更新频率等，定期收集整理对应的元数据，并进行相应的入库、查重、整合工作。

针对已发布的自建资源数据库，共完成中文图书、文津讲坛、民国图书、民国老照片等7个自建数据库约79552条新数据的收集和灌装工作；针对已发布的中文外购数据库，共完成维普中文科技期刊数据库、中国学术期刊全文数据库等22个数据库约20204700条数据的收集和灌装工作；针对联合编目变化数据，定期完成每周联合编目变化数据的更新维护工作，共完成联合编目数据共计2490762条变化数据的重新灌装工作。

2015年共收集新数据库数据涉及征集资源、地方馆数据、外购数据库、外文目次数据等91个新库的元数据，约1471701条。完成对这些新数据库的映射规则梳理和数据库选取的价值分析。

针对馆藏资源外文数据目次库的数据样例进行数据分析，2015年共收集外文图书篇名目次数据30041条，以及2005年到2009年的中文目次数据。

（五）办公自动化系统

做好对办公自动化系统的日常管理，配合做好馆内人事及业务管理工作：全年完成人员变动383人次，增加中国古籍保护协会秘书处和《中华优秀传统文化文库》编纂项目工作组2个部门；在系统管理方面，增加反向代理服务器1台、更新OCS授权变更为永久、延长OA系统与合同系统的加密狗授权。合同管理系统于2015年年初上线运行，系统运行平稳。2015年办理完毕公文3462份，合同办结826份，维护公文红头模板37个。配合馆内域名修改工作，于9月完成系统域名调整工作。

（六）档案管理系统

完成办公自动化系统中2014年度公文类文件向档案系统的归档和检查工作，共导入4000余条档案目录数据和9000多条相关原文数据，包括办公、发文、收文、领导日报周报、刊物、会议纪要等文件类别。完成系统用户账号和权限管理，新增公共查询账号并配置相应的权限和特定的工作流程。为方便音视频档案的管理和利用，节省系统存储空间，完成音频和视频分离的档案文件合成工作，将约2000个、共计23TB的视频和音频分离的档案文件转换成音视频合一的文件，所占存储空间缩小到6.55TB，节省70%的存储空间。

（七）多媒体信息展示系统

多媒体展示系统平台以日常更新和专题制作相结合的方式，定期更新文津经典诵读、展览讲座、每周一库、每日课堂、创新服务、新闻通告等，向读者推送馆内服务调整信息推送、数字图书馆创新服务的宣传和展示等。除日常节目制作外，配合不同活动制作专题节目，如法定节假日，抗战胜利70周年纪念日和甲骨文记忆展等制作节目，制作服务宣传周、国图艺术中心海报、年终表彰光荣榜等节目。

2015年展览讲座更新67个批次；共享空间的每周一库35个批次；OPAC大厅的每日课堂29个批次；少儿馆18个批次；行政楼新闻会议室更新12个批次以上，更新制作现代技术研讨会节目制作2个批次，现场布置并提供会议期间节目维护。

完成南区多媒体展示项目建设工作，完成相关强弱电施工改造、南区室内外22块显示屏安装部署、设备调试等工作，积极协调各方准备项目验收工作，并于2015年11月底完成项目整体验收。

（八）民国时期文献保护计划

完成民国时期文献保护计划网站、普查平台、系统及硬件的运行维护、数据处理更新系统运行管理等工作。定期对普查平台数据进行灌装更新，全年完成50余次；完成系统域名调整实施工作，修改相关链接地址。每天自动完成对民国联合目录系统日志备份，对网站的WCM、MAS、InfoRadar、普查平台的应用软件、Oracle、Apache等软件的运行状态不定期检查50余次。

根据等级保护评定工作安排，完成“民国时期文献保护计划系统”的等级保护评定工作，系统被定级为二级系统。

（九）版权信息管理系统

2015年，国家图书馆加强版权信息管理系统的运维管理，开展软硬件设施日常巡检工作，及时排查并解决软硬件故障，继续丰富馆藏资源版权信息数据，全年录入35份授权合同、209条授权信息、119614条授权清单规范数据，并整理258份相关授权证明材料。同时，发挥版权信息系统的数据管理功能，加强版权管理相关的元数据的管理与维护工作，为版权管理相关的多个项目提供数据查询和查重支持，基础信息库添加与更新各类数据70余万条，包括：馆藏书目数据432439条，名称规范数据115506条，民国图书元数据110695条，家谱元数据408条，公有领域甄别书目20037条，公有领域筛查书目28933条，名称规范数据1174条。

（十）文献数字化加工中心项目

文献数字化加工中心建设工作继续进行。项目组组织专家论证，广泛征集总集、监理、馆内其他部门意见，完成《国家图书馆文献数字化中心设备方案》。截至2015年年底，已起草完成服务器存储、扫描仪等设备招标文件，设备进入招标采购阶段；完成文献数字中心场地电力、网络、门禁改造及家具购置等工作。

（十一）新版手机门户建设

2015年，国家图书馆手机门户（http://m.nlc.cn）在界面、栏目划分、资源发布方面进行了全新改版。

手机门户网站引入HTML5技术，采用扁平化设计风格，对网站界面进行全新改版；网站栏目版块重新划分，优化移动数字资源的组织与展示，使用户获取目标资源及服务更为方便高效。

在资源展示上，优化图书、图片的播放效果，专门开发图书阅读器，实现翻页、跳页及缩放功能，图片播放实现手动缩放；实现多终端阅读同步，能够无缝链接读者的碎片化时间。

资源发布方面，新版手机门户整合发布与服务系统，实现对资源的统一管理与发布，一次发布，PC 端、PAD 端、手机端多终端展示。展示内容为国家图书馆各类特色资源，包括中文图书、博士论文等 12 个专题库。在线阅读承载移动阅读平台 5 万余册图书、读览天下与手机知网提供的上千种期刊。手机门户网站实现了单点登录，用户登录一次即可无障碍地在平台与外购数据库之间随意阅读。单点登录功能为手机门户跨平台（本站、发布与服务系统、移动阅读平台、外购数据库）取得资源、制作专题提供可能。另外，手机门户计划于 2016 年引进畅想之星和库克音乐 2 个数据库的 3 万册图书和 10 万首音乐资源。

（十二）“国家数字图书馆”应用程序建设

2015 年 5 月，“国家数字图书馆”应用程序新增听书模块，在苹果商店和安卓应用市场同步更新。应用程序实现有声读物免费畅听，支持在线播放、断点续听、离线下载、添加收藏、朋友圈分享等功能。听书模块可在后台实现听书音频资源发布以及数据统计功能。9 月，应用程序再次更新版本，实现 460 种原版原式期刊资源的下载、阅读、收藏、分享等功能。期刊资源每月定期更新。后台系统实现分类、专题组织和统计分析功能。

（十三）文化部视频会议系统国家图书馆节点建设

2015 年，国家图书馆根据《文化部办公厅关于开展视频会议系统（直属单位节点）建设工作的通知》要求，为加强部机关与各直属单位联系，提高会议效率，在文化部现有视频会议系统的基础上，由各直属单位部署视频会议终端设备和会场，以实现与全国 32 个省市连接，将包括文化部和各省市文化厅局、5 家文化执法总队等共 37 家单位联入系统，进行实时的标清音视频会议。充分利用馆内现有设备，在保证视频会议系统安全、稳定、环保的前提下，部署三台网络设备，一台路由器与部节点相连，一台流量控制设备进行流量控制并进行网络隔离，一台接入交换机进行业务扩展，顺利完成国家图书馆行政楼 612、行政楼 413 会议室及总馆南区 C201 新闻发布厅 3 个会场，实现技术先进、操作简便、资源节约、利于扩展的建设目标，圆满完成文化部视频会议系统国家图书馆节点建设的工作。

四、数字图书馆服务

（一）互联网服务

1. 读者门户

读者门户系统 2015 年为读者提供数字资源的在线服务，包括电子图书、电子期刊、电子报纸、电子论文、古籍、工具书、音视频、地方馆资源和少儿资源等 9 个专栏的自建资源、征集资源以及外购资源。系统还提供特色资源浏览排行榜和数字资源收藏排行榜，为广大读者提供信息参考。2015 年度读者门户系统各类资源的使用量如下图所示：

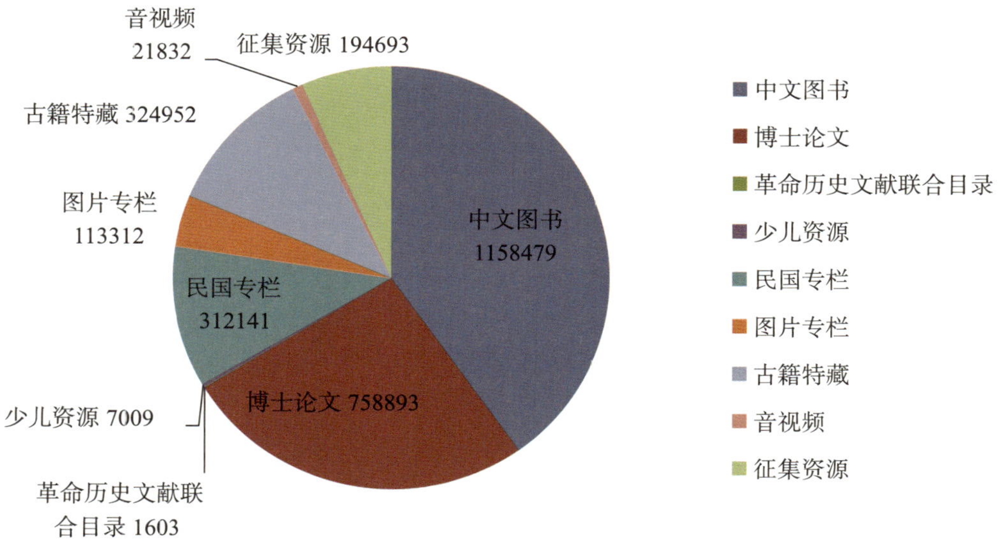

2015 年度读者门户系统各类资源使用量统计（按页次计算）

2. 发布与服务

2015 年度完成 14 批自建资源和 2 批征集资源的发布服务工作。在数字资源发布方面，完成 14 批自建数字资源的发布工作（包括必要的对象数据格式转换），其中：3 批中文图书共 18569 种、20982 册，1 批少儿图书 1997 种、2005 册，1 批民国图书 20996 种、21862 册，1 批博士论文 9597 种、9597 册，2 批馆藏音像资料共 1527 种、1997 场，1 批党员在线图书 63 种、63 册，新建并发布 1 批民国报纸 4 种、9443 册，对象数据占有空间 2.28TB，4 批业务讲座、视频荟萃、文津沙龙、文津讲坛的视频讲座共 154 种、154 场，发布对象数据共占空间 1.96TB。在地方馆征集数字资源方面完成全部第七批征集资源、民国老照片的发布工作，图书类资源 12988 种、12988 册，图片类资源 43534 种、48686 幅，视频类资源视频类 1200 种、2572 场，对象数据共占空间 666.19GB。

3. 文津搜索

文津搜索系统完成系统域名调整，读者可通过域名 http://find.nlc.cn 直接访问文津搜索系统，或登录国家图书馆主页在文津搜索一键式检索框里面，输入检索词，点击检索。

截至 2015 年年底文津搜索系统已整合百余个数据库，其中已上线数据库 58 个（含中文外购库 17 个，外文外购库 15 个，自建资源库 23 个，联合编目 2 个库，Aleph1 个库），所有上线数据库全部面向读者提供服务。

文津搜索系统读者访问情况如下（统计时间 2014 年 11 月至 2015 年 10 月）：

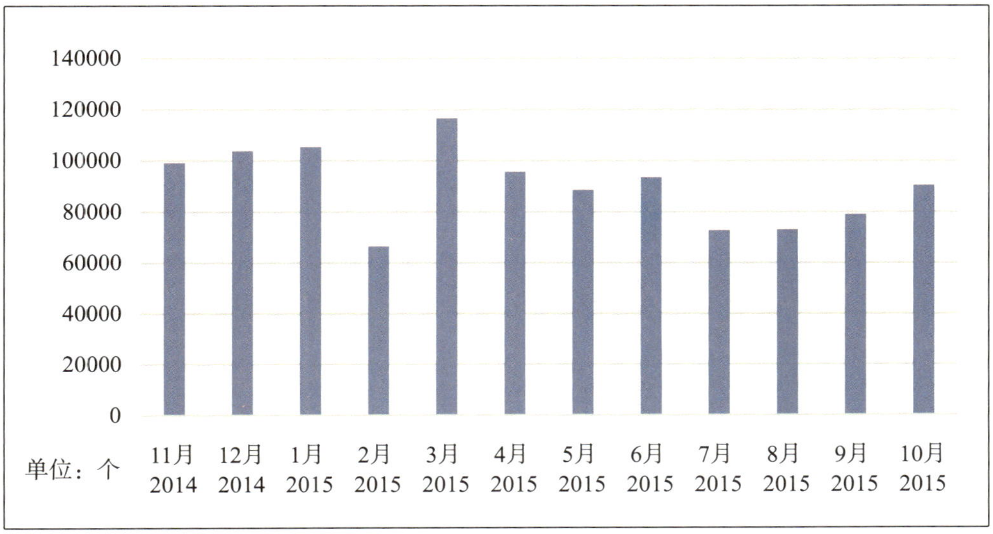

文津搜索系统每月独立访客（Unique Visitor）数统计

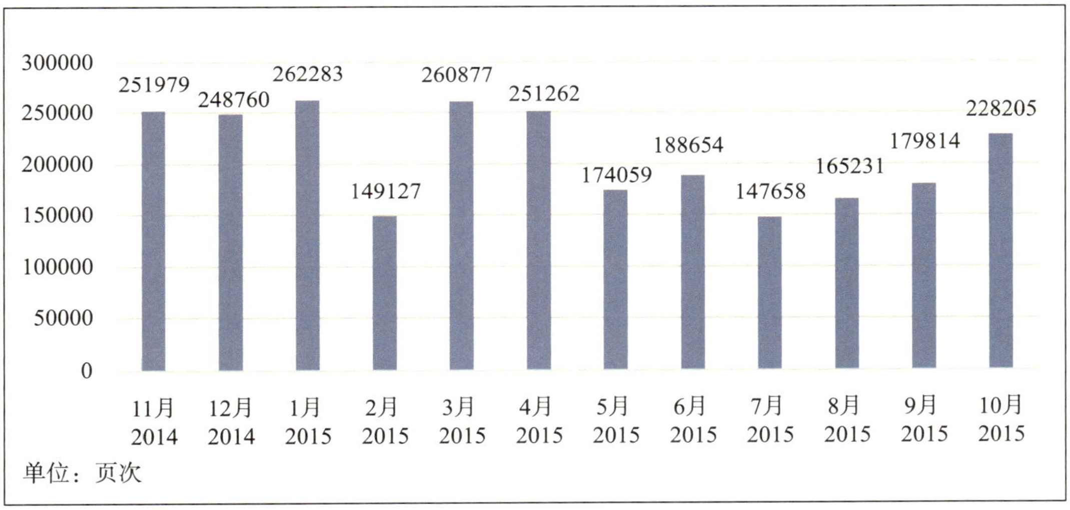

文津搜索系统日均页面访问量统计

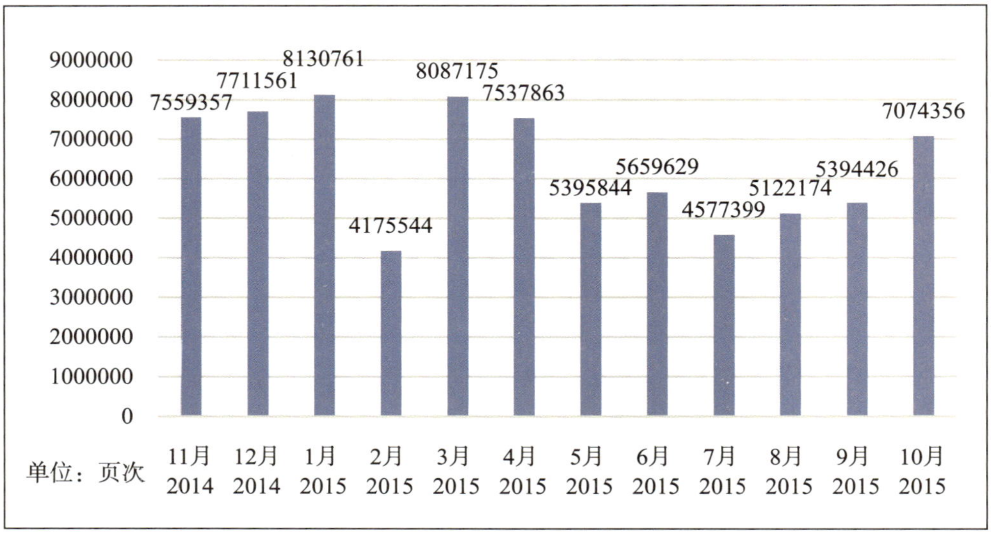

文津搜索系统每月页面访问量统计

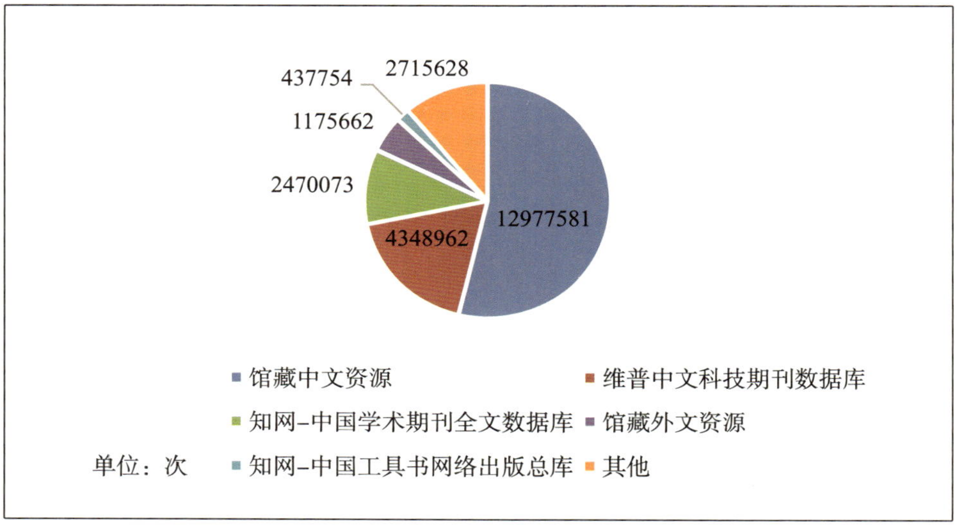

文津搜索系统资源库访问量统计

文津搜索系统中文献被分为8个一级分类，22个二级分类，其中访问量最高的6个二级分类如下图：

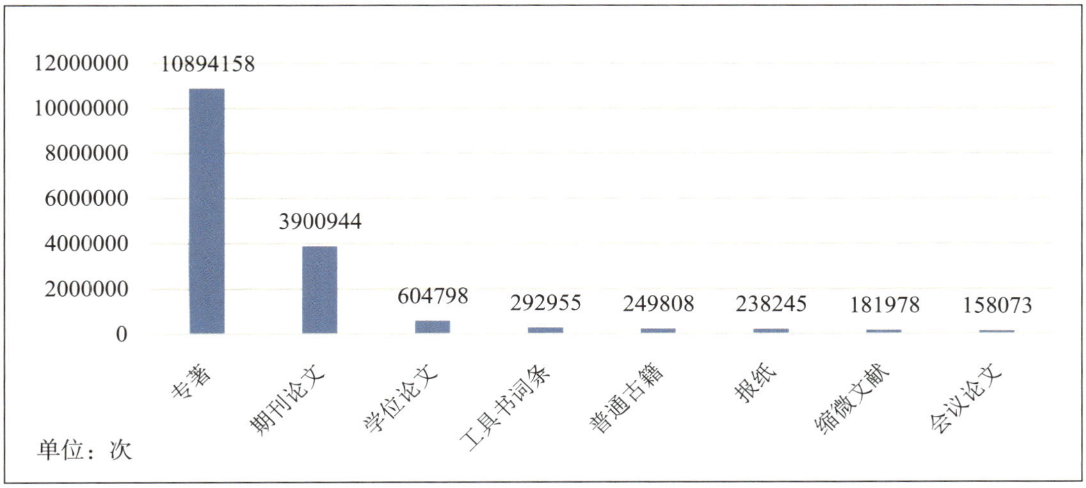

文津搜索系统文献类型访问量统计

文津搜索系统最热门的20个检索词及其检索量见下表：

热门检索词排名

排名	检索词	检索量（次）	排名	检索词	检索量（次）
1	按摩	168913	12	中国知网	9869
2	computer	148476	13	传记	7838
3	中医	43030	14	骨伤	7676
4	三国演义	36780	15	史记	7451
5	针灸	28063	16	知网	7430
6	红楼梦	26607	17	经络	7067
7	查理九世	24877	18	民间资本白皮书	6708
8	西游记	16321	19	会计	6272
9	推拿	12796	20	心理学	5820
10	斗罗大陆	12532			
11	“交大英语四六级考试成功”系列：大学英语六级听力题型透视与高分特训	9908			

读者使用文津搜索系统频率最高的前 6 个功能为访问详情页、检索请求、在线阅读、查看馆藏、延伸检索和推荐资源，具体使用情况如下：

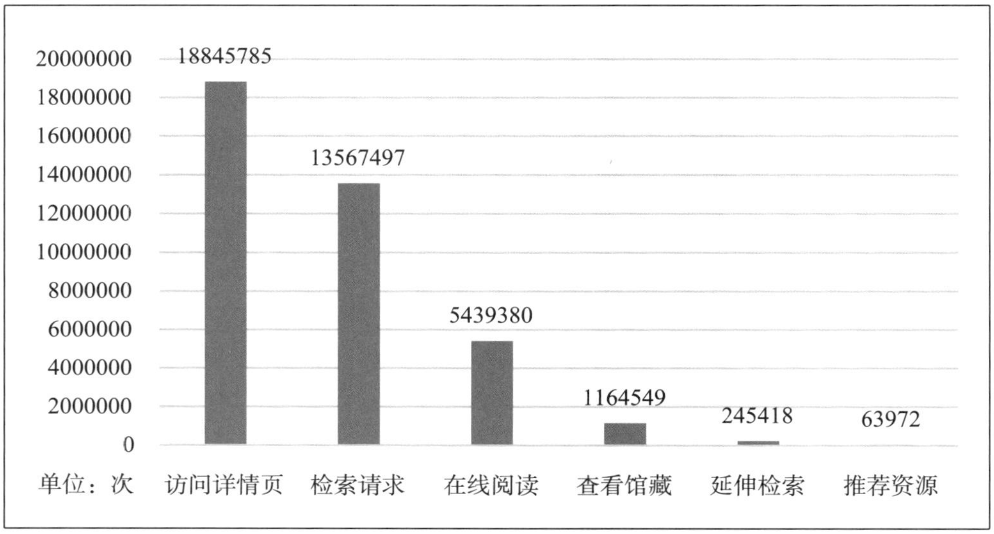

文津搜索系统用户行为类型统计

（二）新媒体服务

1.“掌上国图”微信服务

“掌上国图”微信服务是国家图书馆拓展移动服务形式的新尝试，通过自定义菜单的形式，将移动服务业务整合在掌上国图微信服务公众号内，方便读者获取和使用；通过图文消息推送的形式，将国家图书馆的优质移动资源定期推送给读者，提升移动服务的能力和范围。2015 年推送图文消息 123 条，推荐图书 188 本，完成“掌上国图”微信公众号的认证。全年新增关注人数 33410 人。

2. 短彩信服务

短彩信平台是国家图书馆重要的服务支撑系统，协助国家图书馆各部门完成各种活动的短信通知及公众信息推送工作。短彩信平台 2015 年发送短信 1652772 条；向公众发送“文津经典诵读”短信 1212311 条。

3. 阅读平台专题

移动阅读平台定位于移动阅读，集合国家图书馆总站和全国各地图书馆分站的优质特色数字资源，为用户免费提供随时随地随身的阅读。移动阅读平台 2015 年完成“Win7 即将退休——Windows 热点专题”“迎春送祝福　网聚中国心”“熄灯一小时　低碳我先行”“童话里都是美美哒！”“旅游去哪？”“创新创业　科技惠民”“沉着应考　为明天加油！”“M 地铁图书馆”“苏州独墅湖图书馆”等 24 个专题建设，其中包括子专题 23 个。2015 年共制作发布 47 个专题，为读者推荐图书 470 本。

（三）数字图书馆体验区

数字图书馆体验区包括国家数字图书馆工程、数字图书馆推广工程、数字资源展示体验区、数字图书馆互动体验区、印象未来畅想区、寄语数图互动区等区域，将抽象的数字图书馆，以看得见、摸得着的具体形式呈现出来。2015 年多次接待社会公众、图书馆业界及上级领导来馆访问，通过实地体验方式宣传数字图书馆服务，向公众推介国家数字图书馆优秀数字资源，全面做好数字图书馆阅读推广。

（四）读者咨询服务

国家数字图书馆通过多种渠道为读者提供咨询和意见反馈等服务。国家图书馆读者门户系统通过线上体验反馈和咨询台电话转接等服务模式，为读者解答疑问。2015 年全年，共回复与自建数字资源服务相关的邮件 335 封，与用户注册、登录相关的邮件 745 封，转发给其他部门处理的关于外购资源库使用相关的邮件 373 封，合计邮件数 1453 封。在及时、完整地回复读者邮件疑问的同时，也注重读者意见的采纳与应用，已经在发布与服务系统中逐步进行修改和完善。

国家图书馆手机门户、应用程序等移动端平台为读者提供多个反馈意见的渠道。移动阅读平台共处理回复登录注册、资源情况相关的读者咨询 20 条。通过短信或邮件回复的应用程序中的读者意见共 961 条，内容包括移动阅读权限咨询、移动服务咨询、APP 功能改进意见，移动资源扩充需求等。

文津搜索系统作为提供读者咨询及读者意见和建议接收的重要途径之一，通过系统的读者反馈模块，许多热心的读者将建议和意见发送到文津搜索邮箱中，2015 年度共回复读者咨询及意见建议邮件 512 封。

五、信息安全建设

2015 年的网络安全管理工作从管理防护与技术防护两方面着手，按照“谁主管谁负责、谁运行谁负责、谁使用谁负责”的网络信息安全管理原则。新增网络安全规章制度，进行国家图书馆网络安全现状调研，对网络安全问题进行总结与分析，提出网络安全优化方案，通过配置安全策略等技术手段加强对网络安全的管理，杜绝网络安全事件发生。全年阻断来自互联网的高风险事件约 423 万次；防御 HTTP 泛洪攻击 66848 次；发现并清除感染病毒的计算机 501 台；发现并督促整改国家图书馆存在高危漏洞服务器 321 台。

（一）管理手段

1. 新增网络安全管理制度

为加强网络安全的制度建设，起草《国家图书馆网络安全管理办法》，从组织机构与职责、网络行为安全管理、防病毒安全管理、终端及桌面安全管理、网络安全事件管理、应急预案管理以及网络安全检查等七个方面约束、规范国家图书馆的网络安全管理。

2. 完善网络安全事件处理流程

网络安全事件处理流程为：在接到网络安全事件时，通知相关负责人，并同时根据影响程度，采取断网等技术手段减少损失；然后由信息技术部网络安全负责人与网络安全事件部门负责人一起对网络安全事件进行取证、确认；接下来，由网络安全事件部门进行整改；整改完成后信息技术部对其整改结果进行复测，测试通过，同时以报文的形式通过后，方可允许其再次接入国家图书馆网络。

3. 建立良好的联络人制度

与文化部网络安全和信息化办公室建立良好的联络人制度，在涉及国家图书馆的突发网络安全事件时，能做到第一时间知晓，并且根据事情的所属部门，直接联系到具体负责人处理。

4. "零事件"汇报制度

在网络安全重点时期内，如"两会""大阅兵"等，实施"零事件"汇报制度，即每天下班时向网络安全相关领导报告前一日下班后到今日下班前有无发生网络安全事件，没有事件发生也要进行"零事件"汇报，以便相关领导掌握国家图书馆网络安全情况。

（二）技术手段

1. 漏洞扫描工作

2015 年实行每季度的漏洞扫描工作，定期对国家图书馆 600 余台服务器进行扫描，找到存在高危漏洞及漏洞个数大于 10 个的服务器，并通知相关负责人进行整改。

2. 开展 2015 年度信息系统等级保护工作

民国时期文献保护计划及中华古籍保护计划均是国家图书馆近年来的重点项目，为加强对其承载系统保护，弥补系统不足，2015 年开展对这两个系统的信息安全等级保护工作。目前，已经进行了两个系统的等级保护测评，正在准备召开定级专家论证会及信息系统的备案工作。

3. 开展 2015—2016 年度重点信息系统渗透测试工作

为加强国家图书馆重点信息系统的安全性，2015 年着手开展渗透测试工作，在不影响正常业务前提下，在系统正式运行前，由安全工程师对信息系统进行远程渗透，查找信息系统存在的安全隐患，验证、评估安全防护措施的有效性，并针对安全隐患提出整改建议。

年度掠影

【国家图书馆域名调整】

域名调整是2015年国家图书馆的重要工作之一。按照中央网络安全和信息化领导小组办公室《关于加强政府机关网站安全管理的通知》（中网办发文〔2014〕1号）要求，国家图书馆要在2015年1月调整nlc.gov.cn（GOV）域名。国家图书馆域名历经18年推广应用，已被广泛使用于业务系统、读者服务、互联网服务、党政军服务、对外交流等方方面面，因此域名调整工作涉及面广、影响范围大、难度大、困难多，受到馆领导和各部处的高度重视。

6月19日，魏大威副馆长主持召开第61次馆长办公会，正式开展域名调整工作。信息技术部作为域名调整工作的牵头部门，在6—8月两个月的时间里共汇总整理101个信息系统的《国家图书馆域名调整工作调查表》、178个公共邮箱的《公共邮箱调查表》、28份信息系统应急预案。此次域名调整工作共涉及馆内14个部处的82个信息系统，其中涉及多个关联复杂的系统，例如：Aleph系统关联24个系统（其中与域名调整相关的系统8个）、联合编目系统关联9个系统、文津搜索系统关联7个系统、国家图书馆网站关联19个系统、统一用户系统关联46个系统（36个资源系统）。以汇总整理的调查表和应急预案为基础，制定《国家图书馆域名调整工作规划及工作预案》，明确调整的管理机制、各部门职责、系统调整时间表、调整流程及各项工作预案；绘制全馆信息系统关联图、核定域名调整各部处经费等。

按照82个信息系统域名调整的复杂程度和与其他信息系统的关联程度等，制定《国家图书馆域名调整信息系统批次列表》。自8月6日起，先后展开三个批次的信息系统域名调整工作；清理未上报的、停用的、废弃不用的二级域名80余个；完成103个DNS域名服务器nlc.cn域名的配置；加强网络域名管理，规范域名申请、使用及相关流程等。

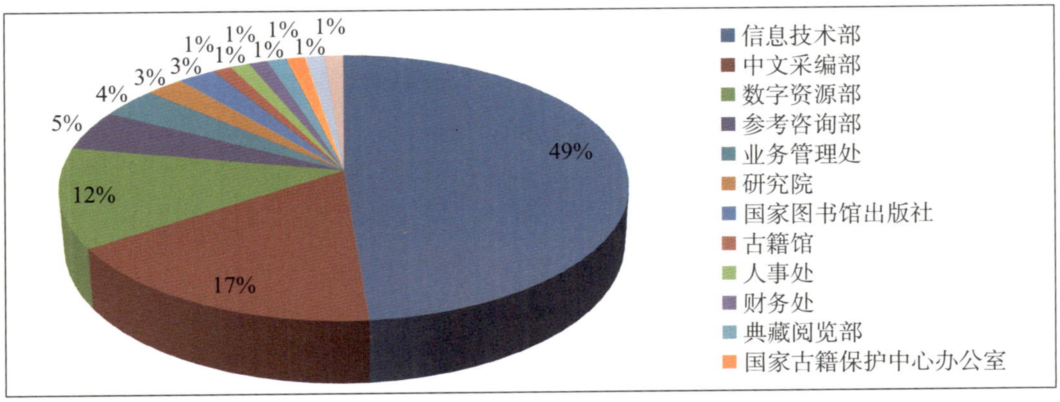

国家图书馆各部处信息系统分布图

【为国家艺术基金专家评审活动提供技术支持】

文化部部长雒树刚在2015年度国家艺术基金专家大会上讲话

2015年5月中旬至8月中旬，国家艺术基金专家评审活动在国家图书馆举行，文化部部长雒树刚、原部长蔡武及基金会领导出席此次专家大会。评审活动期间，信息技术部进行国家艺术基金网上申报评审管理系统服务器、数据库服务器、移动网短信服务器、联通网短信服务器、专家评审系统服务器共5台服务器的部署调测；服务器信息系统安全检测、漏洞修复技术支持；评审会场及国图宾馆网络的规划部署、台式电脑的部署调测、国家艺术基金专家大会视频会议直播网络部署与监测等；提供会议和评审直播的现场技术支持，进行网络检测，保障国家艺术基金专家大会和评审期间的视频会议的顺畅直播。

【国家图书馆 Aleph 系统中文文献书目数据校验程序开发项目】

2015年，完成Aleph系统中文文献书目数据校验程序开发项目，利用Aleph系统有书目校验体系，通过开发新的校验程序，实现对中文书目字段完备性和内容正确性的全面校验。该项目实现三大类功能，包括对MARC数据近200个字段和约700个相应子字段的合法性的校验，自动生成出版社信息等7部分独立程序的开发，以及50个针对数据内容正确性的校验功能。通过该项目的实施，实现对书目数据的合法性、必备性、正确性、关联性等的自动校验以及错误提醒，加强国家图书馆书目数据的规范性，提高编目的工作效率。

【数据管理与分析系统】

2015年，国家图书馆开始着手数据管理与分析系统建设，着力利用大数据技术开展图书馆应用与研究，在海量资源数据及运营数据的基础上，从不同角度和精度对图书馆重点系统的数据进行分析和挖掘，将大数据与图书馆业务相结合，揭示图书馆资源利用状况等重要信息，分析大数据时代国家图书馆用户对信息资源利用的需求，构建图书馆大数据分析的应用模型，对基础数据进行关联性分析、可利用性分析等，建设大数据应用平台。项目组自3月起，从数据类型、数据作用、数据来源、数据可导出格式、数据量等方面对全馆主要业务数据进行初步调研。经调研了解，国家图书馆数据主要涵盖类型为：资源对象数据、资源元数据、读者信息、读者行为数据、业务表单数据、系统管理数据等，本期项目的数据采集范围限定在与“资源”和“读者”相关的核心业务系统的范围内，本期数据从文津搜索系统、Aleph 系统、统一用户管理系统、读者门户系统和门禁系统 5 个重要系统中采集。已完成 5 个系统中与“资源”和“读者”相关数据的核心属性分析、类型分析以及数据收集工作，数据整合与处理工作目前已进行至 60%，并完成了部分分析模型的搭建。通过该项目的建设奠定国图大数据应用基础，为未来实现跨部门、跨业务域、跨系统信息数据共享，挖掘信息资源价值，借助大数据思维创新图书馆信息服务模式、扩大信息服务范围和提高信息服务质量打下牢固基石。

【加强顶层设计和统筹协调　建立网络信息保存和服务工作新格局】

在 2015 年国务院发布的《关于积极推进“互联网 +”行动的指导意见》与《促进大数据发展行动纲要》中，明确提出要加强互联网信息采集利用，构建互联网信息保存和信息服务体系。以此为契机，国家数字图书馆大力推进网络信息保存与服务工作的开展，以此为网络时代国家数字图书馆职能的延伸和拓展。

2015 年项目具体承担部门制订《国家图书馆互联网信息保存中心工作规划》，从资源评估、采集技术应用、资源发布与服务等方面入手，以构建完备的网络信息保存与评价体系作为长期建设目标，结合国家图书馆数字资源建设和网络建设实际情况，在更大范围内带动工作开展。编制完成《2015 年国家图书馆网络信息保存项目工作方案》，就采选原则、数据建设、硬件设施、推广工程联建资源等工作面向馆外专家学者征求意见。采集范围从单一政府网站扩展到国内各类型网站和国外重点领域网站，加大专题保存力度，2015 年采集数据量 80T，并以每年 20% 的增长量逐年增长。

在明确工作总体方向的同时，积极探索符合我国国情和中文语境的网络信息采集技术应用与相关规范，如国际标准“ISO 28500—Information and documentation-WARC file format”中文版的制定；建立网络信息保存项目的元数据著录规则，加强采集数据的管理。对项目展示平台进行全新改版，面向社会提供公开互联网访问服务，在实现网络信息采集成果整体发布的前提下，用户可通过主题、时间等进行多维度查询，增加交互应用，读者可以自己动手完成个性化的网页的快照。

国家图书馆网络采集专家论证会

国家数字图书馆的网络信息保存工作还紧密结合数字图书馆推广工程，与全国公共图书馆开展联合建设，从而实现工作的协同和创新。

注重面向业界和普通用户的宣传与推广。赴美国参加国际互联网信息保存联盟年会，与国外同行开展交流与沟通。在2015年中国图书馆年会上，成功举办“使命·创新·未来——互联网信息的保存与利用”主题论坛。通过国家图书馆读书周之“我的网站要存档”和“2015年国图科技周之网络信息保存科普”宣传活动，面向普通读者进行服务推广。

【深化利用馆藏版权资源开展数字资源服务】

国家图书馆通过版权筛查、甄别、征集等方式，不断加强馆藏版权资源的增量建设，推进馆藏版权资源的深化服务，多维度利用馆藏版权资源开展信息资源建设与服务工作。2015年，加强对征集数字版权资源的整理与利用，通过“基层图书馆数字资源提升活动”“国图公开课”项目，在版权授权范围内充分利用征集数字资源，提升征集资源服务价值，所复用各类型征集资源达到3.2万余种，并为援疆工作更新138册少数民族语言电子期刊的授权和数据。此外，继续开展公有领域图书数字化加工工作，补充加工2779种公有领域图书数字化资源，并为国内其他图书馆提供数字资源补藏服务，全年共提供2493种图书、家谱等类型数字资源。在国家图书馆与伊朗国家图书馆、土耳其国家图书馆之间开展国际交流项目中，国家图书馆遴选并向上述两馆提供了4324种优质版权图书；在缩微胶片数字化加工项目中，国家图书馆着力加强版权支持，梳理1.2万余种公有领域图书及其相关文献，为缩微胶片数字化加工工作提供内容参考。

【开展图书馆知识产权理论与实践研究】

2015年，国家图书馆针对图书馆知识产权相关理论与实践问题开展一系列调查研究工作。一是重点围绕中文图书数字化加工和服务相关版权问题，调研分析国际国内相关情况，主要内容包括：国内66家图书馆、国外30家图书馆的电子图书馆藏和服务现状；近十年来国内图书馆涉及的版权侵权诉讼相关材料；我国著作权相关法律法规、政策文件以及12个国家著作权法、国际条约中关于图书数字化与服务的相关规定；孤儿作品版权解决现状和各国政策，翻译美国版权局2015年发布的孤儿作品报告。在此基础上，分析图书馆开展图书数字化与服务的法律风险，梳理国家图书馆针对中文图书的版权管理工作脉络，推动完善版权管理工作。二是配合文化部、国家知识产权局等单位开展的知识产权工作调研，系统梳理并宣传推广国家图书馆知识产权工作进展，积极反映图书馆界的政策法规需求，承担文化部《图书馆知识产权工作指南》研制相关工作。三是总结知识产权工作经验，加强信息交流与共享，提升知识产权工作水平，汇总我国104种法律法规和政策文件，编印2册图书馆工作法律手册，并编发内部刊物《数字版权传真》，供图书馆工作人员查阅参考。

【举办全国少儿图书馆数字阅读培训班】

9月22—25日，为更好地推进少年儿童馆数字阅读服务，国家图书馆在北京举办全国少儿图书馆数字阅读培训班，来自全国各省级、市级的70名少儿图书馆的数字资源建设与服务相关人员参加培训。培训班邀请范并思、杨柳、王军、霍力岩、金武刚、成鑫 6 位在少儿图书馆数字阅读领域有深入研究和丰富经验的学者，分别从公共文化政策解读、儿童图书馆数字阅读推广理论及实践等不同角度展开讲解，既有高屋建瓴的政策解读，也有具体的实践分析。通过此次培训，学员们加深对少儿图书馆数字阅读理念政策的了解，对未来少儿图书馆数字资源建设、少儿馆数字阅读推广的实践起到很好的指导作用。

重点文化工程

- 中华古籍保护计划
- 数字图书馆推广工程
- 民国时期文献保护计划
- 年度掠影

重点文化工程

一、中华古籍保护计划

2015年，国家古籍保护中心紧密结合全国古籍保护工作实际，在重点推动《中华古籍保护计划“十三五”时期规划纲要》编制工作，为下一阶段工作理清思路、奠定基础的同时，全面推进“中华古籍保护计划”各大项目，在古籍普查、人才培养、海外中华古籍调查与合作保护、古籍修复、古籍数字化、法律法规建设、整理出版、宣传推广等方面取得丰硕成果。

（一）《中华古籍保护计划“十三五”时期规划纲要》编制工作

在前期预研基础上，国家古籍保护中心向全国31个省古籍保护中心、中央直属古籍收藏单位和国家图书馆下发预研调查表，全面系统摸清全国各地古籍保护现状；依据各类相关数据，进行统计、分析，组织撰写完成《中华古籍保护计划“十三五”时期规划纲要（初稿）》，并向文化部公共文化司领导、各省古籍保护中心、中央直属古籍收藏单位、国家图书馆、全国古籍保护工作专家委员会部分专家委员广泛征求意见，并于11月9日召开专家审议会，先后经十余次修改完善，形成《中华古籍保护计划“十三五”时期规划纲要》（征求意见稿）。（参见“特别记载”之“《国家图书馆‘十三五’规划纲要》等‘十三五’系列规划编制”。）

（二）全国古籍普查登记工作

有序推进古籍普查登记，陆续发布普查登记成果，做好《全国古籍普查登记目录》出版、各类平台建设、数据发布等工作。截至12月底，全国古籍普查登记数据完成总量为170万条；国家古籍保护中心与国家文物局可移动文物普查工作有关部门组成联合调查组，赴山东省八家收藏单位开展数据对接与交换试点工作；推动党校系统古籍普查登记工作；组织专家赴吉林和辽宁等地对新发现的珍贵文献进行考察鉴定；启动全国水文古籍书影采集工作项目。

出版包括国家图书馆在内的95家收藏单位的《全国古籍普查登记目录》，共计21种47册，印制展示样书《南京图书馆古籍普查登记目录》（第一辑）（1种1家单位，2册）；组织专家赴湖南、浙江及天津等地调查了解《中华古籍总目》各分省卷编纂情况，《中华古籍总目·天津卷》已编纂成稿。

全国古籍普查平台开展三期开发工作；“全国古籍普查基础数据库”对外发布数据328051条；国家古籍保护中心为“全国古籍修复工作管理系统”配置独立服务器，在国家图书馆等单位开展试点工作。

（三）《国家珍贵古籍名录》和“全国古籍重点保护单位”评审工作

6 月，根据文化部第五批《国家珍贵古籍名录》和“全国古籍重点保护单位”申报工作专家咨询会意见，国家古籍保护中心对第五批《国家珍贵古籍名录》和“全国古籍重点保护单位”推荐名单进行调整和复审，再次上报文化部。11 月，配合文化部召开“全国古籍保护工作部级联席会议”，会议审议并原则通过第五批《国家珍贵古籍名录》和“全国古籍重点保护单位”推荐名单。开展《第五批国家珍贵古籍名录图录》编纂工作。

（四）古籍保护人才培养工作

国家古籍保护中心继续拓宽人才培养渠道，创新人才培养模式，深化培训基地、传习所、高等院校三位一体的人才培养模式。8 月 27—28 日，国家古籍保护中心在贵州民族大学举办国家古籍保护人才培训基地工作会议。

全年新增上海图书馆、浙江图书馆等 9 家“国家级古籍修复技艺传习所”。目前全国已建立 1 家“国家级古籍修复技艺传习中心”，15 家“国家级古籍修复技艺传习所”，全国布点工作基本完成；共聘请 14 位古籍修复专家任传习导师，收徒 99 人。修复技艺传习工作有序展开，各单位基本完成 2015 年任务书工作内容；国家古籍保护中心将导师授课过程录制成视频资料，以供学员长期使用，为古籍修复人才培养工作积累重要教学资源。

积极与高等院校合作办学，逐步建立古籍保护本科、硕士、博士、博士后的贯通式学历教育，建立古籍保护学科体系。2014 年起，国家古籍保护中心先后与中山大学、复旦大学、天津师范大学、中国社会科学院研究生院签署合作培养古籍保护人才专业硕士培养协议。2015 年，4 家合作单位均完成古籍保护专业硕士招收工作，共招生 33 人。

坚持开展短期培训，编纂古籍保护系列教材，根据实际人才需求，开办各类培训班，巩固在职古籍专业人才梯队。全年共举办古籍普查、编目、鉴定、修复、保护技术等各类培训班 17 期，培训人员 694 人次，收效良好；古籍保护系列教材中的《古籍保护原理与方法》正式出版。

（五）海外中华古籍调查与合作保护工作

2015 年，国家古籍保护中心正式启动“海外中华古籍调查暨数字化合作项目”，与海外中华古籍存藏单位在文献数字化、人员交流及培训、合作出版等领域开展合作，取得一系列成果。（参见“特别记载”之“九、海外中华古籍调查暨数字化合作项目启动”。）

（六）古籍数字化工作

推进“中华珍贵典籍资源库建设”项目，全年共接收重庆图书馆、云南省图书馆、天津图书馆、甘肃省图书馆影像数据 91725 拍，已累计接收 19 家单位约 29 万拍国家珍贵古籍影像资源，并依照有关标准，开展数据验收和加工工作，研究制定“中华珍贵典籍资源库”数据整体发布方案。

继续与缩微文献部合作开展馆藏善本缩微胶片数字化工作，配合国有资产管理处完成 2015 年度善本缩微胶片数字化项目招标工作；完成 2014 年善本数字化加工项目图像处理、目次标引、格式转换、质量验收共计1746592拍，提交数字资源部终检共计2403183拍；善本数字化加工项目图像扫描、图像前检2433724拍；图像处理、目次标引、格式转换、质量验收共计478034拍。该项目已累计完成善本缩微胶片转数字化17363种133295册8746115拍，并在国家图书馆馆网发布古籍善本影像资源1340部39628册285万叶。

启动馆藏普通古籍数字化工作，配合国有资产管理处完成2015年度馆藏普通古籍数字化项目招标工作。全年完成普通古籍数字化20万拍。

继续做好天津图书馆古籍数字资源采购相关工作。全年接收天津图书馆提交数据2605种、1501126拍，完成合同要求全部数据的50%；完成天津图书馆古籍数字资源加工验收招标工作。

（七）古籍整理出版工作

国家古籍保护中心组织完成《中华再造善本总目》出版工作，完成《中华再造善本》（续编）提要最后40篇的撰写和审校工作，累计完成583篇成稿；《中国古籍珍本丛刊》安庆市图书馆卷、广东省立中山图书馆卷、澳门大学图书馆卷正式出版；《书志》《古籍保护研究》第一期约稿编纂工作完成；“《国家珍贵古籍名录》（前三批）中古籍题跋整理项目”通过验收，整理并审校87家收藏单位、近1000部珍贵古籍中的手书题跋3500余条、约63万字，启动《国家珍贵古籍名录》（第四批）中古籍题跋整理项目；《中国珍贵典籍史话丛书》出版6种，累计出版10种。

（八）古籍保护相关标准规范建设工作

国家古籍保护中心与研究院、立法决策服务部等部门联合组建《古籍保护条例》起草小组，进一步修订《古籍保护条例》，最新稿已上报文化部；国家标准《汉文古籍特藏藏品定级　第1部分：古籍（GB/T 31076.1—2014）》正式颁布；《汉文古籍特藏藏品定级》其余5个子标准成功申报立项国家标准，已上报全国图书馆标准化技术委员会审核；启动“国家标准《汉文古籍特藏藏品定级　第1部分：古籍》定级释例”编制工作，撰写完成初稿；《拓片修复技术规范与质量要求》成功申报立项为文化部行业标准。

（九）少数民族古籍保护工作

新疆地区汉文古籍普查任务基本完成，少数民族文字古籍和出土文献普查工作有序开展；国家古籍保护中心办公室推进并协助新疆维吾尔自治区古籍保护中心做好《新疆维吾尔自治区入选国家珍贵古籍名录图录》编纂出版，已完成102部古籍精选书影拍摄、提要撰写和审稿工作；联合西藏自治区古籍保护中心，推动宗教系统、各大寺庙全面启动古籍普查工作，阿里、那曲地区古籍普查全部完成；《西藏自治区图书馆古籍目录·文集卷》正式出版。在新疆、西藏两地举办古籍保护技术和藏文古籍修复培训班，成立西藏自治区藏文古籍修复中心。指导两地开展古籍数字化，协助新疆地区完成11154拍入选《国家珍贵古籍名录》的古籍数字化基本数据提交，协助西藏地区完成珍贵典籍数字化17部6630拍。

（十）古籍原生性保护工作

为入选《国家珍贵古籍名录》的珍贵古籍和国家图书馆多类专题文献配制专用装具，启动国家图书馆和甘肃省图书馆的国家珍贵古籍装具配置试点工作，完成项目招标工作，完成201种2517册古籍测量，设计定制376个形制不同的木质装具，2015年年底基本完成制作；为国家图书馆契约文书定制古籍保护装具6000个、西域文献楠木函盒30个、中文古旧舆图函套600个。

（十一）古籍修复行业用品规范化工作

对31家省级古籍保护中心古籍修复工具和设备需求进行调研，制定行业用品（含近20个品种修复用具和30个规格古籍修复小型工具和设备）采购方案，年底进入配发准备阶段；对少数民族古籍文献存藏丰富单位的古籍修复设备压平机需求进行调研，针对西藏自治区图书馆等9家单位制定采购和配发方案，开展公开招投标工作；按质量标准接收古法连四纸、苦竹纸、楮皮纸、混料纸等共3批48箱1110刀。

（十二）古籍保护宣传推广工作

国家古籍保护中心加大对优秀传统典籍文化的宣传推广力度，先后举办“钱存训先生纪念展”“西域文献保护成果展”“珍贵古籍雕版特展”“民间珍贵典籍收藏展”等专题展览，在民众和业界中反响良好；与中国图书馆学会联合推出“我与中华古籍”摄影大赛活动，联合全国458家图书馆开展摄影作品巡展，引起社会广泛关注；在2015年中国图书馆年会展览会设立“中华古籍保护计划”展示区，获得“2015年中国图书馆展览会优秀展示奖”；在年会分会场上举办“古籍保护与现代科技”研讨会，邀请海内外专家学者共同探讨现代科技对开展古籍保护工作的启发和促进；配合展览等开展各类宣传推广活动，在《中国文化报》刊发5期专版，编纂出版《珍贵古籍雕版特展图录》《民间珍贵典籍收藏展图录》，编辑出版《“我与中华古籍”优秀征文作品选》《“我与中华古籍”摄影大赛优秀作品选》；举办抗战时期古籍抢救保护古籍重要事例征集和大型研讨会，与《藏书报》合作“勇护国宝——抗战时期古籍抢救保护史迹大型报道”，推出18期专版，编撰出版《抗战时期古籍抢救保护史迹文集》；“中国古籍保护网”改版完成，在6月13日第十个“文化遗产日”正式上线，受到业界好评；创办《古籍保护参考》内部刊物，全年共刊发10期；编发“中华古籍保护计划工作专报”13期，其中西藏古籍保护专报报送文化信息后得到刘奇葆同志的重要批示。

（十三）协助筹备成立中国古籍保护协会

国家古籍保护中心办公室作为中国古籍保护协会临时筹备组，1月23日组织召开中国古籍保护协会第一次会员代表大会暨协会成立大会、协会一届一次理事会议，会议通过《协会章程》《协会会费标准及管理办法》，选举产生第一届理事会理事、常务理事、领导机构成员；协会秘书处成立后，正式移交相关档案。协助中国古籍保护协会开展中华古籍普查志愿服务行动等工作。

二、数字图书馆推广工程

2015年是数字图书馆推广工程“十二五”时期建设的收官年，按照工程建设规划与实施步骤的相关要求，本年度工作以全面展示宣传工程建设成果，规划工程“十三五”发展方向为重点，围绕应用系统平台建设、数字资源建设、数字图书馆服务等工作开展，全面部署、有效推进、严抓落实，圆满完成各项工作。

（一）完善工程综合管理

制定《数字图书馆推广工程2015年度工作计划》《2015年推广工程数字阅读推广系列活动方案》《数字图书馆推广工程2015年宣传工作方案》等，全面推进“十二五”收官之年工程各项工作的组织与实施，为工程建设提供有力保障。开展2015年实施情况报送，完成两次工程运行情况报告；继续实施地方图书馆工作反馈机制，及时掌握、协调各地图书馆工程实施；协助文化部筹备公共数字文化专题新闻发布会，组织召开公共数字文化“十三五”规划专家论证会、2016年文化部公共数字文化建设项目论证会。

完成2015年推广工程财政专项预算编报，统筹工程2015年国图本级相关预算编报情况，并严格调控预算，定期监督经费执行情况。中央转移支付方面，配合文化部完成2015年各地转移支付经费的申报及分配，下发《2015年数字图书馆推广工程工作任务（专项资金）申报说明》，明确工作任务。协助文化部编报2016—2018年公共数字文化建设专项资金，分解测算工程中央转移支付。编报国家图书馆2016—2018年推广工程财政专项预算，开展本级经费月度统计和执行控制。

（二）推进网络和平台建设

继续开展虚拟网、专网搭建。已完成系统部署总计74馆次，其中唯一标识符系统新增13个馆；统一用户管理系统新增22个馆；运行管理平台新增39个馆。截至目前，虚拟网共有54家图书馆与国家图书馆完成直连，专网共有34家图书馆与国家图书馆完成直连；运行管理平台已完成29家省级图书馆和38家地市级图书馆的部署；统一用户管理系统已完成28家省级图书馆和31家地市级图书馆的部署；唯一标识符系统已完成29家省级图书馆和16家地市级图书馆的部署；政府公开信息整合服务平台完成98个分站建设。年内新增1家市级图书馆的虚拟网联通；新增推广工程软件系统部署66馆次；政府公开信息整合服务平台新增46个分站。

继续完善移动阅读平台，借助数字图书馆推广工程移动阅读平台，年内新增4家地方分站建设，为全国范围内的用户提供5万余册优质电子图书、300余种精品期刊资源、3万余张图片、1200余场免费视频讲座和短片。同时通过“掌上国图”微信公众号和地铁等社会公众资源多途径宣传工程建设成果。

开展基于数字电视和互联网电视的图书馆数字资源制作和服务。推进与北京歌华有线合作，完成节目改版，实现与地方文化的结合。继续推进与地方图书馆的数字电视资源及服务推广，共提供视频254场，图文数据880条，覆盖用户111.2万户。与中国国际广播电台合作推出国图公开课、“书藏天下”品牌栏目，收视范围已经覆盖67个国家，实现在新疆和武汉的服务落地。

（三）开展数字资源建设

联合全国各级公共图书馆，开展2014年度数字图书馆推广工程资源联合建设工作。年内各级公共图书馆共提交自建资源元数据9万条、唯一标识符数据9.5万条、政府信息数据137万条、数字化地方文献4.5万页、采集网站300个。截至2015年底，全国各级公共图书馆共提交自建数字资源元数据200余万条，唯一标识符31万余条，政府公开信息数据730余万条，数字化文献23万余页，各类网站采集500个。

启动2015年数字资源联合建设申报及建设工作，共有272家省市级公共图书馆参与推广工程资源联合建设工作，参与馆数量较2014年增加85%。进一步丰富建设内容，新增图书馆公开课、专题资源建设工作。

数字图书馆推广工程通过数字图书馆专用网络和统一用户管理系统，将国家图书馆和各级公共图书馆的特色数字馆藏与一批优秀的普适性商业数字商业资源与各地共享，为读者打造公共图书馆界数字资源一站式服务平台。2015年新增知识世界视频资源150小时、清华同方工具书100种、中华再造善本古籍资源756种8974册，新增资源量超过1TB。截至2015年年底，推广工程向全国各级公共图书馆提供包括160万余册中外文图书，1000余种中外文期刊，500余种中文报纸，23万余篇学位论文，18万余篇档案全文，100余部工具书，2500余场视频讲座和地方戏曲及海量馆藏特色善本古籍、民国文献等海量优秀数字资源，资源总量已超过140TB。

数字图书馆推广工程通过移动阅读平台和数字电视图书馆平台，向手机、数字电视用户提供精品数字资源。截至2015年年底，推广工程提供包括5万余册电子图书、300余种电子期刊、1100余小时视频讲座、3万余条图文数据等新媒体资源。

数字图书馆推广工程通过数字图书馆专用网络和硬盘镜像等方式，加强少数民族地区资源建设。2015年向新疆地区提供《民族画报》《中国民族》《求是》《求是文选》等电子期刊资源，涵盖汉、蒙、维、哈、藏等多种民族语言，资源量约60GB；向西藏地区提供生活百科、文化艺术、政治历史、科技科普、管理财经等200余种汉语言电子期刊资源，资源量近1.5TB。截至2015年年底，推广工程向少数民族地区提供的镜像资源近40TB。

（四）举办宣传推广活动

春节期间，国家图书馆联合全国180余家公共图书馆共同举办“网络书香过大年”新春系列活动。活动期间，共计5万余人次访问工程网站，其中专题页面访问量高达31915人次，资源探索乐园游戏吸引4201人次参与，趣味春联填填看游戏吸引2329人次参与；少儿绘画活动共有全国各级图书馆111家参与，选送作品3531幅；同时，近百家图书馆开展网络书香推广工程畅游空间展览，吸引近20万人次参观。

世界读书日期间，配合开展“国图公开课”启动和上线工作。推广工程办公室协调31家图书馆参与直播，启动仪式当天实现各地联动，现场全程直播，其中有10家省、市级图书馆制作了本馆的国图公开课专题页面。有4322位公众现场观看了直播。

为进一步加强推广工程对西部地区数字文化服务的建设力度，国家图书馆于9月、11月分别在新疆和贵州两地举办“网络书香”阅读推广活动。开展海外文化中心数字图书馆资源配置工作，遴选组织1TB的数字资源面向海外文化中心推送。

开展“基层图书馆数字资源提升活动”，组织专家论证会，论证活动方案和资源适用性。组织了总量4TB的特色优秀数字资源向基层图书馆共享，提高数字资源供给能力。召开推广工程资源建设工作会议，部署落实“基层图书馆数字资源提升活动”。调研全国基层图书馆资源部署情况，了解部署存在的困难和用户利用反馈情况。

策划数字图书馆建设与服务案例征集活动，组织专家讨论会，并在图书馆年会中集中展示部分优秀案例；筹备“数字图书馆推广工程体验区”，亮相2015年中国图书馆年会，被评为中国图书馆年会展览会最佳展示奖，共有6000余位与会代表和公众参观体验区；筹备“国家数字图书馆体验区”，亮相第十三届中国国际网络文化博览会，展会期间共有5000余位与会代表和公众参观体验区。

充分利用推广工程网站编发推广工程各类活动新闻，截至目前，共发布新闻稿77篇，其中通过“各地资讯”栏目发布43篇，通过“网络书香过大年”专题发布34篇；联合文化部信息中心在文化部网站开展推广工程网络宣传，目前已发布1个专题；向实施推广工程的各地图书馆馆长及联系人推送手机报，目前已编发3期；利用“网络书香”微博配合工程各项活动开展宣传。

（五）深化培训工作

2015年推广工程在统筹全国人才培训工作的基础上，继续加大培训力度，不断丰富培训内容，创新培训形式，着力提升培训实效。年内配合推广工程系统平台广泛部署、宣传推广深入推进、资源联合建设全面开展、参考咨询业务提升等共开展了23场次培训，培训人数约1700人。其中，结合推广工程工作开展情况，针对各地图书馆实际工作需求，年内推广工程延续传统，为每位学员量身订制培训内容，继续全面开展为期1—2周的馆员研修培训工作。2015年共策划7期专题研修班和1期基础研修班，来自全国33家省级图书馆的76名业务骨干参与了研修培训，培训人数较上一年度翻了一番。

除了面对面培训之外，推广工程面向基层文化队伍开展在线培训，年内共制作六期优秀讲座，以“网络书香”在线讲坛的形式与各地学员见面，内容涵盖大数据下的数字图书馆、数字资源的揭示与获取、图书馆搜索引擎的使用、参考咨询、经典阅读等主题，通过数字图书馆推广工程网站面向基层人员开放访问。全年培训人员达4万余人次，全面提升了数字图书馆人才的培训效果。除了“网络书香讲坛”以外，推广工程还逐步完善在线培训平台，为全国数字图书馆从业人员提供远程培训学习的平台支持。年内系统已开发完毕，并完成140余个课程、40余场在线培训视频内容制作工作。

2015年，各地按照推广工程统一规划全面开展地方培训。全年，全国共有30个省份自主开展全省区域培训72期，培训人员超过6000人。其中，推广工程共为河南、安徽、天津、辽宁、江苏、吉林、云南、四川、甘肃、河北、宁夏、上海、广东、青海、海南、湖北、西藏17地提供授课师资 50 余人次，全力支持地方开展自主培训。

推广工程注重培训效果的评估和反馈。每一期培训班都通过问卷或座谈形式收集学员评价，主要从课程安排、师资配备、后勤管理等方面广泛收集学员意见和建议。综合来看，学员对培训班的评价都比较高，在课程方面，学员的总体满意度在 97% 以上，师资方面在 96% 左右，管理方面在 92% 左右。同时，还根据学员反馈的意见和建议改进培训的各项细节，最大限度地满足学员的各项需求。

三、民国时期文献保护计划

“民国时期文献保护计划”自 2012 年启动以来，在各地图书馆积极参与下，在专家学者热情支持下，取得丰硕成果。2015 年，民国文献普查、海外文献征集、文献整理出版等各方面工作均取得重要进展。

（一）统筹规划建章立制

制定并实施《2015 年民国时期文献保护工作方案》与年度预算计划，推进各项工作的实施。起草《民国时期文献保护计划“十三五”规划》。

（二）深入开展文献普查

进一步扩大普查范围，与贵州省图书馆签订“民国时期文献书目数据普查登记项目协议”，积极开拓并加强与专业图书馆的普查合作。督促各协议馆加快数据上传工作，协助制定“民国时期文献书目馆藏数据质检验收与近现代联合馆藏书目数据查重整合”服务专项任务。截至 2015 年年底，征集书目数据近 30 万条，馆藏 50 余万条。

（三）继续推进文献征集工作

完成《国家图书馆海外民国时期文献数字化加工规范（2015 年）》制定工作；重点围绕细菌战、天皇战责、日本虐俘罪行等主题，启动美国国家档案馆藏纸质抗战档案和日本战争罪行专题档案数字化回归工作；完成美国所藏二战盟军联合军事会议记录、陆海军联合情报处报告等民国时期缩微文献 5 批 58 种 1784 卷的征集入藏。

（四）全面开展文献整理出版工作

重新制定民国时期文献出版项目整理资助经费标准，完成 2015 年民国时期文献整理出版项目的申报、评审和立项工作，共有《民国江苏司法档案辑录》《华南抗战史料汇编》《抗战时期英国驻华大使馆档案资料汇编》等 22 个项目立项。完成《国际检查局讯问记录》（70 册）、《抗日战争史料丛编：第二辑》（50册）、《中华抗战期刊》（67册）、《伯力审判庭审记录》整理出版工作。策划“日本专题”、《丸之内审判文献汇编》（20册）、《馆藏蒙疆新报》《抗日战争史料丛编：第三辑》（50册）等7种文献的整理出版工作。

（五）启动《民国时期文献总目（图书卷）》编纂工作

在文献普查的基础上，启动《民国时期文献总目（图书卷）》的编撰出版工作，展示民国时期文献普查工作阶段性成果，提供学界利用，扩大社会影响，进一步推进民国时期文献抢救与保护工作。

（六）牵头组织举办“纪念中国人民抗日战争胜利70周年馆藏文献展”

为纪念抗日战争胜利70周年，牵头举办“不朽的长城——馆藏抗战文献展”。展览集中展示“民国时期文献保护计划”立项以来积极开展抗战史料调研征集、整理出版、广泛宣传等工作，以文献为证，让历史说话，充分发挥文献史料在爱国主义教育和培育社会主义核心价值观中的独特作用。（参见“特别记载”之“纪念中国人民抗日战争暨世界反法西斯战争胜利70周年系列活动”）

（七）加快专题文献数据库建设

完成“东京审判资源库”建设，继续推进“抗战时期图片资源库”建设。

（八）开展原生性文献保护研究

积极实施“民国时期文献脱酸研究与脱酸设备研制”项目，自主研制的脱酸剂和脱酸系统已申报国家专利，脱酸设备正式上线并投入实验研究，项目取得阶段性成果。

（九）“对日战犯审判文献精选编译”对外发布

以“民国时期文献保护计划”海外征集并整理出版的对日本战争罪行审判文献史料为素材，筛选、翻译、编辑和整理对日战犯审判文献，多渠道发布“对日战犯审判文献精选编译”专题资料。

（十）加强宣传工作

举办“民国时期文献保护计划”宣传推广江苏站、贵州站、广西站系列活动暨民国时期文献保护工作培训班，活动包括“民国时期文献保护工作成果展”、保护工作培训班及专家讲座，培训学员300人次。完成民国时期文献保护网日常维护工作。编撰发布《国图简报民国时期文献保护专报》4期。

年度掠影

【2015 年省级古籍保护中心工作会议】

1 月 24 日，“2015 年省级古籍保护中心工作会议”在国家图书馆举行。国家图书馆馆长、国家古籍保护中心主任韩永进就 2014 年“中华古籍保护计划”工作进展做主旨报告，并部署 2015 年重点工作。会议由国家图书馆副馆长、国家古籍保护中心副主任张志清主持，全国省级古籍保护中心负责同志，副省级公共图书馆、部分高校图书馆领导和专家 70 余人参加会议。

韩永进在会上指出，党的十八大以来，习近平总书记从中华民族伟大复兴的战略高度，深刻阐述了中华文化与民族复兴、中华文化与社会主义、中华优秀传统文化与社会主义核心价值观的关系，强调了弘扬中华优秀传统文化对于当代中国发展的重要意义。文化改革发展的深入推进为加强古籍保护工作提供了良好环境。雒树刚部长在刚刚结束的“2015 年全国文化厅局长会议”上指出，要“以学习领会习近平总书记系列重要讲话特别是关于文化工作的重要讲话精神为主线，凝聚共识统一思想”，“牢牢把握传承弘扬中华优秀传统文化的主旨要义”。

会议还进行了分组讨论，主要围绕韩馆长讲话精神和中国古籍保护协会的成立，研讨如何做好 2015 年古籍保护工作。各省中心负责同志就 2014 年古籍保护工作中的问题和困难进行了交流，并对如何推进 2015 年度各项工作提出很多建设性意见、建议，同时表示将积极配合国家古籍保护中心和中国古籍保护协会做好各项工作。

2015 年省级古籍保护中心工作会议

【典籍再造　薪火相传——国家级古籍修复技艺传习中心重庆传习所揭牌拜师仪式暨赵嘉福老师及重庆图书馆弟子古籍修复成果展】

3月6—13日，由国家图书馆（国家古籍保护中心）、重庆图书馆（重庆市古籍保护中心）联合主办的“典籍再造　薪火相传——国家级古籍修复技艺传习中心重庆传习所揭牌拜师仪式暨赵嘉福老师及重庆图书馆弟子古籍修复成果展”在重庆图书馆举行。重庆传习所由国内知名古籍修复专家赵嘉福牵头，以重庆图书馆古籍修复中心团队为班底，沿袭传统的“师徒传承、口手相授”形式来培养古籍修复人才，推动古籍修复工作走向科学化和规范化。

展览分为“笔补造化技绝冠”“铁尺丹心育英贤”“再造国粹赋新篇”三大部分，通过40余张展板，展示赵嘉福老师带领重庆图书馆古籍修复中心团队取得的丰硕成果，如何通过代代相传的传统技艺让珍贵古籍焕发新生。3月6日还举行国家级“古籍修复技艺传习中心重庆传习所揭牌拜师仪式”，仪式后，赵嘉福老师及其弟子在现场演示碑刻、拓片制作技艺，让民众近距离接触古籍修复技艺。

【第一期全国古籍书志编纂培训班】

3月30日至4月3日，由国家古籍保护中心主办的第一期全国古籍书志编纂培训班在国家图书馆开班。授课专家为国家图书馆李致忠、复旦大学图书馆吴格、中山大学图书馆沈津，50名学员来自全国42家古籍收藏单位。

第一期全国古籍书志编纂培训班合影

《书志》丛刊主要登载海内外各收藏单位、研究机构和个人为入选《国家珍贵古籍名录》古籍所编纂的书志，兼及其他馆藏珍贵古籍或专题文献的提要、叙录、书录等揭示古籍版本、内容方面有价值的文献资料，以及编著书志类专书的学术史回顾、经验总结等相关内容。该书将作为全国各古籍收藏单位深入揭示国家珍贵古籍的重要平台，相关客观著录信息用于“中华珍贵典籍资源库”。

编纂《书志》的目的是为各收藏单位和研究人员提供发表古籍整理成果的园地；在各收藏单位将书志成果汇整为专书之前，为各单位之间搭建交流古籍普查工作经验的平台；发布最新的书志出版、古籍修复科技动态；讨论普查、修复和研究工作中遇到的实际问题等。《书志》编纂在更深层次地揭示文献、更广泛地挖掘我国书文化的资料，促进古籍版本学的发展，锻炼并培养一批专业人才等层面具有不可替代的意义。

【第三十一期全国古籍普查培训班暨全国党校古籍普查培训班】

4月13—17日，“第三十一期全国古籍普查培训班暨全国党校古籍普查培训班”在中共浙江省委党校举办。来自全国38家党校的59名学员参加培训，培训主讲老师是工作在古籍普查第一线的浙江图书馆曹海花老师。

此次培训侧重实践操作，学员亲手翻阅古籍、上普查平台亲自著录各个项目，再对照课堂上学到的内容，对很多古籍知识有直观的认识，加深对所学知识的印象。通过讲授古籍知识和古籍普查实例，结合古籍普查平台实践著录，对解决古籍普查工作中的实际问题起到良好效果。结班仪式上，中共中央党校图书馆副馆长郝莉要求学员回到单位后抓紧摸清家底，配合各省古籍保护中心做好古籍普查工作。此次培训班的成功举办，对推动党校系统古籍普查工作具有重要的推动和指导作用。

【第一期全国古籍保护技术培训班】

4月20—24日，“第一期古籍保护技术培训班”在国家图书馆正式举办，共有来自全国51家收藏单位的51名学员参加。

此次培训的授课老师均为古籍保护领域知名专家。武汉大学刘家真教授结合多年的文献档案保护理论与实践研究，为培训班学员讲解《古籍保护技术与实践》的相关知识。国家图书馆古籍馆研究馆员周崇润从古籍纸张本身的物理化学性质、保护环境对古籍的影响以及图书馆古籍书库基本要求三个方面，讲解古籍保护相关科学技术。国家图书馆古籍馆文献保护组组长田周玲介绍古籍保护科技文化部重点实验室的运行与管理、仪器设备及相关科学实验。国家图书馆古籍馆副馆长陈红彦为培训班学员介绍了国家图书馆古籍保护与修复工作情况，回顾了古籍保护科技文化部重点实验室的建设历史以及取得的保护、修复成果，分享了古籍保护工作的心得体会。

【穿过一个世纪的脚步——钱存训先生纪念展】

4月21日，中国国家图书馆（国家古籍保护中心）举办“穿过一个世纪的脚步——钱存训先生纪念展”。展品包括档案史料、老照片、手稿、视频资料以及钱存训先生著作的不同版本，展示钱存训先生的生命历程、事业成就与学术贡献。钱存训先生是中国国家图书馆顾问、芝加哥大学东亚图书馆名誉馆长、东亚语言与文明系名誉教授、著名汉学家，4月9日在美国芝加哥逝世，享年106岁。钱存训先生在中美图书馆事业和学术研究上取得重大成就，对中国国家图书馆事业发展和中美文化交流做出重要贡献。

【册府千华——西域文献保护成果展】

5月15—29日，国家图书馆（国家古籍保护中心）在总馆北区举办“册府千华——西域文献保护成果展”并举办西域文献研讨会。国家图书馆副馆长、党委副书记刘惠平，副馆长张志清，及来自北京大学、中国人民大学、首都师范大学的专家学者参观展览并出席研讨会。展览系统梳理并展示21世纪初以来国家图书馆在西域文献征集入藏、修复保护、整理研究等方面的成果，精选近50件文献原件、其他展品50余件展出。

【第四期全国民族文字古籍普查培训班】

5 月 19 日，由国家古籍保护中心主办，贵州省图书馆、贵州民族大学图书馆承办的“第四期全国民族文字古籍普查培训班”在贵州民族大学图书馆举办。国家图书馆副馆长、国家古籍保护中心副主任张志清，中国民族图书馆馆长、党支部书记吴贵飙，国家文物局第一次可移动文物普查办公室副主任王莉，贵州民族大学党委书记王凤友，贵州省文化厅副厅长姜刚杰出席开班典礼。出席开班仪式的还有贵州省图书馆、贵州民族大学图书馆的各级领导，贵州民族大学专家代表，全体学员及图书馆馆员代表。开班仪式由贵州民族大学图书馆馆长卢云辉主持。

张志清在致辞中指出，水书古籍具有集中性、规范性，这次民族文字古籍培训班放在贵州基地举行，是首次针对一种民族文字古籍开展的普查培训，旨在为其他民族古籍的普查培训工作提供借鉴。此次培训班主要设置水文古籍普查规范、水文古籍鉴定、水文古籍普查登记目录审校实践等课程。来自贵州省内各相关单位的 34 名学员参加培训。

【第三期全国少数民族古籍修复技术培训班】

6 月 1—17 日，由国家古籍保护中心主办，云南省图书馆、迪庆州图书馆承办的“第三期全国少数民族古籍修复技术培训班”在迪庆州图书馆举办，来自西藏、青海、甘肃、重庆、云南的 30 名古籍修复工作者参加培训。

近年来，云南省图书馆古籍修复中心针对云南少数民族古籍资源丰富这一优势，重点研究少数民族古籍的修复技法，取得明显成效。2014 年 9 月，云南省图书馆在迪庆举办“藏文古籍修复技术培训班”，开启国内藏文古籍修复的先河，引起国家古籍保护中心的高度重视。为了让全国收藏有藏文古籍的单位能够学习和掌握藏文古籍修复技术，推广藏文古籍修复方法，国家古籍保护中心委托云南省馆在迪庆州图书馆举办“第三期全国少数民族古籍修复技术培训班”。本次培训修复的古籍主要是迪庆州图书馆藏藏文古籍。培训班以技能实践为主，由国家级古籍修复技艺云南传习所修复导师杨利群全程授课。培训根据迪庆州图书馆藏文古籍破损情况分别采用清洗展平、接补、挖衬、夹接、人工纸浆等修复方法，共修复 793 页藏文古籍文献，修复后的藏文古籍书叶平整，字迹清晰，无洇化、无褪色现象。经过 17 天的培训，学员掌握了藏文古籍修复的基本技法。此次培训班的举办进一步巩固和壮大全国藏区藏文古籍修复人才队伍。

第三期全国少数民族古籍修复技术培训班

【“我与中华古籍”摄影大赛优秀摄影作品巡展】

“我与中华古籍”摄影大赛优秀摄影作品巡展活动启动仪式

2015年年初，国家古籍保护中心和中国图书馆学会面向全国联合推出“我与中华古籍”摄影大赛活动。2—4月，各级各类图书馆及相关行业摄影爱好者和关注古籍保护工作的大众通过大赛官方报名平台共提交作品2803张。经评审，评选出专业组一等奖4名，二等奖6名，三等奖10名，优秀奖20名；大众组一等奖10名，二等奖20名，三等奖30名，优秀奖50名。6月11日，“我与中华古籍”摄影大赛优秀摄影作品巡展启动仪式在河北省图书馆启动。国家古籍保护中心、中国图书馆学会和中国古籍保护协会联合各省、自治区、直辖市文化厅（局），在全国30个省开展“我与中华古籍”摄影大赛优秀摄影作品巡展活动。巡展内容包括“我与中华古籍”摄影大赛优秀摄影作品成果展、古籍保护讲座和古籍修复技艺展示等读者互动活动。全国30站共有458家图书馆举办“我与中华古籍”摄影大赛优秀摄影作品成果展，共有2491957人次参观展览并参加相关活动。

【册府千华——珍贵古籍雕版特展】

6月12日，“册府千华——珍贵古籍雕版特展”在国家典籍博物馆开幕，这一展览是新中国成立以来第一次对珍贵古籍雕版的全面展示。展览由国家图书馆（国家古籍保护中心、国家典籍博物馆）、中国古籍保护协会主办，故宫博物院、中国科学院文献情报中心、首都博物馆、天津图书馆、保定市图书馆、浙江图书馆、安徽博物院、安徽源泉徽文化民俗博物馆、曲阜市文物管理委员会孔府文物档案馆、泰安市博物馆、章丘市博物馆、湖南图书馆、宁夏博物馆以及私人收藏家宋平生先生等14家单位和个人协办。展出雕版147块以及早期珍贵雕

册府千华——珍贵古籍雕版特展上杭州十竹斋木版水印传人做现场演示

版印刷文献，展品共计200余件。并邀请朵云轩、金陵刻经处、北京邦普制版印刷有限公司、十竹斋、张殿英年画馆等单位及非遗技艺传承人在展览现场展示木版水印、雕版印刷、杨家埠木板年画、乾隆大藏经雕版刷印等非遗技艺。展览开幕当天，国家古籍保护中心召开“古代珍贵雕版保护研讨会”，邀请古籍保护专家学者、古籍版片收藏单位代表和非遗技艺传承人等50余人与会，共同促进古代雕版保护，做好中华优秀文化遗产传承工作。

【册府千华——民间珍贵典籍收藏展】

7月10日，“册府千华——民间珍贵典籍收藏展”在国家图书馆开展。展览由国家古籍保护中心、中国古籍保护协会联合主办，邀请海内外30位著名私人收藏家参展，展出展品115件。展览开幕当天，国家古籍保护中心、中国古籍保护协会联合举办“民间珍贵古籍保护研讨会”。会议由国家图书馆副馆长、国家古籍保护中心副主任张志清主持，国家图书馆党委副书记、副馆长、中国古籍保护协会会长刘惠平致辞。文化部公共文化司事业发展处处长白雪华、国家文物局博物馆与社会文物司博物馆处副调研员支小勇、全国古籍保护专家委员会主任李致忠、中国社会科学院学部委员史金波、中国收藏家协会国际艺术品交流委员会主委王竹出席会议；参加研讨会的还有参展藏书家代表，以及来自国家图书馆，北京、浙江、天津等古籍收藏单位的领导和专家、拍卖行业代表和媒体代表。此次展览和研讨会是国家古籍保护中心引导民间古籍收藏、促进民间古籍保护工作的一项重要举措。这一展览是新中国成立以来对海内外民间珍贵古籍藏品进行的最大规模集中展示，研讨会与会代表为促进民间古籍收藏良性发展、加强民间古籍保护等方面提出许多建设性意见和建议。

【西藏自治区藏文古籍修复中心正式揭牌】

7月21日，在国家古籍保护中心的支持下，“西藏自治区首届藏文古籍修复培训班暨西藏自治区藏文古籍修复中心揭牌仪式”在拉萨举行。西藏自治区党委宣传部副部长、文化厅厅长尼玛次仁，西藏自治区文化厅副厅长任淑琼，国家古籍保护中心副主任张志清，西藏自治区人力资源和社会保障厅、西藏古籍保护中心领导，以及来自布达拉宫、大昭寺、小昭寺、自治区档案局等重要古籍收藏单位和文物单位的42名学员参加了仪式。

西藏自治区藏文古籍修复中心正式揭牌

2008年，在“中华古籍保护计划”框架下，文化部等八部委联合发文启动西藏古籍保护工作专项。西藏自治区政府出台了加强古籍保护工作的文件，成立了古籍保护工作领导小组和专家委员会，建立完善了工作机制，先后投入500余万元，有效保障了工作的开展。为支持西藏古籍保护工作，国家古籍保护中心先后投入300余万元，为西藏购买配置相关设施设备，资助西藏古籍整理出版项目，指导自治区古籍保护中心在全区范围内组织开展古籍普查、古籍修复、古籍数字化、人才培养、成果展示等工作。

随着自治区藏文古籍修复中心的正式成立，西藏古籍保护工作在布达拉宫、哲蚌寺、罗布林卡、萨迦寺等著名寺庙全面开展，这是“中华古籍保护计划”深入宗教系统，广泛开展佛教古籍保护工作的重大进展。

【第四期全国西方文献修复技术培训班】

8月24日至9月26日，“第四期全国西方文献修复技术培训班”在中山大学图书馆国家级古籍修复中心成功举办。本期提高班共培训学员33人，来自23家省市图书馆（博物馆）、高校图书馆，其中包含6名2015年招收的中山大学文献保护与修复方向的图书馆学情报学研究生。本期培训班注重理论与修复实践相结合，特聘从事古籍修复近30年的德国资深文献修复师Monika Schneidereit-Gast女士担任授课老师，同时邀请了中山大学图书馆馆长程焕文教授、中山大学图书馆国家级古籍修复中心主任林明、中山大学资讯管理系副院长张靖副教授、中山大学资讯管理系周旖副教授讲授基础理论，并聘请具有丰富西文文献修复经验的中山大学图书馆国家级古籍修复中心修复师——肖晓梅、邱蔚晴、邱嘉怡、杨利丽老师讲授部分理论实践课程与担任助教。培训班注重为学员传授理论基础，授课课程包括西方图书简史、西方图书与图书馆史、西方古籍在中国、修复科学基础、西方图书封面史等课程。此外，还安排学员参加了“第八届华南文献保护论坛”，主题为“珍爱典籍，守望未来——东亚地区纸质文献保护与修复”，国家古籍保护中心副主任张志清，新疆维吾尔自治区图书馆修复师张淑平，中山大学图书馆国家级古籍修复中心主任助理邱蔚晴，香港大学文献与修复保护部主任周贞德，澳门中央图书馆修复师陈志亮，蒙古国家档案馆馆长Erdenebadrakh Gujir Battsereg，韩国国家图书馆、IFLA PAC韩国中心修复师Heawon Hyun，朝鲜人民大学习堂设备运维部主任高永基分别介绍了本国（地区）的纸质文献修复与保护活动的基本情况。

【“国家古籍保护人才培训基地工作会议”在贵阳召开】

8月27—28日，“国家古籍保护人才培训基地工作会议”在贵州民族大学举办。国家图书馆副馆长、国家古籍保护中心副主任张志清，贵州省文化厅、贵州民族大学、贵州省图书馆等单位领导，以及全国12家培训基地负责人和部分古籍保护专家参加会议。

会上，张志清致辞并做国家古籍保护人才培训基地工作报告。张志清总结了2007年“中华古籍保护计划”实施以来开展的各项培训工作，以及近年来对古籍保护人才培养模式的有益探索；同时提出目前古籍保护人才培养工作中存在的主要问题，并对国家古籍保护人才培训基地的建设及古籍保护人才培养工作的深入开展提出新的设想。12家培训基地负责人就基地主要工作进行汇

2015年国家古籍保护人才培训基地工作会议合影

报，介绍各自经验，并对今后重点工作及发展方向提出规划。会议还特邀云南省图书馆介绍该省古籍保护人才培养经验。参会代表围绕基地建设及“十三五”期间人才培养规划展开热烈讨论，就人才培养的整体规划及培养模式创新提出了宝贵意见。此次会议的召开，对于完善和创新人才培养机制，培养高水平古籍保护后备人才，在“十三五”期间进一步做好古籍保护人才培养工作具有重要意义。

【《中国珍贵典籍史话丛书》出版座谈会】

11月20日，由国家图书馆（国家古籍保护中心）主办的《中国珍贵典籍史话丛书》出版座谈会在国家图书馆召开。来自国家图书馆、中国社会科学院、北京大学等10余家单位40余位专家学者参加座谈。

国家图书馆副馆长、国家古籍保护中心副主任张志清代表国家图书馆馆长、丛书主编韩永进致辞时指出，《中国珍贵典籍史话丛书》是“中华古籍保护计划”支持立项的珍贵典籍普及推广项目，从书选题立足《国家珍贵古籍名录》，旨在用通俗的语言深入揭示中华民族珍贵典籍的重要价值和文化内涵，挖掘并生动再现其产生和流传的历史，向公众传播中华民族悠久的典籍历史文化。丛书力求为社会公众提供普及读物，为广大文史爱好者和从业人员提供学习资料，为专家学者提供研究参考。与会人员高度评价该丛书的学术价值、社会价值，认为该丛书与中央关于传承弘扬中华优秀传统文化的战略部署高度契合，反映了国家图书馆（国家古籍保护中心）在挖掘、整理、阐释和弘扬珍贵典籍文化方面的主动担当，对于丰富人们的精神文化生活，提高公众的传统文化素养具有积极意义。

2012年年底，《中国珍贵典籍史话丛书》项目正式启动，旨在为书立史、为书修史、为书存史。这是第一部为典籍撰写史话的大型丛书，初步规划100种选题，邀请80余位知名专家学者担任撰稿工作。选题涵盖《国家珍贵古籍名录》中汉文古籍经、史、子、集各部，并涉及甲骨文献、简帛文献、敦煌遗书与佛教典籍、少数民族文字文献、碑帖拓本、舆图等诸多类别，包含中国各民族文化经典。首批 10 种史话由国家图书馆出版社正式出版，其中既有为《文苑英华》《永乐大典》《史记》《皇舆全览图》《水浒传》《太平广记》《玉台新咏》等人们熟悉的一种珍贵典籍所写之史，也有为敦煌遗书、西夏文献等一类珍贵典籍所写之史。这 10 种史话，考证严密，学风扎实，且文字通俗易懂，全书彩印，图文并茂，装帧精美，受到广大读者的欢迎。

《中国珍贵典籍史话丛书》出版座谈会

【2015 年“全国古籍保护工作部际联席会议”在京召开】

11 月 26 日，“全国古籍保护工作部际联席会议”在文化部召开。全国古籍保护工作部际联席会议成员单位国家发改委、教育部、科技部、国家民委、财政部、文化部、国家新闻出版广电总局、国家宗教局、国家文物局、国家中医药管理局，以及全国人大教科文卫委员会文化室负责人参会，会议由文化部党组副书记、副部长杨志今同志主持。

会上，国家图书馆馆长、国家古籍保护中心主任韩永进汇报了第五批《国家珍贵古籍名录》及全国古籍重点保护单位评审情况，文化部公共文化司司长张永新介绍了“十二五”时期古籍保护工作进展情况和“十三五”重点工作。各成员单位领导就“十二五”时期各系统参与、支持古籍保护工作的情况进行交流，并对“十三五”时期全国古籍保护工作提出建议。

文化部党组书记、部长雒树刚出席会议并做重要讲话。雒树刚指出，十八届五中全会审议通过了《中共中央关于制定国民经济和社会发展第十三个五年规划的建议》，强调“要构建中华优秀传统文化传承体系，加强文化遗产保护，振兴传统工艺，实施中华典籍整理工程”，充分说明中央对古籍保护工作高度重视，古籍保护工作必将迎来一个加快发展、大有可为的黄金时期。我们要采取有力措施，推动古籍保护工作再上新台阶，要重点做好中华古籍的普查，完成古籍普查登记任务；要以国家和省级珍贵古籍为重点，深入做好古籍保护和修复工作；要强化开发利用，使古籍成为弘扬中华优秀传统文化的重要载体；要完善机制，形成推进古籍保护工作的合力。雒树刚强调，要牢牢把握住、利用好当前的重大历史机遇，坚持“保护为主、抢救第一、合理利用、加强管理”的方针，总结经验，发扬成绩，着眼未来，勇于创新，采取更加有效的措施，把古籍保护工作提升到一个新水平。

此次会议审议并原则通过第五批《国家珍贵古籍名录》和“全国古籍重点保护单位”名单。各部委参会代表分别就加强古籍普查和古籍保护人才培养，推动古籍整理、出版与利用，通过古籍数字化实现社会共享，联合开展海外存藏中华古籍调查，进一步做好中医药古籍、民族文字古籍、宗教类古籍保护，推进古籍保护法制化建设，充分利用社会力量、调动民间资本参与古籍保护，加强古籍保护宣传推广等工作提出很多建设性意见和建议，为“十三五”期间各部委联合做好古籍保护工作奠定良好基础。

【《国家图书馆古籍普查登记目录》正式出版】

《国家图书馆古籍普查登记目录》

2015年12月，第一部收藏过百万的大馆普查登记目录——《国家图书馆古籍普查登记目录》正式出版，标志着全国古籍普查登记工作进入普查登记与成果出版并行的新阶段。

作为全国最大的古籍收藏单位，国家图书馆收藏的古籍特藏已经达到280余万册/件。2012年国家图书馆正式启动古籍普查登记工作，由古籍馆负责组织，对全馆古籍进行全面彻底的核查。普查人员坚持入库有序核查，目验架上每一部古籍，核对索书号、题名卷数、著者、版本、册数、存缺卷数等，并将登记信息与书目数据进行比对、校验，对于著录存疑问题进行考订、修正。随后又组织编目经验丰富的专家对普查数据进行反复审校，力争数据著录准确、规范。经过一年多艰苦努力，完成全部古籍数据的普查登记、校对工作，最终形成这部《国家图书馆古籍普查登记目录》。

经过此次普查，国家图书馆藏古籍状况得以全面清晰的呈现：就总量而言，国家图书馆现藏古籍133354部，其中善本古籍30766部、普通古籍102588部；就版本时间而言，宋元以前1703部、明本16892部、清本114759部；就版本类型而言，稿本1852部、抄本16051部、写本（含绘本）756部、刻本98618部、活字本2714部、铅印本7732部、石印本4433部、影印本892部、油印本87部、钤印本等219部。

全国古籍普查登记是我国历史上第一次由政府组织、收藏单位参与最多的全国性古籍普查登记工作，是“中华古籍保护计划”的首要任务，也是全面开展古籍抢救、保护和利用的基础。《全国古籍普查登记目录》是古籍普查工作的阶段性成果，旨在摸清家底、揭示馆藏、反映古籍的基本信息。截至2015年12月，全国已完成170余万部古籍的普查登记工作，88家古籍收藏单位的18种40册《古籍普查登记目录》正式出版，共收录古籍数据351068条。

【国家级古籍修复技艺传习中心广东传习所举行揭牌暨拜师仪式】

12月15日，“国家级古籍修复技艺传习中心广东传习所揭牌暨拜师仪式”在广东省立中山图书馆举行。广东省古籍保护中心于2014年被评为“首批国家古籍保护人才培养基地”。此次设立国家级古籍修复技艺传习中心广东传习所，聘请国家级非物质文化遗产项目古籍修复技艺代表性传承人杜伟生先生为传习所导师，通过以师带徒的形式为广东省古籍修复人员传承古籍修复技艺。传习所首批14位学徒，其中9位来自广东省古籍保护中心，其他5位分别来自广东省博物馆、广东省档案馆、韩山师范学院图书馆、汕头市图书馆、江门市新会区景堂图书馆。这一古籍修复人才培养长效机制的建立必将有助于广东省培养古籍修复的骨干人才，通过进一步的传承，提高全省古籍修复人员的修复技艺，推动广东省古籍修复与保护工作的持续稳健发展。

【“古籍保护与现代科技”研讨会】

12月17日，在2015年中国图书馆年会上，国家古籍保护中心举办主题为“古籍保护与现代科技”的学术研讨会，来自全国32个省区市的百余位古籍保护专家和领导与会。此次研讨会是继2007年“中华古籍保护计划”开展以来，全国古籍保护专家和有不同自然科学学科背景的科技研究者首次齐聚一堂，研讨“利用现代科技开展古籍保护”的理念和思路，对规划“十三五”时期全国古籍保护工作具有重要的指导意义。

多项古籍保护工作成果在“古籍保护与现代科技”研讨会上展示

会上，复旦大学中华古籍保护研究院院长杨玉良做题为“与古籍保护和修复相关的手工纸的物理与化学问题”的主旨发言。在专题发言阶段，中山大学图书馆副馆长林明、台湾古籍保护学会会长林登昱、浙江图书馆馆长徐晓军分别做专题发言。与会代表围绕“古籍保护技术应用与研究”这一主题展开热烈讨论，每位专家都结合自己的研究提出各自的建议与希望。会上还举行2015年“我与中华古籍”摄影大赛优秀摄影作品巡展活动优秀组织单位的表彰仪式，并向社会正式发布国家古籍保护中心组织出版的《古籍保护研究》《古籍保护理论与实践》《融摄与传习》等多项古籍保护工作成果。

【2015年“中华古籍保护计划”展示区】

12月15—17日，在2015年中国图书馆年会展览会上，国家古籍保护中心设立“中华古籍保护计划”展示区，以展板图表、多媒体播放等形式，集中向大众展示近年来古籍保护最新成果

文化部副部长杨志今参观中华古籍保护计划展示体验区

和古籍在当代的重要作用。设置多个现场互动体验区，展示小微古籍书库沙盘，西藏和四川藏区非遗技艺传承人的传统造纸、刻板、刷版、写经、唐卡绘制等技艺，中山大学资讯管理学院文献保护与修复方向专业的西文古籍修复，广东省立中山图书馆古籍修复技艺传习所的中文古籍传统修复、碑帖传拓等技艺，以及全国古籍普查登记目录、《中华再造善本》（续编）等多种古籍整理出版成果。体验区荣获“2015年中国图书馆展览会优秀展示奖”。

【册府千华——湖南省藏国家珍贵古籍特展】

12月27日，由国家图书馆（国家古籍保护中心）主办、湖南图书馆（湖南省古籍保护中心）承办的“册府千华——湖南省藏国家珍贵古籍特展”在湖南图书馆开幕。国家图书馆副馆长、国家古籍保护中心副主任张志清，湖南省文化厅党组书记、厅长李晖，湖南省文化厅党组副书记、副厅长禹新荣，湖南省新闻出版局副局长毛良才，《湖南日报》副总编辑周继红等出席开幕式。展览分为“册府漫谈”和“善本华章”两大部分，展出湖南省入选《国家珍贵古籍名录》的敦煌写经、宋元旧椠、明清精校精刻本、名家手稿等珍稀古籍150余部，古旧字画30余种。湖南图书馆、湖南省社会科学院图书馆、湖南师范大学图书馆等湖南省17家重要古籍收藏单位参展。展览期间还举办古籍修复、雕版印刷、拓片制作、版本鉴定等主题讲座和展示体验活动。

【“网络书香过大年”羊年春节活动广受赞誉】

2月5日至3月30日，国家图书馆联合全国近200家公共图书馆共同举办羊年“网络书香过大年”新春系列活动。此次活动在以往策划的基础上重点突出“资源探索乐园”“网络书香·推广工程畅游空间”和“少儿绘画”3项活动内容。“资源探索乐园”通过游戏吸引社会公众了解推广工程的资源内容，掌握资源使用技巧；“网络书香·推广工程畅游空间”通过展示推广工程建设成果，向读者介绍工程资源及平台的内容和使用技巧；“网络书香少儿绘画”活动鼓励全国少年儿童走进图书馆，激发创造力，提升信息素养，受到全国小读者们的欢迎。此外，线上“趣味春联填填看”和新春讲座活动，也极大地增进公众对历史悠久的中华年俗文化的认识和了解。各地

2015 年“网络书香过大年”羊年春节活动

在积极参与上述活动的同时，充分发挥主观能动性，结合本地特色开展丰富多彩的活动。贵州省图书馆围绕“网络书香”主题，在官方微信上发布《我们的文字》展览文章，介绍中国传统文化；安徽省图书馆结合“趣味春联填填看”开展“迎新春、写春联、赠春联”活动，邀请江淮诗书画研究院书法家到馆书写春联赠予读者。本次“网络书香过大年”春节活动反响强烈，截至 3 月 30 日，活动线上参与人数达 51290 人次；网络书香专题页面仅国家图书馆网站访问量即达 31915 人次，日均访问量 591 人次；统一用户系统新增注册用户数量 79938 人，虚拟网资源访问达 131480 人次。线下活动受众高达 50 万人次；“网络书香少儿绘画”共有 111 家图书馆参与，收到绘画作品 3529 幅。本次活动受到媒体的广泛关注，2 月至 3 月的舆情统计数据显示，“网络书香过大年”在全国各地方、各级别的多家媒体总计被报道 22 次。

【“数字图书馆推广工程宣传员培训班”在武汉举办】

3 月 25—26 日，由国家图书馆主办、武汉文化局承办、武汉图书馆协办的“数字图书馆推广工程 2015 年宣传员培训班”在武汉举办。武汉市文化局副局长朱进出席开班仪式并致辞。来自全国 75 家省、市级公共级图书馆的宣传工作负责人共 80 余人参加培训。会议对 2014 年度宣传工作优秀单位进行表彰，为浙江图书馆等 10 家图书馆颁发“优秀组织单位”奖牌；回顾和总结数字图书馆推广工程“网络书香”系列宣传工作并对 2015 年工作进行部署，进一步明确推广工程宣传工作的重要性。本次宣传员培训班特邀来自图书馆、文化局、高校和媒体 4 个领域的专家为学员授课。专家们从不同

在“数字图书馆推广工程 2015 年宣传员培训班”上对 2014 年度宣传工作优秀单位进行表彰

角度就如何挖掘宣传亮点、利用新媒体做好基层文化单位的宣传工作等内容进行深度讲解，向学员们诠释在信息技术日新月异的环境下，全面展示数字图书馆发展的新闻写作要点和技巧。除课堂教学外，本次培训还采取互动研讨、参观交流、经验分享等多种形式，受到学员们的欢迎。通过这次全面、系统的学习，学员们不仅加深对推广工程和数字图书馆建设的了解，更增强对宣传工作的认识与理解，掌握了实际运用中的写作技巧及宣传素材深度挖掘能力。

【“数字图书馆推广工程新媒体服务培训班”在杭州举办】

5 月 26—29 日，由国家图书馆主办、浙江艺术职业学院承办、浙江图书馆协办的“数字图书馆推广工程新媒体服务培训班”在杭州举办。国家图书馆、浙江艺术职业学院以及浙江图书馆的相关领导出席开班仪式。来自全国 31 家公共图书馆的近 70 位新媒体建设与服务相关工作人员参加此次培训。此次培训班在课程设计上主要围绕新媒体服务展开，除专题讲座外，还安排了中国移动手机阅读基地实地教学环节。培训内容涵盖媒介融合、技术创新、自媒体传播及图书馆新媒体建设实践和经验分享等。新媒体服务作为数字图书馆服务的延伸，极大地拓展了数字图书馆服务的范围和渠道，同时也是数字图书馆推广工程的一项重要工作内容。

【“数字图书馆推广工程网络建设与网络安全培训班”在北京举办】

7 月 14—17 日，由国家图书馆主办的“数字图书馆推广工程网络建设与网络安全培训班”在北京举办。国家图书馆的相关领导出席了开班仪式，来自全国 32 家公共图书馆的近 60 位网络建设相关工作人员参加此次培训。此次培训班在课程设计上主要围绕网络建设与网络安全展开，除专题讲座外，还安排了国家图书馆机房实地参观学习。培训内容涵盖数字图书馆网络体系设计与构建、数字图书馆运维管理、网络安全理论及应用、数字图书馆网络信息安全建设、信息机房建设与运维、数字图书馆网络建设及安全经验分享等。网络建设一直是推广工程基础建设内容，举办此次培训有利于推广工程虚拟网的安全平稳运行，保障推广工程资源服务的畅通有序。

【“数字图书馆推广工程西藏和四省藏区培训班”在云南迪庆举办】

8 月 11—14 日，由国家图书馆主办，云南省图书馆、迪庆州图书馆承办的“数字图书馆推广工程西藏和四省藏区培训班”在云南迪庆举办。国家图书馆、云南省图书馆、迪庆藏族自治州文化局和图书馆的相关领导出席开班仪式。来自西藏及四川、云南、甘肃、青海四省藏区的 13 个自治州 / 地区图书馆的近 50 位数字图书馆推广工程分管领导及相关工作人员参加此次培训。培训班特邀来自国家图书馆、云南省图书馆、云南省少数民族语文指导工作委员会办公室的专家为学员授课。在课程设计上主要围绕数字图书馆建设相关专题展开，培训内容涵盖数字图书馆推广工程的建设现状及发展规划、软硬件平台建设、资源建设与服务、“少数民族语言特色专题资源库”建设等。除专题讲座外，还邀请西藏自治区图书馆、云南省迪庆州图书馆、青海省海西州图书馆分享藏区数字图书馆建设经验。

【数字图书馆推广工程“网络书香”阅读推广活动在新疆举办】

9月16日，数字图书馆推广工程“网络书香”阅读推广活动在新疆维吾尔自治区阿勒泰地区举办。本次活动由国家图书馆主办，新疆维吾尔自治区文化厅、新疆维吾尔自治区图书馆承办，阿勒泰地区文化体育广播影视局、哈巴河县文化体育广播影视局协办。哈巴河县政府副书记彭康出席并致辞，国家图书馆业务管理处副处长谢强和新疆维吾尔自治区图书馆馆长历力发表讲话。来自新疆地区的40余位基层图书馆代表以及各级图书馆员工、社会公众80余人参加此次活动。活动仪式上，国家图书馆向新疆地区8家基层图书馆捐赠3万册图书和期刊。此次活动组织总量达4TB的优秀数字资源，其中包括电子图书、电子期刊、国图公开课、图片、少数民族资源等，以硬盘封装的方式面向新疆地区基层图书馆推送，使其能够更快更好地为基层群众提供服务。赠书仪式后，特邀专家为基层图书馆代表和当地读者讲授数字化时代的阅读推广。来自国家图书馆及相关单位的专家围绕数字图书馆推广工程的创新驱动与公共数字文化发展、图书馆创新服务、数字电视建设等主题，对新疆地区基层图书馆馆员开展业务技能培训。

【“数字图书馆推广工程全国少儿图书馆数字阅读培训班”在北京举办】

9月22—25日，由国家图书馆主办、中央文化管理干部学院承办的“数字图书馆推广工程全国少儿图书馆数字阅读培训班”在北京举办。这是推广工程将少年儿童图书馆纳入实施范围后的首次专题业务培训，来自全国22个省65家少儿馆的77名少儿馆馆长及相关工作人员参加培训班。培训班课程主要围绕少儿数字阅读的大环境及推广实施展开，内容包括公共文化服务体系建设中的少儿阅读服务发展趋势、数字环境下的少儿图书馆及其资源建设和阅读推广，以及学前教

数字图书馆推广工程全国少儿图书馆数字阅读培训班合影

育视野下的儿童数字阅读等。来自北京大学、北京师范大学、华东师范大学、湖南省少儿馆、同方知网等少儿数字阅读领域的相关专家从不同角度对少儿数字阅读工作进行深度讲解，既有理论研究，也有实践分享。除专题讲座外，培训班还安排分组讨论环节。

【“数字图书馆推广工程资源建设工作会议”在北京召开】

10 月 23 日，国家图书馆在北京举办“数字图书馆推广工程资源建设工作会议”。国家图书馆馆长韩永进、文化部公共文化司副司长陈彬斌、国家图书馆副馆长魏大威出席会议，来自全国 33 家省级图书馆的馆领导及资源建设负责人共 60 余人参加会议。本次工作会议旨在对“基层图书馆数字资源提升活动”进行整体部署，并探讨“十三五”时期数字图书馆推广工程资源建设工作方向。国家图书馆开展的数字图书馆推广工程“基层图书馆数字资源提升活动”，是在 2010 年面向县级图书馆推送的 1TB 资源基础上，更新一批总量 4TB 的特色优秀数字资源面向全国基层图书馆进行共享，资源内容精彩、类型丰富、品种多样，包括 5000 册电子图书、200 种电子期刊、6000 集精品视频、3.2 万张图片资源、26 万条政府公开信息等。这些资源在基层图书馆的稳步部署，将持续增加各地数字资源保有量，提升基层文化机构的数字资源服务能力，从而加快推进公共文化服务数字化建设，打通公共文化服务“最后一公里”。

【数字图书馆推广工程“网络书香”阅读推广活动在贵州举办】

11 月 27 日，数字图书馆推广工程“网络书香”阅读推广活动在贵州省黔西南州举办。本次活动由国家图书馆主办，贵州省文化厅、贵州省图书馆承办，黔西南州文体广电新闻出版局协办。贵州省文化厅副厅长姜刚杰、黔西南州副州长黄曼、国家图书馆副馆长魏大威出席活动并致辞。来自贵州省和省内各地州市文化局领导、基层图书馆馆领导以及各基层图书馆员工 200 余人参加此次活动。借助此次活动，推广工程将“基层图书馆数字资源提升活动”推送的资源向贵州省县

在贵州举办的数字图书馆推广工程“网络书香”阅读推广活动中向贵州省基层图书馆捐赠图书和期刊

级以上基层图书馆进行共享，资源内容精彩、类型丰富、品种多样，包括 5000 册电子图书、200 种电子期刊、6000 集精品视频、3.2 万张图片资源、26 万条政府公开信息等。同时，国家图书馆还向贵州省 10 家基层图书馆捐赠 3 万册图书和期刊。这些资源在基层图书馆的共享和稳步部署，将持续增加各地资源保有量，提升基层文化机构的数字图书馆服务能力，从而加快推动基层公共文化资源整合、共建共享，进一步丰富基层文化资源，将工程建设与服务的重点落在基层。赠送仪式后，国家图书馆副馆长魏大威讲授以“立足‘互联网 +’战略　推动国家数字图书馆创新发展”为主题的公开课，反响热烈，课后学员们踊跃互动，与专家进行了深入交流。此后，贵州省还开展全省资源提升活动培训，邀请数字图书馆领域的资深专家，从数字图书馆创新服务、推广工程资源建设等方面分别授课，拓展学员未来数字图书馆建设思路。

【“图书馆公开课暨推广工程 2015 年资源联建培训班”在北京举办】

11 月 29 日—12 月 3 日，由国家图书馆主办，中央文化管理干部学院承办的“图书馆公开课暨推广工程 2015 年资源联建培训班”在北京举办。国家图书馆副馆长魏大威、中央文化管理干部学院副院长段周武出席开班仪式并讲话。本次培训班是配合推广工程 2015 年资源联建工作举办的专题培训，同时将图书馆公开课作为重点建设项目特别开展培训。来自全国 31 个省的 138 位省市级图书馆同人参加培训。培训课程主要围绕 2015 年资源联建各项目展开，同时将图书馆公开课作为子专题全方位展开。在做好 2015 年联建整体工作部署的基础上，重点针对 2015 年各馆申报较多的文献数字化、网事典藏以及专题资源项目的建设开展专题教学；同时邀请湖北省图书馆、甘肃省平凉市图书馆等 9 家在元数据仓储、政府信息及唯一标识符建设模式较成熟的省市图书馆项目负责人分享建设经验，邀请黑龙江省图书馆、甘肃省图书馆就全省资源联合建设工作的组织与实施分享经验，受到学员的热烈欢迎。

图书馆公开课暨推广工程 2015 年资源联建培训班举办

【数字图书馆推广工程体验区亮相 2015 年中国图书馆年会】

12 月 15—17 日，2015 年中国图书馆年会在广州举行。国家图书馆在年会展览会上以“收官‘十二五’、谋划‘十三五’”的整体思路设计并搭建“数字图书馆推广工程体验区”，分为“进无止境　数字图书馆建设成果惠及全民”“开拓创新　助力现代公共文化服务体系建设”“融合发展　共谋‘十三五’发展新篇章”“蓄力生长　各地数字图书馆百花竞放”“‘大智移云’互动体验

数字图书馆推广工程体验区亮相2015年中国图书馆年会

区”5个部分，向图书馆界同人及社会公众展示推广工程自实施以来取得的建设成果以及对未来发展的展望。此外，体验区还通过视频展播和自主体验等方式让观众了解大数据、智慧图书馆、移动阅读和云服务等未来图书馆发展主题，制作新版宣传片生动展示推广工程建设成果，并为现场观众提供“微信打印”趣味互动服务。文化部副部长杨志今、广州市市长陈建华等领导和嘉宾莅临体验区，充分肯定推广工程的实施成效。6000余位与会代表和社会公众在展会期间参观体验区。本次体验区被评为“2015年中国图书馆年会展览会最佳展示奖”。

【“2015年数字图书馆推广工程培训联络员培训班”在成都举办】

12月22—25日，由国家图书馆主办、四川艺术职业学院承办、四川省图书馆协办的“2015年数字图书馆推广工程培训联络员培训班”在成都举办。四川省文化厅副厅长泽波出席开班仪式并讲话。本次培训班是推广工程首次专门面向全国省馆的培训联络员开展的培训，来自全国33家省级图书馆的近70位数字图书馆推广工程培训工作相关人员参加培训。此次培训班在课程设计上主要围绕数字图书馆人才培训工作展开，来自四川省文化厅、中央文化管理干部学院、国家图书馆等的多位专家授课。培训课程包括国家人才战略解读、推广工程2015年度培训工作总结及2016年度工作部署、培训五步管理法、新媒体下的现代培训，培训内容立足实际工作、增强学员培训技能、拓展学员事业视野。同时，邀请广东省立中山图书馆、安徽省图书馆、四川省图书馆的专家学者开展经验分享，并组织学员进行分组讨论，互通有无，共谋发展。

【数字图书馆推广工程全年开展馆员研修工作】

2015年，为进一步加强我国公共数字图书馆人才队伍建设，培养省级公共图书馆业务骨干，带动地区数字图书馆事业发展，推广工程于5月—12月开展8期馆员研修培训班。培训班在国家图书馆举办，共计78位来自全国各省级图书馆的专业技术人员参加培训。培训班每期持续时间为两周，课程在设计上紧密围绕数字资源建设的全流程、数字图书馆技术前沿和图书馆参考咨询业务，针对学员所需采取个性化定制的方式，采用课堂教学、互动研讨、实践操作等多种教学形式。在师资配备上也较历次培训有大幅改善，先后邀请20余位从事数字图书馆专项工作的专家和一线师资进行专题授课，并在实际操练中开展一对一的辅导。

【数字图书馆推广工程2015年资源配置工作】

2015年，更新200种电子期刊的2015—2016年度数据，累计可提供服务的期刊数量达到317种，期刊跨度年限为2007—2016年，学科配置以社科为主、科技为辅，旨在提高公众的人文素养和科学素养的大众读物，数据容量达到1.27TB。新增引进优秀资源库6个，包含2.9万种/册电子图书，涵盖多领域，数据容量约3.4TB；14万张艺术图片，主要包含中国绘画、书法、陶瓷艺术、玉石珠宝、古董珍玩等单元，数据容量约1.5TB；365集新东方悦读汇，为双语轻阅读产品，数据容量50GB；5000段微课堂，内容涵盖考研、大学英语四六级、托福、雅思、法语、日语、生活英语、职场英语、公务员、司法考试、创业等20多类，数据容量约150GB；许可授权10万首曲目，包含国际顶级唱片品牌，9000多位艺术家、100多种乐器的音乐作品；1.4万种期刊的远程访问授权。以上资源均授权全国省市级公共图书馆（含国家图书馆）局域网及馆外合法授权用户提供服务。

【“民国时期文献整理出版项目专家评审会”在国家图书馆召开】

4月10日，2015年“民国时期文献整理出版项目专家评审会”在国家图书馆召开。国家清史编纂委员会副主任、新疆发展研究中心主任、研究员马大正，北京师范大学马克思主义学院教授、中共党史党建研究所所长朱志敏，中国社会科学院近代史研究所原所长、研究员步平等多位专家参加评审。国家图书馆副馆长陈力主持会议。

自2013年起，国家图书馆提出以文献整理出版为助力，推动民国时期文献保护工作的思路，并采用项目申报、评审立项、项目资助方式开展工作。2013年首批21个单位共申报45个项目，经专家评审立项22项；2014年22个单位共申报46个项目，立项28项。《汪伪政府公报汇刊》《重庆图书馆藏〈刘赞廷藏稿〉》《民国浙江续通志稿》《江西省政府公报》《抗战大后方稀见短刊汇编》等一批项目获得立项，并按计划相继完成整理出版。

在纪念中国人民抗日战争暨世界反法西斯战争胜利70周年之际，国家图书馆第三次面向全国开展民国时期文献整理出版项目的评审立项工作，得到来自全国各方的积极响应。除省级公共图书馆外，高校图书馆、市县级公共图书馆以及档案馆也都纷纷参加。截至3月底，共收到来自24个单位申报的63个项目，内容丰富，形式多样，涉及民国时期社会、经济、政治、文化、外交等各个领域。与会专家经过评审及充分交流意

民国时期文献整理出版项目专家评审会召开

见，《民国江苏司法档案辑录》《华南抗战史料汇编》《抗战时期英国驻华大使馆档案资料汇编》等22个项目获得立项。与会专家同时建议对整理出版项目的申报进一步做好统筹、核实，依据“成熟一项实施一项”的原则分批逐步开展。

【“民国时期文献保护计划”宣传推广系列活动在南京举行】

民国时期文献保护计划宣传推广系列活动在南京图书馆举行，副馆长陈力向南京图书馆、江苏省图书馆学会颁发感谢状

4月15日，“民国时期文献保护计划宣传推广项目江苏站系列活动启动仪式暨民国时期文献保护工作培训班开幕式”在南京图书馆举行。国家图书馆副馆长、中国图书馆学会副理事长陈力，江苏省文化厅党组成员、南京图书馆党委书记方标军，南京图书馆馆长徐小跃、副馆长全勤出席仪式。来自国家图书馆相关领域的专家和江苏省公共图书馆、高校图书馆及相关单位百余名学员参加活动。陈力、方标军先后致辞。陈力代表国家图书馆、中国图书馆学会向南京图书馆、江苏省图书馆学会颁发感谢状。仪式结束后，与会人员参观了“民国时期文献保护计划展”，该展览展出1周。

培训班上，陈力介绍民国时期文献保护工作的概况，全勤做题为“江苏省民国文献概览”的讲座。国家图书馆专家就民国时期文献著录、标引等内容进行授课。培训持续2天。

【“民国时期文献保护暨整理出版研讨会”在北京举行】

6月12日，由国家图书馆出版社和北京师范大学图书馆联合主办的“民国时期文献保护暨整理出版研讨会”在北京师范大学图书馆举行。国家图书馆副馆长陈力、北京师范大学党委副书记刘利、北京师范大学图书馆馆长张奇伟、北京各大图书馆及收藏机构负责人和研究人员以及来自北京大学、清华大学、北京师范大学、南开大学等高校的专家学者参加会议。

刘利在致辞中充分肯定“民国时期文献保护计划”所取得的重要成果；陈力介绍“民国时期文献保护计划”的相关情况及主要工作；国家图书馆出版社社长方自金就民国时期文献整理和出版情况做详细介绍；北京师范大学图书馆古籍特藏部主任杨健介绍民国文献馆藏及整理情况。各位专家学者及收藏机构负责人也就民国时期文献保护工作交流看法，并提出很多具有建设性的意见，主要集中在4个方面：一是由国家图书馆主导对民国文献进行全面的摸底工作；二是要避免文献的重复建设问题；三是要制定文献数字化的标准；四是要进行海外民国文献和民国外文文献的普查整理工作。

民国时期文献保护暨整理出版研讨会

【"东京审判资源库"正式上线】

8月14日，"东京审判资源库"在国家图书馆官方网站"特色资源"中正式上线，网站首页"每周一库"做重点推介。东京审判指从1946年1月19日至1948年11月12日，在日本东京对第二次世界大战中日本首要战犯的国际审判。2011年起，国家图书馆与上海交通大学合作建立东京审判研究中心，搜集、整理、研究东京审判相关文献史料，开始"东京审判资源库"的建设。目前提供给读者使用的"东京审判资源库"下设"庭审记录""证据文献""判决书""影像记录"等8个子库，内容包括国家图书馆近年来从海外征集到馆的东京审判庭审记录4.9万页，中英文判决书各1200页，证词、证据文件4949份，庭审现场历史照片384张等。该资源库的上线，标志着国家图书馆馆藏有关东京审判的核心资料正式面向读者提供服务，对于了解真实的历史，并以史为鉴、面向未来具有重要的意义。

【"民国时期文献保护计划"宣传推广系列活动在贵阳举行】

8月25日，由国家图书馆、中国图书馆学会、贵州省文化厅联合主办，贵州省图书馆承办的"民国时期文献保护计划"宣传推广活动贵州站启动仪式在贵州省图书馆隆重举行。国家图书馆副馆长、中国图书馆学会副理事长陈力，贵州省文化厅党组成员、副厅长黎盛翔，贵州省图书馆党委副书记韩洪、贵州省图书馆副馆长钟海珍等出席仪式。来自贵州省图书馆界的专家学者以及民国时期文献保护工作培训班学员70余人参加本次活动。陈力、黎盛翔分别致辞，陈力代表国家图书馆、中国图书馆学会向贵州省图书馆、贵州省图书馆学会颁发感谢状。仪式结束后，与会人员参观“民国时期文献保护计划展”。该展览展出1个月，展览中关于文澜阁《四库全书》由浙江迁藏至贵州6年8个月并在战后完好无损回迁的展板尤为引人注目。

在为期两天半的时间里，学员学习了关于民国时期文献保护现状、文献普查和编目规范等知识。在首日的课程中，国家图书馆副馆长陈力做“民国时期文献保护工作汇报”，贵州社会科学院历史研究所原所长熊宗仁做题为“民国贵州文化的前世今生”的专题报告。

【地铁 · 图书馆推出抗战主题活动“向着胜利”】

9月9日，为纪念抗战胜利70周年，京港地铁与国家图书馆联合策划的M地铁·图书馆推出第三期主题活动——“向着胜利”。活动利用北京地铁4号线平安里站内展览与阅读专列，选择“民国时期文献保护计划”中珍贵图片与中国记忆东北抗日联军专题自建资源，在地铁平安里站进行展示；发布国家图书馆抗战主题电子书，如《抗日战争的细节》《正面抗日战场》《拉贝日记》等；建设手机wap页面，汇集“不朽的长城——纪念中国人民抗日战争暨世界反法西斯战争胜利70周年馆藏文献展”、东京审判专题资源库和中国记忆项目视频的特色内容；陆续上传研究员步平主讲的“国图公开课”“中国的抗日战争与日本的战后处理”。通过多种形式和途径，提供在线观看或阅读。乘客用手机扫描该专题二维码，就可通过翔实的史料、生动的文字了解当年历史。

【“《民国时期文献总目（图书卷）》编纂工作专家座谈会”在国家图书馆召开】

9月16日，“《民国时期文献总目（图书卷）》编纂工作专家座谈会”在国家图书馆召开。北京大学历史学系教授、中外关系史研究所所长王晓秋，北京师范大学马克思主义学院教授、中共党史党建研究所所长朱志敏，中国社会科学院近代史研究所副所长、研究员金以林等多位专家参加座谈会。国家图书馆副馆长陈力主持会议。

会上，陈力介绍了国家图书馆民国时期文献普查和保护的概况，业务管理处处长毛雅君简要介绍《民国时期文献总目（图书卷）》的实施方案。与会专家对《民国时期文献总目（图书卷）》的编纂计划及编纂方案进行充分的讨论，一致认为这个项目具有十分重要的意义，同时从研究者和读者的角度就总目的编撰原则、收录范围、学科分类、繁简字体、目录索引等各方面提出意见与建议。

《民国时期文献总目》是一部收集、整理民国时期文献的大型工具书，是民国时期文献保护计划的阶段性成果。国家图书馆自2012年在全国范围内启动民国时期文献普查登记工作以来，已汇聚国家图书馆、首都图书馆、南京图书馆、上海图书馆、重庆图书馆等文献收藏单位的书目数据近30万条、馆藏数据50余万条。在此基础上，国家图书馆启动《民国时期文献总目》编纂工作。该书紧跟民国时期文献保护计划普查工作进度，采取分卷形式陆续推出阶段性纸质化成果，根据现有普查进度，先期编纂《民国时期文献总目（图书卷）》。

《民国时期文献总目（图书卷）》编纂工作专家座谈会

【“民国时期文献保护计划”宣传推广系列活动在南宁举行】

10 月 28 日，由国家图书馆、中国图书馆学会、广西壮族自治区文化厅联合主办，广西壮族自治区图书馆、广西图书馆学会承办的“民国时期文献保护计划”宣传推广活动广西站启动仪式在广西壮族自治区图书馆隆重举行。国家图书馆副馆长、中国图书馆学会副理事长陈力，广西壮族自治区文化厅党组成员李晓泉，中国图书馆学会副秘书长仲岩，广西壮族自治区图书馆馆长、广西图书馆学会理事长徐欣禄，广西壮族自治区图书馆党总支书记黄艳、副馆长秦小燕、曾红辉等领导、嘉宾出席，来自自治区各类图书馆的百余名学员参加了学习。

陈力在致辞中谈道，“民国时期文献保护计划”自 2012 年启动以来，在文献普查、海外文献征集、文献整理出版和原生性保护等方面都取得了重要成果。“民国时期文献保护计划”宣传推广活动也在南京、广州和贵阳等地成功举行，加大了保护人才队伍的培养力度，业界反响良好。李晓泉在发言中说，近年广西地方文献保护工作正在有条不紊地开展，各级图书馆征集到大量珍贵的民国文献资料，取得了一定成效。此次培训班为广西民国文献保护工作者搭建了一个良好的学习交流平台，为深入开展民国文献的保护、整理和研究工作打下一个良好的基础。随后，副馆长陈力代表国家图书馆和中国图书馆学会向广西壮族自治区图书馆、广西图书馆学会颁发感谢状。启动仪式由广西壮族自治区图书馆馆长徐欣禄主持。

此次普查培训班的培训内容包括民国时期文献著录、标引和文献普查等相关知识。国家图书馆副馆长陈力做了“民国时期文献保护工作汇报”，向学员介绍了“民国时期文献保护计划”的工作进展和未来发展规划，广西壮族自治区图书馆地方文献部主任蓝凌云主讲“广西民国时期文献特色与整理保护现状”。

【国家图书馆集中首发三套大型抗日文献】

12 月 10 日，第二个“南京大屠杀死难者国家公祭日”到来前夕，《国际检察局讯问记录》《抗日战争史料丛编：第二辑》与《中华抗战期刊》新书发布仪式暨抗战文献出版座谈会在国家图书馆

国家图书馆集中首发三套大型抗日文献

举行。国家图书馆馆长、党委书记韩永进，中国社会科学院近代史研究所所长、党委书记王建朗，江苏省档案局副局长张姬雯，上海交通大学东京审判研究中心主任程兆奇分别致辞。会议由国家图书馆副馆长陈力主持，国内多位近代史、中日关系、抗日战争研究专家以及“东京审判”中国法官梅汝璈的子女等40余人参加座谈会。

70册规模的《国际检察局讯问记录》是国家图书馆和上海交通大学合作整理出版的东京审判系列文献取得的又一重要成果，作为《远东国际军事法庭庭审记录》和《远东国际军事法庭证据文献集成》的有力补充，是揭露日本在二战期间战争暴行的又一铁证，对披露历史真相，以及东京审判、中日战争史、日本侵华史等专题研究均具有极高的档案文献价值。本书根据美国国家档案馆所藏关于远东国际军事法庭审判的国际检察局文书整理汇编而成，包括人物、事件、团体等470个案件。

《抗日战争史料丛编：第二辑》(50册)、《中华抗战期刊》(67册)是经过“民国时期文献保护计划”立项的重要抗战文献出版成果，集中披露、系统刊布大量重要的抗战史料。《抗日战争史料丛编：第二辑》收录了国家图书馆、上海图书馆、近代史所等所藏的抗战珍稀文献300余种，包括了日军暴行写真册、目击记及相关报道、伪军履历册、沦陷区秘密调查报告等，以未刊文献、机密文件为主，部分是油印本、手稿本，为抗战珍稀文献的首次集中整理和披露。《中华抗战期刊丛编》收录了抗战时期敌后抗日根据地和重庆、上海出版的抗战期刊55种、553册，约4万页，反映了抗战时期中国共产党在后方战场上所做的艰苦卓绝的努力，具有极高的史料价值和研究价值。

2011年，遵照中央领导的指示精神，国家图书馆在“民国时期文献保护计划”框架下，全面开展对包括远东国际军事法庭审判相关史料在内的抗战史料文献的收集、整理工作。截至2015年，“民国时期文献保护计划”整理出版工作已立项81项、共6098册。目前已经出版43项，共2707册，其中与抗战相关的文献出版共计26种、1090册。

【国家图书馆多渠道发布“日本战犯罪行审判史料编译”专题】

12月10日，第二个“南京大屠杀死难者国家公祭日”到来前夕，国家图书馆官网、微博、微信等平台正式上线“日本战犯罪行审判史料编译”专题，让历史说话、用史实发言，推动抗战历史研究和抗战历史普及教育，提供第一手史料支撑。为驳斥日本右翼保守势力歪曲否认侵华历史言论提供强有力的武器和佐证，服务国家战略大局。

“日本战犯罪行审判史料编译”专题致力于向社会公众推广、普及抗战历史知识，以国家图书馆整理出版的对日战犯审判文献为基础素材，结合海内外相关研究著述，尊重史实、严谨考证，对文献资料中的战犯罪行及其证据进行编译，在三级审校基础上请专家把关，形成“每日一则”的发布内容。

项目第一阶段以“东京审判文献”为主要精选编译对象。依据国家图书馆和上海交通大学合作整理出版的英文版《远东国际军事法庭庭审记录》（80册，又索引3册），日文版《远东国际军事法庭证据文献集成》（50册）等原始审判文献，经过精选成为编译工作的主要一手文献，并参考《远东国际军事法庭判决书》《南京大屠杀史料集》《东京审判研究丛书》等相关研究著述。每则约500字，需要时配图表说明，在国家图书馆网站首页以专题页面的形式进行呈现，每日更新一则，微博和“掌上国图”同步每日更新，微信定期发布。前期拟发布内容包括东京审判概况、判决书判定的被告罪行、庭审记录中的罪行证据三部分。

2011年起，国家图书馆与上海交通大学合作建立东京审判研究中心，搜集、整理、研究东京审判相关文献史料，建设“东京审判资源库”。全方位揭示对日战犯审判的原始资料和研究成果，再现对日战犯审判的重要历史事实，极大地便利了读者使用，促进史料文献面向公众的推广。

文献整理与开发

- 善本古籍的开发
- 普通古籍的开发
- 民国文献的开发
- 馆藏重大出版整理项目
- 数据库开发
- 年度掠影

文献整理与开发

一、善本古籍的开发

2015年，国家图书馆出版社择取影响中华文明的核心经典，采用国家图书馆藏的最好版本，将其仿真影印出版。如宋版《周易》《论语集说》《老子道德经古本集注直解》《十一家注孙子》、元版《稼轩长短句》，兼顾学术性和普及性，方便读者使用。

古籍馆继续通过多种手段，与多家出版机构合作，加强馆藏文献的整理、研究与开发，使珍贵文献化身千百，便于读者的利用，也促进馆藏文献的保护。为上海世纪出版股份有限公司古籍出版社出版《十三经》提供宋本一部、元本十部、清本二部。明宪宗辑《群仙集》为明抄彩绘本，图像精美，十分珍贵，文物出版社2015年据此影印出版。《四部丛刊》是民国以来商务印书馆出版的大型古籍影印丛书，先后出版初编、二编、三编，于学界影响甚大。北京金哈达文化传媒有限公司与中国书店出版社合作，策划出版《四部丛刊四编》，使用国家图书馆文献约100种。

二、普通古籍的开发

国家图书馆出版社将馆藏古籍按照专题进行分门别类的整理开发，主要涵盖传记文献、史籍史料、文学艺术、方志地理、哲学宗教、综合文献等方面。

传记文献方面，一是《国家图书馆藏抄稿本日记选编》（全60册），选录国家图书馆藏抄稿本日记28种，其中元人日记1种（《郭天锡日记》），清人日记27种，如吴骞《兔床日记》、谢兰生《常惺惺斋日记》、英和《奉使陕甘日记》、翁心存《知止斋日记》及其孙翁曾翰（翁同龢嗣子）的《海珊日记》，又有文学家方玉润的《心烈日记》《星烈日记》，版本目录学家莫友芝的《郘亭日记》等。二是《金石书画人物传记资料丛刊》（全40册），从馆藏金石书画类著作中辑录人物传记资料57种，分为书画家传、印人传、书家传、画家传4类，并以通史和断代进行排序。《地方志人物传记资料丛刊·西南卷》（全82册），根据方志中的人物志、职官志、选举志和艺文志等，摘取云南、贵州、四川、西藏四省有关历史人物的传记资料，为研究属于该四省省籍和曾经任职于四省的历史人物，提供翔实的参考文献。

史籍史料方面，一是《明清法制史料辑刊（第三编）》（全88册），收录明清时期律例类法制史料文献，其中又分为明朝和清朝两大类，明朝主要收录4种文献，有《大明律释义》《大明律集解附例》等。清朝收录的律例类文献比较多，多达30多种，包括《大清律讲义》《大清律集解附例》《大清现行刑律讲义》《大清法规大全》《大清法规大全续编》等。二是《〈逸周书〉研究文献辑刊》(全9册)，选择前人研究《逸周书》的优秀成果，如清代卢文弨的《逸周书》校注本，清代王念孙、洪颐煊的《逸周书》研究著作，以及清代朱右曾的《逸周书集训校释》等，将之汇集成编。三是《〈考工记〉研究文献辑刊》(全6册)，搜集国家图书馆所藏《考工记》资料30种，涵盖宋明清多个版本，涉及历代研究者多人，其中包括郑玄、杜牧、王安石、戴震、程瑶田等著名学者。四是《清季外交史料》(全8册)，包括光绪朝外交史料、宣统朝外交史料、西巡大事记、清季外交年鉴、清季外交史料索引等部分。辑录了清末军机处及外务部档案，是研究清代光绪、宣统两朝对外关系的重要史料。

文学艺术方面，一是《清代家集丛刊》(全200册，附索引1册)，从近千种清代家集（家族诗文集汇刻）中选辑重要者150多种，以区域排序，汇为一编，入选者皆为数代书香之家，绵延不绝，如黎庶昌辑《黎氏家集》、冒广生辑《如皋冒氏丛书》、方昌翰辑《桐城方氏七代遗书》、潘承弼辑《陟冈楼丛刊甲集》、朱琦编《紫阳家塾诗钞》等，这些家集既有较高的文学鉴赏研究价值，又有着重要的史料钩沉线索，是研究清代家族文学、"家风"和区域文化的重要资料。二是《清末民国旧体诗词结社文献续编》(全40册)，收入清末民国的旧体诗词社团诗词结集、会员名录等文献40余种，既有南社这样的全国性大社团，分类结集，延续数十年；也有地方性的小型社团，活动较少，结集文献却是稿本仅存。对研究近现代诗词、文人社团等有着较大的参考价值。

方志地理方面，《宋元方志经济资料丛刊》(全3册)，主要收录宋元方志中与经济有关的文献，如赋税、户口、物产、田土等，是研究我国宋元时期经济的重要资料。

哲学宗教方面，《历代伦理学文献辑刊》(全34册)，收录与伦理学相关的文献共97种，按照文献内容大致分为宗教伦理、伦理学思想、家训、修身等几个部分，是历代有关伦理的文献汇编。《子藏·法家部·商君书卷》(全9册)，收录目前所知有关《商君书》白文本、注释本、节选本、校勘本、批校本及相关研究著作等63种，集《商君书》各种版本及研究文献之大成。《子藏·法家部·慎子卷》(附申子)(全2册)，收录目前所知有关《慎子》辑佚本、节选本、校勘本、批校本、注释本及相关研究著作等共36种，集《慎子》各种版本及研究文献之大成。

综合文献方面，主要是《衢州文献集成》(全200册)，收集衢州经济、政治、文化、社会等方面重要历史文献，含衢州先贤著作和外地人士撰写的有关衢州的著作238种。其中经部17种、史部75种、子部64种、集部82种。所用底本包括国家图书馆、浙江图书馆等重要收藏机构的宋元善本9种、明刻本45种、清刻本134种、名家稿抄本43种等。入选的典籍多为各图书馆、博物馆的善本，常人难得一见。

近年来，闺秀著作研究颇受学界关注。古籍馆与文物出版社合作，影印出版《国家图书馆藏清代女性著作》，收录馆藏清代妇女诗文集307种。以方志为主的地方文献的整理出版继续开展，山东地方志编纂委员会办公室、宁波地方志编纂委员会办公室、蒲县地方志编纂委员会办公室等使用馆藏方志用于出版，而广西师范大学出版社的《广西历代文献集成桂学文库》、海南大学的《海南全书》、洛阳市地方史志办公室的《河洛文化文献丛书》等地方文献丛书都使用国家图书馆部分普通古籍馆藏。

三、民国文献的开发

在往年基础上，在“民国时期文献保护计划”推动下，2015年国家图书馆民国文献开发力度进一步加大，大型项目顺利出版，系列化、专题化特征更加明显。

民国文献资料丛编方面，最重要的是《民国文献类编》（全1000册）的出版。该书共分社会、政治、经济、教育、法律、军事、文化艺术、史地、科学技术、医药卫生十卷，收录各馆所藏的未刊珍稀文献约4000种。收录文献的时间跨度为1911—1949年，以图书为主，兼收手稿、档案。主要内容为存世较少、未曾整理出版的政府或机构出版物、内部资料、地方文献等，是研究民国史、近代史的大型基础文献。其他还有：《民国时期审计史料汇编：第一辑》（全27册），收录民国时期审计书籍类史料63种，出版时间从1914—1948年。根据文献内容，分为审计法规类、政府审计类、普通审计类三部分，每部分按出版时间排序。《海军公报（1929—1937）》（全73册），收录了南京国民政府海军部公报室编印的《海军公报》，从1929—1937年，共96期，其内容涉及海军法规、命令、公牍、调查、专载、海军消息等，比较全面地反映了民国时期海军部的发展。《民国时期地方概况资料汇编》（全43册），收录民国时期出版的有关全国地方概况出版物80余种，其中有全国的、各省的、各城市的和各县各地概览，较为全面地反映民国时期的全国地方情况，对于了解和研究民国时期的地方历史有着珍贵的史料价值。《民国时期公藏书目汇编》（全36册），收录包括国立北平图书馆、中央图书馆，各地公共图书馆、高校图书馆、中小学图书馆、专门图书馆等公藏机构的藏书目录，特别注重收录中小型书目和有特色的专门图书馆的藏书目录，如《国立北平图书馆现藏中国官书目录》等，具有重要的研究价值。《民国时期音乐文献汇编》（全30册），收录近现代各类音乐文献137种，精装30册，分为音乐理论、音乐教育及中小学音乐教科书、歌曲、器乐曲、工具书和参考资料、音乐期刊等。《商标公报（1923—1948）》（全106册），收录民国时期《商标公报》共408期，包括北洋政府商标局第1—124期，南京国民政府商标局第1—283、285期等，是研究我国近代商标图样、商标历史，以及民国时期工商业发展的极为重要的资料。《民国时期社会调查资料续编》（全30册），收录民国时期社会调查资料203种，分为教育调查、人口调查、民族调查、劳工调查、社会生活调查、社会概况调查、农村调查等，是当代学者研究近代中国社会变迁的重要资料。《民国时期中国文学史著作廿七种》（全13册），选取包括曾毅的《订正中国文学史》、张长弓的《中国文学史新编》、刘毓盘的《中国文学史》等在内的27种创作于民国时期的早期中国文学史著作，既有中国文学史的通论之作，亦有分体文学史之作，均为近年来国内未见出版的较为稀见的文学史文献资料。

抗战及对日战犯审判文献，有《国际检察局讯问记录》（全70册），将有关远东国际军事法庭审判（东京审判）的国际检察局（International Prosecution Section，简称IPS）的文书整理汇编。这些原始资料共归类成470份档案，包括国际检察局对以东条英机为首的28名被告和其他甲级战犯嫌疑人以及相关证人、旁证人、具体事件、各类团体的审讯记录和调查报告等，是东京审判得以开展的重要准备工作。国际检察局对东条英机、土肥原贤二、岸信介等战犯及嫌疑人所做的原始讯问笔录均属国内首次完整集中披露，具有极高的文献价值。另有《抗日战争史料丛编：第二辑》（全 50 册），收录抗战时期军事、政治、经济等方面的文献 300 余种，内容主要包括抗日战争战略战术、各站区工作、军事会议、沦陷区状况、军事统计、各地日军暴行、军事间谍；战时经济发展状况及抗日战争时期的文化艺术等。

其他文献，主要有《中国省别全志》（全 50 册），该书由日本著名的间谍机构东亚同文会编纂，为绝无仅有的由外国人编撰的中国志书。东亚同文会从 1900 年成立至 1945 年抗日战争结束，40 多年来该校始终让其学生对中国进行实地调查，内容涉及中国各地经济状况、经商习惯、地理形势、民情风俗、多样方言、农村实态、地方行政组织等。另有《近代著名图书馆馆刊荟萃五编》（全 24 册），共收录各种图书馆刊物 20 余种，涵盖国立图书馆，省、市、县立公共图书馆，私立图书馆，学校图书馆，专门图书馆等多个系统，包括民国时期图书馆学核心期刊《学风》，浙江省立图书馆编印《图书展望》、浙江流通图书馆编印《中国出版月刊》等，对于研究图书馆学、文献学、阅读史和出版史等都有一定价值。

完成与中华书局合作的《中国近代出版史料长编》。通过系统调查馆藏新善本、普通古籍中民国线装书的收藏状况，并扫描书影，为研究近代出版历史提供原始材料。

四、馆藏重大出版整理项目

2015 年，古籍馆开展的重大出版项目有《国家图书馆藏甲骨全集》《国家图书馆藏稀见清人别集丛刊》《中国古典戏曲学大系·中国国家图书馆卷》《国家图书馆藏样式雷图档·圆明园卷》，它们或涉及馆内重要专藏，或体量较大，达数百种之多。随着这批文献的影印出版，将更加便利学者的研究利用，进一步扩大国家图书馆的社会影响。

五、数据库开发

“民国时期文献总库·图书”，收录 1911—1949 年出版的各类中文图书，该数据库分为三期建设，每期收录民国图书 5 万种，每期建设数字资源 5 万种，三期建设完毕将收录民国图书 15 万种，约 20 万册。目前，民国图书数据库一期建设完成。

“中国历史人物传记数据库”，目前收录文献数量为 7799 种，涵盖传说时期至 1949 年的历史人物计 881413 人（其中有图人物 572392 人）。

“民国图书馆学著作数据库”目前收录民国时期图书馆学相关图书共计 235 种，民国时期图书馆学期刊刊载文章 13187 篇，并从中单独著录图片 1636 张，附表 1727 张。内容涉及近代图书馆发展史、图书流通史及校勘、训诂、音韵等文献学范畴。

年度掠影

【《视觉启蒙——国家图书馆藏清末民初报刊漫画集成》】

《视觉启蒙——国家图书馆藏清末民初报刊漫画集成》（全3册）是2015年度国家图书馆典藏阅览部“民国文献析出图画辑录项目组”的重点出版项目之一，也是国家图书馆科研项目“清末民初报刊漫画史料的整理与研究”的课题成果。典藏阅览部以国家图书馆典藏的报刊类资源为依托，开展清末民初报刊漫画作品的挖掘与整理工作。从《新闻报》《上海时报》《顺天时报》《北京白话画图日报》《神州日报》等13种报刊中，挑选出画质优良的时政漫画、经济漫画、教育漫画和风俗漫画共4566幅，并开展数字化加工，著录题名、作者、来源等漫画信息。2015年9月，浙江人民美术出版社将这些漫画以来源分类，按时间排序，采用原版配原图的方式，编辑出版。本书为清末民初新闻漫画的研究提供第一手参考资料。

【《二战时期日军暴行报刊资料汇编》】

2015年，国家图书馆典藏阅览部继续开展民国时期文献整理出版项目《二战时期日军暴行报刊资料汇编》的相关工作。从馆藏1937年7月至1945年8月发行的《大公报》《新华日报》《神州日报》《纽约时报》《泰晤士报》等76种中外报刊中，搜集出4127条日军暴行的相关新闻报道及评论，并按时间顺序进行编排整理。整理出的二战时期日军暴行资料包括日军在华进行南京大屠杀、开展毒气战、虐杀俘虏、强征劳工与慰安妇、实施奴化教育、破坏非军事目标及文化机构设施等各方面报道共计4017条；日军对外国驻华使馆、租界、教堂及学校恶意损毁的报道95条；日军在其他亚洲国家实施侵略暴行的报道15条。截至12月底，已基本完成二战时期日军暴行报刊资料的整理出版工作，《二战时期日军暴行报刊资料汇编》将由国家图书馆出版社在2016年正式出版发行。

【《馆藏东亚同文书院中国调查资料汇编》】

《馆藏东亚同文书院中国调查资料汇编》项目是2015年国家图书馆典藏阅览部重点馆藏文献整理出版项目之一。东亚同文书院中国调查资料是民国时期东亚同文书院为日本实施对华扩张，秘密编撰的有关中国地貌、社会和经济等情况的调查资料。典藏阅览部共整理出1927年至1943年东亚同文书院编撰的中国调查资料1785册（含复本486册），并编制目录。整理出的东亚同文书院中国调查资料主要为旅行调查日志、旅行调查报告书和各类研究报告。调查地点遍及山东、山西、四川、广东、云南、海南、呼和浩特、哈尔滨、香港、澳门、台湾等地，调查内容涉及金融、政治、工业、农业、矿业、交通、宗教、治安、人口、语言、教育等方面。截至2015年12

月底，典藏阅览部已基本完成馆藏东亚同文书院中国调查资料的整理与影印工作，资料集《国家图书馆藏东亚同文书院中国调查资料汇编》将由国家图书馆出版社在2016年正式出版发行。

【《全国少年儿童图书馆（室）基本藏书目录》】

2015年，少年儿童馆开展《全国少年儿童图书馆基本藏书目录（2015）》的书目搜集与规范整理工作。在全面梳理本馆2014年馆藏数据的基础上，重点就国内50余家专业少儿出版社及综合出版社、30余家少儿图书馆及公共图书馆推荐优秀少儿读物和全国各级各类获奖图书目录进行搜集整理。全年完成24家国内专业少儿社、66家综合出版社以及19家童书出版机构的书目数据搜集工作，完成各大少儿阅读奖项的获奖书目以及各阅读推广机构推荐书目的搜集与整理工作，完成面向国内少儿图书馆书目数据收集的邀请函发放工作等。经过前期数据核对与样书审核环节，拟定核心书目1000条、扩展书目2000条，共计3000条书目数据。该项目已于12月针对上述拟推荐书目进行专家意见征集，并根据专家意见进行相应调整后对外公布。

【《原创绘本100》】

少年儿童馆2015年承办《原创绘本100》的书目研制工作，旨在通过对原创图画书经典作品的评选，鼓励新生代原创图画书作家，同时实现为广大少年儿童推荐优秀原创图画书作品，弘扬传统文化的目的。该书目以2015年3月以前内地出版的中国籍作家或插画家创作的作品为遴选对象，结合内地原创图画书出版现状，各类图画书获奖情况，以及政府、民间机构和阅读推广人士提供的多种推荐书目。5月，项目正式启动，经过3个月的数据搜集与核查，完成原创绘本的基础数据盘。7月24日，少年儿童馆向出版界发出《关于国图少儿馆研制〈原创100——中国原创图画书核心书目〉的通知》，邀请出版机构人士推荐原创图画书信息，补充和完善基础数据。8—10月，项目组调阅并征集样书1200余种，集中就图书展开核查与讨论，遴选出优秀作品120种。为全面征集各方意见，少年儿童馆针对拟推荐作品开展公众网络投票活动，同期邀请9位专家参与投票和评选。11月，该书目得到领域专家的肯定与好评，书目研制工作圆满完成。

学术与科研

- 科研项目
- 学术成果
- 博士后科研工作站
- 图书馆事业发展研究与图书馆政策研究
- 年度掠影

学术与科研

一、科研项目

（一）立项情况

2015年度获准立项国家级项目6项，其中社科基金年度项目3项，社科后期资助项目1项、全国艺术科学规划项目1项、科技支撑计划项目1项，经费492万元。获准立项部级项目2项，为文化部科技提升计划项目，资助经费共计110万元。馆级课题立项48项，资助经费共计77万元（参见“统计资料”之四“科研立项与结项”）。

（二）结项情况

2015年共结项20项。其中馆级项目结项12项、部级项目结项6项、国家社科基金项目结项2项（参见“统计资料”之四“科研立项与结项”）。

二、学术成果

截至2015年年底，国家图书馆员工正式发表的成果包括著作类（包括参与编撰等）25部，论文334篇，标准2项。

文津出版基金共资助4部学术著作出版。1.张玮《祁承㸁藏书及文献学思想研究》。祁承㸁是明代中后期“有名的藏书家，优秀的目录学家，卓越的图书馆学先驱者”，他对于图书，不论在聚书、读书、鉴别、购求上，还是在分类、编目、典藏、借阅上，都有精辟的言论、独到的见解、新颖的方法和可行的规约。祁承㸁对文献内在特性的掌握及其对有关图书事业多层次、多方面的考察，从现代图书馆学的观点来看，已初步建立起一套系统的私人图书馆采、编、阅、藏的完整格局，奠定其在书史上的首创地位；同时，在文献学的大视野下，对目录学、辨伪学、辑佚学等方面提出突破性观点，并积极应用于文献利用的实践之中。特别可贵的是，他的一切活动，能以经世致用为鹄的；所有的工作，能以理论联系实际为准则，不尚空谈，对今天的图书馆工作也多有裨益。2.张曙光《那达慕的现代传承与意义阐释》。该书在对那达慕历史发展脉络进行梳理的基础上，考察那达慕的历史起源和历史进程，探寻那达慕现代传承的历史根基，对那达慕进行学科界定，认为那达慕是不同于农业文明的草原游牧节庆。通过大量的田野考查，梳理那达慕民俗事象，较为全面地展现现代那达慕的组织形态、符号体系及传承状况。分析敖包那达慕、庆典那达慕、旅游那达慕、家庭那达慕及衍生性的那达慕等不同组织类型，围绕核心象征符号“男儿三艺”探讨那达慕复合的和不断添加、转义的符号体系，探讨那达慕现代传承的内在动力机制，进而就那达慕节日文化发展和族群认同、文化传承等问题提出相关见解。3. 朱宇凡《中印海上安全问题研究》。该书综述中印海上安全史，对中印海上安全观念的类同与差异进行比较研究，并最终做出界定。综合分析中印海上安全分歧的各个方面，主要涉及亚太地区及印度洋地区，分析中印双方在该区域范围内各自的战略意图以及重要的分歧点。对中印双方海上安全的合作前景进行思考与展望，并提出构建由中印主导的地区海上安全合作机制的设想。4. 李华伟《版权制度中的公有领域研究——兼论图书馆对公有领域资源的利用》。该书分析了版权制度中公有领域的来源与范围，在此基础上归纳出广义公有领域的概念。从立法上的权利扩张，政策障碍，技术壁垒，权利滥用，隐私权、版权邻接权等方面，分析论证影响公有领域的诸多因素，尝试从寻求立法支持、政策支持、技术方法、抑制版权滥用等几个方面构建有效的解决方案。介绍国际图联与美国、日本等国的主张与实践，并以中国国家图书馆近年来开展的“公有领域图书版权筛查”等实践项目为例，阐述对公有领域资源利用的积极探索。

三、博士后科研工作站

截至 2015 年年底，国家图书馆博士后科研工作站（以下简称“工作站”）共有合作导师 10 人，主要研究方向包括图书馆事业发展战略研究、文献信息组织、数字图书馆、古籍题跋整理与研究、古典文献学研究和善本书志与古籍保护，已出站研究人员 17 人，在站研究人员 7 人。2015 年开展如下工作：

（一）参加博士后综合评估工作

顺利通过人力资源和社会保障部、全国博士后管委会组织的博士后综合评估工作。

（二）颁布的博士后工作有关文件

围绕工作实践需要，继续对《国家图书馆博士后科研工作站管理办法》等工作站规章制度进行梳理和检查，进一步完善工作站管理制度。

（三）博士后工作经费投入情况

2015 年，国家图书馆向工作站投入经费 15.7 万元，主要用于博士后人员工资和补贴发放，进站面试、开题论证、中期考核及出站鉴定等会议费用以及日常办公支出。

（四）博士后进出站及日常管理情况

2015 年，增补李致忠研究馆员为博士后导师；发布 2015 年招生简章，收到 24 份进站申请书，分三批组织进站面试，最后确定招收 3 名 2015 级博士后人员；组织开展 2 名博士后中期考核、1 名博士后开题论证和 5 名博士后人员的出站鉴定，并组织办理出站手续。

召开博士后出站报告鉴定会

（五）在站博士后人员基本情况

在站博士后人员中：2012 级 1 人，2013 级 1 人，2014 级 2 人，2015 级 3 人；古典文献学 4 人，图书馆学 3 人；女 5 人，男 2 人。

（六）博士后基金申报与资助情况

2015 年，工作站积极组织在站博士后申报各类型科研项目：组织开展第 57—58 批博士后面上资助项目申报，获批面上资助一等项目 1 项，获批国家图书馆馆级科研项目 3 项。

（七）博士后科研及学术交流情况

2015 年，工作站在站博士后共发表论文 13 篇，参加学术研讨会 20 余人次；组织 2013 级博士后在馆内举办学术讲座 2 场，反响良好。

举办博士后学术讲座

四、图书馆事业发展研究与图书馆政策研究

2015年，国家图书馆以“十三五”规划编制工作为重点，围绕图书馆事业发展与相关政策开展系列研究工作，主要包括以下几个方面。

（一）图书馆事业发展研究

1. 组织开展图书馆事业发展中长期规划研究

组织编制《国家图书馆“十三五”规划纲要》《全国公共图书馆事业发展“十三五”规划》和《全国图书馆标准化工作“十三五”规划》。其中，《国家图书馆“十三五”规划纲要》初稿于2015年7月提交中层干部会专题讨论，并在10月形成征求意见稿，面向馆内各部处、馆外专家学者、其他各级各类图书馆和政府主管部门征求意见。完成《全国公共图书馆事业发展“十三五”规划》初稿，并提交至文化部公共文化司征求意见。《全国图书馆标准化工作“十三五”规划》提交至于8月召开的“全国图书馆标准化技术委员会换届大会暨标准化工作与图书馆事业发展研讨会”进行专题研讨，征求第二届图标委全体委员意见，并根据委员意见进行修改。

根据上述规划编制需要，组织开展规划预研工作，共完成《国家图书馆事业发展环境与目标分析研究》等7个专题预研报告，共计60余万字；完成《“十二五”时期馆藏发展政策、管理制度及资源建设主要数据分析》和《“十二五”时期服务发展政策、服务制度及服务主要数据分析》2个报告。

参与《全国基层文化人才队伍培训“十三五”规划》等其他相关规划的研制工作。

2. 组织开展图书馆事业发展状况调查与研究

继续组织编纂《中国图书馆事业发展报告（蓝皮书）》。其中，农村图书馆卷已于2015年5月底交付出版社，并根据出版社意见完成修改和作者自校；数字图书馆卷于2015年1月底前召开统稿会，并组织专家进行修改完善；少儿图书馆卷于2015年4月召开启动会，目前已完成面向全国各级公共图书馆少儿部及独立建制少儿馆的问卷调查，基本完成初稿撰写。“十二五”时期图书馆事业发展综合卷已完成初步方案。

继续组织编纂《中国图书馆年鉴》和《国家图书馆年鉴》。其中，《中国图书馆年鉴》2015卷已于10月底交付出版，共95万余字，160余幅图片。《国家图书馆年鉴》2015卷纸质版已于9月底正式出版，共30余万字，120余幅图片；光盘版编校工作基本完成，共计约3.5万字，21幅图片。

编制印发《2014中国公共图书馆事业发展基础数据概览》。在文化部财务司的支持和指导下，继续组织对我国公共图书馆事业发展的年度数据进行汇总整理与分析，完成编制《2014中国公共图书馆事业发展基础数据概览》手册，于2015年10月寄发各省（区、市）政府文化事业主管领导、文化厅局图书馆事业主管领导、副省级以上公共图书馆，以及中宣部、文化部、

财政部、国家发改委、国务院法制办等中央和国家机关相关业务司局参阅，共计300余份。

3. 启动《国家图书馆概论》编纂工作

为全面系统地剖析国家图书馆的特殊职能，并从世界各国国家图书馆履行职能的具体实践中汲取成功经验，为国家图书馆在“十三五”时期建设成为“国内最好，世界领先”提供参考借鉴，启动《国家图书馆概论》编纂工作。

（二）图书馆政策研究

1. 开展立法支撑研究

受文化部委托，继续深入开展《公共图书馆法》立法调研工作，分别针对社会力量兴办公益性图书馆、其他类型图书馆向公众开放、总分馆建设、理事会制度、经费保障、捐赠制度、评估定级、职称评审等立法重大问题撰写调研报告。组织召开专家研讨会，根据国务院法制办的建议，对《公共图书馆法（送审稿）》的进一步修改完善进行讨论。作为受托课题组之一，根据专家讨论意见，对送审稿进行法条修改，并汇总国家行政学院和中国政法大学两个课题组的修改稿，整理形成《公共图书馆法》综合建议稿。

成立《古籍保护条例》起草组，开展《古籍保护条例》立法思路讨论及法条修订工作。

2. 提供重要政策建议及报告

根据文化部等上级主管部门要求，就有关法律法规及政策文件的制定和实施提出意见建议。包括《国家图书馆关于〈公共文化服务保障法〉征求意见的复函》《国家图书馆关于〈意见〉和〈标准〉分工方案的意见》《国家图书馆关于对征求〈关于加强文化知识产权工作的指导意见（征求意见稿）〉意见的复函》《国家图书馆关于“十三五”时期支持少数民族事业发展相关项目、工程及政策措施的建议》等。

就国家图书馆重点工作项目开展研究，向有关部门提交研究报告及相关政策建议，包括《国家图书馆战略储备库研究报告》《国家图书馆关于报送拟纳入文化部“十三五”时期文化改革发展规划的重大工程和重大项目有关材料的函》等。

3. 组织开展省、市、县图书馆业务规范研制工作

该项目是文化部基本公共文化服务标准化工作中的一项重要内容，2015年在省、市、县三级公共图书馆业务规范初稿的基础上，重点组织对省级公共图书馆业务规范进行讨论修改，并组织完成市、县两级业务规范的对照修改，完成系列业务规范的统稿审定工作。

4. 接受各级政府主管部门委托开展调查研究

组织开展“公共文化机构建立法人治理结构”调研。该项目为文化部2015年重点调研项目，目前已完成山东、湖北、贵州、重庆等地区实地调研，通过文献调研、电话调研等方式初步了解广东、湖南、浙江、上海、江苏等地区的公共文化机构法人治理改革情况，同时通过文献调研获取英国、美国、韩国、新加坡、澳大利亚等国家的图书馆法人治理结构建设的相关材料。

在山东省图书馆开展“公共文化机构建立法人治理结构”实地调研

完成廊坊市创建第二批国家公共文化服务体系示范区制度设计研究工作。根据委托方意见，就2014年完成的各项研究报告及提出的8项制度设计方案和6份政策文件草案进行讨论修改，并就廊坊市图书馆总分馆制建设试点工作方案提供意见建议。2015年，该项目的6份政策文件草案均已通过廊坊市政府正式发布实施。

继续推进教育部委托项目“我国文化场馆语言文字应用调查及对策研究”，项目中期成果《我国文化场馆语言文字使用情况调查及对策研究报告》被评为“2014年度全国文化系统优秀调研成果”。在此基础上，本年度进一步对广西、云南、贵州、河北、北京等地区进行补充调研，完成调研报告约5万字。

5. 对相关政策文件及行业发展动态进行搜集整理和研究

搜集整理国内外图书馆建设与服务最新进展，以及各级政府部门发布的相关政策制度文件信息，通过《图书馆政策发展研究》《图书馆决策参考》和《业界动态》等形式，跟踪报道事业最新进展及相关政策制度发布情况，为本馆馆领导、中层干部，文化部、财政部等部委，副省级以上图书馆，以及各省（区、市）主管文化事业的领导机关提供及时、全面的信息参考。2015年，共编发《图书馆政策研究参考》4期、《图书馆决策参考》6期、《业界动态》44期。

（三）数字图书馆研究

编发数字图书馆发展研究专报。跟踪最新信息技术，结合信息技术部相关业务，深入研究数字图书馆发展方向，探索新技术在数字图书馆中的应用。2015年共完成4期数字图书馆发展研究专报：《网络信息资源采集与保存》系统介绍Web Archive发展背景、采集保存及访问方式，介绍并对比分析国内外12个经典网页保存项目；《MOOC环境下的图书馆服务创新》介绍MOOC发展背景、系统平台构建、课程设计和运营维护，进行国内外MOOC案例分析，并给出公共图书馆如何在MOOC环境下开展建设的启示；《互联网思维下的图书馆服务模式探索》探讨“互联网+”背景下图书馆服务模式的重构及变革，介绍国家图书馆互联网+战略实施；《大数据环境下的图书馆》介绍大数据发展历程、大数据在图书馆中的应用、分析国内外公共文化行业大数据典型案例，并总结建议图书馆如何拥抱大数据。

年度掠影

【文化部科技创新项目“缩微文献长期保存保护研究”结项】

5 月 29 日，由缩微文献部负责的文化部科技创新项目“缩微文献长期保存保护研究”项目通过验收委员会各专家的评审顺利结项。

本项目 2011 年获得文化部科技创新项目立项，旨在通过实验等方法对不同片基缩微品混放的现状提出针对性的意见和建议，为全国图书馆、档案馆在缩微胶片保存保护工作中出现的酸气排放问题提供解决方案，同时为数字存档技术今后的发展起到抛砖引玉的作用。

该课题主要进行两方面研究，一是研究醋酸综合症对涤纶胶片长期保存的影响，并研制一款可自动调节的酸性气体检测及控制装置；二是为数字存档技术应用研究，即通过实验，建立一套能够用于规模化生产的流程规范和制定符合缩微品长期保存的数转模技术标准。项目的老化实验条件和方法均参考最新国际标准，其研究方法在国内处于领先，对实验结果的分析和总结对于缩微品的保存保护实践具有普遍的指导意义，对于国家文献资源总库的建设具有重要的参考价值。课题组研制的酸性气体检测及控制装置立足缩微品存储的实际需求，思路创新，成效显著，对缩微品库房环境的治理和改善提供技术上的极大支持。课题组制定了文献缩微数字存档技术应用标准，国家图书馆也成为国内第一家开展彩色数字存档技术研究的单位，填补数字存档技术的多项空白，推动国内文献影像技术的一次飞跃式发展。

【“中文字符数转模技术研究”获 2015 年文化部国家文化科技提升计划项目立项】

为提升中文字符数转模胶片质量，降低我国珍贵文献数转模工作的设备成本，全国国家图书馆缩微文献部启动“中文字符数转模技术研究”项目。项目目标是深入研究中文字符数转模标准规范及实现手段，研发具有自主知识产权的数转模设备样机，旨在为数转模设备的国产化搭建技术环境，为我国可传承文献数字资源的缩微化保存工作提供有力的技术支撑。项目在全面调研国外数转模技术原理及实现办法的基础上，从照相技术、自动化控制技术、应用软件、加工标准等方面对中文字符数转模设备进行全面研究，对样机在公共图书馆进行试点部署，将项目成果在全国图书馆范围内进行推广。项目对数转模技术原理进行深层次研究，解决中文字符线对表现技术、模拟影像色彩校准、影像质量控制等方面问题；解决设计、选型、加工、组装、测试等环节出现的问题，研制国产数转模设备；对样机技术数据进行采集与分析，制定相关的加工标准规范。该项目获得 2015 年文化部国家文化科技提升计划项目立项，获得资助 60 万元。

编辑与出版

- 《中国图书馆学报》
- 《国家图书馆学刊》
- 《文献》
- 《中国图书馆年鉴》
- 《国家图书馆年鉴》
- 国家图书馆出版社专业文献
- 年度掠影

编辑与出版

一、《中国图书馆学报》

2015年，学报编辑部完成中文刊1—6期编辑出版发行工作，审稿1069篇，发文55篇；完成英文年刊的排版、校对、发行工作。通过国家图书馆国际交换组，发行至世界300个国家和地区的国家图书馆及相关地区的图书馆。在期刊栏目和选题策划方面，编辑部策划召开“前沿论坛”和“青年学术论坛”，同时开辟相应栏目，刊发学术成果。“前沿论坛”邀请专家学者就业界、学界具有前瞻性、战略性和思想性的热点问题进行深入探讨。“青年学术论坛”邀请学界和业界中青年学者就图情领域相关选题进行学术研究，旨在培养全国中青年的研究梯队，推动学术研究和事业的发展。在国际化方面，为促进国内学术研究成果的国际传播和影响力，期刊推出国际化新举措，增加每篇文章的英文长摘要、通信作者的ORCID号、基金项目和通信作者的英文信息。向SSCI提出加入申请，递交相关资料，向SSCI报送新出版的期刊。在网站建设方面，正在回溯1979年以前的旧刊，以及民国时期的相关资源，完成后拟发布到网站上供读者查阅；增加和启动“图书情报学学术资源库”模块，分国内和海外两部分建设，目前海外部分资源已经开始建设，以摘要的形式推介海外图情领域相关著作，供学界参考交流。

《中国图书馆学报》2015年全6期

2015年，编辑部开始筹划“《中国图书馆学报》创刊60周年文选”，拟于2017年创刊60周年时，编纂出版。整理1957年创刊以来刊登的文章，挑选出不同时期代表中国图书馆事业和图书馆发展的研究成果，邀请学界和业界专家筛选，目前正在着手进行编纂工作。

《中国图书馆学报》连续多年被评为全国优秀图书馆学期刊。在北京大学《中文核心期刊要目总览（2014年版）》、南京大学《中文社会科学引文索引来源期刊目录（2014—2015年）》、中国社会科学院《中国人文社会科学核心期刊要览

证 书
CERTIFICATE
《中国图书馆学报》编辑部：
在第四届《中国学术期刊评价研究报告（武大版）（2015-2016）》中，贵刊被评为“RCCSE中国权威学术期刊（A+）”。
特颁此证。
中国科教评价网（www.nseac.com）
武汉大学中国科学评价研究中心
武汉大学图书馆
Research Center for Chinese Science Evaluation（RCCSE）
二零一五年二月

《中国图书馆学报》获评“RCCSE中国权威学术期刊（A+）”证书

（2013 年版）》及武汉大学《中国学术期刊评价研究报告 (2015—2016 年)》中均居图书馆、情报与文献学类期刊第一位。还被国际上许多著名的检索期刊如《乌利希国际期刊指南》《图书馆文献》和《最新连续出版物题录》等收录，是首批获得国家社科基金资助期刊之一。入选中国社会科学院中国人文社会科学评价中心发布的《中国人文社会科学期刊评价报告 (2014 年)》之全国人文社会科学顶级期刊并排名第五。2015 年 3 月，在第四届《中国学术期刊评价研究报告（武大版）（2015—2016）》中，被中国科教评价网、武汉大学中国科学评价研究中心、武汉大学图书馆评为“RCCSE 中国权威学术期刊（A+）”。同年，被《中国学术期刊（光盘版）》电子杂志社有限公司、清华大学图书馆、中国学术文献国际评价研究中心评为“2015 中国国际影响力优秀学术期刊”。

二、《国家图书馆学刊》

2015 年，《国家图书馆学刊》全年来稿 1700 余篇，刊发 104 篇，另刊登业界动态 39 条。主要栏目有专题研究、政策与法规研究、管理与服务、资源建设、信息组织、技术应用、文献保护、图书馆史研究等。其中，政策与法规研究、资源建设和技术应用为本年度新增栏目。为充分反映当前图书馆学研究与图书馆事业发展的重点和热点，本年度共策划 6 组专题研究：中国记忆、基本公共文化服务、社会力量参与公共图书馆服务体系建设实践探索、信息组织：书目数据的关联应用与映射、基层小型图书馆改造升级、图书馆读写困难症儿童服务研究。

《国家图书馆学刊》2015 年全 6 期

本年度新设“话题讨论”，约请业内专家针对图书馆界热点话题展开讨论，共策划 4 组话题讨论：民办图书馆是否应该纳入《公共图书馆法》、政府购买公共文化服务政策环境下公共图书馆的发展、“十三五”时期图书馆事业展望、图书馆编目的困境与未来。

本年度顺利完成稿件采编系统的升级工作。因国家图书馆域名变更，该刊稿件采编系统所使用的二级域名及公共邮箱域名均做相应调整。

此外，该刊入选《中文核心期刊要目总揽》2014 年版（即第七版）之图书馆事业、信息事业类核心期刊。

三、《文献》

2015 年《文献》共出版 6 期，刊发各类稿件 116 篇。2015 年是世界反法西斯战争暨中国人民抗日战争胜利 70 周年，本刊第 4 期特设“文献聚散与文化抗战”专栏，组稿刊发《抗战期间北平图书馆为采集云南武定土司文献的往来信函》和《抗战时期日伪劫掠北平图书馆文献及平馆战后的追索》两篇专文，具体而微地反映国家图书馆在文化战线之抗战历程。另外，为多方面听取学者意见，进一步提高办刊水平，《文献》编辑部于 8 月 31 日邀请人民大学书报资料中心有关专题的学术顾问及责任编辑，就当前文史研究中文献整理研究的学术动态、学术热点等进行充分交流。

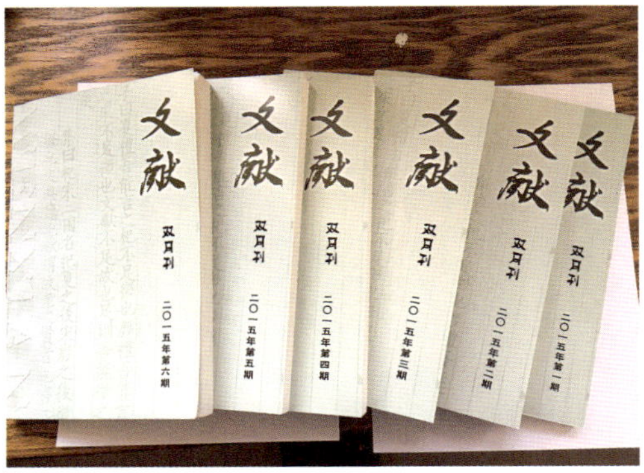

《文献》2015 年全 6 期

四、《中国图书馆年鉴》

《中国图书馆年鉴 2015》全面反映 2014 年中国图书馆界的发展状况。正文采用分类编辑法。设立纪事、专文、图书馆事业、学术交流、法律法规与政策性文件、专业文献、统计资料、年度大事记、图书馆活动图辑、索引 10 个栏目。其中“纪事”栏目重点反映全国图书馆界启动“十三五”规划、文化部牵头成立国家公共文化服务体系建设协调组、国家首个“南京大屠杀死难者国家公祭日”图书馆界举办相关活动、国家典籍博物馆开馆、2014 年中国图书馆年会召开等年度内在全国图书馆界产生较大影响的事件；“专文”栏目重点登载 2014 年度学校图书馆发展报告，2010—2014 年全民阅读推广工作，图书馆界微博、微信、微电影（微视频）自媒体服务进展等年度热点问题，其中学校图书馆发展报告中有关中小学图书馆的大量数据是首次在年鉴中登载。

《中国图书馆年鉴 2015》

2015 卷共收到原始稿件 190 万字，图片 453

幅；最终定稿 90 万字，图片 182 幅。12 月交付国家图书馆出版社出版。

五、《国家图书馆年鉴》

《国家图书馆年鉴 2015》全面记录国家图书馆在 2014 年的工作全貌，系统、准确地反映国家图书馆 2014 年各项事业的发展情况，为读者了解和研究国家图书馆提供基础数据和资料。全书共分为综述、特别记载、基础业务工作、服务工作、国家数字图书馆建设、重点文化工程、文献开发、学术与科研、编辑与出版、对外交流与合作、机构与人员、设施建设与安全保卫、党建与群团活动、统计资料、重要文件选编、媒体报道、年度大事记以及综合索引 18 个栏目。本卷在上一卷结构框架的基础上，对局部做修改补充：为与文化部相关工作保持一致，原“党建与员工活动”改为“党建与群团活动”，“统计资料”中增加“馆内奖励”统计。《国家图书馆年鉴 2015》于 2015 年 9 月由国家图书馆出版社出版，全书共计 40 万字，图片 144 幅，统计表 30 个。此外，《国家图书馆年鉴 2015》还推出光盘版（中英文对照）。

《国家图书馆年鉴 2015》

六、国家图书馆出版社专业文献

国家图书馆出版社 2015 年度出书 249 种，比去年同期减少 30%；其中新版书 205 种，比去年同期减少 41%；重印书 44 种，比去年同期增加 267%。年度销售额收入稳步增长，发货码洋 13164 万元（不含《中华再造善本》），比上年同期增长 1%。

（一）重点图书的出版

2015 年，完成《中华再造善本总目》的出版。《全国古籍普查登记目录》出版《江苏省常州市图书馆古籍普查登记目录》《内蒙古自治区图书馆古籍普查登记目录》等 9 种目录。积极策划申报“中华古籍保护计划”项目，《牛津大学博德利图书馆藏〈永乐大典〉》《德国柏林国家图书馆藏〈永乐大典〉》等 10 种图书列入成果，并出版其中 7 种。积极策划、申报并承担“民国时期文献保护计划”项目中《民国文献类编》《近代国学文献集成》《民国时期孔教会资料汇编》《国家图书馆藏民国时期政府出版物目录》等 18 个项目，其中 10 种已出版。

《中华再造善本续编》展示与文献保护利用研讨会

完成出版“十一五”国家重点图书出版规划项目《脂砚斋重评石头记己卯本》；“十二五”国家重点图书出版规划项目《中国古籍珍本丛刊》（安庆市图书馆卷、澳门大学图书馆卷、广东省立中山图书馆卷 3 种）；2011—2020 年国家古籍整理出版规划项目《晚清小说期刊辑存》；国家出版基金项目《国际检察局讯问记录》；国家古籍整理出版专项经费资助项目《文求堂书目》《清代家集丛刊》《西班牙藏中国古籍书录》；国家清史纂修项目《清代阿拉善和硕特旗蒙古文档案选编》《首都博物馆藏清代契约文书》。

（二）申报项目和参评奖项

1. 申报 2015 年第一批国家社科基金后期资助项目，《宋代地方的官民信息沟通与治理秩序》项目获批准。获批承担 2015 年 4 批国家社科基金后期资助项目《政府信息公开公众满意度测评与管理创新研究》《数字资源长期保存技术的研究与实践》《协同信息检索行为研究》《新中国古籍影印丛书总目》《图像语义信息可视化交互研究》的出版工作。

2. 申报各类重点项目

申报 2015 年度国家出版基金项目，《抗日战争珍稀史料丛编》《日本强掳中国赴日劳工档案汇编》《东京审判出版工程第三期——国际检察局讯问记录》（与上海交通大学出版社联合申报）3

个项目获得批准；成功获批承担国家出版基金项目《中华大典·艺术典·音乐分典》的编辑出版工作（参见“年度掠影”之“《抗日战争珍稀史料丛编》等4个项目获2015年国家出版基金立项”）。

参加“纪念中国人民抗日战争暨世界反法西斯战争胜利70周年重点出版物”申报活动，《抗日战争史料丛编：第二辑》《东京审判出版工程（第二期、第三期）》（与上海交通大学出版社联合申报）2个项目入选（参见“年度掠影”之“《抗日战争史料丛编：第二辑》等两书入选纪念中国人民抗日战争暨世界反法西斯战争胜利70周年主题出版重点出版物”）。

申报2015年新闻出版改革发展项目库，《中国传统文化图典资源库》《国家图书馆藏清代样式雷图档》2个项目获批准。

《清代家集丛刊》《国家图书馆藏样式雷图档·圆明园卷（一）》《美国亨廷顿图书馆藏〈永乐大典〉》《普林斯顿大学葛思德东方图书馆藏中文古籍书目》《西班牙藏中国古籍书录》5个项目获得2015年度国家古籍整理出版资助（参见“年度掠影”之“《国家图书馆藏样式雷图档·圆明园卷（一）》等5个项目获2015年国家古籍整理出版资助项目立项”）。

经与文化部科技司多次沟通联系，争取到《中国文化年鉴2015》的编辑出版任务（参见“年度掠影”之“出版社承担《中国文化年鉴2015》编辑出版任务”）。

3. 优秀图书评奖

《远东国际军事法庭庭审记录》荣获“第五届中华优秀出版物奖图书奖”“上海图书奖”（参见“年度掠影”之“《远东国际军事法庭庭审记录》获‘第五届中华优秀出版物奖’”）；《老子绎读》入选国家新闻出版广电总局首届向全国推荐中华优秀传统文化普及图书（参见“年度掠影”之“《老子绎读》入选国家新闻出版广电总局首届向全国推荐中华优秀传统文化普及图书”）；《翰墨流芳——国家图书馆馆藏精品大展图录》荣获“2014年度北京印刷质量大奖提名奖”（数码印刷）；《楚辞文献丛刊》荣获“2014年度全国优秀古籍图书奖一等奖”，《北京大学图书馆藏程砚秋玉霜簃戏曲珍本丛刊》《第四批国家珍贵古籍名录图录》获二等奖（参见“年度掠影”之“《楚辞文献丛刊》等3种图书获2014年度优秀古籍图书奖”）。《远东国际军事法庭证据文献集成索引、附录》《中国人民抗日战争纪念馆藏日本强掳中国赴日劳工档案汇编》审读报告获“2015年全国优秀审读报告评比活动优秀奖”。

4. 数字出版项目

“《中华再造善本》数据库”“‘中国影印古籍丛书书目查询系统’数据库”，“民国时期文献总库”及“中国历代人物传记资源平台”数据更新工作有序进行。

顺利完成中央文化企业数字化转型升级工作。“传统文化图典资源库”成功申报文化产业发展专项资金项目；“历史文献综合服务系统”申报中央文化企业国有资本经营预算支出项目获得资金支持；申报的“明清善本再造精品化出版”项目获得2015年北京市文化创新发展专项资金，同时获得“北京市文化创新发展专项资金2015年度扶持项目单位”称号。

年度掠影

【《远东国际军事法庭庭审记录》获“第五届中华优秀出版物奖”】

2 月2 日，第五届中华优秀出版物奖在京揭晓，国家图书馆出版社和上海交通大学联合出版的《远东国际军事法庭庭审记录》《远东国际军事法庭庭审记录索引、附录》两种图书获奖。本次评选共有338 种优秀作品获奖，其中图书奖100 个。中华优秀出版物奖是由中国出版工作者协会主办的国家级出版物奖，每两年评选一次，首届中华优秀出版物奖于2006 年启动。该奖与中国出版政府奖、全国“三个一百”原创图书出版工程奖并列为全国出版界三大奖项。

《远东国际军事法庭庭审记录》

此次，国家图书馆出版社与上海交通大学出版社着眼于东京审判重大的历史价值，借助上海交大东京审判研究中心的专家资源优势，积极与国家图书馆合作，将从海外复制回归的近5 万页庭审记录档案搜集整理，并编纂中英日索引，同时出版。这不仅有利于促进学界对东京审判相关专题的深入研究，提升中国的“发言权”，更是给研究提供便利的途径。东京审判庭审记录是相当珍贵的历史档案，也是值得后人去探索研究的重要文本。这批文献资料的整理出版可以说是一次重大历史事件的再现，也是事关中华民族尊严的重要档案的回归。

【《抗日战争珍稀史料丛编》等4 个项目获2015 年国家出版基金立项】

2015 年，国家图书馆出版社申报的《抗日战争珍稀史料丛编》《日本强掳中国赴日劳工档案汇编》《东京审判出版工程第三期——国际检察局讯问记录》（与上海交通大学出版社联合申报）3 个项目获得国家出版基金立项。与此同时，经努力争取，成功获批承担国家出版基金项目《中华大典·艺术典·音乐分典》的编辑出版工作。

《抗日战争珍稀史料丛编》全100 册，影印出版国家图书馆等所藏抗战时期军事、政治等方面的珍稀文献600余种，主要内容为：军事类，包括抗日战争战略、战术的总结，历次战役的战纪、总结、检讨等；政治类，以抗日战争时期各地临时参议会会议记录为主，还包括抗战损失调查、日军暴行等资料。这些文献多为油印本、未刊本、机密文件，此前极少有披露，从多个层面反映抗战的全过程。

《日本强掳中国赴日劳工档案汇编》全60册，汇辑中国人民抗日战争纪念馆所藏的日本强掳中国赴日劳工档案，包括日本35家企业的124个作业场的373份报告和日本外务省备忘录、报告书32份，共405份，计3万余页。这批劳工档案极为珍贵，属国内首次公开，是日本奴役中国劳工最直接的证据，是劳工史研究领域的基础性文献。

《国际检察局讯问记录》全70册，根据美国国家档案馆所藏有关远东国际军事法庭审判（东京审判）的国际检察局（International Prosecution Section，简称IPS）文书整理汇编而成。这些原始资料共归类成470份档案，包括国际检察局对以东条英机为首的28名被告和其他甲级战犯嫌疑人以及相关证人、旁证人、具体事件、各类团体的审讯记录和调查报告等，是东京审判得以开展的重要准备工作。国际检察局对东条英机、土肥原贤二、岸信介等战犯及嫌疑人所做的原始讯问笔录均属国内首次完整集中披露，具有极高的文献价值。

《中华大典·艺术典·音乐分典》是一部辑录中国古代音乐文献并参照现代科学的图书分类法进行编纂的大型类书。所收资料上自先秦，下迄辛亥革命。内容主要包括乐舞、乐论、乐律、琴学、雅乐、宫廷音乐、鼓吹乐、俗乐、歌唱、舞蹈、乐器等经目，在每个经目下面又具体分设题解、综述、分述、传记、记事、人物著作、艺文、杂录、图像图表、乐谱等纬目。

【《抗日战争史料丛编：第二辑》等两书入选纪念中国人民抗日战争暨世界反法西斯战争胜利70周年主题出版重点出版物】

2015年，为纪念中国人民抗日战争暨世界反法西斯战争胜利70周年，中央宣传部、国家新闻出版广电总局决定组织开展主题出版工作。入选主题出版的重点出版物将与国家出版基金项目相衔接，经国家出版基金规划管理办公室论证后予以资助，并配合中央相关部门纪念活动安排和重要时间节点进行深入宣传报道，组织展示展销，扩大重点出版物的社会影响。国家图书馆出版社申报3种图书参加评选，其中《抗日战争史料丛编：第二辑》《东京审判出版工程（第二期、第三期）》（与上海交通大学出版社联合申报）2种图书入选纪念中国人民抗日战争暨世界反法西斯战争胜利70周年主题出版重点出版物。

《抗日战争史料丛编：第二辑》入选纪念中国人民抗日战争暨世界反法西斯战争胜利70周年主题出版重点出版物

【《国家图书馆藏样式雷图档·圆明园卷（一）》等5个项目获2015年国家古籍整理出版资助项目立项】

2015年4月，全国古籍整理出版规划领导小组办公室公布《2015年度国家古籍整理出版专项经费资助项目》名单，共有49家出版社96个项目获得出版资助。国家图书馆出版社有5个项目入选，分别为《清代家集丛刊》《国家图书馆藏样式雷图档·圆明园卷（一）》《美国亨廷顿图书馆藏〈永乐大典〉》《普林斯顿大学葛思德东方图书馆藏中文古籍书目》《西班牙藏中国古籍书录》，资助总额178万元。自2009年2月以来共资助项目603个，资助总额1.3亿。据初步统计，国家图书馆出版社有28个项目获资助，资助总额693万元。

【《任继愈文集》出版座谈会召开】

《任继愈文集》出版座谈会

4月15日，由国家图书馆和任继愈研究会联合主办的《任继愈文集》出版座谈会在国家图书馆古籍馆举行。全国政协常委、民族和宗教委员会主任朱维群，文化部副部长杨志今，国家图书馆馆长韩永进、副馆长刘惠平、张志清等来自文化部、中国社会科学院、国家新闻出版广电总局、中国无神论学会、山东省的相关代表以及西北大学名誉校长张岂之、国家图书馆原馆长詹福瑞等国内学术界、图书馆界、出版界的著名专家学者参加会议。与会学者一致认为，任继愈先生堪称一代学术宗师，一生致力于中国哲学、宗教学研究和人才培养，是我国著名哲学家、宗教学家、历史学家；任先生主动承担抢救、保护、整理、出版文献典籍的历史使命，为传承弘扬中华民族优秀传统文化贡献毕生心血。《任继愈文集》的出版，将任先生一生的学术思想和研究成果进行系统整理和总结，其目的不仅仅是为后人学习与研究先生的思想提供系统的参考资料，更是期望先生的为人与为学后继有人，并能不断发扬光大。

【《中国古籍珍本丛刊·广东省立中山图书馆卷》新书发布会暨馆藏历史文献整理座谈会召开】

4月21日，《中国古籍珍本丛刊·广东省立中山图书馆卷》新书发布会暨馆藏历史文献整理座谈会在广东省立中山图书馆召开。50多名来自全国各省市图书馆、出版界的人员应邀与会。广东省立中山图书馆馆长刘洪辉、国家图书馆出版社社长方自金为此书揭幕并分别致辞。著名版本学家沈津赞扬收录 70 多种稿抄本的此套丛书非常有价值。四川省图书馆副馆长王嘉陵、武汉大学图书馆副书记王美英、浙江图书馆古籍部副主任童圣江、西南大学图书馆特藏部主任张丽芬先后发言，对此书的出版表示祝贺，期待与国家图书馆出版社进一步合作。

【《中华再造善本续编》展示与文献保护利用研讨会在兰州召开】

5 月 28 日，由国家图书馆出版社和甘肃省高校图工委共同主办、兰州大学承办的《中华再造善本续编》展示与文献保护利用研讨会在兰州大学召开。教育部政府采购中心政府采购处副处长王东、国家古籍保护中心办公室管理组组长王沛、兰州大学图书馆馆长沙勇忠、国家图书馆出版社社长方自金，以及全国各地 30 余所高校、省市图书馆代表、社会学者专家等出席会议。会上，国家图书馆出版社社长方自金向与会代表介绍《中华再造善本续编》的编辑出版、配送情况以及国家图书馆出版社其他文献整理出版工作，国家图书馆出版社工作人员演示《中华再造善本》数据库的使用方法，图书馆代表汇报《中华再造善本》的高校利用情况。会议以座谈形式讨论关于古籍文献保护利用事业的相关话题。

【《楚辞文献丛刊》等 3 种图书获 2014 年度优秀古籍图书奖】

7 月 16 日，由中国出版协会古籍出版工作委员会主办的“第 30 届全国古籍出版社社长年会暨 2014 年度优秀古籍图书评奖会”在长春举行。国家图书馆出版社申报的 3 种图书荣获奖项。《楚辞文献丛刊》（全 80 册）荣获“2014 年度全国优秀古籍图书一等奖”，该书选编《楚辞》历代重要版本、名家批注本，以及楚辞研究著作 200 余种，涉及海内外图书收藏机构和个人数十家。《北京大学图书馆藏程砚秋玉霜簃戏曲珍本丛刊》（全 44 册）和《第四批国家珍贵古籍名录图录》（全 6 册）荣获“2014 年度全国优秀古籍图书二等奖”，前者收录程砚秋玉霜簃藏曲中精华部分，较完整、系统地保存明清以来梨园艺人场上演出曲本；后者是 2013 年 3 月国务院公布的第四批《国家珍贵古籍名录》的图录，共收录全国数百家文献收藏机构入选第四批名录的 1516 部珍贵典籍的书影 1700 余帧。

《楚辞文献丛刊》

全国优秀古籍图书奖是目前中国古籍图书类的最高奖项，由中国出版工作者协会古籍出版工作委员会设立，自 2006 年起，每年评选一次。此次会议，共有 36 家出版社申报评奖图书 203 种。

【王涛入选北京市出版人才“百人工程”】

为进一步团结凝聚和发展壮大北京市出版人才队伍，2015 年 8 月，中共北京市委宣传部实施出版人才“百人工程”。拟从北京地区国有图书、音像电子出版单位，民营出版服务机构、新兴数字出版单位、出版物印刷复制和发行企业、版权服务机构，以及行业协会、科研单位等从业人员中，遴选出百名具有较强专业素养和发展潜力的中青年人才，建立北京市“出版百人工程”人才库。通过重点培养、优先推荐、沙龙交流、项目扶持、跟踪管理等综合手段，有效团结业内骨干力量，激发人才活力。11 月，评审结果公布，国家图书馆出版社王涛获批入选北京市出版人才“百人工程”。王涛，2002 年 7 月进入国家图书馆出版社工作，现任国家图书馆出版社数字出版部主任。

【著名图书馆藏稀见方志丛刊系列之《清华大学图书馆藏稀见方志丛刊》新书发布会暨历史文献整理出版座谈会在京召开】

《清华大学图书馆藏稀见方志丛刊》新书发布会暨历史文献整理出版座谈会

9 月 17 日，由清华大学图书馆、国家图书馆出版社主办的“《清华大学图书馆藏稀见方志丛刊》新书发布会”在清华大学人文社科图书馆举行。来自清华大学、北京大学、国家图书馆、国家博物馆、中国地方志指导小组、国家方志馆等高校、图书馆与研究机构的专家学者、图书馆工作者近 40 人与会。发布会由清华大学科技史暨古文献研究所所长冯立昇主持。清华大学图书馆党委书记蒋耘中、国家图书馆出版社社长方自金为本书进行揭幕仪式。清华大学科技史暨古文献研究所副研究员宋建昃作为本书主编，重点介绍这套书的整理情况和出版价值及意义。与会专家学者对《清华大学图书馆藏稀见方志丛刊》的出版给予高度评价，就地方志文献整理出版工作的意义和价值，传统方志出版的整理思路、编印方式等进行具体、深入的讨论研究。

本书为国家图书馆出版社“著名图书馆藏稀见方志丛刊”图书系列的第 22 种，从清华大学所藏千余种方志中精选出 20 种稀见方志，绝大多数为抄本、稿本。其中最具特色的当属一批民国时河北诸县方志志料。这批文献均为民国时河北各县应省政府通令征求志料而编纂，包括《正定县志》《遵化县志料》等，成书后均未刊刻，具有较高文献价值。

【《清代家集丛刊》出版座谈会举行】

10 月 10 日，“《清代家集丛刊》出版座谈会”在国家图书馆古籍馆举行。国家图书馆副馆长张志清出席会议并为新书揭幕。来自北京大学、南京大学、清华大学、中国社会科学院、国家清史编纂中心、恭王府管理中心、中国第一历史档案馆、国家图书馆等多家高校和科研机构的 30 余位学者与会。该书由南京大学文学院教授徐雁平与中国社会科学院文学研究所研究员张剑主编，国家图书馆出版社出版发行，从 786 种清人家集中精选出 180 余种编辑而成，全书共 200 册，其中绝大多数为首次出版，是清代家族文学和家族文化研究的第一手资料。

副馆长张志清为《清代家集丛刊》揭幕

【《四川历代方志集成》《重修四川通志稿》新书发布会召开】

10 月 26 日，《四川历代方志集成》和《重修四川通志稿》新书发布会在成都举行。四川省地方志工作办公室主任马小彬、民国时期文献保护工作办公室副主任孙伯阳、四川省图书馆馆长何光伦、国家图书馆出版社副社长殷梦霞共同为两部新书的发布揭幕；编纂者和出版者详细介绍两部图书的编纂和出版情况；中国社会科学院赵嘉朱研究馆员对我国旧志存藏情况和出版现状做专题报告，为各地旧志的整理与出版提供广阔的思路。来自四川省方志办、四川省 180 多个市、州、县方志办的负责人以及中国社会科学院、国家图书馆、四川省图书馆、四川大学图书馆等单位的专家 200 余人参会，对旧志的整理与出版做深入研讨。

《四川历代方志集成》是四川省地方志工作办公室于 2014 年启动的一项重要旧志整理出版项目，由国家图书馆出版社承担编辑出版任务。全书计划分辑出版四川历代旧志 300 多种，全部采用影印出版方式。截至目前，已完成两辑 150 多种，第一辑 24 册，第二辑 30 册。后续几辑将在未来两年内陆续推出。《重修四川通志稿》由宋育仁担任总纂，初稿成于 1931 年，仅以稿本传世，计 170 卷。其价值主要体现在，编纂所采集的资料除采自旧志外，多取政府文件、报告、统计资料及时人著述等，资料来源广泛。在“民国时期文献保护计划”支持下，经过四川省图书馆王嘉陵等人两年多的梳理，由国家图书馆出版社影印出版。

【《衢州文献集成》发布会暨衢州文献整理学术研讨会召开】

10 月 27 日，由中共衢州市委宣传部主办、衢州学院和国家图书馆出版社承办的《衢州文献集成》发布会暨衢州文献整理学术研讨会在衢州举行。出席会议的有：浙江省社会科学界联合会党组书记郑新浦，中共衢州市委常委、宣传部部长诸葛慧艳，衢州市人大常委会副主任童建中，衢州市人民政府副市长陈锦标，衢州市政协副主席王建华，衢州学院党委书记胡建新，国家古籍保护中心副主任张志清，国家图书馆出版社社长方自金等；衢州学院、浙江师范大学、中国社会科学院、华东师范大学、复旦大学、首都师范大学、山东大学、浙江大学等院校的专家学者以及各大相关报纸杂志的主编、记者。葛慧艳、胡建新、方自金、张志清先后致辞；随后举行《衢州文献集成》揭幕仪式和赠书仪式。在座谈会和衢州文献整理学术研讨会上，编纂方、出版方和各界专家学者代表围绕本丛书，从编纂、出版、作用、影响、意义和后续研究宣传工作等方面发表看法，就《衢州文献集成》及衢州文献整理工作交换意见。

《衢州文献集成》全200册，是对衢州地区历史文献第一次系统而完整的整理汇编。本书收集衢州经济、政治、文化、社会等方面的重要历史文献，含衢州先贤著作和外地人士撰写的有关衢州的著作236种，其中经部17种、史部74种、子部64种、集部81种，所用底本包括国家图书馆、浙江图书馆等重要收藏机构的馆藏，这些入选的典籍绝大多数是各图书馆、博物馆的善本。另外，随此丛书一同出版的还有《衢州文献集成·提要》和4种线装高仿礼品书。

【黑龙江省地方志办公室与国家图书馆出版社签署战略合作框架协议】

11月6日，黑龙江省地方志办公室主任隋岩、国家图书馆出版社社长方自金分别代表双方签署战略合作框架协议。根据协议，本着优势互补、资源共享、互惠双赢的原则，双方同意将对方作为各自事业发展的战略合作伙伴，就黑龙江省地方志文化资源开发和研究开展深入合作与交流，继而推动黑龙江省文化事业建设。双方将共同策划并实施黑龙江历史地理文化资源的挖掘整理，将旧志整理作为基础合作项目，开展《黑龙江历代方志集成》的整理发布；进一步策划黑龙江历史文化遗存调研项目，就古驿站、北满铁路和黑龙江少数民族文化开展调研，共同联合、组织高校和科研院所力量参与项目整理编纂，并出版有关志书。

国家图书馆出版社目前已陆续与各省级地方志编纂机构合作出版各地历代旧方志丛刊，除《黑龙江省历代方志集成》项目外，已完成《四川历代方志集成》第一辑与第二辑。

【《老子绎读》入选国家新闻出版广电总局首届向全国推荐中华优秀传统文化普及图书】

12月8日，国家新闻出版广电总局公布首届向全国推荐中华优秀传统文化普及图书的通知，此次评选共有312家出版单位报送图书1072种。经专家论证遴选，确定首届向全国推荐中华优秀传统文化普及图书86种。由任继愈先生撰写、国家图书馆出版社出版的《老子绎读》入选其中。

《老子绎读》

任先生曾在50年间4次翻译和注释老子，《老子绎读》是其最后一次译注的成果：以王弼本为底本，参以帛书本、竹简本校之，在保留原文的基础上，配以简明的释读，精炼的题解，是专门为读者而撰的导读之书。国家图书馆出版社曾在2006年首次出版《老子绎读》，本次入选图书为2015年4月推出的修订版。修订版弥补原稿中存在的部分遗留问题，可以为读者提供更为准确的参考。

【江苏省档案局（馆）与国家图书馆出版社签署战略合作协议】

12月30日，国家图书馆出版社和江苏省档案局（馆）战略合作协议签署仪式在北京举行。江苏省档案局（馆）局长谢波、副局长张姬雯，国家图书馆副馆长、民国时期文献保护专家委员会副主任陈力，国家图书馆业务处处长毛雅君，国家图书馆出版社总编辑贾贵荣、副社长殷梦霞参加签署仪式。陈力介绍“民国时期文献保护计划”项目开展以来，在文献普查、海外文献征集、整理出版等各方面所做的工作及其成果，重点介绍文献整理出版所取得的重要成果。张姬雯介绍江苏省档案馆的资源建设、档案信息化建设和档案开发利用的情况。双方战略合作协议的签署是专业出版社和档案馆的一次强强联手，将对中国近现代史文献的开发出版起到积极推动作用。

【出版社承担《中国文化年鉴2015》编辑出版任务】

《中国文化年鉴》由中华人民共和国文化部主编，旨在全面准确反映我国文化事业和文化产业发展状况，为各级党和政府加强对文化行业的宏观指导、有效调控、科学管理和依法监督提供权威的信息参考。

《中国文化年鉴2015》全书共分文化发展概况、部属单位文化发展、地方文化发展、法律法规及政策性文件、文化统计数据、附录6个类目。其中文化发展概况包括艺术创作与生产、公共文化服务、非物质文化遗产保护等12个部分，书后附综合索引及彩插350余幅。国家图书馆出版社作为文化部下属的唯一一家一级出版社，承担《中国文化年鉴2015》的编辑工作，是对出版社编辑工作的肯定，也为出版社编辑业务的开拓发展提供新的方向。

【国家图书馆出版社数字出版工作稳步推进】

2015年，国家图书馆出版社数字出版工作稳步推进。1.对已有数据库产品进行继续完善。增加“中华再造善本数据库”分卷与印章识别功能，同时完成每种图书的提要嵌入工作；更新“古籍影印丛书查询数据库”2008—2012年数据；更新“民国文献资源总库·图书”数据，累计数量超过10万册，另外核查新入库民国图书200万页；完成“中国历史人物传记数据库”软硬件系统调试，提升数据库的稳定性，全年新加入人物数据17.9万条。2.用科研项目支持数字出版发展。启动“古籍修复知识网络系统”项目。该项目于2014年申报国家文化科技提升计划项目并获得批准，目标是建立一个覆盖全国各古籍收藏单位的网络，为相关的古籍修复人员提供古籍修复知识及古籍修复工具信息平台，已于2015年年底完成。3.完成中央文化企业数字化转型升级工作，并成功申报国家文化产业项目。国有资本金预算项目“中央文化企业数字化转型升级”经专家验收会通过，完成结项。申报文化产业发展专项资金支持项目并获通过，获得资助600万元。去年年底申报的国有资本金预算项目，今年获得资助1500万元。4.拓展申报途径，扩大经费来源。以“传统文化图典资源库”为题申报北京市科委“设计之都”建设与科技文化融合领域储备课题并审核通过成为重大课题，预期获得资金支持200万元，出版社还成为重大项目的主持单位。以

“明清善本再造精品化出版”为题申报北京市文化产业发展的奖励项目，获得资金支持300万元。5. 完善出版社数字出版各环节工作。开展出版社历史存档图书的电子化工作，现已完成存档书的全部扫描工作，近300万页。制定《电子文件存档格式规定》，制作图书存档及检查软件。配合发行部，完成数据库试用开户数。开发完成已有数据库的后台统计功能。6. 数字出版产品销售工作取得进展。全年数据库销售额为244万元，利润为222万元。

【国家图书馆出版社发行领域不断拓展】

2015年，国家图书馆出版社不断拓展发行渠道，扩大发行领域。1. 加强与古籍特色专业书店的联系，如布衣书局、杭州通雅轩书店、南京乐甸书店等，这些书店有的依托孔夫子旧书网，有的自建网站，都是业内知名的销售古籍图书的书店，是当当、京东和亚马逊三大传统网店的补充。2. 在图书馆领域强化自己的优势地位，扩大客户群体。除传统的重点高校、省级公共图书馆外，积极增进与地市级公共图书馆，地方本科院校、理工类院校图书馆的联系，增加图书馆客户群体，扩大图书宣传推广销售的范围，取得良好效果。3. 加强与图书馆之外的文博单位联系。除公共图书馆和高校图书馆外，社会科学院和博物馆系统的图书馆也成为发行部加强联系的对象，2015年福建省社会科学院、天津市社会科学院等单位购书明细增加。各省市方志办因筹建或者已建方志馆，购书藏书成为日常工作需求，也是发行部重点联系推广的单位。四川省方志办、山西省方志办、江苏省方志办、山东省方志办、深圳市方志办等很多省市级方志办都已成为发行部的重要客户。

【《全国公共图书馆缩微文献联合目录》正式出版】

全国图书馆文献缩微复制中心及各成员馆共同编制完成的《全国公共图书馆缩微文献联合目录》由国家图书馆出版社于2015年全部出版。此次出版的联合目录分为民国编和古籍编两部分，共收录缩微中心自成立以来至2013年6月底间，各成员馆拍摄制作的各类文献共141675种，其中善本古籍30388种、报纸4378种、期刊15230种、民国时期图书90308种。和以往相比，该目录在信息组织方式上有若干新的特点：首先，书目款目集中展示了缩微品信息、原件信息与馆藏信息，与以往书本目录相比较有所创新；其次，在编制书目款目时对数据内容做了细致比对，信息展示更为科学和简洁。

1985年全国图书馆文献缩微复制中心成立后，带领各地文化管理部门和公共图书馆积极参与到文献的缩微抢救中来，形成了覆盖全国的文献缩微资源建设体系，30年来积沙成塔，成绩斐然，取得了丰硕的成果，《全国公共图书馆缩微文献联合目录》正是这一成果的体现。《全国公共图书馆缩微文献联合目录》的出版，不仅丰富了我国图书馆的文献目录体系，更是近年来全国图书馆珍贵文献抢救事业在保护与建设方面并举的成果体现，意义深远。

对外交流与合作

- 赴国外及港、澳、台交流
- 国外及港、澳、台重要来访
- 对外合作项目
- 年度掠影

对外交流与合作

一、赴国外及港、澳、台交流

2015 年全年共出访 39 批 99 人次。重要出访包括：馆长韩永进率团赴土耳其、阿塞拜疆和伊朗国家图书馆进行业务交流，率团赴台湾参加两岸古籍整理与维护研讨会及第二届玄览论坛；副馆长刘惠平率团赴南非参加第 81 届国际图联会议并访问毛里求斯国家图书馆，率团赴台湾参加第四届古籍保护与流传学术会议暨第二届海峡两岸古籍论坛；副馆长陈力率团赴埃及参加首届中国与阿拉伯国家图书馆及信息领域专家大会并访问突尼斯图书馆；副馆长张志清率团赴美国参加 2015 年北美东亚图书馆理事会并访问加拿大图书馆；副馆长魏大威率团赴埃及参加世界数字图书馆执行委员会会议及合作伙伴会议以及国际图书峰会，率团赴泰国参加亚洲及大洋洲地区国家图书馆馆长会议并访问新加坡图书馆；副馆长王军率团赴澳大利亚、新西兰进行图书馆业务交流；副馆长李虹霖率团赴英国、法国，与大英博物馆、卢浮宫等机构商谈合作办展；馆长助理孙一钢率团赴朝鲜进行业务交流，率团赴港澳地区参加中文文献资源共建共享合作会议第九次理事会会议；馆长助理汪东波率团赴日本国立国会图书馆进行第三十四次业务交流。

二、国外及港、澳、台重要来访

2015 年全年共接待来访 66 批 732 人。其中重要来访包括伊朗伊斯兰革命委员会代表团、上海合作组织秘书长首席顾问维塔利 · 雅科夫列维奇 · 沃洛比约夫一行，塔斯社北京分社社长基里洛夫一行，美国汉庭顿图书馆馆长邓肯一行，伊朗驻华大使哈吉 · 阿里 · 阿斯哈一行，新西兰国家图书馆馆员、上海合作组织秘书长首席顾问、泰国文化部部长威拉 · 洛朴乍纳叻一行，澳大利亚国家图书馆安妮 · 玛丽 · 史沃特里奇一行，梵蒂冈图书馆馆长布鲁古依斯一行，法国国家图书馆馆长布鲁诺 · 拉辛一行，厄瓜多尔驻华使馆一行，美国杰斐逊基金会成员一行，白俄罗斯文化部副部长瓦西里 · 梅切斯拉沃维奇 · 切尔尼科一行，刚果（金）文化培训团一行，英国国家图书馆东亚馆藏部主任、台湾 OCLC 机构副总裁一行，希腊驻华使馆公使衔参赞一行，美国中华大族谱协会一行，国家标准化管理委员会参会专家代表团一行，澳柒集团（中国）投资有限公司总经理朱月仪一行，美国哥伦比亚大学图书馆程健、日本出版贩卖株式会社成员一行，新加坡驻华大使罗家良一行，港澳大学生一行，毛里求斯艺术和文化部长巴布一行 5 人，新加坡总统陈庆炎代表团一行，悉尼动力博物馆馆长一行，台湾汉学研究中心馆员一行，阿联酋文化、青年与社会发展部部长哈西米一行，中国出土文献研究会一行，世界卫生组织驻华代表处一行，匈牙利总理首席顾问苏奇 · 葛皂一行，日本出版贩卖株式会社社长平林彰一行，英国国家图书馆馆长罗利 · 凯丁、台湾佛陀纪念馆副馆长一行，埃塞俄比亚文化和旅游部顾问凯博提姆·提拉汗一行，洛杉矶公共图书馆馆长约翰·萨博、亚美尼亚等5国文化部和文化机构官员一行，澳门中央图书馆馆长邓美莲、香港康乐及文化事务署署长李美嫦、香港中央图书馆馆长郑学仁一行，欧罗巴那基金会执行主席、韩国国立中央图书馆代表团、韩国国会图书馆代表团、香港康乐及文化事务署助理署长杨芷兰一行，俄罗斯驻华使馆文化处处长一行。与2014年相比，接待来访批次增加40%，来访人数增加93%，接待批次与人数都有较大增长。

新加坡总统陈庆炎及夫人徐美娟访问中国国家图书馆并捐赠300余册中英文图书

三、对外合作项目

2015年，根据国家文化建设目标和对外宣传战略，创新国际交流工作新思路。配合国家“一带一路”发展战略，积极探索并推进与相关国家图书馆的交流与合作；继续调研海外中华古籍存藏情况，积极推进“海外中华古籍调查暨数字化合作项目”的实施；强化同台港澳地区特别是与台湾图书馆界的务实合作。

配合国家“一带一路”发展战略，探索、制订实施方案，积极与“一带一路”沿线国家图书馆开展合作。2015年，分别与丝绸之路沿线国家土耳其国家图书馆、阿塞拜疆国家图书馆、伊朗德黑兰大学中央图书馆签署合作协议，达成“共同保护、利用与展示丝绸之路”的共识；与阿盟秘书处合作圆满举办首届中国与阿拉伯国家图书馆及信息领域专家会议，并积极推动中阿数字图书馆电子门户网站的建立。

作为“海外中华古籍调查暨数字化合作项目”实施的开局之年，通过深入调研、双边商讨、接受赠送等活动的开展，国家图书馆在该项目的实施中取得喜人的成果，主要包括接受牛津大学博德利图书馆特别赠送的19册《永乐大典》高清数字资源，接受法国国家图书馆捐赠的《圆明园四十景图》数字版本。

为加强与台港澳图书馆界的交流与合作，深化务实合作，国家图书馆多次派团参加在台湾及香港举行的第四届古籍保护与流传学术研讨会、第一届海峡两岸古籍高峰论坛、鉴藏——两岸古籍整理与维护研讨会、中文文献资源共建共享合作会议第九次理事会会议”等重要学术会议。此外，多次接待台湾汉学研究中心、台湾佛陀纪念馆、澳门中央图书馆馆长、香港康乐及文化事务署署长以及香港中央图书馆馆长等人员的来访交流活动。

馆长韩永进为法国国家图书馆馆长布鲁诺·拉辛颁发《圆明园四十景图》数字版本捐赠证书

积极参与国际图联等重要国际会议与常规会议，进一步扩大中国国家图书馆的国际影响力；着手组建亚洲图书馆联盟，提高中国国家图书馆的国际影响力和话语权；积极参加并推动中日韩数字图书馆项目交流活动。加强双边、多边交流，推进与韩国、日本、新西兰等国家图书馆的业务交流与馆员交流活动；根据文化协定，合理安排伊朗、新加坡、塔吉克斯坦等重要代表团来访；推进展览项目的交流，做好赴澳大利亚、美国等地办展以及伊朗、英国等图书馆来华办展相关活动；认真做好与法国国家图书馆合作建设中法图书馆网站工作；积极实施“中国之窗”对外赠书等项目，对新加坡文化中心图书馆建设提供人员、图书采购与加工等协助工作，做好海外中国文化中心图书馆资源与服务支撑，推进中华优秀传统文化在海外传播。在做好重点对外合作项目的同时，继续扎实做好出访、来访等基础业务工作，将对外交流合作与国家图书馆的业务工作更紧密地结合起来。

年度掠影

【张志清率团访问美国、加拿大】

3 月 22—29 日，副馆长张志清率代表团应邀赴美国、加拿大进行业务交流。代表团访问加拿大多伦多大学东亚图书馆和加拿大安大略皇家博物馆，分别与两馆就古籍编目、版本鉴定以及拓本数字化等内容进行交流。访美期间，代表团出席在芝加哥举行的北美东亚图书馆年会，张志清在会上做题为“海外中华古籍调查暨数字化合作项目”的发言。代表团还与哈佛燕京图书馆参会人员就中文古籍出版等内容进行交流。此外，代表团访问了美国芝加哥富地博物馆、芝加哥大学图书馆、洛杉矶汉庭顿图书馆、洛杉矶公共图书馆、中国城图书馆和盖蒂博物馆 6 家机构。在访问洛杉矶汉庭顿图书馆期间，张志清与该馆馆长郭必略深入交谈，了解华人文献收藏情况，并参观该馆收藏的一册《永乐大典》。代表团还对美国加利福尼亚华人史料、少儿图书馆阅读奖励方法做深入调研。访问活动结束后，代表团会见美籍华人陈灿培先生亲属并接受其赠书。

副馆长张志清一行访问美国芝加哥富地博物馆

【陈力率团参加首届中国与阿拉伯国家图书馆及信息领域专家会议并访问突尼斯国家图书馆】

4 月 27—30 日，由阿拉伯国家联盟秘书处主办的首届中国与阿拉伯国家图书馆及信息领域专家会议在埃及开罗召开，副馆长陈力率代表团一行 5 人出席会议。中国驻埃及大使兼驻阿盟全权代表宋爱国、驻埃及使馆文化参赞兼开罗文化中心主任陈冬云、阿盟秘书处助理秘书长兼新闻与通讯部部长埃布格扎拉、约旦驻阿盟大使兼会议阿方主席哈苏奈出席开幕式。首都图书馆、甘肃省图书馆、北京大学图书馆、中国社会科学院图书馆等 8 家国内机构参加此次活动。阿方出席机构包括阿盟秘书处图书馆信息文献局、埃及开罗大学文学院以及巴林国家图书馆、沙特阿拉伯法赫德国王图书馆、埃及亚历山大图书馆等 10 余家阿盟成员国图书馆。陈力在致辞中表示，希望通过此次会议共同促进中阿图书馆事业的携手发展，进而增进中国与阿拉伯国家人民之间的相互理解与文化交流。开幕式后，陈力和埃布格扎拉分别代表中国国家图书馆和阿盟秘书处共同签署《中国国家图书馆与阿拉伯联盟秘书处谅解备忘录》。会议期间，阿盟秘书处代表阿盟各成员国图书馆向中国图书馆机构捐赠5312册阿拉伯文出版物，以供中国研究人员使用。此外，代表团还应邀访问突尼斯国家图书馆，双方共同签署《中国国家图书馆与突尼斯国家图书馆合作协议书》。根据协议，双方将在文献保护与推广、数字化、人员培训、出版物交换、合办展览与讲座等领域开展合作。

常务副馆长陈力和阿盟助理秘书长埃布格扎拉签署《中国国家图书馆与阿拉伯联盟秘书处谅解备忘录》

此次会议是根据2014年在北京举办的中国—阿拉伯国家图书馆馆长论坛上通过的《中国与阿拉伯国家图书馆2014北京合作倡议》召开的。会议以建设中阿信息化社会为主题，就中阿在信息化社会领域的尝试与实践、中阿图书馆在保存国家（民族）记忆方面的作用和措施、合作建立中阿数字图书馆等内容进行探讨，对于加强中阿各国图书馆间的交流与合作，促进各国文化的共同发展，具有十分重要的意义。

【韩永进会见法国国家图书馆馆长布鲁诺 · 拉辛并出席签约及数字资源捐赠仪式】

4月28日，馆长韩永进会见来访的法国国家图书馆馆长布鲁诺·拉辛一行。韩永进希望两馆在数字图书馆建设方面开展深入合作；拉辛表示在文献数字化、合作办展、人员交流及培训等领域继续拓展与中方的合作。会见后，韩永进和拉辛分别代表两国国家图书馆签署《中国国家图书馆与法国国家图书馆合作协议》。2007年，两国国家图书馆签署合作协议，对两馆合作的正规化、机制化起到重要的推动作用。此次借拉辛先生一行到访之机，两馆续签《中国国家图书馆与法国国家图书馆合作协议》，明确两馆即将开展的合作项目，在该合作协议框架下两馆间的交流与合作将不断务实、深化。

此次访问拉辛还代表法国国家图书馆向中国国家图书馆捐赠该馆馆藏《圆明园四十景图》的数字版本。《圆明园四十景图》是乾隆元年（1736年）由宫廷画师沈源、唐岱依据圆明园实景绘制而成，现藏于法国国家图书馆。2015年，国家图书馆启动“海外中华古籍调查暨数字化合作项目”，通过多种方式调查散落在海外的中华典籍，并通过与海外各存藏单位合作，以数字化的形式使这些珍品回归祖国，为文献利用和学术研究提供便利，实现中华优秀文化典籍的传承。此次法国国家图书馆捐赠《圆明园四十景图》的数字版本，是“海外中华古籍调查暨数字化合作项目”开展以来的第一项重要成果，为该计划拉开序幕。

【孙一钢率团访问朝鲜】

5月11—15日，馆长助理孙一钢率代表团一行5人应邀赴朝鲜进行业务交流。访问期间，孙

馆长助理孙一钢应邀赴朝鲜进行业务交流

一钢会见朝鲜人民大学习堂总长辛梧尹、副总长成自立等，双方就馆际交流、定期互访、数字图书馆建设、拓展活动、企业合作、馆员培训、中国之窗赠书活动等方面进行深入探讨，就亚洲图书馆联盟建设有关问题商讨交流。随后，代表团参观考察朝鲜人民大学习堂和金日成综合大学电子图书馆。14 日，驻朝鲜使馆公使衔参赞张承刚、文化参赞沈晓刚在使馆会见代表团，双方就加强中朝人文交流与合作等问题深入交换意见。

此次访问是国家图书馆时隔 15 年后又一次赴朝深入交流，对增进两国国家图书馆之间的沟通与合作，为进一步发展两馆友好合作关系做出积极贡献。

【李虹霖率团访问法国、英国】

5 月 17—24 日，副馆长李虹霖率代表团一行 5 人应邀赴法国、英国进行访问。访问期间，代表团与卢浮宫、大英博物馆等相关负责人举行会谈，就博物馆管理与服务等交换经验，表达未来合作办展等意愿。代表团于 5 月 20 日和 21 日两次到访大英博物馆，与该馆亚洲部和国际合作部研究员进行对话，探寻合作领域，进一步拓宽国家典籍博物馆的国际合作空间。代表团还访问了法国国家图书馆、英国国家图书馆和牛津大学博德利图书馆，参观法国国家图书馆藏清代乾隆年间开始编绘的满汉文合璧彩绘《职贡图》、英国国家图书馆藏世界现存最古老雕版印刷书《金刚经》及其他特色中文馆藏，了解这些珍贵文献的收集和保存情况、编目现状以及修复技术等。代表团在与各馆的业务交流中，就在线展览、古籍数字化出版和编目人才交流等方面的合作与各馆交换意见。此外，代表团接受牛津大学博德利图书馆特别赠送的 19 册《永乐大典》高清数字化硬盘，使“海外中华古籍调查暨数字化合作项目”取得新成果。

【新加坡总统陈庆炎及夫人徐美娟来访并捐赠 300 余册中英文图书】

6 月 30 日，新加坡总统陈庆炎及夫人徐美娟来访中国国家图书馆，捐赠 300 余册新加坡图书，并参观国家典籍博物馆展览。新加坡总理公署部长兼环境与水资源部及外交部第二部长傅海燕，贸易及工业部兼国家发展部高级政务部长李奕贤，驻华大使罗家良等新加坡代表团 30 余人一同来访并参观。

捐赠仪式上，在陈庆炎总统及现场嘉宾见证下，总统夫人徐美娟代表新加坡国家图书馆管理局向中国国家图书馆赠送 300 余册图书，韩永进馆长接受捐赠并向总统夫人徐美娟颁发捐赠证书。此次捐赠图书包含近 100 册中文图书和 200 余册英文图书，主要是新加坡作家的著作和内容聚焦新加坡课题的书籍，以期加深中国民众对新加坡的认识。捐赠仪式后，陈庆炎总统一行参观了国家典籍博物馆正在举办的“珍贵古籍雕版特展”和“中国百年童书展”，并对博物馆的展陈给予充分肯定，认为国家典籍博物馆是向世界展示中国典籍文化的国家级窗口，充分彰显中国文化的魅力。参观结束后，陈庆炎表示新加坡国家图书馆管理局和中国国家图书馆长期保持着良好的合作关系，希望今后两国国家图书馆继续加强协作。

【韩永进率团出席两岸古籍整理与维护研讨会】

8 月4—5 日，馆长韩永进率代表团一行出席在台湾汉学研究中心召开的“鉴藏——两岸古籍整理与维护研讨会”，与两岸专家学者交流经验、分享成果，共同为古籍整理贡献力量。研讨会由台湾汉学研究中心、思源文博基金主办，邀请上海图书馆、北京故宫博物院等 8 家大陆机构，台北“故宫博物院”等 10 余家台湾机构出席。

韩永进以“中国国家图书馆传承中华传统文化的使命”为题做开幕专题演讲，介绍国家图书馆在古籍保护与整理方面的举措，以及正在实施的“中华古籍保护计划”“民国文献保护计划”等相关项目。台北“故宫博物院”院长冯明珠在闭幕专题演讲中回顾台北“故宫博物院”的古籍文献出版情况，并表达两岸突破现状、完璧残帙的愿景。会议设置“古籍收藏”“整理及推广”“合作、交流及互补”以及“维护、利用及再造”4 个议题。会议期间，两岸文献典藏机构的研究人员同台发表专题演讲并进行交流。国家图书馆李致忠、李际宁、陈红彦分别做“古籍版本鉴定”“雕版·雕版印刷·雕版印刷书籍”和“中国国家图书馆的古籍修复与保护”的专题演讲。会议同期举办“鉴藏之美：历代藏书家名贤手稿与古籍特展”，展出精选的明清重要藏书家所藏 70 部珍籍。

8 月6—7 日，韩永进一行出席在台北佛光山佛陀纪念馆举办的第二届玄览论坛。论坛由台湾汉学研究中心、南京图书馆等机构联合举办，国家图书馆林世田、张洁在论坛上发表演讲。在台期间，代表团访问了台北“故宫博物院”、高雄市立图书馆等。

【刘惠平率团参加第 81 届国际图联大会并访问毛里求斯国家图书馆】

8 月 14—23 日，党委副书记、副馆长刘惠平率代表团一行 5 人应邀赴南非开普敦参加世界图书馆和信息大会——第 81 届国际图联大会，并访问毛里求斯国家图书馆。此届国际图联大会的主题是“充满活力的图书馆：获取、发展和转型”，来自全球图书馆界的 3100 多位代表参加会议。会议期间，刘惠平代表中国国家图书馆参加国家图书馆馆长会议，与各国图书馆高层就图书馆界热

副馆长刘惠平在第 81 届国际图联大会上致辞

点问题进行探讨；与国际图联主席多纳·希德、前任主席辛妮卡·西皮莱以及新加坡、新西兰、法国等国家图书馆高层举行双边工作会谈，就相关事项进行协商，推动合作项目的顺利实施。代表团在参访南非国家图书馆期间，就文献保护和修复、文献数字化等内容与当地图书馆同人做深入交流。

会后，代表团一行访问毛里求斯国家图书馆，参加毛方专门组织的研讨会。出访期间，代表团拜访了我国驻南非使馆和毛里求斯中国文化中心，与李松代办、江振霄主任就如何进一步推动中国国家图书馆与上述两国国家图书馆间的交流、如何与驻外文化中心开展合作进行探讨。

【英国国家图书馆口述历史馆馆长罗伯特 · 珀克斯来馆进行工作交流】

8 月 27—28 日，英国国家图书馆口述历史馆馆长罗伯特·珀克斯先生来馆进行口述历史工作交流。珀克斯先生自 1988 年以来一直担任英国国家图书馆口述历史馆馆长，自 1996 年以来担任英国“国家生活故事”项目总监。8 月 27 日上午，副馆长李虹霖会见珀克斯先生，向其介绍中国国家图书馆“中国记忆”项目进行口述历史工作的总体情况，并就口述史料的读者服务和公众推广等问题与珀克斯先生进行交流。当日下午，珀克斯先生与社会教育部（“中国记忆”项目中心）全体员工就口述史领域的工作进行专题探讨。28 日，珀克斯先生以“工作坊”的形式介绍英国口述史工作的概况、英国国家图书馆的口述史工作及“国家生活故事”多方面的情况。中国社会科学院历史研究所研究员定宜庄、北京大学信息管理系教授王子舟以及首都图书馆“北京记忆”项目相关负责人等国内口述史领域的专家和同人参加工作坊，并就口述史采访中遇到的实际问题与珀克斯先生进行交流。

副馆长李虹霖会见英国国家图书馆口述历史馆馆长罗伯特·珀克斯

【韩永进率团访问土耳其、阿塞拜疆及伊朗】

9 月 11—19 日，馆长韩永进率代表团应邀赴土耳其、阿塞拜疆及伊朗进行业务交流。访问土耳其期间，韩永进与土耳其国家图书馆馆长祖非·托曼就进一步加强两国图书馆界合作，特别是在文献收集、保存与利用，以及数字图书馆建设等领域合作进行深入交流，并向土耳其国家图书馆赠送 4000 册精选的中文电子图书。代表团还访问了土耳其手写文献管理局，双方就文献保护与修复等问题进行深入交流。访土期间，中国驻土耳其大使郁红阳、文化参赞朱自浩会见代表团。

访问阿塞拜疆期间，韩永进与阿塞拜疆国家图书馆馆长凯利姆·塔希洛夫共同签署《中国国家图书馆与阿塞拜疆国家图书馆合作协议》，以推动双方在人员互访、文献交换、举办展览、文献遗产资料收集、数字化信息共享等领域开展的合作。韩永进还代表中国国家图书馆向阿塞拜疆国家图书馆赠送103册精选中文图书。此次访问是两馆间首次交往，为进一步加强两国国家图书馆之间的沟通与合作奠定良好基础。

馆长韩永进一行与土耳其国家图书馆馆长祖非·托曼会见合影

访问伊朗期间，韩永进和伊朗国家图书与档案馆馆长赛义德·阿米里就数字资源建设、文献保存与保护等工作进行探讨，并就双方共同筹划丝绸之路文化展览、共建共享数字资源、提高文化领域多层面交流等内容达成共识。在访问德黑兰大学中央图书馆时，韩永进与阿里·波里扎特馆长共同签署《中国国家图书馆与伊朗德黑兰大学中央图书馆合作谅解备忘录》。代表团还访问了伊朗议会图书馆、马莱克国家图书馆与博物馆、设拉子图书馆、伊斯法罕公共图书馆等机构，并听取对方关于资源建设的规划、保存、修复及利用的详细介绍。访伊期间，中国驻伊朗大使庞森会见代表团。

土耳其、阿塞拜疆及伊朗均是古丝绸之路的重要路经国度。此次出访在“一带一路”的发展思路指导下，立足图书馆收藏典籍、传承文明的本职，分别与3个国家图书馆达成“共同保护、利用与展示丝绸之路文献”的共识，明确合作方向，为“丝路文化”的共建共享、增进各国人民相互了解打下良好基础。

【“波兰17世纪来华传教士卜弥格生平成就展”在国家图书馆展出】

9月21日，“中国文化西传的使者——波兰17世纪来华传教士卜弥格生平成就展”开幕式在中国国家图书馆总馆北区举行。副馆长刘惠平、波兰驻华大使馆文化处主任蔡梦灵出席开幕式并致辞。卜弥格是17世纪波兰汉学家、来华传教士，也是第一个将中国古代的科学和文化成果介绍给西方的欧洲人，为传播和发扬中国文化做出巨大贡献。他的科学著述涉及中国动植物学、医药学、地图学等。此次展览由国家图书馆与波兰驻华大使馆文化处合作举办。通过全面展现这位中西文化交流先驱的生平经历，让更多的中国公众了解卜弥格这位热爱中国的传教士在整个中西方文化交流中所发挥的历史作用，有助于增进两国民众之间的相互了解和认识，拓展中波两国在汉学研究方面的交流和合作。

【韩永进会见澳门中央图书馆馆长邓美莲】

10月22日，韩永进馆长会见来访的澳门中央图书馆馆长邓美莲一行。韩永进向来宾介绍国家图书馆基本概况，希望双方进一步促进图书馆建设与发展方面的经验分享，并就“中文文献资源共建共享合作项目”下一步的发展交换意见。邓美莲表示将利用澳门中央图书馆承办“2016年中文文献资源共建共享合作会议”之机，进一步发挥该项目所起到的交流平台作用。

【韩永进会见香港康乐及文化事务署署长李美嫦】

10月24日，馆长韩永进会见来访的香港康乐及文化事务署署长李美嫦和香港中央图书馆馆长郑学仁。韩永进向来宾介绍国家图书馆基本概况，简要回顾了国家图书馆与香港图书馆界开展合作的情况，并希望双方今后能开展进一步交流，通过加强两地图书馆之间的资源共享，促进优秀传统文化的传播与传承。李美嫦表示这是自己就任康乐及文化事务署署长以来首次访问国家图书馆，希望在任期内能继续推进两地图书馆之间的合作。

【魏大威再次获选世界数字图书馆执行委员会委员】

11月4—6日，世界数字图书馆执行委员会会议及合作伙伴会议在埃及亚历山大召开。副馆长魏大威作为世界数字图书馆项目执委会委员应邀赴埃及参会。在执委会会议上，与会代表听取2014—2015年度世界数字图书馆项目建设情况，包括新增加的资源内容与后续更新计划、正式发布的用户界面功能介绍、合作伙伴招募情况、网站访问统计及用户使用反馈情况等，对本年度的工作给予积极肯定，对存在的问题以及今后发展规划提出积极建议。针对报告网站访问统计中提到的中国访问用户暴涨的情况，魏大威提出由中国国家图书馆配合进行相应网络访问日志分析，确保网站平稳运行。

副馆长魏大威出席世界数字图书馆执行委员会会议及合作伙伴会议

世界数字图书馆本届执委会任期届满。在随后举办的合作伙伴会议上，经由在场所有合作伙伴举手表决，选出新一届世界数字图书馆执委会，魏大威获选继续担任执委会委员。

【中国国家图书馆与韩国国立中央图书馆开展第18次业务交流活动】

11月10—17日，韩国国立中央图书馆代表团一行5人由企划进修部部长柳政荣率领到访中国国家图书馆，开展两馆间第18次业务交流活动。刘惠平副馆长会见柳政荣一行，双方表达今后两馆间继续深入开展多种形式的业务交流以带动两国图书馆事业携手发展的共同愿望。孙一钢馆长助理参加会见。

在两场业务交流会上，双方分别就图书馆提高读者满意度方案、图书馆决策服务的实践等内容进行深入探讨，馆长助理孙一钢、汪东波分别出席交流会。此次会议主题鲜明、内容充实，通过交流研讨方式促进两馆业务工作的了解和借鉴。会后，代表团还访问了首都图书馆、清华大学图书馆、中国科学院文献情报中心等机构。中国国家图书馆与韩国国立中央图书馆于1997年建立定期交流机制，双方通过近20年的合作，推动两国图书馆事业的共同发展，树立良好的合作典范。

【汪东波率团访问日本并开展第三十四次中日业务交流】

11月24日至12月1日，馆长助理汪东波率团赴日开展中日两国国家图书馆第三十四次业务交流活动。在此次交流中，双方就过去一年的总体工作各自发表基调报告，围绕“为视障人士提供服务”“音像资料等非书资料的收集、保存与利用”两个主题，相互介绍业务开展情况，并按惯例商议《中国国家图书馆与日本国立国会图书馆关于交流协作的意向书》条款。交流期间，除东京总馆外，代表团还参观访问了日本国立国会图书馆国会分馆、国际儿童图书馆、关西馆，以及国立公文书馆、东洋文库、京都府立综合资料馆等，并就日本所藏《永乐大典》在中国出版事宜与相关藏书机构进行沟通。此外，代表团还重点了解距东京总馆500多公里的关西馆的建设和管理经验，以供在中国国家图书馆战略储备库的建设中借鉴参考。

馆长助理汪东波率团赴日开展中日两国国家图书馆第三十四次业务交流活动

【王军率团访问澳大利亚、新西兰】

12月5—12日，副馆长王军率代表团一行3人访问澳大利亚、新西兰，进行图书馆业务交流。在澳大利亚期间，王军听取澳方工作人员介绍“大清世相”展览的布展安排、宣传规划以及开展时间，并参观展厅、中文馆藏以及储备库，代表团随后参观维多利亚州立图书馆。在新西兰期间，代表团一行参加“中国国家图书馆藏木刻版画精品展”开幕式，王军在开幕式上致辞。开幕式后，代表团与新西兰国家图书馆相关人员讨论、交流两馆在馆藏保护、数字化、少年儿童服务等方面的合作并参观奥克兰博物馆。

机构与人员

- 事业单位人事制度改革
- 人才队伍建设
- 机构设置与调整
- 干部管理
- 职称评审

机构与人员

2015年，国家图书馆贯彻落实“规划发展年”各项要求，稳步推进事业单位制度改革工作，全面加强人才队伍建设，不断促进组织机构的调整和优化，以进一步适应图书馆事业发展新形势、新需要，积极推动各项工作务实开展。

一、事业单位人事制度改革

（一）完成“三定”方案上报工作

按照《文化部人事司关于开展直属事业单位“三定”方案工作的通知》有关要求，国家图书馆深入研究、统筹规划，完成“三定”方案的制定上报工作。

（二）实施事业单位养老保险制度改革

按照国务院、人力资源和社会保障部、文化部的统一部署，积极推动实施事业单位养老保险制度改革工作，调整员工基本工资标准和增加离退休人员离退休费，圆满完成工资兑现及养老保险扣缴工作。

（三）调整现行退休政策

依据《中共中央组织部　人力资源社会保障部关于机关事业单位县处级女干部和具有高级职称的女性专业技术人员退休年龄问题的通知》要求，按照文化部统一部署，完成现行退休政策的调整，进一步完善退休手续办理程序，积极稳妥推进离退休干部工作。

二、人才队伍建设

（一）人才引进

应届高校毕业生接收工作。严格执行人力资源和社会保障部、文化部的政策要求，根据全馆实际用人需求，制订2015年高校毕业生计划与岗位对接方案。经笔试、面试等程序，共接收应届高校毕业生73人。

军队转业干部接收工作。按照国务院军转办的相关政策要求和文化部统一部署，通过面试、考察等程序，共接收军队转业干部2人。

（二）人才培养

加强培训工作。制订年度培训计划，推进全员培训工作；创新员工培训形式，开设馆长公开课，陆续举办三期“馆长公开课”，参加员工累计1000余人次，馆长公开课取得了良好的授课效果，受到广大员工的热烈欢迎；以各部门为员工教育培训主体，充分发挥各部门和所属科组在培训工作中的主动性，广泛开展具有针对性的专业知识更新培训；为全馆处级及以上干部配发第四批全国干部学习培训教材，认真贯彻学习习近平总书记为第四批全国干部学习培训教材所做《序言》精神；组织完成“2015年度科级干部培训班”，共有85名科组长参加培训。

员工继续教育。2015年，共有19名员工完成相关专业博、硕士在职学习，其中2人取得博士学位，17人取得硕士学位。

专业技术人才业务交流。有计划地选派业务骨干参与国际项目等交流实践，推动青年干部快速成长。选派2人赴日本进行交流学习，选派1人赴韩国进行业务交流。

业界交流。组织完成西藏自治区图书馆、内蒙古自治区通辽市图书馆、贵州省安顺市图书馆、甘肃省金昌市图书馆等共计13个批次30人次来馆的交流学习工作。

三、机构设置与调整

（一）设立中国古籍保护协会秘书处

为进一步促进中华古籍保护事业发展，在民政部、文化部的高度重视和全力支持下，2015年1月，中国古籍保护协会正式成立。成立后的中国古籍保护协会设立中国古籍保护协会秘书处，挂靠国家图书馆，承担中国古籍保护协会相关工作。

（二）设立中华文化经典导读、海外中华古籍数字化回归项目领导小组

为进一步适应事业发展需要，传承和弘扬中华优秀传统文化，设立“中华文化经典导读、海外中华古籍数字化回归项目领导小组”，负责领导“中华文化经典导读项目”及“海外中华古籍数字化回归项目”的规划设计和组织实施工作。

（三）成立《中华优秀传统文化文库》编纂项目工作组

为促进中华优秀传统文化的普及，推动中华优秀传统文化传承体系建设，成立《中华优秀传统文化文库》编纂项目工作组，负责《中华优秀传统文化文库》编纂项目的统筹规划与组织实施工作。

四、干部管理

按照文化部对直属事业单位人事管理的新规定和新要求，完成4名处级干部职务调整工作，完成3名馆属企业负责人职务聘任工作，完成129人次科级干部聘任、调整工作。

根据中组部、文化部相关文件精神及要求，进一步加强干部监督工作，不断完善干部管理体系建设。完成处级以上领导干部在艺术类社会组织兼职、关于规范清理领导干部在企业兼职（任职）情况、处级干部持有因私出国（境）证件集中保管情况等报告工作。按照《文化部关于开展人事档案专项审核工作的通知》精神，有序开展人事档案专项审核工作。

五、职称评审

按照文化部统一安排，组织完成2015年度职称评审工作。共有7人晋升正高级专业技术职称资格，56人晋升或转任副高级专业技术职称资格，39人晋升或转任中级及以下职称资格。完成148人职称初聘。

设施建设与安全保卫

- 基建工程
- 安全保卫
- 后勤服务
- 年度掠影

设施建设与安全保卫

一、基建工程

（一）总馆南区维修改造工程

2015 年 5 月，完成国家图书馆典籍博物馆二层善本展厅铜门安装。9 月，组织完成国家图书馆一期（总馆南区）维修改造工程综合布线系统、安防视频监控系统、监控报警系统、门禁系统、楼宇自控系统和漏水报警系统设备安装和调试、竣工验收和移交工作，标志着维修改造工程收尾工作全部完成。

（二）国家文献战略储备库建设

2015 年 11 月，“国家图书馆国家文献战略储备库项目”获国家立项（参见“特别记载”之“国家图书馆国家文献战略储备库项目获国家立项”）。

副馆长王军到河北省承德县调研

12 月 17 日，王军副馆长亲自带队，基建工程办公室和可行性研究报告编制单位中国中元国际工程有限公司主要负责人员赴河北省承德县调研，与河北省承德县委、县人民政府就下一步落实项目土地出让协议、项目用地预审意见、区域详规和项目规划条件、选址意见书、设计招标要求和岩土勘察、用地红线测绘等事项进行深入交谈，双方在土地出让、项目用地预审意见上报进度等多方面达成共识。此次调研标志着国家图书馆“国家文献战略储备库项目”可行性研究阶段工作全面展开。

二、安全保卫

（一）治安工作

1. 重大活动安保任务

2015 年，先后承担老干部“春节团拜会”“正定历史文化展”“4.23 世界读书日”系列活动、中国图书馆学会第九次全国会员代表大会、“不朽的长城——纪念中国人民抗日战争暨世界反法西斯战争胜利70周年馆藏文献展”“铁军魂中华情——纪念中国人民抗日战争胜利七十周年图片摄影展”、国家图书馆第十一届运动会以及国家图书馆大学生招聘会等大型活动的安保任务。承担贾庆林、李岚清、刘奇葆、孙家正、迟浩田、新加坡总统陈庆炎等国内外领导人来馆参观视察活动中的安保工作。承担12次“部长讲座”、53次文津讲坛和典籍与文化讲座的安全保卫工作。

2. 日常安保工作

全年安检查处剪刀、裁纸刀、工艺刀等各类刀具700余把，打火机5200余个，捡拾现金11421.6元；处理各类接待事项484起；解决并处理精神残疾读者干扰秩序、读者物品被盗、流氓骚扰行为以及读者间矛盾纠纷等256起。1月10日，在总馆北区成功处置一起读者跳楼事件。2月，协同海淀公安分局破获一起在总馆北区连续盗窃读者手机、电脑的案件。

（二）安全培训与宣传

保卫处为参考咨询部进行安全常识培训

利用多种载体和形式，拓宽宣传和培训途径。在国家图书馆运动会中增设手提灭火器折返跑、消防水带折叠跑等消防竞赛项目，使员工在锻炼体魄的同时提升火灾扑救能力。10月16日，邀请北京市公安局、反恐总队、蓝剑突击队及万寿寺派出所的工作人员，为国家图书馆员工组织一场以“做自己的首席安全官——反恐防恐在身边”为主题的反恐防恐专场培训。11月2日，联合中国消防博物馆，利用宣传视频播放车、地震体验车、电子火焰以及模拟真实火灾疏散环境等的先进设备、设施，开展消防知识培训。11月9日，联合紫竹院街道办事处、海淀区消防支队，在总馆南区组织开展“119”消防日消防演练活动，700余名员工参与演练。2015年，累计培训员工3000余人次，下发《消防文摘》12期840份，寄发安全常识提示电子邮件16800余份。

（三）安防设施建设与维护

2015年，为典籍博物馆周界、综合服务楼读者餐厅、二期少儿馆、二期数字化文献加工车间、展览部库房、古籍馆善本阅览室及冷冻室等重点要害部位加装视频摄像机135个、红外报警器16个、门禁设备2套；对总馆南区消防广播进行自动定时播放功能升级；协同基建工程办公室完成总馆南区部分技防设备的交接工作，提升馆区技防防控能力；针对总馆南区改造后馆舍内部格局调整，结合各功能区安全防护需求，为员工办理和修改门禁卡数据2824人次；针对恢复使用和新增设备等问题，加强对运行人员的培训，编发操作规程，规范新设备、新模式的报警处理流程。全年共接到并处理各类报警1509次，配合属地派出所及相关单位调用查看录像90次，累计提供刻录光盘29张，视频监控数据31GB。

三、后勤服务

后勤服务管理中心担负着馆区28万平方米的后勤服务保障任务以及馆属住宅区7万平方米的管理服务工作，保障的馆舍面积由原来的14万平方米增加到35万平方米；其涵盖面也由过去单一的服务保障模式增加到现在的8大运行系统33项专业管理及服务保障工作，新增加的运行系统及各项设备越来越多。目前在编员工平均年龄偏大且形成断层，这些都给后勤服务保障工作带来新的挑战。2015年，围绕馆中心工作，结合部门实际制订以提升服务、保障运行、节能减排、注重安全为主要内容的工作要点和年度工作计划，将每一项具体工作细化到科组、责任落实到个人，同时完善各项规章制度，提高精细化管理水平。一年来，各项工作稳步开展，各系统设备平稳运行，服务质量和服务水平稳步提高。

（一）系统设备运行保障和日常维修工作

全年综合设备完好率达到96%以上，无重大设备事故。圆满完成冬季供暖和夏季中央空调保障任务。中央空调安全运行2560小时，恒温恒湿机运行保障8736小时；完成电力设备巡检730次；完成电力设备、书刊传送系统以及房屋、给排水等各种维修4000余次；安装、调整电话440部；完成全馆54000多次电话报修和查询服务。

（二）服务保障工作

全年完成重大活动电力保障20余次，车辆保障108次；重大活动疏导车辆合计3900余辆，开启节日照明24次。完成全馆员工健康体检和日常门诊等医务保障、收发服务、车辆保障、饮用水供应、绿化服务、电梯保障等服务保障工作。

在服务保障面积、服务保障任务均增加的情况下，通过深入挖潜，节能减排成效显著，2015年比2014年减少电能消耗11.58万度、减少用水消耗5064吨、减少热力消耗2.98万吉焦。

（三）行政管理工作

完成计划生育、爱国卫生、房屋管理、人防工程、办公业务用房调整及馆藏文献搬迁等行政管理工作，以及对员工食堂和物业公司的监管工作。其中，升级改造员工食堂售饭系统，发放新餐卡“文津餐卡”。根据中央文件精神，完成全馆职工及离退休职工的物业服务补贴及采暖补贴发放标准的确定和补贴数据测算。配合总馆南区维修改造工程，进行办公业务用房调整及馆藏文献搬迁，使此项工作最终全部完成。

年度掠影

【召开国家图书馆 2014 年度安全工作总结表彰会】

2 月 6 日下午，国家图书馆 2014 年度安全工作总结表彰会在行政楼 413 会议室召开。馆长、党委书记韩永进出席会议，副馆长王军出席会议并讲话。各部处部处负责人、安全员以及先进集体和先进个人代表近 80 人参加会议。人事处、中文采编部、数字资源部、信息技术部 4 个部处和保卫处消防科等 13 个科组被评选为“安全保卫工作先进集体”。馆领导向获得表彰的先进集体和科组颁发奖牌和证书。

馆领导为安全保卫工作先进部处颁发奖牌

【举办反恐防恐安全培训】

为进一步提高国家图书馆员工反恐知识水平，提高员工法治精神、安全意识和安防技能，逐步增强突发事件应急处置能力，10 月 16 日下午，在总馆北区学津堂成功举办“做自己的首席安全官——反恐防恐在身边”走进国家图书馆专场活动，副馆长王军出席活动，分管安全工作的部处领导、科组长、部处安全员等共约 200 人参加活动。在活动中，特邀北京市公安局反恐总队王勇、消防局海淀支队栾皓、海淀分局万寿寺派出所刘冬和特警总队“蓝剑”突击队杨进军 4 位警官分别就各自专业领域进行现场讲授，并就大家关心的热点话题进行互动交流。

举办反恐防恐安全培训

【举行 2015 年度消防应急演练】

11 月 9 日，国家图书馆 2015 年度消防应急演练成功举行。副馆长王军以及各部处负责同志、员工代表观摩演练。来自国家图书馆、紫竹院街道办事处、首体南路消防中队等单位的 600 余人参加演练。演练在总馆南区展开。工作人员发现典籍博物馆五层楼顶发生“火情”，迅速使用就近灭火器灭火；中控室第一时间发布火灾广播、拉响警报；由馆内员工模拟的“读者”按指挥从最近路线快速有序撤离；消防官兵及时用高压水枪对火势进行控制直至扑灭，并通过消防云梯成功救出被困在五层平台的“读者”。演习完毕，燃气公司工作人员现场讲授燃气罐火灾扑灭方法，消防员讲解干粉灭火器注意事项并做演示。消防中队展示了日常使用的消防安全器材，让员工在体验中深入了解消防安全常识，增强防灾减灾观念。

2015 年度消防演练之紧急灭火

2015 年度消防演练之快速疏散

【完成 2015 年防汛工作】

制订 2015 年防汛工作预案，提前做好应对汛期险情的准备工作。为确保安全度汛，在春季即对城区平房宿舍进行检查、评估；疏浚馆区雨、排水管道（井）。对上百台潜污泵逐台试车。6 月 1 日正式启动防汛工作，开始汛期值班，密切关注天气变化，及时应对汛情，完成城区平房宿舍 43 处汛情维修。汛期馆区没有发生房屋漏雨、路面积水、雨水井倒灌等问题。

【完成地铁 16 号线进馆施工的各项配合工作】

2015 年，北京地铁 16 号线国家图书馆站开工建设，临时占地面积 17330 平方米，其中占用国家图书馆用地 1 万余平方米。为保证国家图书馆和读者的利益，按照相关文件政策规定并经多次协商，与施工方签订《安全施工协议》和《地铁施工占地补偿协议》等法律文件，并根据施工需求完成供水、供电等协助配合工作。施工需移馆区绿植树木共计 175 棵，为此，与施工方签订《树木移植协议书》，为使施工对两棵古银杏树的影响降到最低，要求地铁施工方签订古树养护承诺书。

党建与群团活动

- 党建工作
- 纪检监察审计工作
- 工会工作
- 共青团工作
- 离退休服务与管理工作
- 年度掠影

党建与群团活动

一、党建工作

（一）落实“三严三实”专题教育各项工作

根据中央要求和文化部党组工作部署，馆党委在全馆范围开展“三严三实”专题教育活动。起草制定《国家图书馆“三严三实”专题教育实施方案》，协调完成馆级领导班子讲授“三严三实”专题党课，组织理论中心组相继完成对“严于修身”“严于律己”“严于用权”三个专题的学习研讨。按照馆党委部署，完成2015年馆级领导干部“三严三实”专题民主生活会各项组织工作。落实党委统一安排，协调各党支部积极开展形式多样的学习活动。

党委理论中心组召开“三严三实”专题教育学习扩大会

（二）深入学习十八届五中全会精神

组织召开党委理论中心组会议，认真学习《中国共产党第十八届中央委员会第五次全体会议公报》，贯彻落实十八届五中全会精神。按照文化部安排，组织馆领导、正处级干部参加十八届五中全会精神学习培训班；向各党支部配发学习读本，进一步加深党员干部对党的十八届五中全会精神的认识，增强以全会精神推动党建工作和图书馆事业的使命感。

（三）做好中共文化部直属机关第九届委员会和纪律检查委员会委员候选人推荐提名，以及第九次代表大会代表选举工作

根据文化部直属机关党委要求，馆党委严格按照程序，向全馆下发通知，在充分酝酿讨论的

基础上，推荐提名“两委委员”和第九次党代会代表候选人预备人选。通过做好选举工作，充分发挥党员民主选举的权利，规范党内生活，进一步加强党的基层组织建设。

（四）加强党员学习教育

选派1名青年干部参加中央国家机关科级干部进修班，4名党员干部参加文化部党校学习。向各党支部配发《国学读本》《文风四谈》《向毛泽东学习》《正道沧桑——社会主义500年》《四个全面学习读本》《习近平谈治国理政》《中国共产党廉洁自律准则 中国共产党纪律处分条例》等14种学习教材，引导党员干部通过自觉学习，深化对理论政策认识领会。组织全体党员认真学习《中国共产党廉洁自律准则》《中国共产党纪律处分条例》，按照文化部直属机关党委要求，开展知识答题活动，进一步巩固学习效果，引导广大党员、领导干部不断增强廉政自律和党员纪律意识。

（五）举办纪念中国人民抗日战争暨世界反法西斯战争胜利70周年系列活动

结合国家图书馆纪念中国人民抗日战争暨世界反法西斯战争胜利70周年系列活动安排，举办“铭记历史 筑梦中华”纪念歌会。组织青年党员参加“冯仲云图书馆”揭牌暨“重走抗联路”主题纪念活动，开展党员教育，继承并发扬东北抗联精神。联合有关部处开展“国图与抗战”学术征文活动，结集出版《国图与抗战》论文集，鼓励员工立足本职、精研业务，这是将爱国主义教育融入业务工作的一种尝试。

（六）强化思想宣传，营造党建文化氛围

充分利用多种平台，积极宣传全馆党建工作。全年向文化部党建在线网站投稿近700条，印发党委工作简报13期，通过国家图书馆通讯从多角度、多侧面报道党建活动，为推进馆内党的建设营造了浓厚氛围。完成2014年度党建信息报送工作优秀党支部和优秀党建信息员表彰工作。

（七）做好党员发展工作

按照年度党员发展计划，做好党员发展工作。全年共发展13名新党员，预备党员转正14名。举办发展对象入党培训班，共28名入党积极分子参加培训。进一步完善党员发展流程管理，加强对支部党员发展工作的指导。

（八）做好党委各项活动的组织工作

完成党委理论中心组各次学习活动的组织工作；完成雒树刚部长来馆调研及王铁同志党建和党风廉政建设专题调研的相关准备与接待工作。顺利通过中央国家机关“全国文明单位”复查，继续保留荣誉称号；完成中央国家机关服务型党组织建设品牌选树相关申报工作。

二、纪检监察审计工作

（一）贯彻落实文化部廉政工作部署

1. 组织召开国家图书馆2015年党风廉政建设工作会议

召开国家图书馆2015年党风廉政建设工作会议

在文化部召开2015年党风廉政建设工作会议之后，于3月6日下午召开国家图书馆2015年党风廉政建设工作会议。馆领导班子成员、党委委员、纪委委员、中层干部、党支部书记、党支部纪检委员参加会议。会议传达习近平和王岐山同志在十八届中央纪委五次全会上的重要讲话精神以及文化部2015年党风廉政建设工作会议精神，总结国家图书馆2014年党风廉政建设工作并部署2015年工作。馆长、党委书记韩永进就贯彻落实中央和文化部精神，进一步推进国家图书馆党风廉政建设和反腐败工作发表重要讲话。会后印发韩永进馆长讲话以及《国家图书馆2015年党风廉政建设工作要点》，要求各部处、党支部认真组织传达学习，结合实际贯彻落实。

2. 贯彻落实中央和文化部相关通知精神

按照驻文化部纪检组监察局《关于转发〈关于强化监督问责确保务实节俭文明廉洁过节的通知〉的通知》《关于认真落实深入纠正“四风”电视电话会议精神的通知》《关于严把节日关口持续推进作风建设的通知》《关于廉洁过“两节”和加强检查工作深入反对“四风”的通知》《关于“两节”期间深入反“四风”的通知》的要求，抓住春节、五一、端午、中秋、国庆、元旦节日关口，做好学习传达、贯彻落实，通过加强节前宣传教育、节日期间监督检查，认真做好节日关口的反“四风”工作，切实保证中央精神和相关规定不折不扣地得到执行。为进一步深入贯彻落实中央“八项规定”精神，于中秋、国庆两节前向全馆发布《国家图书馆党委关于深入贯彻中央八项规定持之以恒纠正“四风”的通知》，对“两节”期间认真贯彻执行中央“八项规定”提出明确要求，要求各级党组织自觉担负起党风廉政建设的主体责任，严格要求，落实责任，确保反“四风”工作取得积极成效。按照《文化部办公厅关于转发〈中央纪委通报8起履行“两个责任”不力被追责案件〉的通知》要求，就进一步落实党风廉政建设“两个责任”、完善责任追究机制做好传达贯彻落实。

（二）组织党风廉政学习和教育

1. 组织学习贯彻《中国共产党廉洁自律准则》《中国共产党纪律处分条例》两部党内法规

新修订的《中国共产党廉洁自律准则》和《中国共产党纪律处分条例》两部党内法规发布后，按照中央要求和文化部党组部署，国家图书馆认真组织开展学习宣传贯彻活动。11 月 19 日，根据部直属机关党委通知精神，结合本馆实际，制定发布《国家图书馆党委关于组织学习贯彻两部党内法规安排的通知》，要求各党支部、各部处集中组织全体党员开展学习贯彻活动。通知发布后，各党支部纷纷行动起来，通过培训解读、辅导讲座、专题研讨、党课教育、警示教育、试题测试、心得写作等多种形式，促进全体党员深入领会、熟练掌握、自觉遵守两部党内法规，全馆学习宣传贯彻两部法规取得积极成效。

2. 组织开展党风廉政教育活动

为配合新修订的《中国共产党廉洁自律准则》和《中国共产党纪律处分条例》的学习贯彻，进一步推动国家图书馆党员干部队伍党风廉政建设，于 10 月组织中层以上领导干部集体观看由中纪委摄制的专题教育片《失控的“自由人”》和《蜕变的人生》，以廉政警示教育形式，进一步提高党员领导干部加强党风廉政建设的自觉性，教育活动取得良好的效果。

（三）进一步做好中央“八项规定”贯彻落实工作

继续加强对全馆贯彻落实中央“八项规定”情况的监督检查，确保规定落到实处。按照部直属机关纪委要求，每月底就贯彻落实情况进行报送，该项工作对于强化中央“八项规定”的贯彻落实，形成制度化监督检查机制起到重要作用。

（四）有效开展监督审计，保障各项经济活动有序推进

1. 政府采购监督工作

本着“注重预防，关口前移”原则，按照相关管理规定，做好政府采购监督工作。全年进行监督事项 89 项，其中政府采购招投标相关事项 48 项（包括普通古籍数字化服务采购项目、数字图书馆推广工程新媒体资源建设服务项目、民国时期文献总目（图书卷）编纂出版服务采购项目等），数据库采购、档案管理系统升级改造、读者门户优化升级等商务谈判 27 项，舆图、新善本等古籍鉴定 10 项，现场踏勘 4 项。

2. 审计工作

（1）配合文化部完成如下工作：编报国家图书馆 2015 年内部审计监督工作规划，提高工作的计划性和主动性，切实发挥审计监督作用；完成财务收支审计，分析审计中所发现问题产生的根本原因，制定措施，对症下药，保证审计整改工作真正取得实效；开展国家图书馆 2014 年度书刊资料购置项目绩效评价，改进预算支出管理，强化支出责任，提高财政资金使用效益；开展财务考评，内容涉及财务管理、资产管理、内部审计和基建管理等方面，在满分为 100 分的考评中国家图书馆获得 99.1 分，在文化部直属事业单位中名列前茅；总结国家图书馆经济活动内部控制工

作情况，加强经济活动风险防范和管控。

（2）开展对4家馆属企业及国家图书馆出版社2014年度经营管理情况的内部审计，提高企业经营管理水平；根据国家艺术基金相关管理办法，对国家艺术基金“古韵镌拓，纸墨千秋——2015年国家典籍博物馆宋元善拓展暨全国书法临摹展”项目的经费使用和管理情况进行结项审计，促进项目监督管理。

（3）邀请财政部预算司绩效管理处负责人做关于预算绩效管理的主题讲座，树立预算绩效管理理念，增强支出责任。

（五）妥善处理法律事务，提升法律服务水平

做好馆聘律师组织协调管理工作。在综合评估全馆法律事务工作和馆内对律师工作要求的基础上，与馆聘律师签订《常年法律顾问服务合同》。为提高咨询服务效率，提前做好律师到馆咨询提醒服务，每月底向馆内各部处发布下月律师到馆咨询及“离退休员工法律咨询日”时间安排。馆聘法律顾问有效开展合同审核，出具法律意见书，并按照规定定期到馆进行法律咨询，在控制法律风险、处理法律纠纷等方面对馆内各项工作的开展发挥了重要作用，全年共审核合同1142件次，提出1410条审核意见，出具正式书面意见书62件。并在有关信访纠纷事务、重要项目开展与合作、法律纠纷及案件处理等方面提供了重要的咨询意见，保证了这些工作的合法推进和妥善解决。

三、工会工作

（一）推动民主管理，维护员工权益

积极发挥职工代表大会在参与本馆民主管理中的重要作用，通过召开职代会，审议并通过《国家图书馆2015年工作要点》《国家图书馆2014年度财务工作报告》，报告2014年提案审理落实情况；组织职代会代表围绕2015年单位事业发展、员工工作、生活、福利等征集提案，新征集提案31项，协调相关部门开展提案答复和办理工作。

国家图书馆第二届职工代表大会第四次全体会议

（二）举办第十一届员工运动会

作为员工参与最广、积极性最高的一项文化体育活动，国家图书馆第十一届员工运动会于9—10月顺利举办。本届运动会注重组织策划和内容创新，在项目设置上，除竞技类、趣味类等传统的体育项目外，增设消防竞赛项目；在赛制上进行调整优化，将跳绳、踢毽、广播操等比赛项目作为专项活动举办。运动会的举办强健员工体魄，充实员工生活，推动开拓进取、求真务实、团结协作良好风尚的养成。共有15个基层分工会900余人踊跃参与。

国家图书馆第十一届员工运动会

（三）广泛开展群众性文化活动和全民健身运动

一是开展年度“全民健身”活动，先后举办羽毛球团体赛、广播操、健步走等群众性文体活动；二是鼓励支持各分工会（基层工会）开展灵活多样的文体活动，有效地扩大工会活动的覆盖面，各分工会先后组织30余次文体活动，近500人参与；三是鼓励员工社团积极开展活动，足球俱乐部参加第五届“志高杯”中央国家机关足球联赛，乒乓球俱乐部参加中国科协第六届乒乓球赛，此外，工会还承办文化部参加中央国家机关第四届职工运动会羽毛球比赛各项具体工作。

（四）针对特定人群开展形式多样的庆祝活动

“三八”妇女节，开展“魅力女性”情感沙龙会，举办女员工专场观影活动等系列活动。根据馆领导相关指示精神，联合相关部门，筹建母婴室，已有15位女员工登记使用。母婴室的设立为处于哺乳期的女员工解决了实际需求，得到女员工的广泛支持和充分肯定。“六一”儿童节之际，联合少儿馆、展览部共同举办“炫彩童年”亲子互动活动。“八一”建军节前夕为复转军人发放慰问品，增添节日气氛。

（五）进一步发挥沟通交流作用

为进一步转变工作作风，加强与员工的沟通交流，组织策划月度“馆长午餐会”。全年共举办8次，先后邀请100余位业务一线员工与馆领导共进午餐，轻松交流，有效增进馆领导与基层员工的沟通。召开馆情通报会，向员工及时通报员工午餐补贴标准和发放方式与员工住房物业服务补贴及住房采暖补贴等馆内重大事项，便于员工全面了解调整政策和内容。

（六）加强工会干部队伍建设

举办工会干部培训班，馆工会委员、分工会委员30余人参加，围绕习近平总书记在中央群团工作会议讲话精神，组织安排业务学习、业务研讨等活动，进一步提高工会干部的思想理论水平和履职能力。组织工会干部认真学习《国家图书馆工会经费使用办法》，提高工会经费使用效益，进一步严格工会经费使用管理和监督。

（七）慰问困难员工

做好央务阳光助学、职工残疾子女补助、困难员工申报工作，持续深入开展“送温暖”活动，为有特殊困难的员工排忧解难，做好全体员工的节日慰问工作，核拨工会春节、中秋和“十一”双节活动经费。

四、共青团工作

（一）加强思想教育工作，提升团员青年的政治觉悟和理论水平

认真传达学习中央党的群团工作会议和《中共中央关于加强和改进党的群团工作的意见》精神。馆团委召开专题学习会，组织团支部书记集中传达学习中央精神，各团支部召开专题学习会，实现传达学习的全覆盖。

组织开展爱国主义教育活动，增强社会主义核心价值观培育。以纪念中国人民抗日战争暨世界反法西斯战争胜利70周年活动为契机，邀请多次为国家图书馆无偿捐赠文献的美籍华人收藏家陈灿培夫妇与团员青年进行座谈交流，进一步引导团员青年树立以爱国主义为核心的民族精神，为推动图书馆事业发展凝聚青年力量。邀请中国著名边疆史学者马大正为200余名青年员工讲授题为“当代中国边疆治理的几个问题”的讲座，开拓青年视野，增进对边疆知识的了解。积极参加部团委“‘青春使命’学先进促成长汇报活动”，通过深入挖掘、发现、整理、宣传国家图书馆

先进典型、感人事迹，激发青年员工爱岗敬业的奉献精神和激励埋头干事的创业热情。

美籍华人收藏家陈灿培夫妇与国家图书馆团员青年进行座谈交流

（二）加强队伍培养，提升服务型团组织建设水平

选派团干部随中国青年代表团出访蒙古，选派团干部参加文化部共青团干部培训班。积极参加部团委2013—2014年度“五四”评优活动，获得“文化部五四红旗团组织”荣誉称号，典藏阅览部团支部、数字资源部团支部荣获“文化部优秀团支部”荣誉称号，另有10名团员青年获得先进个人表彰。获得“中央国家机关五四红旗团委”荣誉称号。完成2013—2014年度“五四”评优表彰工作，树立典型、加强宣传，充分发挥先进模范作用，激励广大团员青年勤奋学习、扎实工作、开拓进取，在岗位上建功立业。

（三）创新活动载体和形式，推动团员青年岗位成材

组织带领青年业务骨干编写《国家图书馆服务英语实用手册》，此次手册的编纂由馆内多个部处的20余名青年业务骨干、一线员工，历时近1年的时间完成，业务管理处、国际交流处、外文采编部、典藏阅览部、参考咨询部、展览部等部处主任为手册审核修订，务求准确、实用。这是多个部门读者服务的实践总结，也是团委为提升青年员工业务能力和综合素质，助力青年员工岗位成材的又一次尝试。支持和指导各团支部结合自身业务开展活动，将岗位成材活动落到实处，营造出浓厚氛围，切实带动青年员工业务学习。

（四）丰富活动形式，促进团员青年的全面发展

组织开展主题赛诗活动，共征集作品107篇，举办“百年新韵、文津芬芳”诗歌朗诵会，活跃青年文化生活，重温“五四”精神、国图精神，激发青年活力，凝聚事业热情；加强志愿者的

国家图书馆五四表彰大会暨“百年新韵、文津芬芳”诗歌朗诵会

日常管理，做好服务时间认定、激励表彰等工作，国家图书馆文化志愿者服务总队组织开展“志愿服务中国图书馆学会第九次全国会员代表大会”“国图公开课”“4.23读书日”“老干部春秋游”“铁军魂　中华情——纪念中国人民抗日战争胜利七十周年图片摄影展”等活动，参与服务的志愿者达100人次，服务总时达820小时；积极响应团中央和部直属机关团委号召，组织团员青年开展文化支援“送书下乡”活动，为河北昌黎新农村图书馆和铁岭市清河区青少年图书馆捐赠图书，为树仁打工子弟学校捐献“炫彩童年——中国百年童书展”部分展具；与军民共建单位某部队开展友谊篮球赛，组织青年篮球队代表文化部参加第五届中央国家机关青年篮球邀请赛；与中央党史研究室、中国气象局开展新年联谊活动，关心青年员工生活；承办全国青联社科界“文津撷萃、殷契探渊——走进国家典籍博物馆”主题活动，组织百余名团员青年聆听“致我们美丽的青春——中医健康生活观”的养生知识讲座。

五、离退休服务与管理工作

2015年，国家图书馆离退休服务与管理工作始终坚持“围绕中心，服务大局”的基本原则，抓住重点统筹兼顾，加强离退休干部思想建设和党支部建设，丰富老同志的精神文化生活，引导老同志发挥积极作用，按照部门年度计划落实方案扎实推进老干部工作，保持老干部队伍的和谐稳定。

（一）狠抓落实基础服务

1. 老干部常规服务

截至2015年10月底，国家图书馆正式离退休员工达1056人，其中离休员工60人、退休员工996人。共接收新退休员工43人；为老同志办理就近就医医院及社区卫生服务中心登记备案手续91人次，变更社区卫生服务机构及就近就医医院52人次；为年满80、90周岁的老同志上门祝寿35人次，探视慰问住院及生病人员、特困人员等共计174人次。为满70周岁老同志联系报装999急救呼叫系统4人。协助过世离退休员工家属办理丧事19人。完成发放年度医药补助42人次，共计9474余元。发放独生子女费33人次，共计33000元。领取并发放文化部侨联慰问金9人，共计4500元。完成查档并为老同志出具政审证明和其他证明7份。完成抗日战争老同志及老战士统计9人。完成中央国家机关党外干部统计27人。组织离退休老同志812人、离退休高干25人分批前往海军总医院完成体检。为离退休女员工发放“三八”慰问品电子血压仪629份。

2. 基层党建服务

截至2015年10月底，国家图书馆离退休干部处党支部共有党小组26个，离退休党员450人，占离退休人员总数的42.6%，核算缴纳党费共计130992元；本年度接收新退休党员4人，按居住区域划分到各党小组，并及时通知党小组长。为了进一步加强组织建设，增强支部凝聚力，有效发挥党小组联系广大群众的桥梁纽带作用，支部于8月在昌黎培训基地成功召开“2015年离退休干部党小组长及协管工作骨干培训会”。在纪念中国人民抗日战争暨世界反法西斯战争胜利70周年之际，支部组织国家图书馆抗战老同志前往文化部礼堂，隆重参加抗战胜利70周年纪念活动并领取纪念章，表达对抗战老兵的敬爱和关怀，弘扬抗战精神；9月中旬，支部组织全体党员来到京西的崇山峻岭之间，走访平西抗日战争纪念馆，深切缅怀革命先烈，重温平西抗战的艰辛历程。

（二）组织做好重点工作

1. 春节团拜

2月4日，国家图书馆2015年离退休、统战人员迎新春团拜会在国图艺术中心举行,700余位离退休、统战人员欢聚一堂辞旧迎新。馆长韩永进代表馆领导班子向大家拜年，通报国家图书馆过去一年来取得的各项显著成绩，对老同志多年来为国家图书馆事业进步做出的贡献表达诚挚谢意，希望广大老同志继续为国家图书馆的发展建言献策，贡献智慧。

2. 春秋游活动

5月中旬，国家图书馆分3批组织510名离退休老同志赴古北水镇景区及APEC国家会议中心进行春游活动；10月下旬，分3批组织384名离退休同志赴国家博物馆、首都博物馆及国家大剧院进行秋游参观。馆领导刘惠平、王军、李虹霖、汪东波等与老同志一起参加春秋游活动。国家图书馆团委招募40名青年志愿者为

离退休员工秋游首都博物馆

老同志们提供服务，保障春秋游活动顺利开展。

3. 节日慰问

春节前夕，国家图书馆领导带头走访深入离退休员工家中，共慰问离退休员工 70 余人，并从老同志身体状况、家庭情况、工资水平、医药费报销额度等实际情况出发，筛选出 39 位困难老同志给予补助，发放困难补助 12.1 万元，有效缓解困难员工的生活压力。中秋、国庆双节前夕，共慰问离退休员工 57 位，包括离退休老馆长和老专家、抗战老同志、85 岁以上离休干部、长期居住在养老院以及本年度大病特困的离退休老同志。

（三）全面推进文化养老

1. 老干部俱乐部

国家图书馆离退休干部处于上半年积极推动银杏摄影之家、书香舞蹈队开展活动，并以“成熟一个，推出一个”为宗旨，组建老干部合唱团及乒乓球俱乐部。银杏摄影之家活动频繁，影展下乡巡展昌平圣学图书馆，并受邀参加“农业嘉年华活动”。参加由国家古籍保护中心和中国图书馆学会联合组织的“我与中华古籍”摄影大赛，共计 12 人次获奖。书香舞蹈队参加紫竹院社区“红五月”文艺演出活动，荣获二等奖。老干部合唱团依托老年大学声乐班进行日常训练，并在本馆庆祝反法西斯战争胜利 70 周年歌会上有精彩演出。6 月，离退休员工乒乓球队开展了第一次球队内部循环赛。此外，积极组织老干部参加文化部“庆祝世界反法西斯暨中国人民抗日战争胜利 70 周年书画展”，提交作品 3 幅。

2. 老年大学

文化部老年大学西区分校为离退休老同志搭建文化养老的平台，让老同志老有所学，老有所乐。国家图书馆离退休干部处共协助馆内退休员工 288 人次报名参加老年大学舞蹈、书法、摄影、电脑和声乐班次学习。由中央部委老干部局支持、海南广播电视总台主办的“海南百位百岁老人北京图片展”在北京中华世纪坛艺术厅展出，离退休干部处组织老同志代表前往参观学习长寿文化。国家图书馆秋季运动会于 10 月举行，由离退休老同志组建太极扇方阵进行开幕式表演，经过数月刻苦训练，老同志的精彩表演成为绿茵场上一道亮丽的风景线。

年度掠影

【开展“三严三实”专题教育】

按照中央和文化部党组统一部署，国家图书馆在中层以上领导干部中启动开展“三严三实”专题教育。5月20日，以专题党课为主要形式的国家图书馆“三严三实”专题教育动员部署会在国图综合楼多功能厅举行。馆党委制定《国家图书馆“三严三实”专题教育实施方案》，馆领导班子成员分别讲授专题党课，党委中心组自6月至11月相继完成对“严于修身”“严于律己”“严于用权”三个专题的学习研讨。12月24日，国家图书馆领导班子召开“三严三实”专题民主生活会，继续深化巩固“三严三实”专题教育成果。

【举办纪念中国人民抗日战争暨世界反法西斯战争胜利70周年纪念歌会】

9月1日上午，国家图书馆“铭记历史　筑梦中华”中国人民抗日战争暨世界反法西斯战争胜利70周年纪念歌会在国图艺术中心拉开序幕。来自馆合唱团和中文采编部、外文采编部、典藏阅览部、参考咨询部、数字资源部200余位在职和离退休员工唱响激昂澎湃的抗战歌曲，让全馆员工再次受到抗战精神和民族精神的洗礼，在歌声中接受爱国主义和社会主义核心价值观教育，铭记历史、缅怀先烈、珍视和平、开创未来。馆领导和员工代表近800人参加纪念歌会。文化部直属机关党委副书记、纪委书记何晓娟，团委书记白海天应邀出席活动。

“铭记历史　筑梦中华”中国人民抗日战争暨世界反法西斯战争胜利70周年纪念歌会

【召开2015年国家图书馆党风廉政建设工作会议】

3月6日，国家图书馆召开2015年党风廉政建设工作会议，学习传达习近平、王岐山同志在十八届中央纪委五次全会上的讲话及文化部2015年党风廉政建设工作会议精神，总结2014年全馆党风廉政建设工作，部署2015年工作。会议由副馆长、党委副书记、纪委书记刘惠平主持，馆领导班子成员、党委委员、纪委委员、中层领导干部、党支部书记、党支部纪检委员80余人参加了会议。会上，魏大威副馆长传达习近平、王岐山同志在十八届中央纪委第五次全会上的讲话精神，王军副馆长传达雒树刚、王铁同志在文化部2015年党风廉政建设工作会议上的讲话精神，副馆长、党委副书记、纪委书记刘惠平做“国家图书馆党风廉政建设2014年工作情况和2015年工作部署的报告”。会议最后，馆长、党委书记韩永进做重要讲话，他从提高认识、认清形势，深刻领会中央和文化部反腐倡廉的决策部署；明确任务、抓住重点，推进全馆党风廉政建设和反腐败工作。强化学习、狠抓落实，确保完成党风廉政建设工作任务三个方面谈了落实中央和文化部会议精神的意见。韩永进同志要求全馆党员领导干部要进一步强化学习、统一思想、凝聚力量，坚定信念和宗旨。要做廉政的表率，从思想上筑牢反腐倡廉的防线；要狠抓落实，切实做好各自职责范围内的党风廉政建设和反腐败工作。会后印发了韩永进馆长讲话以及《国家图书馆2015年党风廉政建设工作要点》，要求各部处、党支部认真组织传达学习，结合实际贯彻落实。

【组织中层以上领导干部观看廉政专题教育片】

为配合新修订的《中国共产党廉洁自律准则》（以下简称为《准则》）和《中国共产党纪律处分条例》（以下简称为《条例》）的学习贯彻，进一步推动国家图书馆党员干部队伍党风廉政建设，10月29日，馆党委、纪委联合组织中层以上领导干部集体观看由中纪委摄制的专题教育片《失控的“自由人”》和《蜕变的人生》，以廉政警示教育形式进一步提高党员领导干部加强党风廉政建设的自觉性，教育活动取得良好的效果。通过本次专题教育，全馆中层以上领导干部更加深刻地理解“三严三实”教育的重要内涵，大家表示，要以更高的标准、更严的要求、更实的举措，抓好《准则》和《条例》的学习贯彻，并与具体工作实际结合起来。馆纪委书记刘惠平同志在本次活动中强调，全馆党员干部要把本次廉政教育与“三严三实”专题教育学习结合起来，与《准则》《条例》的深入学习贯彻结合起来，深入理解习近平总书记关于如何做一个好干部的具体要求，切实增强践行“三严三实”的思想自觉和行动自觉。

【召开第二届职工代表大会第四次全体会议】

1月30日，国家图书馆第二届职工代表大会第四次全体会议召开，会议审议并通过《国家图书馆2015年工作要点》和《国家图书馆2014年度财务工作报告》。馆长、党委书记韩永进就《国家图书馆2015年工作要点》的起草情况做说明，阐述要点的起草过程、基本结构、主要内容和特点。分组讨论环节中，代表结合本部门工作实际也对报告内容提出建设性意见建议。馆长、党委书记韩永进，副馆长陈力、张志清、魏大威、王军、李虹霖，馆长助理孙一钢、汪东波作为特邀代表与80位职工代表参加大会。

【举办庆祝“三八”系列活动】

在“三八”国际劳动妇女节即将来临之际，馆母婴室正式开放并投入使用，为“半边天”送出一份实实在在的节日礼物。馆工会举办“家庭和谐、幼子成长”主题情感沙龙座谈会，分享家庭建设经验，交流科学教子体会。在3月6日的女员工集会上，馆长、党委书记韩永进发表致辞，向全馆女员工送上节日祝福；文化部直属机关工会主席何晓娟宣读表彰全国“巾帼文明岗”和全国“巾帼建功标兵”的决定，国家图书馆获得“巾帼文明岗”，张曙光获得“巾帼建功标兵”荣誉称号。

召开“三八”妇女节女员工集会

【举办国家图书馆“五四”表彰大会暨“百年新韵、文津芬芳”诗歌朗诵会】

5月4日，馆团委举行“五四”表彰大会暨“百年新韵、文津芬芳”诗歌朗诵会。大会通报表彰“国家图书馆优秀团支部”“国家图书馆优秀共青团干部”“国家图书馆优秀共青团员”“国家图书馆青年岗位能手”以及赛诗活动中的优秀集体和个人，馆领导班子成员向获奖集体和个人代表颁发荣誉证书。本次赛诗活动共征集作品107篇，种类有古体诗、近体诗和词，有自由诗、散文诗和格律诗。诗歌内容紧扣主题，思想性、文学性俱佳，充分展示青年员工良好的文化素养和才学。

【举办 2015 年国家图书馆羽毛球团体赛】

比赛于 5 月 6—8 日举办。104 名选手以分工会为单位组成 13 支参赛队，分别进行男双、女双、混双、男单、女单的比赛。经过激烈角逐，缩微文献部分工会最终摘得团体赛桂冠，立法决策服务部分工会荣获第二名，中文采编部和参考咨询部分工会获得并列第三名。此次活动进一步活跃员工的精神文化生活，增强团队协作意识，得到全馆员工和各部处的广泛肯定。

【举办“六一”亲子嘉年华活动】

5 月 29 日上午，馆工会、典藏阅览部和展览部联合举办“炫彩童年”员工亲子互动活动。活动设有“阅读体验”“亲子手工”和参观“炫彩童年——中国百年童书展”三个环节。近 40 名学龄前儿童在家长的陪伴下参加了本次活动。通过活动，不仅让孩子们在动手动脑中充分享受到了成长的乐趣，感受着书香，更为年轻父母们带来育儿思路和方式上的启发，让父母陪着孩子度过了一个愉快而有意义的节日。

【举办工会干部培训班】

8 月 11—14 日，馆工会在国家图书馆昌黎培训基地举办 2015 年工会干部培训班，馆工会委员、分工会委员 30 余人参加培训。本次培训班紧密围绕学习贯彻习近平总书记在中央党的群团工作会议上重要讲话精神，结合国家图书馆工会建设工作实际，安排培训内容。副馆长、党委副书记、馆工会主席刘惠平为培训班做开班动员，党群工作办公室主任、馆工会副主席荣杰向与会者报告工会上半年工作。培训班特邀北京市工会干部学院教授张宝刚做题为“履行工会职责　增强工会活力”的专题讲座，同时安排业务学习、业务研讨和文化参观等形式多样的活动。整个培训主题突出、内容丰富、针对性强。在学习研讨环节，各分工会代表分别就“针对联合分工会职能部门多、人员相对分散等特点，如何开展好工会工作”“如何扩大工会活动覆盖面，提高员工参与度”“互联网思维如何运用到工会工作中”“如何针对不同年龄及兴趣特点的员工群体策划活动”“如何协调处理业务工作与工会活动之间的关系”等议题进行深入交流讨论，分享经验成果。

2015 年工会干部培训班合影

【举办第十一届员工运动会】

10 月 17 日，国家图书馆第十一届员工运动会开幕式在人民大学体育场隆重举行。文化部直属机关党委副书记兼纪委书记、工会主席何晓娟，团委书记白海天，国家图书馆馆长、党委书记韩永进，副馆长张志清、魏大威、王军，馆长助理孙一钢、汪东波等出席开幕式，副馆长、党委副书记刘惠平主持开幕式。15 个分工会、基层工会的 400 余名运动员代表依次入场，以不同形式表达对图书馆事业的热爱，展现国图员工积极向上的精神风貌。由离退休老同志组成的太极扇方阵进行了精彩的太极扇表演。本届运动会共设置 25 个比赛项目，包括竞技类和趣味类项目，此外还安排消防竞赛项目，在确保比赛精彩热烈的基础上，充分彰显国图特色。除开幕式当天举办的田径比赛外，自 9 月 8 日起，相继举办跳绳、踢毽、定点投篮、足球射门、广播操等多项比赛，900 余名运动员参与其中。

【举办“缘来是你”青年新年联谊会】

12 月 29 日，馆团委与中央党史研究室、中国气象局联合举办“缘来是你”青年新年联谊会。副馆长王军代表馆领导致辞，希望通过联谊会的举办为青年员工创造一个展现自我、结识朋友、播种爱情的良好契机。活动现场，近百名青年欢聚一堂，大家在活泼愉快的气氛中相互认识，真诚交流。联欢后，青年们还一起赴国图艺术中心观看贺岁电影。活动的成功举办为青年职工拓宽交友沟通渠道，使他们在工作的同时也能收获丰硕的友谊和浪漫的爱情。

举办“缘来是你”青年新年联谊会

【开办智能手机应用操作培训班】

随着科技的日益发展，住宅家居智能化成为社会发展的必然趋势，充分利用新兴科技助力老年人晚年生活成为老干部工作新的探索课题，也是老干部工作服务举措精细化的具体体现。为了让老同志尽情享受智能手机带来的便捷体验，离退休干部处联合典藏阅览部“关爱夕阳，老年课堂”项目组，于 6 月 24 日举办面向国家图书馆离退休老同志的智能手机应用操作培训班。工作人员以 PPT 教学的方式，从智能手机无线上网、微信朋友圈到常用 APP 软件的使用等方面，详细讲解智能手机的应用操作、地图导航等常用功能，并对老同志进行现场指导。培训活动为老同志晚年生活增添新的乐趣，也为老人沟通交流、日常出行等家居生活提供便利。

【成立老干部乒乓球俱乐部】

6月25日，由国家图书馆离退休员工乒乓球爱好者组成的老干部乒乓球俱乐部正式成立。俱乐部以“锻炼体质、快乐精神、和谐气氛、打出成绩”为宗旨，每周一和每周四下午两点到四点在国家图书馆员工健身俱乐部开展相关活动。俱乐部有多名曾代表馆乒乓球队在文化部举办的乒乓球团体赛和个人赛中取得过优异成绩的成员，当日下午俱乐部组织了第一场队内循环比赛。参赛的老同志个个精神抖擞、身手不凡，展现出老当益壮、积极向上的时代风采。成立俱乐部并组织相关比赛，既调动了大家参与体育运动的积极性，也愉悦了身心，增强彼此间的交流和友谊。

【举办离退休干部党小组长暨协管工作骨干培训班】

8月4—6日，国家图书馆“2015年离退休干部党小组长暨协管工作骨干培训班”在昌黎培训基地举行。副馆长、党委副书记刘惠平出席并做开班讲话，通报国家图书馆深入开展“三严三实”教育活动、编制“十三五”规划、扎实推进国家总书库建设等上半年重大馆情。来自离退休干部处党支部的30余名党小组长和协管工作骨干参加培训。离退休干部党支部书记张艳霞从夯实基础、抓住重点、拓宽载体、打造亮点、强化宣传几个方面代表支部汇报上半年的重点工作，同时提出下半年的工作计划。培训日程安排紧凑，理论知识和实践工作结合紧密，涵盖工作总结报告、交流研讨以及联络技能培训等。

举办国家图书馆离退休干部处党支部党小组长暨协管工作骨干培训班

统计资料

- 经费使用
- 国有资产
- 业务统计数据
- 科研立项与结项
- 人员
- 馆内奖励
- 馆外奖励
- 出访和来访
- 部分会议、培训、讲座、展览
- 馆史档案资料

统计资料

一、经费使用

（一）购书经费

单位：万元

项　目	经　费	项　目	经　费
中文书	2807.14	联合国资料	90.06
西文书	3819.43	图书装订费	181.26
东文书	1251.61	中文资料	39.99
俄文书	300.77	中文刊	255.13
交换书	439.68	外文刊	2957.92
港台书	601.61	港台报刊	129.75
善本特藏	34.95	中文报	305.96
学会论文	11.76	其他书	210.47
视听资料	20.01	地方文献	409.94
合　计	13867.44		

（二）国家数字图书馆资源建设及服务经费

单位：万元

项　目		经　费
电子出版物	中文	1056.40
	外文	1850.00
合　计	2906.40	

二、国有资产

（一）简况

截至 2015 年 12 月 31 日，国家图书馆资产总量达到约 560829 万元，其中固定资产约 323186 万元，流动资产约 28929 万元，对外投资约 2390 万元，无形资产约 17968 万元，其他资产约 188356 万元。固定资产中，图书文物约

273978 万元，房屋构筑物约 7977 万元，交通运输工具约 455 万元，通用办公设备约 13918 万元，办公家具约 12136 万元，其他固定资产约 14722 万元。与 2014 年 12 月 31 日相比，2015 年资产总量增加约 20880 万元，其中固定资产增加约 17687 万元，流动资产减少约 3551 万元，对外投资增加 300 万元，无形资产增加约 4234 万元，其他资产增加约 2210 万元。

（二）政府采购信息

2015 年政府采购预算 28988.19 万元，节约资金 2785.48 万元，资金节约率为 9.61%。

国家图书馆政府采购总额 26202.71 万元。其中，货物类为 15057.86 万元，占采购总额的 57.47%，比上年减少 24.13%；工程类为 1793.82 万元，占采购总额的 6.85%，比上年减少 75.62%；服务类为 9351.03 万元，占采购总额的 35.68%，比上年增加 18.07%。

国家图书馆政府集中采购规模为 2458.45 万元，占采购总规模的 9.38%，其中货物类 804.6 万元，服务类 1653.85 万元；分散采购规模为 23744.26 万元，占采购总规模的 90.62%，其中货物类 14253.26 万元，工程类 1793.82 万元，服务类 7697.18 万元。

（三）馆属企业

2015 年各馆属企业继续保持稳定发展态势，五家全资企业（不含国家图书馆出版社）主营业务收入首次突破亿元，达到 10087.67 万元，较 2014 年同比增长 12.2%。各企业功能类板块平稳有序，市场类板块特别是馆外收入显著增加。其中，北图文化发展中心培训类业务较去年同比增长 37%，并完成文津雅集的筹建工作；国图创新公司文献辅助外包业务平稳发展；国图书店天津滨海图书馆合作项目取得显著突破，并在书店成立 10 周年之际，成立中国书目数据中心。国图酒店公司洗衣房上半年顺利开业，同时实现品诺咖啡厅的顺利交接；国图文化艺术公司实现整体扭亏。包括数图公司在内的馆属企业各类合作和上缴效益总额超过 2000 万元，比上年同口径增长超过 30%。

三、业务统计数据

1. 各类文献登记总量 702898 种 3155046 册 / 件，登记册 / 件与 2014 年相比增加 3.63%。

2. 各类文献编目加工总量 699698 种 1469802 册 / 件，编目加工种数与 2014 年相比增加 7.55%。

3. 正式入藏各类文献 715858 种 1402936 册 / 件，正式入藏册 / 件与 2014 年相比增加 5.03%；非正式入藏各类文献 644810 册 / 件，非正式入藏册 / 件与 2014 年相比增加 1.85%。

4. 截至 2015 年年底，馆藏总量为 35181472 册 / 件。

5. 接待到馆读者 3882927 人次，与 2014 年相比减少 2.48%。

6. 全馆流通书刊 23081232 册次，与 2014 年相比减少 7.17%。

7. 国家图书馆网站访问量为 145072.45 万人次，与 2014 年相比增加 11.33%。

8. 各类咨询 101.95 万件，与 2014 年相比减少 1.27%。其中一般咨询 100.93 万件，与 2014 年相比减少 1.41%。

9. 办理读者证卡 21.15 万个，与 2014 年相比减少 10.65%。

10. 培训、讲座、参观、展览等各项活动共接待读者 124.3 万人次，与 2014 年相比减少 20.81%；其中举办展览 26 场，共计 94.26 万人次；开办公益性讲座 343 场，共计 6.99 万人次；组织培训 399 批，共计 1.43 万人次；接待参观 4115 批，共计 18.75 万人次；其他活动 50 场，共计 2.89 万人次。

11. 截至 2015 年年底，数字资源总量为 1160.98TB，与 2014 年相比，增加 136.53TB。其中：馆藏特色数字化资源 969.69TB，外购数据库 71TB，网络导航和网络资源采集 77.28TB，征集数字资源 37.39TB，电子报纸呈缴 5.62TB。资源内容主要包括：电子图书 3747724 种 4228468 册，电子期刊 55882 种，电子报纸 15063 种，学位论文 5829206 篇，会议论文 5573228 篇，音频资料 1099669 首，视频资料 140224 小时。

12. 截至 2015 年年底，外购数据库共计 259 个，包括中文数据库 126 个，外文数据库 133 个。

外购数据库类型及数量

数据库类型	中文库数量（个）	外文库数量（个）
全文数据库	63	85
文摘/索引数据库	13	21
数值/事实数据库	28	19
多媒体数据库	19	0
工具型数据库	3	1
复合型数据库	0	7
合计	126	133

13. 截至 2015 年年底，数字资源发布总量为 815.72TB，与 2014 年相比，增加 81.2TB，占数字资源建设总量的 70.3%。

注：总登记量报纸按单件统计，入藏量按合订册统计。

2015 年各类文献入藏明细表（正式馆藏）

	文献类别	种　数	册（件）数	上年册（件）数	增长率 %
图书	中文普通书	327674	664966	583691	13.92
	台港图书	21341	22534	21631	4.17
	盲文图书	0	0	126	−100.00
	线装书	10746	16323	12878	26.75
	中文图书总计	359761	703823	618326	13.83
	西文图书	56866	60241	68289	−11.79
	俄文图书	7001	7050	7128	−1.09
	日文图书	18921	19387	18239	6.29
	东文图书	7265	7592	5012	51.48
	外文图书总计	90053	94270	98668	−4.46
	图书总计	449814	798093	716994	11.31
期刊	中文期刊	10716	223882	230337	−2.80
	台港期刊	893	8257	9843	−16.11
	中文期刊总计	11609	232139	240180	−3.35
	西文期刊	4085	35478	39944	−11.18
	日文期刊	1002	12103	12825	−5.63
	俄文期刊	645	8019	8436	−4.94
	东文期刊	31	961	766	25.46
	外文期刊总计	5763	56561	61971	−8.73
	期刊总计	17372	288700	302151	−4.45
报纸	中文报纸	1513	6717	9109	−26.26
	台港报纸	89	1771	0	——
	中文报纸总计	1602	8488	9109	−6.82
	外文报纸总计	68	1599	0	——
	报纸总计	1670	10087	9109	10.74
特藏专藏	善　本	27	174	29	500.00
	外文善本	0	0	0	——
	新善本	114	203	128	58.59

（续表）

	文献类别	种　数	册（件）数	上年册（件）数	增长率 %
特藏专藏	精装精印	20	87	133	−34.59
	再造善本续编	554	4278	0	——
	金石文献	2517	5238	1221	328.99
	手　稿	462	670	5053	−86.74
	舆　图	0	0	0	——
	画　片	0	0	0	——
	照　片	0	0	0	——
	民语文献	4351	8875	4715	88.23
	学位论文	200866	200866	200647	0.11
	敦煌资料	821	1292	459	181.48
	地方文献	2273	9813	18801	−47.81
	图书馆学资料	——	422	416	1.44
	联合国资料	1073	1646	1608	2.36
	中文资料	8560	8839	8551	3.37
	特藏专藏总计	221638	242403	241761	-1.50
缩微	缩微平片	14657	34684	28057	23.62
	缩微胶卷	58	2147	8528	−74.82
	缩微文献总计	14715	36831	36585	0.67
视听文献	录像带	29	32	0	——
	VCD	590	1459	1294	12.75
	DVD	4672	12348	12660	−2.46
	LD	0	0	0	——
	视频文献总计	5291	13839	13954	−0.82
	录音带	45	178	1614	−88.97
	CD	2640	6786	8010	−15.28
	MP3	350	579	741	−21.86
	声频文献总计	3035	7543	10365	−27.23
	视听文献总计	8326	21382	24319	−12.08
电子文献	电子文献总计	2323	5440	4844	10.86
正式入藏文献总计		715858	1402936	1335763	5.03

到馆读者人次、文献流通册次统计表

	人次	册次
1月	298198	1739068
2月	226902	1265230
3月	326141	1924816
4月	312292	1809728
5月	304802	1752082
6月	295484	1730032
7月	414700	2596154
8月	437093	2839191
9月	313242	1853844
10月	330928	1996462
11月	304993	1754677
12月	318152	1819948
合计	3882927	23081232

各阅览室与服务点接待读者人次统计表

阅览室及服务点名称	读者人次	阅览室及服务点名称	读者人次
OPAC检索（南区）	44967	OPAC检索（北区）	57320
人工复制（南区）	50739	人工复制（北区）	13487
自助复制（南区）	16733	自助复制（北区）	12835
缩微文献阅览室	7707	中文图书阅览区	1658788
保存本（综合阅览室）	7862	工具书区（北区）	317085
基藏本（综合阅览室）	148931	中文图书借阅区	382016
工具书（综合阅览室）	24100	中文期刊区	125224
基藏外文图书外借出纳台	53578	中文报纸区	125580
学位论文阅览室	33380	数字共享空间（集中区）	306515
台港澳文献阅览室	46210	数字共享空间（分散区）	55561
外文文献第一阅览室	78870	数字共享空间（手持阅读）	14

（续表）

阅览室及服务点名称	读者人次	阅览室及服务点名称	读者人次
外文文献第二阅览室 日本出版物文库阅览室	26565	少年儿童图书馆	232047
善本特藏阅览室	7451	复制服务（古籍馆区）	782
敦煌吐鲁番资料研究中心	2114	普通古籍阅览室（古籍馆区）	12890
中国少数民族语文阅览室	5310	地方志家谱阅览室（古籍馆区）	1040
国际组织与外国政府出版物阅览室	3274	家谱　旧方志阅览室（古籍馆区）	1838
海外中国问题研究资料中心	4815	年鉴　新方志阅览室	12768
法律参考阅览室	4531		
总计	3882927		

注：自2015年2月起，年鉴　新方志阅览室正式开放；2015年9月起，地方志家谱阅览室正式关闭，原地方文献阅览室调整为家谱　旧方志阅览室。

咨询工作统计

单位：件

	一般咨询	代检索课题	编制文献	年累计
党和国家领导	0	0	3	3
中央国家机关	33	7	1869	1909
重点科教单位	1244	3898	4010	9152
一般读者	1008037	238	155	1008430
年累计	1009314	4143	6037	1019494

国际互借工作统计表

项目	借出资料	借入资料
人次	348	683
册次	348	1062
复印（件）	277	566
拒绝（件）	67	447

读者证卡统计

单位：个

证卡名称		本年证卡	总计（2000/04/12起）
人工办证	贵宾卡	32429	2210623
	嘉宾卡		
	成人读者卡		
	少儿读者卡	5846	
自助办证	读者卡	173204	
合计		211479	

注：不含临时卡。

四、科研立项与结项

（一）立项科研项目

国家级科研项目立项名单

序号	项目类别	项目名称	申请人	研制时间	经费（万元）
1	科技支撑计划	地方志资源调查与数字化加工规范研究	陈红彦	2015.7—2017.12	382
2	全国艺术科学规划项目	文化大数据应用规划研究	孙一钢	2015.12—2016.12	15
3	社科基金后期资助	宋代地方的官民信息沟通与治理秩序	高柯立	2015.7—2016.8	20
4	社科基金重点项目	《中图法》最终用户版体系结构及可视化研究	卜书庆	2015.7—2018.11	35
5	社科基金一般项目	网络信息采集与保存策越研究	张　炜	2015.7—2017.12	20
6	社科基金一般项目	学术史视野中的《春秋左传》批校题跋研究	梁葆莉	2015.7—2018.6	20

部级科研项目立项名单

序号	项目类别	项目名称	申请人	研制时间	经费（万元）
1	文化部国家文化科技提升计划	中文字符数转模技术研究	李晓明	2015.7—2016.12	60
2	文化部国家文化科技提升计划	文献用纸保存寿命评估体系研究	田周玲	2015.7—2016.12	50

馆级科研项目立项名单

项目编号	项目名称	申请人	研制时间	经费（万元）
NLC-KY-2015-01	海外存藏日本战争罪行文献资料调研	雷亮	2015.3—2017.1	2
NLC-KY-2015-02	国家图书馆传统载体文献资源存储体系研究	孙伯阳	2015.3—2016.12	2
NLC-KY-2015-03	国家图书馆在文化外交中的主体性作用研究	张　煦	2015.3—2016.12	2
NLC-KY-2015-04	图书馆文献采购招标的风险防范机制研究	郝丽萍	2015.3—2016.12	2
NLC-KY-2015-05	国家图书馆业务外包绩效评估机制研究	齐　欣	2015.3—2016.12	2
NLC-KY-2015-06	公共图书馆理事会制度：理论、现状、难点、前瞻	王秀香	2015.3—2016.6	2
NLC-KY-2015-07	国家图书馆藏清代前期校本辑录与研究	袁　媛	2015.3—2016.7	2
NLC-KY-2015-08	基于关联规则的图书馆读者行为数据挖掘方法研究	刘香兰	2015.3—2015.9	2
NLC-KY-2015-09	RDA和关联数据在国家图书馆音像资料编目工作中的应用研究	赵琨	2015.3—2016.12	1

（续表）

项目编号	项目名称	申请人	研制时间	经费（万元）
NLC-KY-2015-10	网络数字环境下音视频资源的新形态及纳入国家图书馆馆藏的可行性研究	刘　峥	2015.3—2016.12	2
NLC-KY-2015-11	中文名称规范数据的共享与关联化研究	王彦侨	2015.3—2017.4	2
NLC-KY-2015-12	《国家图书馆外文文献资源RDA本地政策声明暨书目记录操作细则》编制研究	罗　翀	2015.3—2016.12	2
NLC-KY-2015-13	数字环境下出版物交换工作框架研究	杨士丽	2015.3—2016.12	2
NLC-KY-2015-14	国家图书馆外文电子书馆藏发展政策研究	朱硕峰	2015.3—2016.12	2
NLC-KY-2015-15	国家图书馆日文书目规范控制实施策略研究	王志君	2015.3—2016.12	2
NLC-KY-2015-16	国家图书馆国际互借业务发展现状及对策分析	孙　蕊	2015.3—2016.12	2
NLC-KY-2015-17	公共图书馆残疾人服务需求分析及阵地服务研究	刘博涵	2015.3—2016.12	2
NLC-KY-2015-18	国家图书馆专题网站资源的整合揭示与服务策略研究	赵月平	2015.3—2016.9	2
NLC-KY-2015-19	便携式数码缩微阅读器的研发	张　阳	2015.3—2015.12	2
NLC-KY-2015-20	公共图书馆文献缩微工作馆际合作模式创新研究	李　进	2015.3—2016.12	2
NLC-KY-2015-21	一至四批《国家珍贵古籍名录》收蒙古文古籍研究——非佛教部分	萨仁高娃	2015.3—2017.12	2
NLC-KY-2015-22	民国时期禁书目录整理与研究	吴　密	2015.3—2016.12	2
NLC-KY-2015-23	国图馆藏家谱元人序跋整理与研究	杨印民	2015.3—2018.12	2

（续表）

项目编号	项目名称	申请人	研制时间	经费（万元）
NLC-KY-2015-24	人口老龄化环境下国家图书馆老年教育服务模式创新研究	全根先	2015.3—2017.1	2
NLC-KY-2015-25	规范控制在资源发现与获取系统中的适用性研究	张　红	2015.3—2017.3	2
NLC-KY-2015-26	国家数字图书馆智能网络研究	邢　军	2015.3—2016.2	2
NLC-KY-2015-27	下一代图书馆业务集成系统研究	茹　文	2015.3—2017.6	2
NLC-KY-2015-28	地方图书馆特色资源整合及服务模式研究	童忠勇	2015.3—2016.12	2
NLC-KY-2015-29	国家图书馆总馆楼宇监控中心建设方案研究	张大华	2015.3—2015.12	2
NLC-KY-2015-30	国家图书馆总馆北区恒温恒湿系统改造项目可行性方案研究	师宇腾	2015.3—2015.12	2
NLC-KY-2015-31	惰性空气通风技术在文献战略储备库文献资源保存中的应用研究	姜元刚	2015.3—2016.12	1
NLC-KY-2015-32	国家图书馆藏陶渊明集未刊批校、题跋整理与研究	张　贵	2015.3—2015.8	1
NLC-KY-2015-33	PRESSoo的中文化及其影响研究	赵　敏	2015.3—2015.12	1
NLC-KY-2015-34	RDA视角下国家图书馆外文资源GMD的解构与重构	张　璇	2015.3—2017.7	1
NLC-KY-2015-35	国家图书馆馆藏外文集成性资源RDA化组织法研究	杨恩毅	2015.3—2016.12	1
NLC-KY-2015-36	基于红外光谱技术的纸质文献破损定级的可行性研究	马赵扬	2015.3—2016.12	1
NLC-KY-2015-37	国家图书馆读者焦虑实证研究	杨　靖	2015.3—2016.12	1
NLC-KY-2015-38	国家图书馆RFID标签识别误差分析与研究	周华琼	2015.3—2017.1	1
NLC-KY-2015-39	国家图书馆学龄前儿童阅读服务研究	李培园	2015.3—2016.6	1

（续表）

项目编号	项目名称	申请人	研制时间	经费（万元）
NLC-KY-2015-40	基于微博微信的国家图书馆微服务模式研究	罗　肖	2015.3—2016.12	1
NLC-KY-2015-41	基于MOOC的数字图书馆推广工程在线培训模式研究	郭　炯	2015.3—2016.12	1
NLC-KY-2015-42	抗战时期沦陷区图书馆研究——以伪北平图书馆为例	何　隽	2015.3—2016.12	1
NLC-KY-2015-43	彩色缩微胶片密度研究	樊亚宁	2015.3—2015.12	1
NLC-KY-2015-44	国家图书馆藏西南地区地理文献考述	杜　萌	2015.3—2016.12	1
NLC-KY-2015-45	以动漫形式展现古籍文献资源的研究	高　宏	2015.3—2016.12	1
NLC-KY-2015-46	《中国图书馆学报》与《中国社会科学》等人文社科顶级期刊的比较研究	袁　浩	2015.3—2015.12	1
NLC-KY-2015-47	基于BIM技术的图书馆机电设备一体化管理研究	张清华	2015.3—2015.12	1
NLC-KY-2015-48	国家图书馆文津街馆区普通善本库改造方案研究	包　涵	2015.3—2015.12	1

（二）结项科研项目

序号	项目类型	项目名称	项目负责人	鉴定时间
1	科技支撑计划	文化资源服务平台解决方案及标准研究	魏大威	2015.3.26
2	社科基金重点项目	中国古代版印图录	李致忠	2015.8.31
3	社科基金一般项目	公益性数字文化服务体系研究	魏大威	2015.2.28
4	文化部创新工程项目	基于互联网电视平台的数字图书馆应用与示范	李春明	2015.11.24

（续表）

序号	项目类型	项目名称	项目负责人	鉴定时间
5	文化部创新项目	虚拟家庭图书馆的研究	吴　斌	2015.7.29
6		数字图书馆云平台建设及其在公益性数字文化建设中的应用研究	李志尧	2015.7.29
7		缩微文献长期保存保护研究	李　健	2015.7.31
8		全国图书馆节能减排现状调查与对策分析	汤更生	2015.7.31
9	馆级	文献提供满足率提高策略及服务深化研究	鲁　玥	2015.3.11
10		真空包装技术在图书馆文献典藏中的应用研究	金　颖	2015.3.19
11		民国时期少年儿童图书馆史研究	黄　洁	2015.3.26
12		图书馆自建数字资源质量评价体系研究	龙　伟	2015.3.30
13		全媒体数字图书馆服务体系建设研究	李春明	2015.4.10
14		国家书目中FRBR化展示的应用研究	毛雅君	2015.4.24
15		国家图书馆藏中法汉学研究所旧藏文献研究	林世田	2015.6.16
16		海外民国时期文献存藏整理情况调查研究	雷　亮	2015.6.18
17		清末民初报刊漫画史料的整理与研究	王志庚	2015.10.27
18		古旧契约数字化保护开发与信息组织规范研究	杜海华	2015.11.6
19		家谱谱系数字化模型研究	肖　禹	2015.11.18
20		彩色缩微胶片密度研究	樊亚宁	2015.12.24

五、人员

（一）2015年馆领导名录

姓名	职务名称
周和平	名誉馆长
韩永进	馆长、党委书记兼国家古籍保护中心主任、国家典籍博物馆馆长
陈　力	常务副馆长（正局级）
刘惠平	副馆长、党委副书记兼纪委书记
张志清	副馆长兼国家古籍保护中心副主任
魏大威	副馆长
王　军	副馆长
李虹霖	副馆长兼国家典籍博物馆常务副馆长
孙一钢	馆长助理兼国家图书馆现代技术研究所所长（副局级）
汪东波	馆长助理兼研究院院长（副局级）

（二）2015年处级干部名单

部处	职务名称	姓名	备注
办公室	主任	苏品红	
	副主任	辛　璐	
人事处	处长	王青云	
	副处长	张　彬	
财务处	处长	张　军	
	副处长	李红霞	
业务管理处（民国时期文献保护工作办公室）	处长	毛雅君	
	民国时期文献保护工作办公室主任	高　红	
	副处长	孙伯阳	
	副处长	谢　强	
党群工作办公室	主任	荣　杰	
	副主任	张红霞	

（续表）

部处	职务名称	姓名	备注
纪检监察处	处长	陈荔京	
	纪检监察员（副处级）	乔淑锦	
审计处	处长	安　洁	
离退休干部处	处长	张艳霞	
	副处长	孙　乐	
国际交流处（台港澳交流处）	处长	张　煦	
	副处长	马　静	
国有资产管理处	处长	魏　崇	
	副处长	郝丽萍	
保卫处	处长	赵建国	
	副处长	张明亮	
	副处长	尹存喜	
研究院	院长	汪东波	兼任
	副院长（正处级）	申晓娟	
	副院长（副处级）	汪桂海	
	《文献》常务副主编（副处级）	张廷银	
中文采编部	副主任（主持工作）	王　洋	
	副主任	刘　瑛	
外文采编部	主任	顾　犇	
	副主任	罗　翀	
	副主任	张　玮	
典藏阅览部（国家图书馆少年儿童馆）	主任兼国家图书馆少年儿童馆馆长	王志庚	
	副主任兼国家图书馆少年儿童馆副馆长	黄　洁	
	副主任	刘博涵	
立法决策服务部	主任	卢海燕	
	副主任	白云峰	
参考咨询部	主任	王　磊	
	副主任	李翠薇	
	副主任	葛艳聪	
数字资源部（数字图书馆推广工程办公室）	主任	曹　宁	
	副主任	李春明	
	副主任	吕淑萍	

（续表）

部处	职务名称	姓名	备注
信息技术部（国家图书馆现代技术研究所）	主任	孙一钢	兼任
	副主任	邢　军	
	总工程师（副处级）	王乐春	外聘
缩微文献部	主任	李晓明	
	副主任	张　阳	
	副主任	王　浩	
社会教育部	主任	汤更生	
	副主任	廖永霞	
展览部	主任	林世田	
	副主任	顾　恒	
古籍馆	馆长	张志清	兼任
	副馆长（正处级）	陈红彦	
	副馆长（副处级）	谢冬荣	
	副馆长（副处级）	萨仁高娃	
国家古籍保护中心办公室	主任	张志清	兼任
	副主任	王雁行	
中国古籍保护协会秘书处	秘书长（副处级）	梁爱民	
《中华优秀传统文化文库》编纂项目工作组	副主任	张　洁	
国图艺术中心	主任	张朝慧	
中国图书馆学会秘书处	秘书长	霍瑞娟	
	副秘书长	仲　岩	
	《中国图书馆学报》副主编	卓连营	
后勤服务管理中心	主任	曹　伟	
	副主任	张海波	
基建工程办公室	主任	李昌明	
	副主任	王六长	
国家图书馆出版社	社长	方自金	
	总编辑	贾贵荣	
	副社长	殷梦霞	

（三）人员结构

人员总数		
	在编员工	1523
	离退休人员	1058
	2015进馆人数	95
	2015离馆人数	55（其中退休44人，调出11人）
性别结构		
	男	575
	女	948
部处科组管理人员		
	处级	68
	科级	259
年龄结构		
	30岁及以下	443
	31—40岁	512
	41—50岁	241
	51岁及以上	327
专业技术职务结构		
	正高级职称	63
	副高级职称	352
	中级职称	686
	初级职称	260
学历结构		
	博士学历	85
	硕士学历	651
	本科学历（硕士学位）	64
	本科学历	485
	专科及以下学历	238

六、馆内奖励

2015 年度先进集体名单

一、获得 2015 年度国家图书馆先进集体的部处

离退休干部处　　缩微文献部　　国家古籍保护中心办公室

二、获得 2015 年度国家图书馆先进集体的科组

保卫处消防科
研究院政策研究室
中文采编部中文图书书目数据组
外文采编部国际组织与外国政府出版物组
立法决策服务部服务推广与保障组
参考咨询部竞争情报组
数字资源部版权管理组
信息技术部数字资源存储与应用管理组
社会教育部中国记忆组
展览部讲解服务组
古籍馆经典文化推广组
后勤服务管理中心水暖维修科

2015 年度服务标兵名单

孙保珍（中文采编部联合编目组）
李跃进（外文采编部国际组织与外国政府出版物组）
谢春花（典藏阅览部中文图书外借组）
杨　靖（典藏阅览部中文图书阅览组）
刘会媛（典藏阅览部中文报刊阅览组）
李　江（典藏阅览部少年儿童服务组）
杨姝珣（典藏阅览部学位论文与台港澳文献阅览组）
王伟伟（典藏阅览部外文文献阅览组）
李乔乔（典藏阅览部基藏本阅览组）
尹汉超（立法决策服务部外交与国防组）
徐　燕（立法决策服务部综合服务组）
王　磊（参考咨询部竞争情报组）
申淑丽（参考咨询部综合咨询组）
王　瑶（参考咨询部读者证卡组）

刘婷婷（参考咨询部文献提供组）
谢桂苹（参考咨询部科技咨询组）
汪　静（数字资源部推广工程培训与资源建设组）
李洪博（信息技术部项目管理与系统测试组）
黄　征（缩微文献部计划与协调组）
齐世峰（社会教育部教育培训组）
余木子（展览部讲解服务组）
薛文辉（古籍馆古籍善本特藏典阅组）

2015 年度创新奖

人民法院分馆成立暨平台建设项目（立法决策服务部）
国家动漫公共素材库建设（信息技术部）
甲骨文记忆展（展览部、古籍馆、办公室）
2015 中国图书馆学术年会及系列活动（中国图书馆学会秘书处）

2015 年度“馆长特别奖”

文献战略储备库立项工作（基建工程办公室、业务管理处、研究院）
国图公开课（社会教育部、数字资源部、信息技术部、业务管理处）
三件国宝和珍贵古籍采访修复工作（古籍馆、财务处）
纪念抗战胜利 70 周年展览（业务管理处、展览部、古籍馆、典藏阅览部）

七、馆外奖励

序号	获奖单位	获奖名称	授予单位
1	国家图书馆	全国文明单位	中央精神文明建设指导委员会办公室
2	国家图书馆	2014年度文化信息工作先进单位	文化部办公厅
3	国家图书馆	文化部直属事业单位2014年度财务考评优等	文化部办公厅
4	国家图书馆	巾帼文明岗	中华全国妇女联合会
5	国家图书馆	二〇一五年度海淀区交通安全先进单位	北京市海淀区交通安全委员会
6	国家图书馆	2014年度紫竹院地区安全生产工作先进单位	海淀区紫竹院街道安全生产委员会
7	国家图书馆	第五届中关村国际青年艺术节暨2015年紫竹院地区“五月的鲜花”文艺汇演参与贡献奖	紫竹院街道办事处
8	国家古籍保护中心	2015年中国图书馆展览会优秀展示奖	2015年中国图书馆年会组委会
9	国家图书馆团委	2011年—2013年度中央国家机关五四红旗团委（团支部）	共青团中央国家机关工作委员会
10	国家图书馆团委	2013—2014年度“文化部五四红旗团组织”	文化部直属机关团委
11	保卫处	文化部系统安全保卫工作先进集体	文化部社会治安综合治理委员会
12	国家图书馆少年儿童馆（典藏阅览部）	全国未成年人思想道德建设工作先进单位	中央精神文明建设指导委员会
13	国家图书馆少年儿童馆（典藏阅览部）	2015书业年度评选·年度图书馆	《出版人》杂志社
14	国家图书馆藏《北洋官报》（典藏阅览部）	2014年度全国优秀古籍图书奖二等奖	中国出版协会古籍出版工作委员会
15	《我们的文字》（国家图书馆中国记忆项目中心）	首届向全国推荐中华优秀传统文化普及图书	国家新闻出版广电总局

（续表）

序号	获奖单位	获奖名称	授予单位
16	“三山五园丝巾”（展览部）	第十二届“北京礼物”旅游商品大赛旅游景区和城市形象主题优秀奖	北京市旅游发展委员会
17	展览部	第十二届“北京礼物”旅游商品大赛海淀赛区旅游景区和城市形象主题优秀奖	北京市海淀区旅游发展委员会
18	展览部	第十二届“北京礼物”旅游商品大赛海淀赛区旅游商品包装设计创意主题三等奖	北京市海淀区旅游发展委员会
19	中国图书馆学会	学会创新和服务能力提升工程优秀科技社团	中国科学技术协会
20	中国图书馆学报	2015中国国际影响力优秀学术期刊	《中国学术期刊（光盘版）》电子杂志社有限公司、清华大学图书馆、中国学术文献国际评价研究中心
21	《中国图书馆学报》编辑部	RCCSE中国权威学术期刊（A+）	中国科教评价网、武汉大学中国科学评价研究中心、武汉大学图书馆
22	国家图书馆出版社	2014年度十佳供货合作伙伴（图书出口）	中国教育图书进出口有限公司
23	国家图书馆出版社	优秀供货商	北京人天书店有限公司
24	《远东国际军事法庭庭审记录》《远东国际军事法庭庭审记录索引、附录》（国家图书馆出版社）	第五届中华优秀出版物奖图书奖	中国出版协会
25	《翰墨流芳》（国家图书馆出版社）	2014年度北京印刷质量大奖提名奖（数码印刷）	北京质量协会印刷分会
26	《老子绎读》（国家图书馆出版社）	首届向全国推荐中华优秀传统文化普及图书	国家新闻出版广电总局
27	《楚辞文献丛刊》（国家图书馆出版社）	2014年度全国优秀古籍图书奖一等奖	中国出版协会古籍出版工作委员会

（续表）

序号	获奖单位	获奖名称	授予单位
28	《北京大学图书馆藏程砚秋玉霜簃戏曲珍本丛刊》（国家图书馆出版社）	2014年度全国优秀古籍图书奖二等奖	中国出版协会古籍出版工作委员会
29	《第四批国家珍贵古籍名录图录》（国家图书馆出版社）		

八、出访和来访

（一）出访

1 月 28—31 日，古籍馆副馆长萨仁高娃赴日本参加敦煌学国际学术研讨会。

3 月 22—29 日，副馆长张志清、古籍馆副馆长陈红彦、业务处副处长孙伯阳、国家图书馆出版社副社长殷梦霞和国际交流处助理馆员卫萌萌赴美国参加 2015 年北美东亚图书馆理事会并访问加拿大图书馆。

4 月 9—13 日，馆长助理孙一钢赴美参加中美文化论坛。

4 月 12—16 日，出版社社长方自金、财务处副处长李红霞赴英国参加 2015 年伦敦国际书展。

4 月 18—25 日，副馆长刘惠平、古籍馆副馆长谢冬荣、国家古籍保护中心办公室主任助理王红蕾赴台湾参加第四届古籍保护与流传学术会议暨第二届海峡两岸古籍论坛。

4 月 20—25 日，信息技术部总工程师王乐春赴美国参加国际标准化组织第 171 技术委员会第 28 次年会。

4 月 23—26 日，古籍馆敦煌文献组副研究馆员刘波赴土耳其参加国际敦煌项目第二次工作会议。

4 月 24—30 日，副馆长陈力、数字资源部主任曹宁、中国图书馆学会秘书处秘书长霍瑞娟、国际交流处馆员刘源泓和外文采编部助理馆员杨恩毅赴埃及参加首届中国与阿拉伯国家图书馆及信息领域专家大会并访问突尼斯图书馆。

4 月 26 日—5 月 2 日，数字资源部研究馆员张炜和信息技术部工程师童忠勇赴美国参加国际互联网保存联盟年会。

5 月 1 日—10 月 31 日，古籍馆副研究馆员李文洁赴美国芝加哥大学图书馆协助开展古籍整理工作。

5 月 4—9 日，外文采编部副主任张玮随文化部组团赴港澳进行交流。

5 月 11—15 日，馆长助理孙一钢、参考咨询部主任王磊、国图艺术中心主任张朝慧、党群工作办公室副主任张红霞和外文采编部副研究馆员李吉子赴朝鲜进行业务交流。

5 月 17—24 日，副馆长李虹霖、社会教育部副主任廖永霞、展览部副主任顾恒、国家古籍保护中心办公室副主任王雁行、外文采编部馆员杨柳赴英国、法国与卢浮宫、大英博物馆等商谈合作办展。

6 月 12—16 日，副馆长魏大威、信息技术部高级工程师宋姝赴泰国参加亚洲及大洋洲地区国家图书馆馆长会议并访问新加坡图书馆。

8 月 3—9 日，馆长韩永进、办公室主任苏品红、展览部主任林世田、古籍馆副馆长陈红彦、《中华优秀传统文化文库》编纂项目工作组负责人张洁赴台湾参加两岸古籍整理与维护研讨会及第二届玄览论坛。

8 月 14—21 日，刘惠平副馆长、研究院副院长申晓娟、国际交流处副处长马静、数字资源部副主任李春明、国际交流处副研究馆员郝金敏、数字资源部刘玠、外文采编部徐茁和王菲、典藏阅览部王景睿和陶敏娟赴南非参加国际图联大会并访问毛里求斯国家图书馆。

8 月 14—21 日，中国图书馆学会秘书处胡京波赴南非参加国际图联大会展览会。

8 月 17—21 日，副馆长张志清、古籍馆副馆长陈红彦和国际交流处助理馆员卫萌萌赴美国洽谈中华古籍合作项目。

8 月 18—24 日，党群工作办公室副主任张红霞随文化部组团赴英国参加第二期文化创新型人才培养开发专题研修班。

9 月 7—28 日，财务处处长张军赴澳大利亚参加文化部财务司培训班。

9 月 11—20 日，馆长韩永进、国际交流处处长张煦、党群工作办公室主任荣杰、立法决策服务部主任卢海燕、缩微文献部主任李晓明赴土耳其、阿塞拜疆和伊朗进行业务交流。

9 月 13—17 日，馆长助理孙一钢赴俄罗斯参加“丝绸之路”国际文化论坛。

9 月 30 日—10 月 4 日，参考咨询部文献提供中心副研究馆员刘庆财赴土耳其参加第 14 届馆际互借与文献提供国际会议。

10 月 2 日—12 月 28 日，参考咨询部社科咨询组助理馆员梁田丽、立法决策服务部综合服务组助理馆员姜婧赴日本出版贩卖株式会社进行业务交流。

10 月 3 日—12 月 30 日，古籍馆少数民族语文组副研究馆员全桂花赴韩国国立中央图书馆进行业务交流。

10 月 8—12 日，立法决策服务部副主任白云峰、数字资源部副研究馆员李华伟赴美国参加第四届中美法律信息和法律图书馆论坛。

10 月 13—17 日，国图出版社副社长殷梦霞、审计处处长安洁赴德国参加法兰克福书展。

10 月 20—24 日，中国图书馆学会秘书长霍瑞娟、典藏阅览部主任王志庚、外文采编部馆员王瑜世赴韩参加韩国图书馆协会大会。

10 月 20 日—12 月 16 日，业务管理处何文波赴新加坡中国文化中心协助工作。

11 月 3—5 日，馆长助理孙一钢、国际交流处处长张煦赴港澳参加中文文献资源共建共享合作会议第九次理事会会议。

11 月 3—8 日，副馆长魏大威、业务管理处副处长谢强、信息技术部工程师李晓鸣赴埃及参加世界数字图书馆项目合作伙伴以及国际图书峰会。

11 月 23—29 日，古籍馆文献保护组组长田周玲、展览部展陈组组长徐慧子赴英国国家图书馆开展古籍业务交流。

11 月 24 日—12 月 1 日，馆长助理汪东波、业务管理处处长毛雅君、外文采编部主任顾犇、参考咨询部副主任李翠薇、外文采编部副研究馆员王薇赴日本国立国会图书馆进行业务交流。

12 月 2—20 日，古籍馆文献修复组朱振彬，善本组李坚、彭福英，赴澳大利亚进行《大清世相》展览布展。

12 月 5—12 日，副馆长王军、出版社总编辑贾贵荣、国际交流处谢天赴澳大利亚、新西兰进行图书馆业务交流。

12 月 9—13 日，国际交流处副处长马静赴荷兰参加国际图联地区办事处及语言中心工作会议。

12 月 9—12 日，数字资源部副主任李春明、信息网络部主任助理李志尧、业务管理处馆员韩超及古籍馆馆员曹菁菁参加中日韩数字图书馆项目业务交流。

2015 年出访共计 39 批 99 人次。

（二）来访

1 月 7 日，蒙古图书馆协会成员一行 6 人来访参观。

1 月 15 日，韩国大邱加图立大学学生一行 14 人来访参观。

2 月 3 日，伊朗伊斯兰革命委员会汉尼·阿德勒一行 4 人来访参观。

2 月 6 日，上海合作组织秘书长首席顾问维塔利·雅科夫列维奇·沃洛比约夫一行 3 人来访交流，馆长韩永进、副馆长李虹霖会见来宾。

2 月 10 日，德国儿童邦联教育协会一行 14 人来访参观。

2 月 13 日，塔斯社北京分社社长基里洛夫等 2 人来访交流，馆长韩永进会见来宾。

3 月 9 日，美国汉庭顿图书馆馆长邓肯等 2 人来访交流，馆长韩永进、副馆长张志清会见来宾。

3 月 17 日，伊朗驻华大使哈吉·阿里·阿斯哈一行 5 人来访交流，馆长韩永进会见来宾。

3 月 22 日，新西兰国家图书馆馆员 2 人来访进行业务交流。

4 月 2 日，上海合作组织秘书长首席顾问等 2 人来访交流，馆长韩永进会见来宾。

4 月 3 日，德国儿童邦联教育协会一行 30 人来访参观。

4 月 5 日，泰国文化部长威拉·洛朴乍纳叻一行 26 人来访参观，副馆长刘惠平、馆长助理孙一钢会见来宾。

4 月 13 日，澳大利亚国家图书馆安妮·玛丽·史沃特里奇等 2 人来访交流，馆长韩永进会见来宾。

4 月 27 日，梵蒂冈图书馆馆长布鲁古依斯一行 6 人来访交流，副馆长张志清会见来宾。

4 月 28 日，法国国家图书馆馆长布鲁诺·拉辛一行 5 人来访交流，馆长韩永进、副馆长张志清会见来宾。

4 月 30 日，厄瓜多尔驻华使馆一行 3 人来访交流，馆长助理孙一钢会见来宾。

5 月 4 日，美国杰斐逊基金会成员一行 4 人来访交流，馆长韩永进、馆长助理孙一钢会见来宾。

5 月 6 日，白俄罗斯文化部副部长瓦西里·梅切斯拉沃维奇·切尔尼科一行 3 人来访交流，副馆长陈力会见来宾。

5 月 12 日，刚果金文化培训团一行 23 人来访交流，副馆长魏大威会见来宾。

5 月 14 日，韩国中南大学图书馆信息资料部 3 人来访参观。

5 月 18 日，英国国家图书馆东亚馆藏部主任一行 2 人来访交流，副馆长张志清会见来宾。

5 月 25 日，台湾 OCLC 机构副总裁一行 3 人来访交流，副馆长刘惠平会见来宾。

5 月 28 日，希腊驻华使馆公使衔参赞一行 3 人来访交流，馆长助理孙一钢会见来宾。

5 月 29 日，美国中华大族谱协会一行 9 人来访交流，馆长助理孙一钢会见来宾。

6 月 1 日，国家标准化管理委员会参会专家代表团一行 70 人来访参观。

6 月 1 日，法国 ISSN 中心一行 2 人来访参观。

6 月 1 日，美国芝加哥东亚图书馆吴嘉勋先生来访交流。

6 月 9 日，澳柒集团（中国）投资有限公司总经理朱月仪等 2 人来访交流，馆长助理孙一钢会见来宾。

6 月 16 日，新西兰国家图书馆馆员来访交流。

6 月 17 日，美国哥伦比亚大学图书馆程健来访交流，副馆长张志清会见来宾。

6 月 17 日，日本出版贩卖株式会社成员一行 3 人来访参观。

6 月 19 日，新加坡驻华大使罗家良一行 3 人来访交流，副馆长刘惠平、馆长助理孙一钢会见来宾。

6 月 23 日，港澳大学生一行 11 人来访交流，馆长助理孙一钢会见来宾。

6 月 29 日，毛里求斯艺术和文化部长巴布一行 5 人，副馆长刘惠平会见来宾。

6 月 30 日，新加坡总统陈庆炎代表团一行 35 人来访赠送图书，馆长韩永进、副馆长刘惠平、馆长助理孙一钢参加活动。

7 月 27 日，悉尼动力博物馆馆长 2 人来访交流，副馆长李虹霖会见来宾。

7 月 31 日，德国儿童邦联教育协会一行 25 人来访参观。

8 月 14 日，台湾汉学研究中心 2 人来访交流。

8 月 25 日，中国图书进出口（集团）总公司出版物出口中心参会人员一行 40 人来访参观。

8 月 28 日，阿联酋文化、青年与社会发展部部长哈西米一行 8 人来访参观，副馆长刘惠平会见来宾。

9 月 6 日，中国出土文献研究会一行 9 人来访交流，副馆长张志清会见来宾。

9月8日，北京大学中国学和中国文化国际研究生一行99人来访交流。

9月8日，世界卫生组织驻华代表处一行4人来访交流，馆长韩永进会见来宾。

9月10日，非洲法语国家文物修复技术人员培训班学员一行30人来访交流。

9月14日，匈牙利总理首席顾问苏奇·葛皂一行3人来访交流。

9月21日，日本出版贩卖株式会社社长平林彰一行12人来访交流，馆长韩永进、馆长助理孙一钢会见来宾。

9月21日，英国国家图书馆馆长罗利·凯丁来访交流，馆长韩永进、副馆长魏大威会见来宾。

9月25日，台湾佛陀纪念馆副馆长一行10人来访交流，馆长韩永进会见来宾。

10月8日，米兰理工大学建筑学院学生一行22人来访参观。

10月14日，北京联合大学学生一行20人来访参观。

10月14日，圣智Gale学习出版社一行5人来访交流，副馆长陈力会见来宾。

10月14日，埃塞俄比亚文化和旅游部顾问凯博提姆·提拉汗一行10人来访交流，馆长助理孙一钢会见来宾。

10月15日，洛杉矶公共图书馆馆长约翰·萨博一行8人来访交流，馆长韩永进会见来宾。

10月16日，亚美尼亚等5国文化部和文化机构官员一行29人来访参观。

10月22日，澳门中央图书馆馆长邓美莲一行10人来访交流，馆长韩永进、副馆长刘惠平会见来宾。

10月24日，香港康乐及文化事务署署长李美嫦、香港中央图书馆馆长郑学仁等8人来访交流，馆长韩永进、馆长助理孙一钢会见来宾。

10月26日，德国儿童邦联教育协会一行10人来访参观。

10月29日，欧罗巴那基金会执行主席来访交流，副馆长魏大威会见来宾。

11月9日，韩国国立中央图书馆代表团一行5人来访交流，副馆长刘惠平、馆长助理汪东波参加交流活动。

12月4日，英国国家图书馆代表团中文部主任萨拉等2人来访交流，副馆长张志清会见来宾。

12月11日，韩国国会图书馆代表团一行6人来访交流，馆长韩永进、馆长助理孙一钢会见来宾。

12月14日，韩国江南大学教授2人来访交流。

12月22日，香港康乐及文化事务署助理署长杨芷兰一行28人来访交流，馆长助理孙一钢会见来宾。

12月25日，俄罗斯驻华使馆文化处处长一行3人来访交流。

2015年来访共计66批732人次。

九、部分会议、培训、讲座、展览

（一）会议

时间	会议名称	地点	备注
1月23日	中国古籍保护协会第一届会员代表大会暨协会成立大会	北京	
1月24日	2015年省级古籍保护中心工作会议	北京	
1月29日	《中华再造善本（续编）》第六批提要复审会	北京	
3月19—20日	2015年全国省级及副省级市公共图书馆参考咨询工作会议	南京	南京图书馆承办
4月9日	中国图书馆学会第九次全国会员代表大会	北京	
4月10日	2015年民国时期文献整理出版项目专家评审会	北京	
4月15日	《任继愈文集》出版座谈会	北京	
4月21日	《中华优秀传统文化百部经典》编纂工作专家座谈会	北京	
4月21日	《中国古籍珍本丛刊·广东省立中山图书馆卷》新书发布会暨馆藏历史文献整理座谈会	广州	与广东省立中山图书馆合办
4月26—28日	全国公共图书馆技术部主任会	南昌	
5月12日	中宣部领导莅临指导《中华优秀传统文化百部经典》编纂项目工作会议	北京	
5月22日	“国家标准《汉文古籍特藏藏品定级第1部分：古籍》实施细则”编制工作会	北京	
5月27日	书香社会建构中的儿童图书馆服务创新座谈会	北京	
5月28日	《中华再造善本续编》展示与文献保护利用研讨会	兰州	与甘肃省高校图工委合办
5月28—29日	中国儿童阅读发展论坛	北京	
6月12日	古代珍贵雕版保护研讨会	北京	
6月12日	抗战时期古籍抢救保护重要事例讨论会	北京	
6月12日	《中华再造善本续编》展示与文献保护利用研讨会	北京	与北京师范大学图书馆合办
6月15日	第五批《国家珍贵古籍名录》及“全国古籍重点保护单位”申报工作专家咨询会	北京	

（续表）

时间	会议名称	地点	备注
7月2日	“册府千华——民间珍贵典籍收藏展”新闻发布会	北京	
7月4—5日	2015年海峡两岸档案暨缩微学术交流会	青岛	中国文献影像技术协会、中国档案学会合办
7月6日	“《国家珍贵古籍名录（前三批）》中古籍题跋整理项目”验收会	北京	
7月10日	民间珍贵古籍保护研讨会	北京	
7月31日	《中华大典·艺术典·音乐分典》编纂启动会	北京	
8月2日	抗战时期古籍抢救保护征文文稿审稿会	北京	
8月11日	全国省级公共图书馆决策咨询服务协作平台培训暨工作会议	北京	
8月13日	《中华优秀传统文化百部经典》编纂项目工作汇报会议	北京	
8月11日	美国芝加哥菲尔德博物馆《宋游似藏兰亭本》出版座谈会	北京	
8月15日	抗战时期古籍抢救保护史迹研讨会	北京	
8月23日	“儿童与阅读”沙龙研讨会	北京	
8月25日	“国家标准《汉文古籍特藏藏品定级　第1部分：古籍》实施细则”专家讨论会	北京	
8月27—28日	全国图书馆标准化技术委员会第二届委员会成立大会暨标准化工作与图书馆事业发展研讨会	北京	
8月27—28日	国家古籍保护人才培训基地工作会议	贵州	
8月28日	《词学季刊》读者沙龙	北京	
9月2日	海峡两岸“儿童阅读与推广”交流会	北京	
9月10—12日	第三届图书馆现代技术学术研讨会（2015）	北京	
9月12日	新环境下的数字资源建设座谈会	合肥	
9月16日	《民国时期文献总目（图书卷）》编纂工作专家座谈会	北京	
9月17日	《清华大学图书馆藏稀见方志丛刊》新书发布会暨历史文献整理出版座谈会	北京	与清华大学图书馆合办
9月22日	杨成凯先生追思会	北京	

（续表）

时间	会议名称	地点	备注
10月10日	《清代家集丛刊》出版座谈会	北京	
10月19日	《“我与中华古籍”优秀征文作品选》复审会	北京	
10月22日	公共数字文化“十三五”规划专家论证会	北京	
10月23日	数字图书馆推广工程资源建设工作会议	北京	
10月26日	《四川历代方志集成》和《重修四川通志稿》新书发布会	成都	与四川省地方志工作办公室合办
10月30日	《新疆维吾尔自治区入选国家珍贵古籍名录图录》专家审稿会	北京	
11月1日	《晚清小说期刊辑存》学术座谈会	北京	与中国人民大学文学院合办
11月9日	《中华古籍保护计划“十三五”时期规划纲要》专家审议会	北京	
11月10日	《中华再造善本（续编）》第七批提要专家复审会	北京	国家古籍保护中心办公室、国家图书馆出版社主办
11月17—19日	全国文献影像技术标准化技术委员会、中国文献影像技术协会2015年年会	泉州	全国文献影像技术标准化技术委员会、中国文献影像技术协会秘书处合办
11月20日	“中国珍贵典籍史话丛书”出版座谈会	北京	
11月26日	2015年全国古籍保护工作部际联席会议	北京	文化部主办，国家古籍保护中心办公室承办
12月3日	国图公开课专家座谈会	北京	
12月10日	《国际检察局讯问记录》《抗日战争史料丛编：第二辑》与《中华抗战期刊》新书发布仪式暨抗战文献出版座谈会	北京	第二个“南京大屠杀死难者国家公祭日”纪念活动
12月17日	2015年中国图书馆年会“图书馆事业发展‘十三五’规划研讨”分会场	广州	
12月17日	2015年中国图书馆年会“古籍保护与现代科技”分会场	广州	
12月29日	国家图书馆部委分馆馆长联席会议暨国家图书馆立法决策服务平台服务年会	北京	

（二）培训

时间	培训名称	主讲人	地点	备注
3月6日—4月10日	北京市2015年图书资料专业职称考试辅导班	朱芊、富平、刘小玲	北京	
3月16日—4月30日	第十八期全国古籍修复技术培训班		广州	
3月25—26日	数字图书馆推广工程宣传员培训班	苏品红、朱进、郭小平、陈志鹏	武汉	国家图书馆主办、武汉文化局承办、武汉图书馆协办
3月27日	中外文化交流中的知识传播与翻译	蒋好书	北京	馆内员工培训
3月30日—4月3日	第一期全国古籍书志编纂培训班		北京	
4月13—17日	第三十一期全国古籍普查培训班（党校系统）		杭州	
4月15—16日	民国时期文献保护工作培训班	陈力、刘小玲、朱芊、延卫平	南京	与中国图书馆学会、江苏省文化厅合办（民国时期文献保护计划宣传推广系列活动）
4月20—24日	第一期全国古籍保护技术培训班		北京	
4月20—24日	第九期全国古籍普查登记目录审校人员培训班		南京	
5月6日—11月20日	全国古籍编目合作进修班		杭州	
5月11—15日	中国图书馆分类法与分类主题词表标引规则培训班	曹玉强	北京	
5月11日—6月20日	第六期全国古籍修复技术提高班		兰州	
5月18—22日	第四期民族文字古籍普查培训班		贵阳	
5月18—22日	RDA理论与实践培训班	罗翀、蔡丹、刘丹、王一楠	南京	
5月20—24日	中文期刊与报纸编目管理培训班	杨静、贺燕	北京	

（续表）

时间	培训名称	主讲人	地点	备注
5月25—29日	图书馆参考咨询业务案例解析培训班	赵红、唐晶、刘素青、郭依群、刘庆才	北京	
5月26—29日	图书馆新媒体服务培训班	姜爱蓉、褚树青、蔡国栋、李武、宋姝等	杭州	浙江艺术职业学院承办，浙江图书馆协办
5月—12月	数字图书馆推广工程馆员研修培训	童忠勇、季世研、汪静、萨蕾、敦文杰、蒙海光等	北京	
6月1—17日	第三期少数民族古籍修复技术培训班		迪庆	
6月7—13日	数图推广工程·全国图书馆参考咨询协作网业务培训班	王磊、刘洪辉、章鑫尧、赵红、朱兵、王磊、徐燕、黄伟杰、伍清霞	广州	广东省立中山图书馆承办
6月8—12日	中文图书主题词标引、关键词标引应用技能培训班	朱　芊	北京	
6月10—13日	第十期全国古籍普查登记目录审校人员培训班		石家庄	
6月12日	国家图书馆藏翁同书批校《河南尹先生文集》的文献价值	张　贵	北京	馆内员工培训
6月23日—7月24日	第二期全国碑帖拓片修复技术培训班		上海	
6月23日—8月7日	全国碑帖编目与鉴定研修班		北京	
6月29日—7月3日	中国机读目录格式编目员上岗资质培训班	刘小玲、贺燕	北京	
7月13—17日	信息时代图书馆读者服务工作培训班	郭斌、刘庆才、赵俭、马涛、唐晶、董曦京	北京	
7月14—17日	数字图书馆推广工程网络建设与网络安全培训班	李志尧、陈静、刘湘敏、程旭等	北京	
7月20—24日	民国时期文献编目培训班	刘小玲、朱芊、贺燕	北京	

（续表）

时间	培训名称	主讲人	地点	备注
7月20—31日	古籍修复基础暑期班	朱振彬	北京	
7月21日	科技与古籍保护	杨玉良	北京	馆内员工培训
7月21—24日	2015年度科组长培训第一期		昌黎	科组长培训
7月28—31日	2015年度科组长培训第二期		昌黎	科组长培训
8月3—14日	古籍修复提高暑期班	朱振彬	北京	
8月11—15日	第二期全国古籍保护技术培训班暨新疆古籍保护技术培训班		伊宁	
8月11—14日	数字图书馆推广工程西藏和四省藏区培训班	吕淑萍、李志尧、李永明、和丽峰、王水乔等	迪庆	云南省图书馆、迪庆藏族自治州图书馆承办
8月17日—9月25日	第十九期全国古籍修复技术培训班		济南	
8月18—21日	数图推广工程·全国图书馆参考咨询协作网西北五省公共图书馆馆长培训班	王磊、张李江、张曙光、张莉	乌鲁木齐	新疆维吾尔自治区图书馆承办
8月24日—9月26日	第四期全国西方文献修复技术培训班		广州	
8月24—29日	2015年图书馆新员工入职培训班	汤更生、谢强、金龙、马涛、刘铮、杨静、唐晶、刘小玲、朱芊	北京	
8月25日	如何说孩子才会听，怎么听孩子才肯说	朱芳宜	北京	馆内员工培训
8月25—26日	民国时期文献保护工作培训班	陈力、刘小玲、朱芊、延卫平	贵阳	与中国图书馆学会、贵州省文化厅合办（民国时期文献保护计划宣传推广系列活动）
8月25—27日	2015年全国公共图书馆缩微技术培训班	张美芳、宁三香、张文增、严萍、刘小露、王钧	合肥	安徽省图书馆承办
9月9日	全新ProQuest平台　全新用户体验	郭谷雨	北京	馆内员工培训

（续表）

时间	培训名称	主讲人	地点	备注
9月14—18日	图书馆特色数据库建设培训班	曹宁、吕淑平、韩超、张炜、槐燕、宋姝、韩新月	北京	
9月19日—12月26日	古籍修复基础周末班	刘建明	北京	
9月20日—12月27日	古籍修复提高周末班	朱振彬	北京	
9月22日	图书馆读者服务技术发展一瞥——新一代微信开发系统在上海图书馆讲座部的应用实例	崔克俊、葛红儒	北京	馆内员工培训
9月22—25日	全国少儿图书馆数字阅读培训班	范并思、杨柳、王军、霍力岩、金武刚、成鑫	北京	中央文化管理干部学院承办
10月16日	做自己的首席安全官	北京市公安局	北京	馆内员工培训
10月19—23日	中国机读目录格式编目员上岗资质培训班	刘小玲	北京	
10月26日	RDA不断前行——挑战和未来方向	Chris Oliver（加拿大）	北京	馆内员工培训
10月28—29日	民国时期文献保护工作培训班	陈力、刘小玲、朱芊、延卫平	南宁	与中国图书馆学会、广西壮族自治区文化厅合办（民国时期文献保护计划宣传推广系列活动）
10月29—30日	全国副省级以上公共图书馆决策咨询服务培训班	刘小琴、初景利、马亚鹏、卢海燕	福州	福建省图书馆承办
11月2—7日	古籍版本知识培训班	李坚、刘波、刘明、陈红彦、赵前、董馥荣、白鸿叶、赵爱学、卢芳玉、任昳霏、柳森	北京	

（续表）

时间	培训名称	主讲人	地点	备注
11月3日—12月4日	第三期全国古籍修复技术与工作管理研修班		重庆	
11月9—13日	中文普通图书编目工作培训班	刘小玲、王广平、朱青青	北京	
11月14—20日	第二期西藏古籍普查培训班		拉萨	
11月16—20日	西式传统手工精装书装帧培训班	杜伟生	北京	
11月16—20日	数字图书馆推广工程·全国图书馆参考咨询协作网科技参考咨询专题培训班	张李江、曹旻、张素敏、邵思蜜、辜军、朱兵	北京	
11月25日	事实型数据在科技评估中的方法与应用探讨——基于Incites,ESI,JCR等分析工具	何薇	北京	馆内员工培训
11月29日—12月3日	图书馆公开课暨推广工程2015年资源联建培训班	曹宁、吕淑萍、梁蕙玮、廖永霞、田苗等	北京	中央文化管理干部学院承办
11月29日—1月24日	书画装裱基础周末班	刘建明	北京	
12月17日	大数据解读	刘香兰	北京	馆内员工培训
12月22—25日	数字图书馆推广工程培训联络员培训班	吕淑萍、泽波、刘瑞彪等	成都	四川艺术职业学院承办，四川省图书馆协办

（三）讲座

时间	讲座名称	主讲人	备注
1月1日	古书版本鉴定	李致忠	文津讲坛
1月4日	“国学”的前生今世	黄朴民	国家典籍博物馆系列
1月9日	鲁迅与左翼木刻版画的发展	曹庆晖	国家典籍博物馆系列
1月10日	“酷虫学校”国图开讲昆虫知识	夏吉安	文津少儿讲坛
1月10日	春联及其对偶修辞艺术	叶子彤	文津讲坛之“楹联文化”系列
1月11日	联话与联书	白化文	文津讲坛之“楹联文化”系列
1月16日	《芥子园画传》与中国绘画	邵　彦	国家典籍博物馆系列
1月17日	天下归仁	王　蒙	部级领导干部历史文化讲座
1月17日	如何读懂晚明史？	商　传	国图讲坛之“二十四史研读”系列
1月17日	误解与争论——中法两国书法传统刍议	顾磊克	国图讲坛
1月18日	中国少数民族文字文物	史金波	国图讲坛之“我们的文字”系列
1月18日	女书的魅力	赵丽明	国图讲坛之“我们的文字”系列
1月18日	旷世经典与文明传续——从《梦溪笔谈》和《天工开物》说起	钱　斌	国家典籍博物馆系列
1月24日	律诗对仗的认知探究	张炼强	文津讲坛之“楹联文化”系列
1月24日	汉字与历史文化	王贵元	国图讲坛之“我们的文字”系列
1月24日	汉字的性质与结构	王　宁	国图讲坛之“我们的文字”系列
1月25日	“模式”在艺术中的起源——古埃及艺术浅谈	贾金莉	国图讲坛之“美学研究”系列
1月25日	国际比较项目的结果与局限	余芳东	国图讲坛之“经济与统计知识”系列
1月25日	红楼e梦与哆啦A梦	黄一农	国家典籍博物馆系列（由北京曹雪芹学会主办）
1月25日	老子与黄老道家	曹　峰	中国典籍与文化讲座之“先秦诸子百家”系列
1月28日	“纪念周信芳诞辰120周年”北京站启动仪式暨京剧明星公开课	陈少云、郭毅、于辉等	艺术家讲坛
1月30日	从《虚白斋尺牍》到《李煦行乐图》	张书才	国家典籍博物馆系列
1月31日	谈谈徽州文书与徽学	阿风	中国典籍与文化讲座
1月31日	汉字与单词的对话	孟德宏	国图讲坛之“我们的文字”系列
1月31日	真爱的密码与优质家庭关系	鹿永建	教育家讲坛

（续表）

时间	讲座名称	主讲人	备注
2月1日	春联与传统文化	程毅中	文津讲坛之“楹联文化”系列
2月7日	楹联文体及其声律要求	刘太品	文津讲坛之“楹联文化”系列
2月7日	装点《红楼梦》——揭秘1987版电视剧《红楼梦》中的永恒之美	杨树云	艺术家讲坛
2月7日	仓央嘉措的诗歌与情怀——我写《仓央嘉措心史》和《仓央嘉措情史》的感受	洪　烛	文津读书沙龙
2月8日	“礼义之邦”还是“礼仪之邦”？	王能宪	文津讲坛
2月14日	中国历史上的廉政文化	卜宪群	部级领导干部历史文化讲座
2月24日	旧京春令食俗捃谈	李宝臣	文津讲坛
3月1日	比较文学对中国文学分期的颠覆	高旭东	文津讲坛
3月5日	法国儿童文学中的中国元素：陈江洪的童书创作历程	陈江洪	文津少儿讲坛
3月6日	古书收藏漫谈	韦　力	国家典籍博物馆系列
3月7日	中法建交的重大意义及中法关系的回顾与展望	蔡方柏	国图讲坛之“外交官亲历”系列
3月7日	“国际劳动妇女节”特别活动 女性的社会化与社会性别	张　越	国图讲坛
3月8日	走进海底瑰宝世界——水下文物保护之源起与探索	田兴玲	国图讲坛
3月8日	“国际劳动妇女节”特别活动文学如何重返现实——从“梁庄”到“吴镇”	梁　鸿	国图讲坛
3月14日	汉藏民族艺术交流史一例——扎唐寺壁画与居庸关三塔	谢继胜	国家典籍博物馆系列
3月14日	道、礼与和谐——孔子智慧与国学的基本精神	张　辛	文津讲坛
3月15日	民国时期的中国电影	汪朝光	文津讲坛
3月15日	破译情绪密码，建构幸福人生	王凤香	国图讲坛之“社会心理学研究”系列
3月15日	汉唐盛世与丝绸之路	刘庆柱	国图讲坛之世界遗产视野下的“一带一路”专题系列
3月20日	石鼓文的欣赏与临摹	黄　君	国家典籍博物馆系列
3月21日	世界格局中的欧盟及中欧关系	冯仲平	部级领导干部历史文化讲座

（续表）

时间	讲座名称	主讲人	备注
3月22日	《孟子》的仁政思想	鲁洪生	中国典籍与文化讲座之“先秦诸子百家”系列
3月22日	大数据思维与食品安全	肖革新	科学家讲坛之“大数据专题研究”系列
3月22日	乡村与设计之美	张　琦	国图讲坛之“乡村，诗意的栖居”系列
3月25日	国粹润童心	韩增祥	文津少儿讲坛
3月27日	教育如何传承乡土文化——教育与文化	梁　鸿	文津读书沙龙
3月28日	从应试教育突围——教育与生活	杨东平	文津读书沙龙
3月29日	从井冈山到延安——毛泽东是这样走上最高领袖岗位的	陈漱渝	国图讲坛
3月29日	曼德拉的高尚人生及中国和南非关系	陆苗耕	国图讲坛之“外交官亲历”系列
4月1日	英国19世纪书籍装帧艺术及其高峰	罗勃·谢泼德（英国）	文津读书沙龙
4月5日	世界遗产和文化战略——关于世界遗产大会的观察与研究	吕　舟	国图讲坛之世界遗产视野下的“一带一路”专题系列
4月5日	音乐与非暴力——瞿小松的《音声之道》	瞿小松	艺术家讲坛
4月5日	让快乐书法走向世界	庞中华	国家典籍博物馆系列
4月6日	如何快乐地学习音乐	钱艺	文津少儿讲坛
4月10日	新造书运动——唤回阅读的美感	吕敬人	国家典籍博物馆系列
4月11日	永远的圆明园——法国人眼中的“万园之园”	孟　华	国图讲坛之“中法文化交流”系列
4月11日	我与卡斯特罗	徐贻聪	国图讲坛之“外交官亲历”系列
4月11日	礼乐中国——传统中国人的礼乐观	王建欣	文津讲坛之“中国传统音乐文化”系列
4月12日	从礼乐看中国音乐文化的功能性意义	项　阳	文津讲坛之“中国传统音乐文化”系列
4月12日	从女士品茶讲起	崔恒建	科学家讲坛之“大数据专题研究”系列
4月12日	作为符号的丝绸之路：一个德国汉学的观点	顾　彬	国图讲坛
4月18日	考古现场：文物背后的商王朝	唐际根	部级领导干部历史文化讲座

（续表）

时间	讲座名称	主讲人	备注
4月18日	关乎未来的重要农业文化遗产	闵庆文	国图讲坛之“乡村，诗意的栖居”系列
4月18日	应试教育与读书的关系	孙　鹤	文津读书沙龙
4月19日	《论语》疑难问题新探	廖名春	中国典籍与文化讲座之“先秦诸子百家”系列
4月19日	阅读与思考——从社会学视角看中国	周孝正	国图流动讲坛，与辽宁省图书馆合办
4月24日	知识产权文化的中国实践	刘　华	国图讲坛之“文化与法治”法学名家系列
4月24日	周边安全环境和软实力建设	罗　援	国图流动讲坛，与福建省直工委合办
4月24日	《资治通鉴》为何不可替代	刘后滨	国家典籍博物馆系列
4月25日	心理学教你应对考试焦虑	周　莉	国图讲坛之“社会心理学研究”系列
4月25日	蒙台梭利教学法讲座	夏洛特·普桑	教育家讲坛
4月25日	享受阅读——《史记》导读	孙家洲	国图流动讲坛，与辽宁省图书馆合办
4月25日	周边安全环境和软实力建设	罗　援	国图流动讲坛，分别与福建省图书馆、厦门市图书馆合办
4月25日	中国古代的音乐书写	孙晓辉	文津讲坛之“中国传统音乐文化”系列
4月26日	青铜音乐的辉煌	王子初	文津讲坛之“中国传统音乐文化”系列
4月26日	《明史》与明代史的学习与研究：以《明史·兵志》为中心	彭　勇	国图讲坛之“二十四史研读”系列
4月26日	从河南贫穷农村到美国繁华纽约	张宏喜	国图讲坛之“外交官亲历”系列
5月2日	三山五园的历史文脉	肖东发	国家典籍博物馆系列
5月3日	做个爱书人——阅读绘本之美	余治莹	文津少儿讲坛
5月8日	金元之际之形势与元曲悲剧梧桐雨	张文澍	国家典籍博物馆系列
5月9日	穿越非洲的法国人类学考察	东门杨	国图讲坛之“中法文化交流”系列

（续表）

时间	讲座名称	主讲人	备注
5月9日	癌症只是慢性病	何裕民	科学家讲坛
5月10日	西洋影像中的三山五园	程　龙	国家典籍博物馆系列
5月10日	佉卢文世俗文书所反映的社会生活	段　晴	中国典籍与文化讲座
5月16日	西域发现的汉文典籍及相关文书	荣新江	中国典籍与文化讲座
5月16日	禅宗与中国文化	明海法师	部级领导干部历史文化讲座
5月16日	儿童人格成长与家庭教育	许　燕	国图讲坛之“社会心理学研究”系列
5月16日	中国近代思潮与人物	马　勇	国图讲坛
5月17日	天山廊道的丝绸之路	陈　凌	国图讲坛之世界遗产视野下的“一带一路”专题系列
5月17日	长篇小说的文体意识与作者的内功修炼	雷　达	国图流动讲坛，与辽宁省图书馆合办
5月17日	科学播撒智慧的种子——在阅读中增长知识获得快乐	尹传红	科学家讲坛
5月17日	云南与东南亚南传佛教乐舞与南方丝路文化	杨民康	文津讲坛之“中国传统音乐文化”系列
5月17日	海淀三山五园历史文化景区保护利用与城市功能提升	陈名杰	国家典籍博物馆系列
5月22日	魏晋风度与东晋名士风流	傅　刚	国家典籍博物馆系列
5月23日	畅春园的故事	赵连稳	国家典籍博物馆系列
5月23日	核、核能与核安全	徐浏华	科学家讲坛
5月23日	泛3.0时代话读书	李鸿飞	文津读书沙龙
5月23日	中国当代音乐创作中的传统文化因素	贾国平	文津讲坛之“中国传统音乐文化”系列
5月24日	中西古代对话体文体的结构特点	凌建侯	文津讲坛
5月24日	数据与图形	程维虎	科学家讲坛之“大数据专题研究”系列
5月24日	乡土文化与乡土建筑	李秋香	国图讲坛之“乡村，诗意的栖居”系列
5月30日	裁作合欢扇，团团似明月——团扇舞韵赏析	郑维忠	艺术家讲坛
5月30日	积极情绪的力量	崔丽霞	国图讲坛之“社会心理学研究”系列

（续表）

时间	讲座名称	主讲人	备注
5月30日	铁血丹心奏鸣曲——《新四军军歌》手稿研究与音乐分析	钱仁平	文津讲坛之“中国传统音乐文化”系列
5月31日	礼乐文化新的结晶——《乐记·乐本篇》解读	修海林	文津讲坛之“中国传统音乐文化”系列
6月4日	形影不离电磁波	王直华	国图流动讲坛，与门头沟育园中学合办
6月6日	企业大数据的官方应用	薛清水	科学家讲坛之“大数据专题研究”系列
6月6日	一个物种的命运与长江的兴衰	王　丁	科学家讲坛
6月7日	十二生肖逛北京	阿龙（卢文龙）	文津少儿讲坛
6月13日	中国西南边疆的形成及历史特点	方铁	部级领导干部历史文化讲座
6月13日	中国非物质文化遗产中的民间智慧	孙建君	2015年非物质文化遗产保护讲座月
6月13日	加勒比海地区的法语文学	程小牧	国图讲坛之“中法文化交流”系列
6月14日	戏曲艺术之本质	曾永义	2015年非物质文化遗产保护讲座月
6月14日	十年非遗保护之回顾	乌丙安	2015年非物质文化遗产保护讲座月
6月14日	《简·爱》背后的殖民经济	潘志明	文津讲坛
6月15日	理解宇宙	李　冰	国图流动讲坛，与门头沟育园中学合办
6月17日	蔡德允老师的古琴艺术	刘楚华、苏思棣	2015年非物质文化遗产保护讲座月
6月20日	佛教的产生与最初的基本思想	姚卫群	文津讲坛
6月21日	解读天书：河图洛书	冯　时	文津讲坛
6月27日	朝服与朝珠	果美霞	文津少儿讲坛
6月28日	国学　经学　儒学	董恩林	文津讲坛
6月28日	中国科举制度概说	张希清	中国典籍与文化讲座之“科举文化”系列
6月28日	耳朵根子里的遗产：留住声音与声音的载体	张振涛	2015年非物质文化遗产保护讲座月
6月28日	遗产的未来：非遗的传承保护与我的留日体验	赵　斌	2015年非物质文化遗产保护讲座月
7月3日	雕版收藏的现状与问题	宋平生	国家典籍博物馆系列

（续表）

时间	讲座名称	主讲人	备注
7月4日	明清章回小说发展的宏观轨迹	宁宗一	文津讲坛
7月4日	乡村价值与和谐社会构建	朱启臻	国图讲坛之“乡村，诗意的栖居”系列
7月4日	尤瑟纳尔——法兰西学院的第一位女性“不朽者”	段映虹	国图讲坛之“中法文化交流”系列
7月5日	铁血抗战14年——永记东北抗日联军在十四年抗日战争中的英雄历史	彭越关	国图讲坛之“纪念中国人民抗日战争胜利70周年”系列
7月5日	“不到园林 怎知春色如许”——昆曲艺术概述	李鸿良、施夏明、单雯等	2015年非物质文化遗产保护讲座月
7月18日	历史的心结：琉球问题与中日关系	谢必震	部级领导干部历史文化讲座
7月10日	中国高考及高等教育反思	何建明	文津读书沙龙
7月11日	京津冀一体化与近百年城市结构之争	王　军	文津读书沙龙
7月11日	大美昆曲	杨守松	艺术家讲坛之“不到园林　怎知春色如许——昆曲艺术赏析”系列
7月11日	中国传统族谱的体例及绍兴谱的特色	常建华	文津讲坛
7月12日	如何学会做一个乐观的人	侯典牧	国图讲坛之“社会心理学研究”系列
7月12日	民国肇建中的理想与困惑	王开玺	国图讲坛
7月12日	少数民族文字文物的辨伪	聂鸿音	中国典籍与文化讲座
7月12日	从学以为己到事事关心	李弘祺	中国典籍与文化讲座之“科举文化”系列
7月13日	唐诗丝路：英译唐诗的出现、传播及其影响	江　岚	文津读书沙龙
7月17日	存世最早的文字木雕版——西夏文木雕版	史金波	国家典籍博物馆系列
7月18日	养生舞蹈让你体验舞蹈的快乐	李北达	艺术家讲坛
7月18日	曲正而昆成——昆曲音乐	孙建安	艺术家讲坛之“不到园林　怎知春色如许——昆曲艺术赏析”系列
7月19日	非物质文化遗产中的技术发明	潜　伟	2015年非物质文化遗产保护讲座月
7月19日	非遗传承与当代社会的多样性发展——以景德镇传统手工艺复兴为例	方李莉	2015年非物质文化遗产保护讲座月
7月19日	汉魏石经与今古文经学	虞万里	文津讲坛

（续表）

时间	讲座名称	主讲人	备注
7月24日	文明之母——清宫旧藏雕版	翁连溪	国家典籍博物馆系列
7月25日	大转型时代的文化生态保护区建设	高丙中	2015年非物质文化遗产保护讲座月
7月25日	款款深深云水心——昆曲《玉簪记》的情致和表演	龚隐雷、钱振荣、陈辉东	艺术家讲坛之“不到园林　怎知春色如许——昆曲艺术赏析”系列
7月25日	汉赋创作与国家形象	许　结	文津讲坛
7月26日	非物质文化遗产保护与现代生活	李建新	2015年非物质文化遗产保护讲座月
7月26日	关于非物质文化遗产整体性保护的思考	祁庆富	2015年非物质文化遗产保护讲座月
7月31日	中国远征军在滇缅战场	李　正	国图讲坛之“纪念中国人民抗日战争胜利70周年”系列
8月1日	抗战中的八路军	左月燃	国图讲坛之“纪念中国人民抗日战争胜利70周年”系列
8月1日	是那处曾相见——昆曲生行表演艺术	石小梅、魏春荣、曾明等	艺术家讲坛之“不到园林　怎知春色如许——昆曲艺术赏析”系列
8月2日	妙趣横生说汉字	张一清	文津少儿讲坛
8月8日	民间家书里的抗战	张　丁	国图讲坛之“纪念中国人民抗日战争胜利70周年”系列
8月8日	茨威格热在中国何以经久不衰	张玉书	文津读书沙龙
8月8日	《史记》在俄罗斯的收藏与翻译	柳若梅	文津讲坛之“中国传统经典的对外翻译与传播”系列
8月9日	传教士把什么中文书带回了欧洲？——以梵蒂冈图书馆为例	任大援	文津讲坛之“中国传统经典的对外翻译与传播”系列
8月9日	涉外礼仪与国家形象	周加李	国图讲坛
8月9日	昆曲工尺——通向昆曲艺术的必经路	迟凌云	艺术家讲坛之“不到园林　怎知春色如许——昆曲艺术赏析”系列
8月14日	中国古代书写与典籍文化	刘守安	国家典籍博物馆系列
8月15日	中国经典的德译与德国的汉学研究	李雪涛	文津讲坛之“中国传统经典的对外翻译与传播”系列
8月15日	中国人的皇帝梦——张宏杰解读中国帝王	张宏杰	文津读书沙龙

（续表）

时间	讲座名称	主讲人	备注
8月15日	臻丑臻美——昆曲丑行表演艺术	李鸿良、孔爱萍	艺术家讲坛之“不到园林　怎知春色如许——昆曲艺术赏析”系列
8月16日	从英国大选结果看中英关系的发展兼我所知道的布莱尔	马振岗	国图讲坛之“外交官亲历”系列
8月16日	俄罗斯：宽阔与厚重——名人辈出的国度兼我所知道的苏联—俄罗斯政要	李景贤	国图讲坛之“外交官亲历”系列
8月21日	南京大屠杀的真相与思考	何建明	国图讲坛之“纪念中国人民抗日战争胜利70周年”系列
8月22日	废墟上的奇迹	李工真	部级领导干部历史文化讲座
8月22日	考古学视野下的海上丝绸之路	姜　波	国图讲坛之世界遗产视野下的“一带一路”专题系列
8月22日	文学中的昆曲——名段清唱会	李鸿良、胡锦芳、孙建安等	2015年非物质文化遗产保护讲座月
8月26日	听“绘本大师”郝广才讲绘本，图画书阅读的浅和深	郝广才，梅子涵	文津少儿讲坛
8月29日	大都无城——中国古都的动态解读	许　宏	文津讲坛
8月29日	儒家经典的拉丁语翻译和文化传播的困难	雷立柏（奥地利）	文津讲坛之“中国传统经典的对外翻译与传播”系列
8月29日	荆棘与鲜花共生的中国城镇化	胡木英、石小庆	国图讲坛之“纪念中国人民抗日战争胜利70周年”系列
8月29日	外交官是怎样炼成的	周晓沛	国图讲坛之“外交官亲历”系列
8月30日	唐五代科举与婚姻观念变迁	金滢坤	中国典籍与文化讲座之“科举文化”系列
8月30日	大数据时代的创业实践	姜春玲	科学家讲坛之“大数据专题研究”系列
8月30日	古村落保护发展的问题与对策	张　杰	国图讲坛之“乡村，诗意的栖居”系列
9月2日	唐朝杨良瑶出使黑衣大食的历史探究——现实或捏造？	萧　婷	国图讲坛之“中国研究专题”系列

（续表）

时间	讲座名称	主讲人	备注
9月5日	新四军在抗日根据地的历史地位和作用	任全胜	国图讲坛之“纪念中国人民抗日战争胜利70周年”系列
9月5日	《三国演义》与中国地理	马伯庸	文津读书沙龙
9月10日	郎世宁——清廷的耶稣会士	史芬娜	国图讲坛之“中国研究专题”系列
9月12日	耶稣会士与儒家经典：翻译抑或背叛？	梅谦立（法国）	文津讲坛之“中国传统经典的对外翻译与传播”系列
9月12日	夏威夷寻芳与东北“走马观花”	刘华杰	花艺·花事——2015插花艺术系列
9月12日	插花艺术漫谈	吴雪萍	花艺·花事——2015插花艺术系列
9月12日	舌尖上的植物学	史　军	国图流动讲坛，与福建省图书馆合办
9月12日	声音魔术师	魏俊华	国图流动讲坛，与辽宁省图书馆合办
9月13日	天树下娜娜女神的宣言——新疆洛浦县山普鲁出土毛毯系列研究之一	段　晴	中国典籍与文化讲座
9月13日	从进化心理学积极心理学角度看亲密关系	郭效仪	国图讲坛之“社会心理学研究”系列
9月13日	清代的中西交通及其特点	王开玺	国图讲坛之世界遗产视野下的“一带一路”专题系列
9月19日	中国民间宗教与中国社会	马西沙	部级领导干部历史文化讲座
9月19日	数据——创业利器？	汪德诚	科学家讲坛之大数据专题研究
9月19日	文化遗产保育与发展的内涵及其乡村实践探索	谭金花	国图讲坛之“乡村，诗意的栖居”系列
9月20日	浪漫与理性的奏鸣曲——谈法国的文化气质	钱　翰	国图讲坛之“中法文化交流”系列
9月20日	“慕课”与当代公民教育	郭英剑	教育家讲坛
9月20日	中国茶文化及其外传日本	钱婉约	文津讲坛
9月23日	描摹清代帝都实况的海外三画师	韩　朴	国图讲坛之“中国研究专题”系列
9月26日	幼儿的审美与想象	刘绪源	文津少儿讲坛
9月26日	拉丁语与汉学传播	麦克雷（意大利）	文津讲坛之“中国传统经典的对外翻译与传播”系列
9月27日	日本徂徕学与中国思想	王　青	文津讲坛
10月1日	中国传统节日会消亡吗	陈连山	文津讲坛
10月11日	白居易文学与日本文化	隽雪艳	文津讲坛
10月11日	智慧城市与新型城镇化	宁家骏	科学家讲坛之“大数据专题研究”系列

（续表）

时间	讲座名称	主讲人	备注
10月11日	社会不满：社会常态还是社会危机？	王二平	国图讲坛之“社会心理学研究”系列
10月11日	带你亲眼看印度	戈松雪	国图流动讲坛，与辽宁省图书馆合办
10月13日	世界标准日特别活动——标准,让生活更安全	强　毅	国图讲坛
10月17日	科举停废110年祭	刘海峰	中国典籍与文化讲座之“科举文化”系列
10月18日	重阳节在当代	户晓辉	国图讲坛
10月18日	生态文明视野下乡村文明价值的另类解读——乡村遇工业文明衰，逢生态文明兴	张孝德	国图讲坛之“乡村，诗意的栖居”系列
10月18日	佛教的生命观与平常心	李四龙	文津讲坛
10月24日	中国“封建社会”再认识	冯天瑜	部级领导干部历史文化讲座
10月24日	法国诗人与汉字	秦海鹰	国图讲坛之“中法文化交流”系列
10月24日	“一带一路”的时空解读	阙维民	国图讲坛之世界遗产视野下的“一带一路”专题系列
10月25日	东北抗日联军和第88国际旅	彭越关	国图讲坛之“纪念中国人民抗日战争胜利70周年”系列
10月25日	如何给孩子讲述历史	陈卫平	文津读书沙龙
10月25日	怎么看中国近代的历史	顾彬（德国）	文津讲坛
10月26日	RDA的挑战和未来方向	克里斯·奥利弗（加拿大）	
10月31日	经典儿童文学著作与改编影片赏析之《绿野仙踪》	左　衡	文津少儿讲坛
10月31日	欧阳修诗文中的情感世界	柳春蕊	文津讲坛
11月1日	周易术数之道与中国传统文学	汪龙麟	文津讲坛
11月7日	中观佛教的渊源与特色	成建华	文津讲坛
11月8日	明解周易哲学的人天智慧	温海明	文津讲坛
11月8日	当前欧洲形势和中欧关系	梅兆荣	国图讲坛之“外交官亲历”系列

（续表）

时间	讲座名称	主讲人	备注
11月8日	什么样的教育才叫好教育？不让一个孩子掉队——“四合一教学”	陈如平、冯旭初	教育家讲坛
11月14日	二十四史的计时方法：天干地支——中国古代的第五大发明	汝企和	国图流动讲坛，与辽宁省图书馆合办
11月15日	拒绝“千城一面” 追求“千城皆美”	高建平	文津讲坛
11月15日	暴力犯循证矫正的实践探索	杨　波	国图讲坛之社会心理学研究系列
11月15日	东西文化交互与丝绸之路的形成	李水城	国图讲坛之世界遗产视野下的“一带一路”专题系列
11月21日	白银货币化:明朝中国与全球的互动	万　明	部级领导干部历史文化讲座
11月22日	明代的科举与学校	毛佩琦	中国典籍与文化讲座之“科举文化”系列
11月22日	《汤一介散文集》《乐黛云散文集》新书发布会	乐黛云、陈跃红等	文津读书沙龙
11月22日	诗经——中国人的精神家底	李　山	国图流动讲坛，与辽宁省图书馆合办
11月28日	从一个家族看台湾人民的抗日斗争	林　力	国图讲坛之“纪念中国人民抗日战争胜利70周年”系列
11月28日	做国际公务员	宋允孚	国图讲坛之外交官亲历系列
11月28日	人性与治道：韩非的思考	蒋重跃	国图流动讲坛，辽宁省图书馆合办
11月29日	赢在大数据——大数据再造企业核心竞争力	徐　斌	科学家讲坛之大数据专题研究
11月29日	我们三代人	乐黛云	文津读书沙龙
11月29日	《折腾吧,小青年》新书发布会	李峙、小马等	文津读书沙龙
12月3日	防控艾滋，从我做起——艾滋病知识讲座	王　健	科学家讲坛之“世界艾滋病日”特别活动
12月5日	刘勰《文心雕龙·风骨篇》再诠释	张海明	文津讲坛
12月6日	莫言与人性	刘法民	国图讲坛之“中国古今经典小说研究”系列
12月6日	青蒿素与诺贝尔奖——和屠呦呦一起走向斯德哥尔摩	张田勘、黎润红	文津读书沙龙
12月11日	哲思飞扬，禅心悠悠：当哲学与佛法相遇	周国平、济群法师	文津读书沙龙

（续表）

时间	讲座名称	主讲人	备注
12月12日	清代北京城的防卫	杜家骥	文津讲坛
12月13日	清代科举文化的特点	李世愉	中国典籍与文化讲座之“科举文化”系列
12月13日	这个世界会好吗——梁漱溟眼中的民国人物	梁钦宁	国图流动讲坛，与辽宁省图书馆合办
12月18日	爱是孩子的心理营养	李跃儿	教育家讲坛
12月19日	中东形势及中国中东外交	安惠侯	国图讲坛之“外交官亲历”系列
12月19日	小农经济的智慧复兴与乡村发展	李迪华	国图讲坛之“乡村，诗意的栖居”系列
12月19日	玩儿出来的智慧	李建荣	国图流动讲坛，与辽宁省图书馆合办
12月20日	从土地契约看中国传统经济	龙登高	文津讲坛
12月22日	“纪念联合国成立70周年”特别活动——走进联合国	何　勇	“纪念联合国成立70周年”特别活动
12月22日	世界卫生组织与新媒体	孙佳妮	
12月26日	如何赏析中国古典诗歌的意境美	卢永璘	文津讲坛
12月26日	环境、食品、健康大数据关联技术——以空间统计为例	肖革新	科学家讲坛之“大数据专题研究”系列
12月26日	向经典致敬——王家新谈书法临摹与传承	王家新	艺术家讲坛
12月27日	愤怒情绪管理	袁莉敏	国图讲坛之“社会心理学研究”系列
12月27日	“一带一路”的文物、经济发展与文化交流的情况	齐东方	国图讲坛之世界遗产视野下的“一带一路”专题系列

（四）国图公开课

时间	公开课名称	主讲人	备注
4月14日	汉字与中华文化 第一讲文明的晨曦——汉字的起源	王　宁	首讲录制
4月14日	汉字与中华文化 第二讲世界上唯一没有中断的表意文字——汉字的性质与特点	王　宁	
4月23日	“4·23”世界读书日国图公开课特别活动	卞毓麟、周国平	国图公开课发布及网站正式上线
4月25日	汉字与中华文化 第三讲从甲骨文到楷书——汉字字体的演变	王　宁	
4月25日	汉字与中华文化 第四讲汉字：中华文化的基石——汉字与文化的关系	王　宁	
4月26日	汉字与中华文化 第五讲怎样分析一个字？——汉字的结构和字理	王　宁	
4月26日	汉字与中华文化 第六讲不必都是书法家却要写好每个字——汉字的书写规则与书法艺术	王　宁	
5月15日	汉字与中华文化 第七讲 20—21世纪汉字问题大辩论——汉字改革和简繁字问题	王　宁	
5月15日	汉字与中华文化 第八讲告别铅与火的时代——信息时代的汉字规范	王　宁	
5月16日	汉字与中华文化 第九讲汉字有危机吗？——汉字与现代社会	王　宁	
5月16日	汉字与中华文化 第十讲学汉字懂汉字爱汉字——汉字科学与汉字教育	王　宁	
6月5日	“道法自然，天地同和——论古琴的文化精神” 第一讲图腾与巫祝——上古琴制与其象征意义	丁承运	
6月5日	“道法自然，天地同和——论古琴的文化精神” 第二讲道德坚守——孔子修身授业的载道之器	丁承运	

（续表）

时间	公开课名称	主讲人	备注
6月6日	“道法自然，天地同和——论古琴的文化精神” 第三讲革故鼎新——汉代琴制与琴道的沧桑巨变	丁承运	
6月6日	“道法自然，天地同和——论古琴的文化精神” 第四讲左琴右书——魏晋风骨与琴的生命关照	丁承运	
6月13日	丝绸之路与丝路之绸 第一讲扶桑灵机——列入人类非遗的蚕桑丝织技艺	赵　丰	
6月13日	丝绸之路与丝路之绸 第二讲蚕为龙精——丝绸在中国的起源及其文化契机	赵　丰	
6月28日	丝绸之路与丝路之绸 第三讲赛里斯人——丝绸的早期传播及对欧洲的影响	赵　丰	
6月28日	丝绸之路与丝路之绸 第四讲丝绸之路——来自考古、文献、图像的物证	赵　丰	
7月16日	中国的抗日战争与日本的战后处理 第一讲为什么说“中华民族到了最危险的时候”？	步　平	
7月16日	中国的抗日战争与日本的战后处理 第二讲日本是如何一步一步陷入战争泥潭的？	步　平	
8月11日	“道法自然，天地同和——论古琴的文化精神” 第五讲冲突与共存——隋唐多元琴乐发展与其思考	丁承运	
8月11日	“道法自然，天地同和——论古琴的文化精神” 第六讲琴棋书画——文人修养与古琴艺术	丁承运	
8月12日	“道法自然，天地同和——论古琴的文化精神” 第七讲大音希声——道家思想与古琴文化	丁承运	媒体开放日
8月12日	“道法自然，天地同和——论古琴的文化精神” 第八讲汉字思维——减字谱与打谱的文化意义	丁承运	
9月12日	中国的抗日战争与日本的战后处理 第三讲艰苦卓绝的抗战岁月	步　平	
9月12日	中国的抗日战争与日本的战后处理 第四讲建立功勋的中国战区	步　平	
9月13日	中国的抗日战争与日本的战后处理 第五讲跻身“四强”——中国国际地位的提高	步　平	

（续表）

时间	公开课名称	主讲人	备注
9月13日	中国的抗日战争与日本的战后处理 第六讲正义的伸张——东京审判	步　平	
11月21日	丝绸之路与丝路之绸 第五讲五色汉锦——中国丝绸向西传播的高峰	赵　丰	
11月21日	丝绸之路与丝路之绸 第六讲何处大秦——丝路沿线国家学习丝绸生产的经过	赵　丰	
11月22日	丝绸之路与丝路之绸 第七讲锦上胡韵——丝织品上所见西方文化的影响	赵　丰	
11月22日	丝绸之路与丝路之绸 第八讲大唐风尚——大唐织锦风格的形成	赵　丰	
12月3日	昆曲 第四讲南曲之祖《琵琶记》	周　秦	
12月4日	昆曲 第五讲洪昇与《长生殿》	周　秦	
12月5日	昆曲 第三讲昆腔源流	周　秦	
12月5日	昆曲 第六讲汤显祖与《牡丹亭》	周　秦	
12月12日	“道法自然，天地同和——论古琴的文化精神” 第九讲剑胆琴心——中国太极功夫与古琴操缦艺术	丁承运	
12月12日	“道法自然，天地同和——论古琴的文化精神” 第十讲宁静致远——古琴与士的精神	丁承运	
12月14日	国图公开课“书香燕京”特别活动“大家与你面对面——古琴与中华传统文化”	丁承运	与北京市教育委员会合办
12月26日	中国大发明 第一讲中国大发明之分说	华觉明	

（五）展览

时间	展览名称	地点	备注
全年	敦煌文献展基本陈列	北京	
全年	名家手稿基本陈列	北京	
全年	简史展基本陈列	北京	
全年	金石拓片展基本陈列	北京	
1月24日—1月30日	红学文献重要文献——李煦诞辰360周年特展	北京	
2月6日—3月6日	迎春送祝福　网聚中国心——国家图书馆藏传统楹联文献展	北京	
2月—9月	“我与中华古籍”摄影大赛及优秀作品巡展	全国	与中国图书馆学会、中国古籍保护协会合办
3月10日—4月10日	千年古郡　九朝神韵——正定历史文化展	北京	
3月20日	李铎图书典藏仪式及作品展览	北京	
3月25日—4月15日	国粹润童心——戏剧知识及原创图画书展	北京	
4月15—16日	民国时期文献保护计划成果展	南京	与中国图书馆学会、江苏省文化厅合办（民国时期文献保护计划宣传推广系列活动）
4月21日—5月4日	穿过一个世纪的脚步——钱存训先生纪念展	北京	
4月23日—5月29日	4.23文津图书奖十周年展览	北京	
4月28日—5月31日	三山五园文化巡展——圆明园四十景文化展	北京	
4月28日	全国图书馆文献缩微工作成果展江西站	南昌	江西省图书馆承办
5月15—29日	册府千华——西域文献保护成果展	北京	
5月27日—7月28日	炫彩童年——中国百年童书展	北京	
5月27日—7月31日	图绘世界——中国百年连环画展	北京	

（续表）

时间	展览名称	地点	备注
6月12日—7月12日	非遗传承　人人参与——2015中国非物质文化遗产摄影展	北京	
6月12日—7月12日	册府千华——珍贵古籍雕版特展	北京	与中国古籍保护协会合办
6月25日	全国图书馆文献缩微工作成果展安徽站	合肥	安徽省图书馆承办
6月30日	全国图书馆文献缩微工作成果展河南站	郑州	河南省图书馆承办
7月10日—8月10日	册府千华——民间珍贵典籍收藏展	北京	与中国古籍保护协会合办
8月3日—9月10日	欢迎来到野兽国——莫里斯·桑达克童书插画展	北京	
8月5日	全国图书馆文献缩微工作成果展天津站	天津	天津图书馆承办
8月10日—8月20日	中国书法协会年度大展	北京	
8月14日—9月20日	不朽的长城——纪念中国人民抗日战争暨世界反法西斯战争胜利70周年馆藏文献展	北京	
8月25—26日	民国时期文献保护计划成果展	贵阳	与中国图书馆学会、贵州省文化厅合办（民国时期文献保护计划宣传推广系列活动）
9月3日—10月31日	以史为鉴　和平发展——纪念抗战胜利70周年联合国资料特藏文献网络展	北京	
9月15日—10月16日	书香养我——熊召政诗文书法作品展	北京	
9月21日—10月15日	中国文化西传的使者——波兰17世纪来华传教士卜弥格生平成就展	北京	
9月25日—9月30日	铁军魂　中华情——纪念中国人民抗日战争胜利七十周年图片摄影展	北京	
9月28日—10月7日	绘和谐新景·展农民新貌——庆祝新疆维吾尔自治区成立六十周年新疆农民画作品进京展	北京	
10月9日	全国图书馆文献缩微工作成果展广西站	南宁	广西壮族自治区图书馆承办
10月14日—	甲骨文记忆展	北京	

（续表）

时间	展览名称	地点	备注
10月17日—12月1日	华彩乐章——上海音乐学院民族音乐的昨天与今天	北京	
10月28—29日	民国时期文献保护计划成果展	南宁	与中国图书馆学会、广西壮族自治区文化厅合办（民国时期文献保护计划宣传推广系列活动）
10月30日—11月6日	太行墨子——焦光明书法作品展	北京	
11月5日	全国图书馆文献缩微工作成果展贵州站	贵阳	贵州省图书馆承办
11月6日	傲骨立天地　史学铸丰碑——纪念陈垣先生诞辰一百三十五周年展	北京	
11月14日—12月15日	“太行红山”——山西黎城图片展	北京	
11月25日—12月25日	从法国到中国，童书的飞翔	北京	
12月10日	向经典致敬——王家新临摹历代书法经典作品展	北京	
12月10日—	古韵镌拓　纸墨千秋——2015年国家典籍博物馆宋元善拓暨全国书法临摹展	北京	
12月15—17日	2015年中国图书馆年会展览会中华古籍保护计划展示体验区	广州	文化部主办，国家图书馆（国家古籍保护中心）承办
12月15—17日	2015年中国图书馆年会展览会数字图书馆推广工程体验区	广州	文化部主办，国家图书馆承办
2015年12月27日—2016年1月	册府千华——湖南省藏国家珍贵古籍特展	长沙	湖南图书馆（湖南省古籍保护中心）协办

十、馆史档案资料

2015年，继续推进国家图书馆档案管理系统升级工作。积极配合信息技术部进行系统开发商的选择、调研，开展业务需求论证，完成需求书撰写，并对系统需求做进一步细化、完善。经多次论证和模拟归档实验，新系统已基本符合上线要求。

加强日常档案管理。坚持指导和督办两手抓，加强对兼职档案员日常工作的业务指导和帮助，增强档案工作能力。加大重大活动档案督办力度，全年下发督办单26个，有效提高归档率。加强对档案质量的审核，不断提升各部处归档水平。及时关注业务信息，主动征集有价值、重要的档案资料。

开展档案基础业务工作。结合档案系统升级，着手编制档案库房地形目录，以便快速准确地定位查找各类档案。继续进行照片档案回溯编目，已完成2013、2014年600余张重大活动照片档案信息的整理、审核、著录。启动馆领导公务活动照片的收集、整理、编目工作。认真梳理馆藏抗战时期档案，编制档案目录，为国家图书馆抗战纪念活动提供资料支持的同时，也为下一步开展档案编研工作做准备。本年度先后为抗战胜利纪念展、钱存训纪念展、陈垣诞辰纪念展等活动提供30余件实体档案，增强了展览的纪实性和生动性。

开展2014年度档案归档工作检查。重新梳理、编制并印发《纸质档案与电子档案归档流程指南》《各部处2014年度档案归档范围》，对各部处年度归档工作的整体情况进行检查、梳理、分析、评价，撰写《国家图书馆2014年度归档工作情况通报》并下发全馆。

编制《国家图书馆兼职档案管理员工作手册》。在认真全面梳理档案各环节工作的基础上编制工作手册，从而帮助兼职档案员迅速了解掌握业务知识、顺利开展部门档案工作。

组织全馆兼职档案员业务培训。通过到北京市档案馆参观、学习与交流，提高全馆兼职档案员对档案工作科学化、专业化、规范化管理的认识，增强对档案工作重要性及档案的历史意义和服务现实意义的认知。

全年共接收各类档案6651件，一期维修改造工程档案269卷51116页，接待档案查询85人次。

归档情况统计

按档案类型统计

<table>
<tr><th>档案类型</th><th colspan="2">数量</th><th>档案类型</th><th>数量</th></tr>
<tr><td>文书档案</td><td colspan="2">4164 件</td><td>照片档案</td><td>6998 张</td></tr>
<tr><td rowspan="2">活动档案</td><td>重大</td><td>一般</td><td rowspan="2">实物档案</td><td rowspan="2">80 件</td></tr>
<tr><td>838 件</td><td>603 件</td></tr>
<tr><td>业务档案</td><td colspan="2">436 件</td><td>刊物档案</td><td>124 件</td></tr>
</table>

重要文件选编

- 馆发文件目录
- 重要文件选编

重要文件选编

一、馆发文件目录

◇ 国家图书馆关于2014年度全员考核情况的通报
国图人发〔2015〕1号
◇ 国家图书馆关于成立中华文化经典导读、海外中华古籍数字化回归项目领导小组的通知
国图人发〔2015〕2号
◇ 国家图书馆关于表彰2014年度先进集体的决定
国图人发〔2015〕3号
◇ 国家图书馆关于表彰2014年度创新奖项目的决定
国图人发〔2015〕4号
◇ 国家图书馆关于表彰2014年度安全保卫工作先进集体和先进个人的决定
国图保发〔2015〕5号
◇ 国家图书馆关于颁发2014年度“馆长特别奖”的决定
国图办发〔2015〕6号
◇ 国家图书馆关于表彰2014年度服务标兵的决定
国图业发〔2015〕7号
◇ 国家图书馆关于梁爱民职务调整的通知
国图人发〔2015〕8号
◇ 国家图书馆关于馆属企业负责人职务聘任的通知
国图人发〔2015〕9号
◇ 关于给予国家图书馆出版社、北京北图文化发展中心特别奖励的决定
国图资发〔2015〕10号
◇ 关于印发文化部领导重要批示和《国家图书馆2014年工作总结》《国家图书馆2015年工作要点》的通知
国图办发〔2015〕11号
◇ 关于印发文化部党组书记、部长雒树刚同志在国家图书馆调研座谈会上重要讲话的通知
国图办发〔2015〕12号
◇ 关于表彰2014年度宣传工作先进集体和个人的决定
国图办发〔2015〕13号
◇ 关于印发《国家图书馆馆属企业劳务费支付办法（暂行）》的通知
国图资发〔2015〕14号

◇ 关于印发《国家图书馆网络公众信息服务管理办法》的通知

国图办发〔2015〕15 号

◇ 国家图书馆关于毛雅君等 3 人职务调整的通知

国图人发〔2015〕16 号

◇ 国家图书馆关于 2015 年度职称评审工作的通知

国图人发〔2015〕19 号

◇ 关于印发《国家图书馆馆属企业监督管理办法（暂行）》的通知

国图资发〔2015〕20 号

◇ 关于公示 2015 年度高级专业技术职务任职资格评审结果的通知

国图人发〔2015〕21 号

◇ 关于印发《国家图书馆员工住房物业服务补贴及住房采暖补贴管理暂行办法》的通知

国图财发〔2015〕22 号

◇ 关于实施职工住宅区物业管理、供热采暖改革和发放员工物业服务补贴及采暖补贴的通知

国图财发〔2015〕23 号

◇ 关于 2015 年度部处领导班子及全员年度考核工作的通知

国图人发〔2015〕24 号

◇ 关于印发《国家图书馆信访工作办法》的通知

国图办发〔2015〕25 号

◇ 国家图书馆关于北京国图文化艺术有限公司负责人调整的通知

国图办发〔2015〕26 号

二、重要文件选编

国家图书馆 2015 年工作要点

2015 年是全面深化改革的关键之年，是“十二五”规划的收官之年，是做好“十三五”规划布局谋篇之年，也是国家图书馆的“规划发展年”。国家图书馆将继续深入学习贯彻党的十八大精神和习近平同志关于“继承和弘扬中华优秀传统文化”等系列重要讲话精神，充分履行国家图书馆在弘扬传承中华优秀传统文化和培育践行社会主义核心价值观中的使命，不断发挥我馆在构建现代公共文化服务体系中的作用，贯彻落实群众路线，提升公共文化服务效能和质量，开创国家图书馆事业发展新局面。

一、深入学习贯彻十八大精神和习近平总书记系列重要讲话精神，增强事业发展的凝聚力和创造力

以学习贯彻党的十八大精神和习近平总书记系列重要讲话精神为主线，作为贯穿全年的重要政治任务，不断拓展学习的广度和深度。增强政治意识、大局意识、责任意识，在文化部党组的领导下，牢牢把握文化工作在党和国家全局工作中的战略地位，牢牢把握培育弘扬社会主义核心价值观重要任务，牢牢把握传承弘扬优秀传统文化的主旨要义。紧紧围绕全馆事业发展中心任务，明确工作目标，理清工作思路，统一思想行动，努力把学习成果转化为前进动力、工作思路和具体举措，凝心聚力，科学谋划推进我馆事业未来发展。

二、加强国家总书库建设，不断提高文献资源保障能力

以建设国家最终文献保障基地和构建国家文献服务保障体系为目标，努力打造内容丰富、文种多样、特色鲜明、优势突出的国家总书库。加强馆藏资源建设的整体规划，启动新时期馆藏资源发展政策制修订工作。加强对海内外文献存藏、整理等情况的调查研究，实现各类型文献采访工作在扎实调研基础上的科学决策、规范实施。继续巩固出版物样本缴送成果，确保各类型中文文献的全面入藏。启动“海外中华典籍数字化回归”项目，有序开展古籍特藏、近代历史专题文献的海外征集工作，重点推进国内空白、服务国家内政外交战略亟须的文献史料以多种形式入藏。坚持外文求精的采访原则，确保重点学科、重点专题外文文献的引进。深入推进“中国记忆”项目。有序开展数字资源建设工作，集中打造主题鲜明、体系完备且能够与其他类型资源优势互补的专题资源库，进一步加强国家网络信息资源采集、保存保护与利用。实现数字资源总量稳步增长、质量稳步提高。

三、加强馆藏文献的揭示与整合，促进文献信息资源的创新性利用

加强对馆藏各类文献资源揭示与整合策略的研究与实践，提升文献揭示效率、质量与深度。

加强古籍特藏、近代历史文献、音视频资源、数字资源的编目与整合，不断丰富和完善国家图书馆馆藏目录。继续拓展全国图书馆联合目录书目数据范围，以中国国家书目建设为抓手，进一步推进国家书目门户在现代信息网络环境下的服务深化和功能优化。继续开展外文图书目次数据库建设，推进 RDA 在外文文献揭示中的应用。加快资源整合方案细化落实，做好基于元数据的统一检索平台建设，实现图书馆资源的一站式获取。加强网络信息的专题导航，不断丰富资源展示方式，推进知识组织研究和应用，深化面向读者的知识服务，促进馆藏文献的创新性利用。深入开展馆藏文献挖掘整理工作，弘扬中华优秀典籍文献的时代价值，推进《中华优秀传统文化文库》等项目实施。围绕重大历史题材和国家重要节庆纪念日，组织举办纪念中国人民抗日战争暨世界人民反法西斯战争胜利 70 周年专题文献展等形式多样主题教育活动。

四、不断完善国家典籍博物馆建设，打造中华优秀传统文化传播教育基地

依托国家图书馆宏富馆藏，将国家典籍博物馆打造为弘扬中华优秀传统文化的新平台。以中华传统典籍元素为基础，以传播优秀传统文化为宗旨，深入挖掘馆藏文献文化内涵，加强规划设计，建立以讲座、展览、系列活动为主要手段的多元化、多层次的社会教育服务体系，面向全社会展示、传播中华典籍之美。充分发挥行业和区位优势，拓展合作模式，建立流动展线。建立健全规章制度，规范志愿者服务管理，加强讲解员等专业人才队伍建设。利用现代信息技术，创新展陈方式。加大宣传力度，不断扩大典籍博物馆社会影响。配合博物馆青少年教育试点经验和示范项目，尝试建立中小学生定期参观利用机制。

五、拓展服务领域，完善服务措施，不断提升服务能力及效能

加强立法决策服务，巩固服务品牌，不断提高服务针对性、专业性和预研性。做好“两会”服务；加强部委分馆管理协作；推进中国边疆文献等专题资源建设；切实加强“部级领导干部历史文化讲座”的品牌示范作用。加强服务推送，跟踪国家重大战略领域和重点建设项目需求，进一步提高面向重点科研教育生产单位的主动性专业化参考咨询服务能力，不断提升服务质量和服务效率。

进一步优化服务布局，便利读者借阅；做好少年儿童馆服务优化调整工作，改善服务环境，提升服务水平；筹划建设音视频服务专区，扩展服务范围；加强服务标准化、规范化，不断提高读者精细化服务水平，通过优质服务营造和谐文明阅览环境，提升读者阅览体验。

积极履行社会教育职能，整合优势资源，创新社会教育模式，开办“国图公开课”，探研建设“文津书院”，为公众提供高品质的终身教育资源；加强规划，建设完善国图艺术中心，拓展艺术教育，提升艺术服务水平。进一步推进全民阅读活动，不断创新形式，开展交互式、个性化、多媒体阅读等多种形式阅读推广，扩大“文津图书奖”等阅读推广活动社会影响力，推出更多传承中华文化、弘扬时代精神、群众喜闻乐见，并能传之久远的精品力作，服务全民阅读，满足群众需求。

六、深化国家数字图书馆建设，提高公共数字文化服务能力

继续实施国家数字图书馆工程和数字图书馆推广工程，推动建立统一高效的基层公共数字文化服务平台。全面完成数字图书馆系统与国家图书馆业务融合，建立健全数字图书馆管理与保障体系。推进数字图书馆软件系统部署工作，加快完成数字图书馆一体化网络建设，为公共图书馆服务网络的互联互通提供保障。积极推进公共图书馆资源的集中揭示和统一调度。加强版权管理。加强新媒体服务建设与引领示范作用，提升用户体验。做好数字图书馆发展研究。

七、扎实推进中华古籍保护和民国时期文献保护工作，加强对中华优秀传统文化的挖掘、整理和保护

继续推进全国古籍普查登记工作，组织编撰出版《全国古籍普查登记目录》；做好第五批《国家珍贵古籍名录》和全国古籍重点保护单位的上报审批工作，举办国家珍贵古籍特展，出版第五批《国家珍贵古籍名录图录》；推进国家古籍修复中心、国家古籍保护中心人才培训基地、国家古籍修复技艺传习中心、“中华优秀传统文化实践基地”（试点）工作；建设古籍保护科研中心；加快制定古籍保护工作条例；开展国家珍贵典籍数字化，逐步建立中华珍贵典籍资源库；推进海外中华文献典籍合作保护项目；做好中国古籍保护协会成立相关筹备工作。

继续开展全国民国时期文献普查，完善民国时期文献联合目录，启动编纂新版《民国时期总书目》；开展民国时期文献原生性保护试点工作；进一步拓展海外民国文献征集，紧密结合国情大势和社会需求，以日本战争罪行和抗日战争文献史料为重点，分专题、分步骤挖掘文献，组织回归，填补国内文献资料空白；进一步开展民国专题文献的整理出版工作，围绕纪念中国人民抗日战争暨世界人民反法西斯战争胜利70周年，特别加快日本战争罪行、抗日战争系列文献资料的整理出版；加快抗战文献和对日战犯审判文献专题资源库建设。

八、进一步改善文献存藏条件，提升各类型文献保存保护水平

做好馆藏各类文献资源保存保护工作，确保国家文献信息资源长期安全保存。全力推进国家图书馆文献战略储备库项目建设，力争完成项目建议书的审批及立项工作，实现馆藏各类文献的异地战略保存与馆藏数字资源异地容灾备份保存。做好总馆南区维修改造文献搬迁调整收尾工作，重点做好善本库房文献回迁入库工作。继续做好全馆各类文献库房的布局优化调整工作，改善保存环境，提高空间利用效率。进一步优化数字资源的存储管理和存储空间分配策略，加强长期保存工作的研究与管理，保障我馆数字资源服务稳定、存储安全。结合中华古籍保护、民国时期文献保护等项目工作，研究新形势下文献缩微保护工作机制，加快开展善本古籍、民国时期文献的数字化和缩微抢救工作，拓展文献抢救范围，提升文献抢救能力。认真做好文献修复室改造建设工作，积极发挥古籍保护文化部重点实验室行业引领作用。

九、积极发挥行业示范作用，促进公共文化服务体系建设

充分发挥全国联合编目中心作用，完善联合目录，拓展共享范围，加强书目建设标准化和规

范化的指导与培训。继续推进全国省级公共图书馆立法决策咨询服务协作平台和全国图书馆参考咨询协作网建设，深化服务职能，扩大行业影响。

健全全国公共图书馆讲座联盟工作机制，实现师资、课件等资源的共建共享。依托国家典籍博物馆，开展业界交流，加强合作办展，发挥资源优势，开展巡展联展。继续实施“全国图书馆未成年人服务提升计划”，依托全国少年儿童阅读推广服务平台，加强儿童阅读推广社会合作。推进残疾人数字图书馆建设。

依托“海外中华典籍数字化回归”等重点文化项目，带动珍贵文献的保护、整理与利用。结合国家政治外交大局和社会关切热点，策划组织全国性文献整理出版项目，加大对专题文献、地方文献整理出版力度。依托数字图书馆推广工程，建立覆盖全国的数字图书馆服务网络，推进公共图书馆网络一体化和资源一体化建设；完善数字图书馆移动阅读平台服务，带动各地数字图书馆服务水平的全面提升。

切实发挥中国图书馆学会的作用，做好承接政府职能转移相关工作，办好2015年中国图书馆学会年会，发挥促进学术交流和业务合作作用，为各级各类图书馆的建设提供支持。

围绕行业关切重点及国家、文化部有关重大政策，深入开展图书馆政策研究与业务研究，紧密围绕国情大势和国际图书馆事业发展新趋势，充分调研，结合实际，做好《全国公共图书馆事业发展“十三五”规划》《国家图书馆“十三五”规划纲要》和中华古籍保护计划、民国时期文献保护计划、数字图书馆推广工程三项重点文化项目的“十三五”系列规划。积极配合推进文化法制建设，协助开展公共文化服务保障法、公共图书馆法等重点立法项目工作。依托全国图书馆标准化技术委员会等专业委员会，推进图书馆标准规范体系建设，以标准化推动基本公共文化服务均等化。加强面向全国图书馆的各业务领域专业培训，提升培训工作水平和培训效果。联合各馆策划科研项目，带动行业合作发展。

十、以重点项目为抓手，全面提升与国际及台港澳图书馆界的交流与合作水平，增强国际影响力

根据国家文化建设目标和对外宣传战略，创新国际交流工作新思路。加强对相关对外文化协定的执行力度，优先保障对欧美、东南亚以及欧盟、阿盟、东盟等重点区域国家图书馆的交流与合作；强化同台港澳地区特别是与台湾图书馆界的务实合作；拓展与国际组织和非营利机构的联系，有针对性地参与项目和务实交流；配合中美、中英等重点国家双边人文交流机制等重大交流活动，力争参与其中扩大对外影响，寻求有实质性内容的国际合作项目。

以重点项目和核心业务为抓手，将对外交流合作与海外文献采访、中华古籍保护、民国时期文献保护等重点工作更紧密地结合起来。充实常规业务交流，务实、高效地组织安排外事任务；不断开拓新的海外合作项目，开展重大文化活动，如配合做好中英文化交流年、纪念中国人民抗日战争暨世界人民反法西斯战争胜利70周年等活动；做好赴新西兰举办馆藏展览相关工作；完成第二届亚洲图书馆馆长论坛筹备工作，进一步组织好亚洲图书馆馆员的培训工作。继续推进实施“中国之窗”对外赠书等项目，支持海外中国文化中心建设，推进中华优秀传统文化在海外传播。

十一、加强人才队伍建设，推动人才培养、科研进步、业务发展的相互支撑与促进

研究制定《国家图书馆“十三五”人才发展规划》，以推动事业发展为目标，建设储备充足、结构优化、布局合理、德才兼备、素质优良、富于创新的人才队伍。搭建专业技术人员成长成才的平台，充分发挥各业务领域学术带头人对事业的引领作用；完善选拔任用机制，加强管理干部队伍建设；增加后勤保障人才储备。分类施训，分层管理，提升各类人才整体水平。

不断创新人才使用模式，优化健全志愿者队伍的培养和使用机制，加强各业务领域志愿者的招募、培养、管理、使用，探索志愿者和志愿服务资源库建设，努力开创人才队伍建设和使用新局面。

研究制定《国家图书馆“十三五”科研工作发展规划》，紧密围绕图书馆事业发展重点，策划相关科研项目，加强重点领域研究，积极争取国家级与部级科研项目立项。加大科研全流程管理和支持保障力度，通过加强管理和激励机制，努力形成科研与业务相互促进、科研与人才培养相互支撑的良性互动格局，切实将科研成果转化为实际生产力。

十二、加强综合保障能力建设，促进全馆事业更好更快发展

落实文化体制改革各项任务，深化人事、收入分配、社会保障制度改革，推动形成责任明确、行为规范、富有效率、服务优良的运行机制。不断提高财务工作水平，完善财务监督检查机制，进一步推进预算管理工作。科学制定预算，继续加大经费争取力度，保证事业发展；合理安排财政资金，做好预算执行。在坚持不断扩大公益性服务范围的前提下，开源节流，加强创收工作管理，统筹协调，提高创收能力，拓宽创收途径。对馆属企业进行集中财务管理，加强财务基础业务能力建设，提高我馆及馆属企业整体财务管理水平。完善审计监督机制，强化审计工作制度保障，努力实现审计监督全覆盖。

进一步加强国有资产精细化管理。完善政府采购管理工作，加强预见性、计划性和规范性，做好全馆各重点项目的招标采购工作。配合做好重点工程结项商务工作。做好全年购书经费支付进度督办工作。规范馆属企业运营，做好经营情况调研与测算，把馆属企业经营责任落实做实做细。

做好各项行政管理和保障工作。重点做好南区维修改造工程收尾工作。加强对物业公司的监督管理，提升物业服务水平。加强后勤队伍建设，完善后勤管理工作制度，不断提升服务质量。

进一步加强安全管理工作。完善规章制度，落实各级各岗位安全责任制，加大宣传、教育、培训和检查力度，提升管理水平。加强值班和巡视检查，进一步提高保安队伍的日常安保和突发事件应急处置能力。

继续做好全馆信息化建设规划，有效减免项目重复建设。保障计算机机房稳定运行，提高全馆网络信息安全的管理保障水平。提高系统的运行性能和访问速度，保障相关业务高效运行。

进一步加强宣传工作深度和系统性，加大新闻宣传和督促落实力度，为我馆发展创造良好的舆论环境。

十三、深化巩固党的群众路线教育实践活动成果，加强党建工作，确保事业稳步、可持续发展

进一步深化巩固党的群众路线教育实践活动成果，推动作风建设常态化长效化，坚持严格执行中央八项规定，组织开展作风建设工作专项监督检查，及时发现问题，坚决予以整改。推动建立系统完备、科学规范、运行有效、更加成熟、更加定型的党的建设制度体系，以突出党员理论学习这一系统工程为主线，以规范、创新党建工作制度为抓手，以加强对群团组织领导。发挥工会、团委等群众组织的桥梁纽带作用为有效手段，全面提升全馆党员干部队伍的思想作风水平和党建工作科学化水平，充分发挥馆党委在推动发展、服务群众、凝聚人心、促进和谐方面的独特作用，保障国家图书馆事业健康发展。

坚持以青年为本，促进青年成长成才的原则，推进团员青年的思想建设，全面提高团员青年的政治觉悟和理论水平，做好团员青年推优入党工作，加强青年员工队伍建设，创新共青团工作思路。进一步做好统战工作，高度重视民族团结工作。组织好国家图书馆第十一届员工运动会，丰富和活跃员工文化生活。落实好离退休员工的相关政策，做到政治上尊重，思想上关心，生活上照顾，精神上关怀，加强离退休干部思想政治建设和党支部建设，丰富老同志的精神文化生活，为我馆事业发展营造和谐氛围。

国家图书馆网络公众信息服务管理办法

第一章　总则

第一条　为维护国家图书馆网络公众信息服务安全与正常运行，充分发挥其对外宣传和信息交流的积极作用，树立国家图书馆的良好形象，根据国家有关法律法规，结合我馆实际，特制定本办法。

第二条　国家图书馆网络公众信息服务须严格遵守国家有关法律法规，以信息分享、增进交流、提升服务水平为目的。

第三条　国家图书馆网络公众信息服务管理工作实行“统筹规划、分级管理”的运行管理模式。

第四条　本办法适用于以国家图书馆、国家图书馆各部处名义在各类网络平台认证开通的公众信息服务账号，包括但不限于微博、微信、微视、豆瓣、博客等。

第二章　管理机构及职责

第五条　国家图书馆网络安全和信息化领导小组是国家图书馆网络公众信息服务的最高管理机构，负责制定国家图书馆网络公众信息服务的整体规划。

第六条　办公室负责统筹协调指导、监管国家图书馆网络公众信息服务的日常工作。

第七条　业务管理处负责国家图书馆网络公众信息服务中关于读者服务功能拓展及读者投诉内容的协调处置。

第八条　数字资源部、信息技术部负责馆级网络公众信息服务的日常管理、维护及业务拓展的技术支持。

第九条　其他部处负责本部处网络公众信息服务的日常管理与维护。

第十条　各部处须建立网络公众信息服务责任人制度，原则上，部处正职（或主持工作）为第一责任人，并指定专人负责本部处网络公众信息服务的日常管理与运营维护，人员名单须报办公室备案。

第三章　账号开通与撤销

第十一条　各部处可根据自身业务工作需要或项目活动需求等申请开通网络公众信息服务账号。

第十二条　各部处申请开通网络公众信息服务账号须事先履行报批程序，阐明开通必要性，明确发布与运维权责，经办公室、业务管理处会签，并报馆领导批准后方准予开通。

第十三条　数字资源部负责开通各类馆级网络公众信息服务账号。

第十四条　原则上不允许员工个人开设昵称含有“中国国家图书馆”“国家图书馆”“国图”“北京图书馆”“国家典籍博物馆”“北图”“文津”“典博”字样（以上均含拼音及英文缩写）的网络公众信息服务账号；如因工作原因确需开通的，须报所属部处领导并馆领导审批。

第十五条　各部处对不再继续使用的网络公众信息服务账号，可申请撤销。撤销需向办公室提交撤销申请，阐明撤销原因、撤销建议日期等信息，经批准后方可撤销。

第四章　信息发布与审核

第十六条　国家图书馆网络公众信息服务发布内容须以遵守国家相关法律法规、维护国家图书馆形象为基本原则。倡导发布与本馆各级业务活动、文化知识、用户答疑等信息相关的，富有知识性、趣味性的内容；禁止发布与转发违反国家图书馆规章制度、损害国家图书馆形象、破坏国家图书馆正常工作秩序的内容。

第十七条　涉及国家图书馆重点工作、重大活动、突发事件、舆情事件等重大、敏感内容，由各部处根据职责承担相应内容的组织，并向办公室提交发布申请，经审核通过后方可予以发布。

第十八条　其他一般性内容遵循“谁组织谁审核，谁发布谁负责”的原则。一般性内容包括国家图书馆官方网站内容、各部处基于常规业务工作编辑整理的原创内容、对其他认证媒体登载信息等非本馆原创内容的转发及评论。

第十九条　本馆员工个人在互联网发表言论时，应注意维护本馆和自身形象，不得发布或转发本办法第十六条提及的禁止发布或转发的内容。

第五章　信息回复与舆情监测

第二十条　办公室负责总体指导、协调国家图书馆网络公众信息服务的信息回复及舆情监测，遇重大、敏感事项，负责提请国家图书馆网络安全和信息化领导小组研究处理。

第二十一条　业务管理处负责指导、协调涉及业务及读者服务工作方面的信息回复及舆情监测。

第二十二条　数字资源部负责回复馆级网络公众信息服务中一般性用户咨询及评论，并做好舆情监测工作。

第二十三条　各部处负责本部处网络公众信息服务中一般性读者咨询、评论、意见建议的回复或解答。

第二十四条　对超出本部处业务范畴、专业性较强的业务咨询、读者意见建议，应及时协调相应部处，由其拟定回复材料后进行答复。

第二十五条　对涉及重大事件、突发事件等与本馆相关负面舆情的，各部处应及时向办公室反馈，并在其指导下进行舆情监管或舆论引导。

第二十六条　对读者评论中出现的具有危害性、攻击性、敏感性、不实性等负面舆论导向的内容，应及时删除。

第六章　账号安全与违规处罚

第二十七条　各部处须严格落实网络公众信息服务责任人制度，确保本部处网络公众信息服务账号安全、信息发布准确无误。

第二十八条　网络公众信息服务责任人不得私自转让或向无关人员透露账号信息。如遇责任人员工作变动，所在部处须第一时间收回账号管理权限、更改账户密码，重新指定责任人员，并报办公室备案。因责任人员变动、私自转让、安全意识不强等导致网络公众信息服务账号信息泄露或被盗的，视情节严重程度，参照有关规定，给予相关责任人员相应行政处分。

第二十九条　网络公众信息服务责任人未按规定进行内容编辑、审核或因操作失误等人为原因造成信息发布错误的，视情节轻重，参照有关规定，给予相关责任人员相应处理。

第七章　工作统计与考核

第三十条　各部处应按季度向办公室提交所负责各类网络公众信息服务的统计数据报表。

第三十一条　办公室负责评估国家图书馆网络公众信息服务运维管理情况并根据相应指标在年终给出对应的保留、整改、关闭、撤销等考核意见；指标包括但不限于：认证情况、安全运行情况、内容更新频率、转发数、评论数、粉丝增长情况等。

第八章　附则

第三十二条　本办法未尽事宜，可根据需要出台相应管理细则。

第三十三条　本办法经2015年第9次馆务会通过，自公布之日起施行。本办法解释权属办公室。

国家图书馆信访工作办法

第一章　总则

第一条　根据国务院《信访条例》《文化部信访工作办法》以及国家有关信访工作的政策精神，为维护信访秩序，规范信访工作和信访行为，结合国家图书馆工作实际，制定本办法。

第二条　信访工作坚持属地管理、分级负责，谁主管、谁负责，依法、及时、就地解决问题与疏导教育相结合的原则。

第三条　区别涉法涉诉信访与普通信访事项，通过法定途径合理分流、分类办理。

第二章　机构与职责

第四条　办公室负责做好国家图书馆信访工作的登记、分办、回复工作，协调、督促有关部处办理信访事项，保持同文化部信访办公室的工作联系。办公室指定专人负责信访工作。

第五条　人事处、业务管理处、党群工作办公室、纪检监察处、保卫处、后勤服务管理中心是我馆信访工作主要接办部门，根据分工负责具体调查、办理、回复信访事项。

第六条　各部处主要负责人作为本部处信访工作的第一责任人，负责涉及本部处的信访事项。

第七条　建立信访工作协调会及矛盾纠纷排查调处制度和信访事项督查督办工作机制，对可能影响稳定的重大矛盾纠纷予以化解，提高信访事项办理效率及结案率。

第三章　信访事项的受理

第八条　国家图书馆设立专门信访接待室，信访人应当依法到指定场所进行信访活动。

第九条　国家图书馆受理信访事项的范围。

（一）上级机关或领导同志交办、督办的信访事项；

（二）对国家图书馆的工作或各项政策提出批评、意见和建议的信访事项；

（三）反映、检举国家图书馆工作人员违法、违纪、失职、渎职行为的信访事项；

（四）对国家图书馆有关部处侵害当事人合法权益的申诉求决的信访事项；

（五）其他应由国家图书馆受理的信访事项。

第十条　通过法定途径办理的信访事项。

（一）申诉求决类信访事项。信访人依据法律法规或组织章程规定提出申诉，要求重新做出处理或解决矛盾纠纷的信访事项；

（二）揭发控告类信访事项。信访人反映公民、法人或其他组织违法违纪事实或提供线索，要求依法制止、惩处，或赔偿的信访事项；

（三）信息公开类信访事项。信访人申请政府信息公开、认为行政机关不依法履行政府信息公开义务，或认为行政机关在政府信息公开工作中的具体行政行为侵犯其合法权益的信访事项。

第十一条　信访人提出信访事项，一般应当采用书信、来访、电话、传真等形式。

第十二条　信访人地址不详或姓名不清（含匿名）的信访事项不予受理。

第十三条　多人采用走访形式提出共同信访事项的，应当推选代表，代表人数不得超过5人。上访人数多的集体访，办公室应及时上报馆领导，按处理信访突出问题及群体性事件的要求进行妥善处置。

第十四条　信访人提出信访事项应当客观真实，对其所提供材料内容的真实性负责，不得捏造、歪曲事实，不得诬告、陷害他人。

第十五条　办公室应及时将收到的群众来信、接待群众来访有关事项予以登记。对采用电话、走访形式提出信访事项的，应填写《国家图书馆来访人员意见记录单》。

第十六条　信访接待室在接到来访人员反映情况后，应第一时间联系有关部处予以接待；无法确定具体部处或涉及多个部处的，应填写《国家图书馆来访人员意见记录单》，交由办公室分办。

第十七条　办公室对信访人提出或上级部门交办的信访事项，应根据其内容在5个工作日内转交有关部处办理。

第十八条　有关部处在收到办公室转交的信访事项后，应在10个工作日内做出是否受理的决定，并商办公室告知信访人，受理的信访事项在办公室备案，建立信访工作台账。

第十九条　信访事项已经受理或正在办理的，信访人在规定期限内提出同一信访事项的，不予受理。

第四章　信访事项的办理

第二十条　办公室对受理的信访事项填写《国家图书馆信访事项办理单》，并转交有关部处办理。

第二十一条　有关部处收到办公室送交的信访事项后，应及时办理；情况比较复杂的，经办公室同意，可适当延长办理期限，并告知信访人延期理由及办理进度。相关部处将办理结果反馈办公室审核，必要时报馆领导审批后，答复信访人。

第二十二条　各部处对于矛盾突出、反映集中的重要事项或热点问题，应及时向办公室通报，并向主管信访工作的馆领导汇报，同时提出解决问题的建议。

第二十三条　办公室应依法依规加强对交办的信访事项进行跟踪督查，及时了解掌握信访事项的进展情况，直至办理完毕。

第二十四条　信访人对有关部处处理意见不服的，可自得到正式答复之日起30日内向办公室提出书面复查请求。办公室应当自收到书面复查申请之日起30日内给出复查意见，并答复信访人。

第二十五条　信访人对复查意见不服的，可自得到正式答复之日起30日内向复查部门上一级行政机关提出书面复核请求。

第二十六条　信访人对复核意见不服的，仍然以同一事实和理由提出投诉请求的，不再受理。

第五章　法律责任

第二十七条　信访工作人员要认真处理来信来电，接待来访，倾听信访人的意见、建议和要求，依法处理信访问题，严守信访工作纪律。不得遗失信访材料和信访档案，不得向信访人泄漏工作秘密或将检举、控告信件转送给被检举、控告的个人和单位。

第二十八条　信访人在信访过程中应当遵守法律、法规，自觉维护社会公共秩序和信访秩序，不得损害国家、社会、集体的利益，不得侵犯信访工作人员和其他公民的合法权益，不得有下列行为：

（一）在办公场所周围、公共场所非法聚集、围堵、冲击，拦截公务车辆，或者堵塞、阻断交通；

（二）举挂标牌，穿状衣，携带危险物品、管制器具；

（三）侮辱、殴打、威胁单位工作人员，或者非法限制他人人身自由；

（四）在信访接待场所滞留、滋事，或者将生活不能自理的人弃留在信访接待场所；

（五）煽动、串联、胁迫、以财物诱使、幕后操纵他人信访或者以信访为名借机敛财；

（六）扰乱公共秩序、妨害国家和公共安全的其他行为。

第二十九条　各部处发生重大紧急信访事项时，应及时上报，不得瞒报、漏报，并在职权范围内依法及时采取措施。

第三十条　对在信访工作中推诿、敷衍、拖延、弄虚作假等失职、渎职行为，要严格依法依规追究有关人员责任。

第六章　附则

第三十一条　本办法中所涉及的时间表述均为工作日。

第三十二条　本办法由国家图书馆办公室负责解释。

第三十三条　本办法自2016年1月1日起施行。2006年7月21日印发的《国家图书馆信访工作暂行办法》（国图办发〔2006〕8号）同时废止。

媒体报道

媒体报道

一、平面媒体

中央

日期	标题	媒体	作者
1月2日	羊年春节春联网络征集启动	人民日报	郑海鸥
1月13日	故宫：让《韩熙载夜宴图》动起来　地铁：把“我们的文字”装进手机	人民日报	王珏、王锦涛
1月29日	打造文化空间	人民日报	
3月28日	千年古郡·九朝神韵　正定历史文化展开展	人民日报	王珏
4月9日	全民阅读，政府当比个人“上心”	人民日报	张贺
4月16日	《任继愈文集》出版座谈会举行	人民日报	王珏
4月23日	访谈邬书林、韩永进、王京生、星云大师、鲁育才、吴文辉　全民阅读　书香社会	人民日报	张贺、黄福特、吕绍刚、董建勤、曹玲娟、谢雨
4月24日	文津奖、好书榜揭晓　为好书找读者　为读者觅好书	人民日报	张贺
4月30日	赏鉴“圆明园”	人民日报	余荣华
4月30日	文艺评奖贵在干净与纯粹	人民日报	张贺
5月7日	远东国际军事法庭证据文献集成在上海推出	人民日报	曹玲娟
6月1日	中国百年童书展开展	人民日报	王珏
7月3日	国家图书馆将举办民间珍贵典籍收藏展	人民日报	王珏
7月5日	李铎向国图捐赠图书及作品	人民日报	诗源
8月11日	全国书法篆刻作品展开幕	人民日报	王珏
8月17日	抗战时期古籍抢救保护史迹研讨会召开	人民日报	王珏
8月20日	推广阅读不妨借助“明星效应”	人民日报	张贺

11月6日	古籍保护，藏不妨用（文艺观察·重视古籍研究与应用2）	人民日报	郭立暄
11月23日	首部典籍史话丛书出版首批十种史话	人民日报	王珏
12月5日	国家图书馆举办甲骨文记忆展　探寻古文字的秘密	人民日报	王珏
12月11日	国家典籍博物馆　举办宋元善拓展	人民日报	王钰
12月22日	偏远地区、发达都市，公共图书馆发展各有难题	人民日报	郑海鸥、贺林平、曹玲娟
1月5日	国图举办“我们的文字”跨年大展	人民日报·海外版	小章
4月23日	第20个“世界读书日”——数字阅读时代，中国人如何读书	人民日报·海外版	申孟哲、贺璞薇、帕哈尔丁·斯坎旦
5月6日	“东京审判”庭审证据首次完整面世《远东国际军事法庭证据文献集成》出版	人民日报·海外版	曹玲娟
7月31日	新加坡总统伉俪向国图捐书	人民日报·海外版	谢万幸
10月19日	甲骨文记忆展开幕	人民日报·海外版	樊甲山
11月7日	国家典籍博物馆　让古籍里的文字活起来	人民日报·海外版	刘峣
11月23日	10种珍贵典籍史话出版	人民日报·海外版	王珏
12月30日	古韵镌拓　纸墨千秋——2015年国家典籍博物馆宋元善拓暨全国书法临摹展	人民日报·海外版	
1月2日	羊年春节春联网络征集启动　凸显互联网新媒体思维	光明日报	隋笑飞
1月14日	新媒体一日·1月13日	光明日报	吴晋娜、丁玉冰
1月20日	北京首家地铁图书馆：图书馆“动”起来	光明日报	杜羽
1月21日	我们的文字——非物质文化遗产中的文字传承	光明日报	怡轩
1月26日	中国古籍保护协会成立	光明日报	杜羽
3月24日	传统文化教育不应形式化	光明日报	曲冬梅
3月30日	国学动态：新修《孔子圣迹图》面世	光明日报	张欣怡
4月2日	读书如稼穑　勤耕致丰饶——从文津图书奖看全民阅读活动	光明日报	杜羽

4月24日	第十届文津图书奖揭晓	光明日报	杜羽
5月5日	三山五园文化巡展在京举办——看《圆明园四十景图咏》的“文化回归”	光明日报	董城
5月6日	50卷《远东国际军事法庭证据文献集成》（日文版）及3卷《索引、附录》（中文版）问世——东京审判完整证据首次出版	光明日报	颜维琦、曹继军
5月11日	东京审判研究有望获全面推进	光明日报	颜维琦、曹继军
5月13日	让大师的智慧照亮未来	光明日报	杜羽
5月17日	国家图书馆修复200余件珍贵西域文献	光明日报	杜羽
5月26日	钱存训：穿过一个世纪的坚实脚步	光明日报	杜羽
6月3日	好童书滋养儿童心灵	光明日报	杜羽
6月4日	2014中国文化管理年度十大人物揭晓	光明日报	张景华
6月13日	珍贵古籍雕版首次大规模亮相	光明日报	杜羽
6月29日	大型图书《李铎》入藏国家图书馆	光明日报	李韵
7月22日	“民间珍贵典籍收藏展”亮相国家图书馆——册府千华　与人共享	光明日报	杜羽
8月12日	全国第十一届书法篆刻作品展开幕	光明日报	王子墨
8月24日	何建明“南京大屠杀的真相与思考”讲座举行	光明日报	
9月10日	国家图书馆纪念抗战胜利70周年文献展：典籍俱在昭善恶	光明日报	杜羽
9月28日	“铁军魂·中华情”摄影展开幕	光明日报	杜羽
10月13日	学位论文　这笔资源怎么利用	光明日报	苏新宁、徐绪堪
11月17日	国家典籍博物馆举办甲骨文记忆展——让神秘晦涩的甲骨文“活”起来	光明日报	杜羽
11月17日	记述国图新入藏《永乐大典》（卷2272～2274）往昔藏者行踪	光明日报	张忱石
11月18日	为典籍修史立传　冀书香润泽人心	光明日报	韩永进
11月18日	《中国珍贵典籍史话丛书》大家谈	光明日报	
11月18日	典籍史话有裨世道人心	光明日报	李致忠

11月18日	要一套活泼泼的“史话”	光明日报	白化文
11月18日	碑帖史话是新课题	光明日报	施安昌
12月1日	中国珍贵典籍史话③　道真补经：千年前的古书修复	光明日报	林世田、刘波
12月13日	三部抗战新书集中首发	光明日报	杜羽
12月14日	回溯本源　致敬经典——王家新临摹历代书法经典作品在国家图书馆展出	光明日报	张玉梅
12月16日	国图公开课“古琴与中华传统文化”举行	光明日报	杜羽
12月26日	2015年中国图书馆年会近日在广州举行，专家热议网络时代传统图书馆如何转型升级——“网”聚资源　让图书馆“动”起来	光明日报	韩业庭
1月13日	北京首个地铁图书馆：扫二维码可读书	新华每日电讯	
5月6日	“东京审判”庭审证据首次完整出版	新华每日电讯	张建松、孙丽萍
5月30日	《远东国际军事法庭证据文献集成》全球首发式在美国书展举行	新华每日电讯	孔晓涵
6月15日	雕版印刷	新华每日电讯	吴建路
5月4日	“国图公开课”探索“互联网＋”新模式	工人日报	赵亮
8月17日	国图纪念抗战馆藏文献展凸显“抗战文化”	工人日报	赵亮
8月17日	“两个年会”推动文化事业与文化产业融合发展	工人日报	赵亮
11月2日	国图举办科举文化讲座	工人日报	张丽
12月14日	国家公祭日国图发布系列抗战新书	工人日报	赵亮
1月8日	科技，引领文化新时尚	中国文化报	孟欣
1月9日	2014：尊重阅读，享受阅读	中国文化报	张妮
1月9日	融入当代生活　走进国际视野——2014非遗保护工作回眸	中国文化报	王学思
1月14日	长沙征集第十届文津图书奖参评书目	中国文化报	徐佳、易定定
1月16日	方寸间的文明　手心里的传承——聚焦“我们的文字”非遗跨年大展	中国文化报	王学思

1月19日	文化系统热议学习贯彻落实《关于加快构建现代公共文化服务体系的意见》用好“施工图”，建起普惠文化民生大厦	中国文化报	梁娜、任学武、莫曲、苏唯谦、徐超、王永娟、王炜、常雅维、杨同娜、苏锐、刘婵
1月21日	拓展服务新领域　打造文化新亮点——浙江绍兴图书馆积极开展公共图书馆数字传播服务体系建设	中国文化报	廖晓飞
1月30日	中国古籍保护协会在京成立	中国文化报	京文
2月9日	国图展出馆藏楹联文献	中国文化报	屈菡
2月10日	“我们的文字”公益展亮相贵州	中国文化报	董金黄
2月11日	“我与中华古籍”摄影大赛启动	中国文化报	屈菡
3月25日	文化部邀专家研讨图书馆与全民阅读	中国文化报	张妮
3月26日	国图举办儿童戏剧知识展	中国文化报	屈菡
4月1日	为古籍延续生命	中国文化报	卢旭、陈曦、薛帅
4月10日	专家研讨正定文化遗产保护	中国文化报	屈菡
4月10日	中国图书馆学会换届选举	中国文化报	薛帅
4月13日	传承与发展国际会议探索京剧走出去	中国文化报	陈璐
4月16日	《任继愈文集》出版座谈会在京举行	中国文化报	屈菡
4月22日	开启全民阅读新平台——国家图书馆馆长韩永进谈国图公开课上线运行	中国文化报	屈菡
4月23日	国图举办钱存训先生纪念展	中国文化报	屈菡
4月24日	国家图书馆发布第十届“文津图书奖”获奖图书	中国文化报	
4月24日	世界读书日：阅读不止这一天	中国文化报	屈菡、张建友、杨国勇、侯文斌、黄怡、秦毅、苏锐
4月24日	公众和好书之间的桥梁	中国文化报	周国平
4月30日	图书馆文献缩微成果在江西首展	中国文化报	柯中华、伍文珺

5月1日	图片新闻	中国文化报	喻非卿
5月18日	国家图书馆展示西域文献保护成果	中国文化报	屈菡
5月18日	国家典籍博物馆：揭示典籍里的千年历史	中国文化报	
5月22日	国图西域文献保护——中华古籍保护计划的重要成就	中国文化报	
5月22日	国家图书馆倾力保护西域文献	中国文化报	
5月22日	国家级古籍修复技艺传习中心湖北传习所揭牌	中国文化报	徐超、李协萍
6月4日	全国少年儿童经典讲读、诵读大赛（古诗文专场）在沈阳启动	中国文化报	袁艳
6月12日	“我与中华古籍”摄影作品巡展启动	中国文化报	李秋云
6月15日	“文化遗产日”活动精彩纷呈	中国文化报	卢旭、张文魁、屈菡、薛帅、陈曦、胡克非、袁艳、张建友、乔国良、黄国勇、柯中华、王永娟、谭志红、郭凯倩、依群、余结红、秦毅、蔡文斌
6月17日	国图获赠精选配图版《石渠宝笈》	中国文化报	屈菡
6月17日	弘扬优秀传统文化　加强古籍雕版保护	中国文化报	李致忠、安平秋、史金波、王嘉陵、徐晓军、李际宁、宋平生、张楠
6月19日	民族文字古籍普查人员在黔培训	中国文化报	董金黄
7月1日	国家图书馆人民法院分馆成立	中国文化报	屈菡
7月2日	新加坡总统陈庆炎到访中国国家图书馆	中国文化报	屈菡
7月2日	数字缩微技术抢救保护文献古籍　价值要比想象的大得多	中国文化报	张莹莹
7月6日	国图将办民间珍贵典籍收藏展	中国文化报	屈菡

7月7日	大型套装图书《李铎》入藏国图	中国文化报	屈菡
7月8日	古籍普查相关人员培训在冀举行	中国文化报	杨国勇
7月17日	民间珍籍汇聚国图　公藏私藏共促保护——“民间珍贵古籍保护研讨会”在京举办	中国文化报	
7月24日	“中华古籍普查志愿服务行动”启动	中国文化报	李静
8月5日	“我与中华古籍”优秀摄影作品湖北巡展	中国文化报	徐超、李协萍
8月7日	国图举办桑达克童书插画展	中国文化报	屈菡
8月14日	国图推出“抗战”专题公开课	中国文化报	张妮
8月17日	国图抗战文献展纪念“不朽的长城”	中国文化报	屈菡
8月19日	冯仲云图书馆揭牌获赠国图抗战文献	中国文化报	薛帅
8月19日	“我们太缺少这样的人才了”——“中华古籍普查志愿服务行动”侧记	中国文化报	李静
8月21日	文献缩微工作成果展开幕	中国文化报	周凡恺
8月23日	书法家刘守安在国图作专题讲座	中国文化报	闫敏
8月26日	抗战烽火中，他们选择了与典籍共存	中国文化报	屈菡
8月27日	抗联精神永铸于白山黑水间——中国国家图书馆“重走抗联路”主题活动侧记	中国文化报	薛帅
8月27日	两岸绘本推广论坛在郑州举办	中国文化报	张飒
8月27日	缅怀冯仲云　重走抗联路	中国文化报	韩永进
8月27日	“中国记忆”与冯仲云图书馆	中国文化报	
8月27日	精神不朽　薪火永烈	中国文化报	周广厚
9月2日	永远铭记“不朽的长城”——国家图书馆用丰富文献还原抗战历史	中国文化报	屈菡、薛帅
9月21日	熊召政诗文书法展亮相国图	中国文化报	张晓楠
9月21日	国图举办“走进我的音乐厅”活动	中国文化报	屈菡
9月23日	青年学子结缘古籍，一次并不简单的相遇	中国文化报	李静
9月23日	调动社会力量　共同推进古籍保护工作	中国文化报	顾玉青
9月25日	馆长专家常熟共话图书馆的未来	中国文化报	如心
10月20日	“石渠宝笈经典作品赏析”国图开讲	中国文化报	张婷

10月20日	国图甲骨文记忆展突出互动体验	中国文化报	屈菡
11月5日	任氏家谱入藏国图	中国文化报	屈菡
11月9日	穿越三千年　相约甲骨文	中国文化报	屈菡
11月12日	图书馆数字化迈向特色资源共建共享	中国文化报	孟欣
11月12日	河南省图书馆推进数字图书馆建设	中国文化报	陈勇
11月17日	“少儿阅读推广人”培训班在哈尔滨举办	中国文化报	张建友
11月18日	国家图书馆展陈垣藏书	中国文化报	屈菡
11月25日	首批中国珍贵典籍史话出版	中国文化报	屈菡
11月27日	全国古籍保护工作部际联席会议提出　把古籍保护工作提升到一个新水平	中国文化报	文华
12月4日	2015年中国图书馆年会将办	中国文化报	谭志红、史拓
12月9日	国家图书馆“十二五”期间服务功能全面提升	中国文化报	韩永进
12月9日	百年国图英姿勃发	中国文化报	韩永进
12月9日	保护中华古籍　永续文明薪火	中国文化报	张倩竹
12月9日	数字图书馆，就在你身边	中国文化报	张鹏
12月9日	为读者营造一个阅读“天堂”——国家图书馆坚持创新服务、引领全民阅读	中国文化报	谢万幸
12月9日	用镜头抢救文化记忆——“中国记忆”项目记录珍贵历史文化资料	中国文化报	张倩竹
12月9日	把脆弱的民国文献延续久远	中国文化报	张鹏
12月13日	宋元善拓展亮相国家典籍博物馆	中国文化报	屈菡
12月16日	国图上线“日本战犯罪行审判史料编译”	中国文化报	屈菡
12月18日	国图出版系列抗战丛书	中国文化报	屈菡
12月18日	2015年中国图书馆年会在广州召开	中国文化报	许亚群
12月18日	传承保护合力已经形成	中国文化报	薛帅
12月21日	国图馆藏年画精品首次亮相新西兰	中国文化报	张和清
12月23日	中国图书馆行业的年度盛会　广州图书馆事业的展示平台	中国文化报	谭志红、何盛杰
12月25日	古籍保护与现代科技	中国文化报	古汲

4月19日	“国图公开课”4月23日上线	中国青年报	蒋肖斌
6月5日	100年来，中国孩子看什么书	中国青年报	蒋肖斌
7月24日	国家图书馆举办“册府千华·民间珍贵典籍收藏展”别让民间藏书再度流散	中国青年报	蒋肖斌
8月24日	抗战时期古籍是怎样被保护的	中国青年报	乐嗣炳
12月11日	国图上线“日本战犯罪行审判史料编译” 官网“东京审判文献”以史为鉴	中国青年报	蒋肖斌
3月22日	带着阅读，上路	经济日报	丰悦
4月27日	整合资源管好用好农家书屋	经济日报	陈力
4月19日	“国图公开课”将在世界读书日启动	科技日报	游雪晴
4月24日	文津图书奖颁布暨“国图公开课”启动	科技日报	游雪晴
8月14日	国图举办纪念抗战胜利70周年文献展	科技日报	游雪晴
12月28日	“四大”发明远远不是全部	科技日报	张强
2月9日	文化相通，心灵相通——基本公共文化服务标准化、均等化建设思考	人民政协报	谢颖
4月24日	推动全民阅读 打造书香中国 各地多彩活动迎接世界读书日	人民政协报	
5月7日	国家图书馆展圆明园景图	人民政协报	希文
5月12日	图书馆“安家”地铁站	人民政协报	齐波
5月18日	“册府千华——西域文献保护成果展”在京开展	人民政协报	张丽
6月25日	珍贵古籍雕版亮相国图	人民政协报	刘丽琴
7月13日	大型套装图书《李铎》入藏国家图书馆	人民政协报	张丽
8月10日	戏剧体验 温暖童心	人民政协报	杨雪、齐波
8月26日	精神的力量——全国政协委员围绕培育和践行社会主义核心价值观的调研与思考	人民政协报	梁春武
8月31日	抗战文献：让历史“说话”——陈力委员谈抗战中的国图与国图的抗战	人民政协报	张丽
11月2日	“甲骨文记忆”主题展研讨会在国图召开	人民政协报	王岩
11月16日	家集：拓展文学、史学研究新领域——《清代家集丛刊》出版座谈会在国图举行	人民政协报	张丽

1月21日	国图举办“非物质文化遗产中的文字传承”跨年大展	中华读书报	成一村
2月11日	“我与中华古籍”摄影大赛即将启动	中华读书报	鲁大智
2月11日	国家图书馆展出馆藏传统楹联文献	中华读书报	鲁大智
4月1日	国图少儿馆举办戏剧知识及原创图画书展	中华读书报	陈香
5月6日	国家图书馆举办钱存训先生纪念展	中华读书报	夏琪
5月13日	第10届文津图书奖揭晓	中华读书报	夏琪
6月24日	“册府千华——珍贵古籍雕版特展”在国图开幕	中华读书报	舒晋瑜
7月8日	大型套装书《李铎》入藏国家图书馆	中华读书报	
8月19日	国家古籍保护中心召开“抗战时期古籍抢救保护史迹研讨会”	中华读书报	夏琪
8月19日	M地铁·图书馆第3期主题聚焦抗战	中华读书报	刘霄
8月26日	2015中国图书馆年会12月在广州举办	中华读书报	夏琪
8月26日	程兆奇：“东京审判”的研究在中国刚起步	中华读书报	
9月2日	国家古籍保护中心召开“抗战时期古籍抢救保护史迹研讨会”	中华读书报	夏琪
9月9日	国家图书馆推出网上抗日公开课	中华读书报	
9月30日	文化部公共数字文化建设成果显著	中华读书报	
11月25日	“中国珍贵典籍史话丛书”首批10种出版	中华读书报	夏琪
4月13日	戏剧知识及原创图画书展举办	中国教育报	伊湄
4月23日	“国图公开课”开讲	中国教育报	却咏梅
5月4日	第十届文津图书奖揭晓	中国教育报	邓晓
5月30日	青少年走进典籍博物馆体验中华文化	中国教育报	却咏梅
6月8日	“书香校园”维鹰建言征集活动启动	中国教育报	伊湄
8月15日	直击人类灵魂深处的暗黑之美	中国教育报	却咏梅
10月19日	《数字文献资源长期保存共同声明》发布	中国教育报	梁杰
11月23日	纪念陈垣先生诞辰135周年展开幕	中国教育报	肖聪
4月24日	用“互联网+”思维打造国图公开课	中国科学报	李芸

4月27日	国家图书馆牵头的第十届文津图书奖评选结果在北京揭晓	中国社会科学报	吕家佐
5月18日	册府千华——西域文献保护成果展	中国社会科学报	吕家佐
6月5日	图绘世界——中国百年连环画展	中国社会科学报	张哲
6月15日	民国文献再生性保护亟须重视	中国社会科学报	孙妙凝
11月9日	“傲骨立天地　史学铸丰碑——纪念陈垣先生诞辰135周年展”在国家典籍博物馆开幕	中国社会科学报	吕家佐
11月23日	“中国珍贵典籍史话丛书”出版座谈会	中国社会科学报	吕家佐
12月4日	信息需求改变　垄断地位丧失　知识中心：图书馆未来发展方向	中国社会科学报	唐红丽
1月13日	国图中国记忆项目中心推出《我们的文字》	中国新闻出版广电报	雷萌
1月19日	古籍数字化：让小众事业大众化	中国新闻出版广电报	李雪昆
4月1日	戏剧知识及原创图画书展开幕	中国新闻出版广电报	涂桂林
4月16日	《任继愈文集》出版　全套书共10册近400万字	中国新闻出版广电报	章红雨
4月22日	国家图书馆将启动“国图公开课”	中国新闻出版广电报	王坤宁
5月11日	《圆明园四十景》原件再造特展揭幕	中国新闻出版广电报	李明远
5月20日	国图展出西域文献	中国新闻出版广电报	韩东
6月8日	国图举办百年连环画展	中国新闻出版广电报	韩东
6月17日	《石渠宝笈》入藏国图	中国新闻出版广电报	雷萌
8月5日	《中华大典·艺术典·音乐分典》编纂启动	中国新闻出版广电报	李明远
8月6日	图画书大师桑达克插画展在京展出	中国新闻出版广电报	韩东
8月18日	“国图公开课”聚焦抗战胜利70周年	中国新闻出版广电报	李雪昆
9月1日	全国少儿阅读峰会关注内容创新	中国新闻出版广电报	王坤宁
9月21日	为原创图画书把脉	中国新闻出版广电报	王志庚
11月18日	走进陈垣纪念展　看藏书家藏品	中国新闻出版广电报	韩东
5月4日	六问图书馆如何利用好数字资源经费？	新华书目报	毛雅君
9月3日	推动少儿阅读走向优质化2015年全国少儿阅读峰会在厦门召开	新华书目报	李晓
9月24日	“出版界图书馆界全民阅读年会”（2015）举办	新华书目报	林萱

9月28日	陈力：强强联手打造品牌阅读活动	新华书目报	陈力
12月21日	图书馆：社会步进的力量	新华书目报	梁晔
1月9日	国家图书馆出版社建社35周年专家座谈会在京召开	图书馆报	江水
1月9日	《我们的文字》在国家图书馆首发	图书馆报	解慧
3月27日	国家图书馆馆长韩永进会见伊朗驻华大使哈吉·阿里·阿斯哈	图书馆报	刘青
4月3日	2015全国少年儿童阅读年启幕	图书馆报	解慧
4月3日	国图少儿馆与新疆青少年出版社联手推广戏曲国粹	图书馆报	鲁直
4月3日	2015年全国省级及副省级市公共图书馆参考咨询工作会议召开	图书馆报	江水
4月3日	数字图书馆推广工程2015年宣传员培训班在武汉举行	图书馆报	鲁直
4月17日	中国图书馆学会“九大”召开	图书馆报	李晓
4月24日	《任继愈文集》出版座谈会在国图召开	图书馆报	江水
4月24日	“民国时期文献保护计划”宣传推广活动江苏站启动	图书馆报	江水
4月24日	国图馆长韩永进会见澳大利亚首都领地首席部长一行	图书馆报	江水
5月8日	《中国国家图书馆与法国国家图书馆合作协议》续签	图书馆报	鲁直
5月8日	全国图书馆文献缩微工作成果展在南昌开幕	图书馆报	江水
5月15日	国图副馆长陈力出席首届中国与阿拉伯国家图书馆及信息领域专家会议	图书馆报	鲁直
5月22日	“西域文献保护成果展”在国家图书馆举行	图书馆报	鲁直
5月22日	国家级古籍修复技艺传习中心浙江传习所揭牌暨拜师仪式举行	图书馆报	童圣江
5月22日	数图推广工程的领军人	图书馆报	白玉静
6月5日	“中国儿童阅读发展论坛”在国图召开	图书馆报	李晓

6月5日	国家图书馆少年儿童馆迁址扩容	图书馆报	鲁直
6月12日	“中国百年童书展”在国家图书馆举行	图书馆报	鲁直
6月12日	古籍背后的故事2015年“我与中华古籍”摄影大赛活动征集作品选登	图书馆报	李晓
6月19日	具有划时代意义的《石渠宝笈》（精选配图版）捐赠国图	图书馆报	鲁直
6月19日	民国时期文献保护至关重要“民国时期文献保护暨整理出版研讨会”在京举行	图书馆报	白玉静
6月19日	国家图书馆新的历史担当	图书馆报	刘雯
7月3日	全国图书馆文献缩微工作成果展巡展在郑州举行	图书馆报	江水
7月3日	国图副馆长魏大威一行访问新加坡图书馆	图书馆报	严疆
7月10日	少儿图书馆人可以做得更好	图书馆报	邓少滨
7月10日	国家图书馆人民法院分馆开馆	图书馆报	鲁直
7月10日	中图学会命名28个全民阅读示范基地	图书馆报	江水
7月17日	“民间珍贵古籍保护研讨会”在京举行	图书馆报	鲁直
7月17日	国图承建的国家动漫公共素材库全新亮相	图书馆报	江水
7月24日	少儿阅读，让梦启航“2015全全国少儿阅读峰会”将于8月在厦门召开	图书馆报	李晓
7月31日	“中华古籍普查志愿服务行动”在国图启动	图书馆报	江水
8月7日	新华书店总店总经理与国家图书馆馆长洽谈合作	图书馆报	林萱
8月7日	《中华大典·艺术典·音乐分典》编纂启动仪式在京举行	图书馆报	白玉静
8月7日	桑达克童书插画展在国图少儿馆开幕	图书馆报	江水
8月14日	西藏著名寺庙古籍保护工作全面开展	图书馆报	江水
8月14日	“我与中华古籍”摄影大赛巡展湖北站在湖北省图书馆开幕	图书馆报	李晓
8月21日	特别关注推动文化事业与文化产业融合发展	图书馆报	白玉静
8月21日	“儿童戏剧图书体验日”活动在中国儿童艺术剧院开展	图书馆报	方文林

8月21日	2015年“我与中华古籍”摄影大赛优秀摄影作品（夷陵站）巡展活动启动	图书馆报	吴全蓉
8月28日	两岸绘本阅读推广论坛在河南少儿馆举行	图书馆报	李晓
8月28日	我国首个以东北抗联将领命名的图书馆“冯仲云图书馆”揭牌	图书馆报	江水
9月4日	少儿阅读需要创新“2015年全国少儿阅读峰会”在厦门召开	图书馆报	李晓
9月4日	“两岸绘本阅读推广论坛”在国图少儿馆举行	图书馆报	鲁直
9月4日	大英图书馆口述历史馆馆长造访国图	图书馆报	江水
9月11日	国家古籍保护人才培训取得良好效果	图书馆报	江水
9月11日	“民国时期文献保护计划”宣传推广活动在贵州举办	图书馆报	鲁直
9月25日	“走进我的音乐厅”系列活动在国图启幕	图书馆报	江水
9月25日	“2015年中华古籍普查志愿服务行动”圆满结束	图书馆报	江水
9月25日	熊召政诗文书法展在国家图书馆开幕	图书馆报	江水
9月25日	创新思考与行动，阅读推广无终结	图书馆报	白玉静
9月25日	陈力：力争把年会打造成品牌活动	图书馆报	陈力
9月25日	现代图书馆与科技融合研讨班在宁波市图书馆举办	图书馆报	白玉静
9月25日	数图推广工程“网络书香”阅读推广活动在新疆举办	图书馆报	江水
10月16日	2015全国“亲子绘本阅读推广月”活动获奖结果在重庆少儿馆揭晓	图书馆报	贾小燕
10月16日	第19期全国古籍修复技术培训班结业	图书馆报	鲁直
10月16日	国家图书馆启动《民国时期文献总目（图书卷）》编纂工作	图书馆报	林绍之
10月23日	助力全民阅读蓬勃发展　中国图书馆学会阅读推广委员会成立10年来成效显著	图书馆报	李晓
10月30日	思考编目现状，达成八项共识　第四届全国文献编目工作研讨会在重庆召开	图书馆报	白玉静

11月6日	任继愈先生族谱入藏国家图书馆	图书馆报	江水
11月6日	《晚清小说期刊辑存》学术座谈会举行	图书馆报	白玉静
11月6日	“甲骨文记忆”研讨会在国家典籍博物馆召开	图书馆报	鲁直
11月6日	北碚图书馆倾力打造“碚贝亲子故事会”	图书馆报	江水
11月13日	纪念陈垣先生诞辰135周年展在国家图书馆开幕	图书馆报	江水
11月13日	“2015年中国图书馆榜样人物”和“2015年最美基层图书馆”名单公示	图书馆报	江水
11月13日	“民国时期文献保护计划”宣传推广活动广西站启动	图书馆报	鲁直
11月13日	第十六期江苏省古籍保护工作培训班在南京举办	图书馆报	孙小仲
11月13日	国图馆长韩永进一行到重庆图书馆调研	图书馆报	鲁直
11月13日	河南省馆召开“数字图书馆推广工程”推进会	图书馆报	何途
11月20日	阅读推广培训将全面铺开“2015年全国图书馆未成年人服务提升计划”走进黑龙江	图书馆报	白玉静
11月20日	专家审议《中华古籍保护计划“十三五”时期规划纲要（征求意见稿）》	图书馆报	江水
11月20日	“第三期全国古籍修复技术与工作管理研修班”在重庆图书馆开班	图书馆报	江水
11月20日	国图馆长助理孙一钢访问台港澳	图书馆报	江水
11月20日	数图推广工程副省级市以上公共馆决策咨询服务培训班举办	图书馆报	江水
12月4日	问道数字资源建设的困境与变革　2015中国图书馆年会第18分会场将在广州举办	图书馆报	林萱
12月4日	国图副馆长魏大威继续当选世界数字图书馆执委会委员	图书馆报	江水
12月11日	2015年中国图书馆年会即将召开	图书馆报	林萱
12月18日	“国图公开课”首次走出国图	图书馆报	江水
12月18日	中国古籍保护协会引入社会力量参与古籍保护工作	图书馆报	江水
12月18日	宋元善拓暨全国书法临摹展在国家图书馆举行	图书馆报	江水

12月25日	论道转型发展，聚焦社会价值2015年中国图书馆年会在广州落幕	图书馆报	白玉静
12月25日	曹宁：数图推广工程资源建设的重点和难点问题	图书馆报	曹宁
12月25日	2015年中国图书馆年会学术会议“会前会”在深图召开	图书馆报	鲁直
1月7日	国图社庆祝成立35周年	中国艺术报	高艳鸽
1月29日	让古籍里的文字都活起来	中国艺术报	典博
3月30日	22个少儿图书馆将参与少年儿童阅读年	中国艺术报	周润健
6月15日	非遗摄影展助力全民参与非遗保护	中国艺术报	王新荣
8月26日	国图公开课八月推抗战题材	中国艺术报	吴华
9月23日	国图“走进我的音乐厅”聚焦音乐教育	中国艺术报	金涛
12月16日	国家图书馆展出宋元善拓	中国艺术报	蒲波
12月21日	国图公开课将古琴艺术带入中学校园	中国艺术报	王雨檬
4月24日	如何让财政的钱花得不心疼?	农民日报	白林、高博、肖玖阳
6月15日	中国非物质文化遗产摄影展开幕	农民日报	蒋培玲
9月29日	农民画展现新疆农村新面貌	农民日报	蒋培玲
7月1日	大力推进学习型法院建设　促进法院文化繁荣发展	人民法院报	罗书臻
4月25日	国图拓展公共文化服务有实招	中国财经报	齐小乎
1月6日	阅读文化服务5大推手	中国出版传媒商报	张岱
3月17日	国图展古郡正定“千古之美”	中国出版传媒商报	姝
4月21日	“国图公开课”开启国图4·23阅读推广活动	中国出版传媒商报	欣欣
5月19日	图书馆为何爱上了阅读推广	中国出版传媒商报	解慧
6月9日	“4号线儿童大学”大型文化公益项目推进3年　精细设计持续推进教育普及	中国出版传媒商报	刘海颖
6月19日	国家图书馆开启非遗系列活动将持续4个月	中国出版传媒商报	王一
7月3日	国图社领衔民国时期文献保护	中国出版传媒商报	半夏
8月4日	莫里斯·桑达克童书插画展8月3日国图开展	中国出版传媒商报	宇

8月18日	文化馆图书馆年会将分别于渝穗举行	中国出版传媒商报	欣欣
11月13日	馆藏资源深度发掘收出版企业关注	中国出版传媒商报	刘志伟
12月16日	珍贵典籍史话丛书首批10种出版	中国石化报	辛闻
12月4日	图书馆里“充电”忙	中国消费者报	董芳忠
3月20日	我们的文化血脉之根	中华工商时报	叶雷
7月30日	修书人的现代化	瞭望东方周刊	王斯璇
12月23日	文化遗产的互联网表达	瞭望东方周刊	王斯璇、于晓伟
12月1日	首批中国珍贵典籍史话出版	神州	
7月27日	魏大威　卯着劲推动数字国图	中华儿女	华南
7月1日	品鉴：“文津图书奖”再标新榜	中外文化交流	筱筱

地方

日期	标题	媒体	作者
1月27日	中国古籍保护协会宣布正式成立	北京日报	周家旺
2月9日	56种典籍述说千年楹联文化	北京日报	李洋
4月22日	文津图书奖89种获奖书目中21种已再版，其中自然科学类占三成　成人科普书获奖后仍难走红	北京日报	李洋
4月22日	国图办展纪念钱存训“世纪脚步”	北京日报	李洋
5月12日	地铁　书香	北京日报	李继辉
5月21日	对我们的文字“察言观色”——读《我们的文字》	北京日报	潘启雯
8月6日	古籍私藏：鲜为人知的文化护佑	北京日报	李洋
12月15日	国图公开课走进中学讲古琴	北京日报	李洋
4月6日	国图少儿馆　保持安静有些难	北京青年报	池海波
5月12日	地铁建图书馆　乘客扫二维码读书	北京青年报	刘玤
6月16日	国家图书馆获赠《石渠宝笈（精选配图版）》	北京青年报	王岩
8月14日	到“野兽国”去看画	北京青年报	晓宇
8月16日	专家学者研讨　抗战古籍抢救保护	北京青年报	王岩
11月2日	国家图书馆首创　在线发布甲骨资料	北京青年报	张剑
12月13日	柳公权“生平第一妙迹”亮相国图	北京青年报	王岩
12月16日	“国图公开课”走进校园	北京青年报	王岩

12月24日	王家新展出临摹书法精品	北京青年报	王岩
2月9日	典籍馆里年味儿浓　小学生跟着名家写楹联送祝福	北京晚报	孙乐琪
4月24日	“国图公开课”千场讲座线上开讲	北京晚报	孙乐琪
6月11日	敦煌遗书一修二十余载　破碎“纸棺材”变身珍贵文献	北京晚报	孙乐琪
8月24日	国图里上自习“一座难求”	北京晚报	孙乐琪
9月2日	善本南迁　迷雾中的国图往事	北京晚报	孙乐琪
12月14日	周国平国图讲座谈新书	北京晚报	陈梦溪
12月18日	线装书不散架靠的是纸不是绳	北京晚报	牛伟坤
7月23日	清凉暑期　与书为伴　动静相宜的知识海洋	参考消息・北京参考	凌云
6月1日	4号线儿童大学开进国家图书馆	参考消息・北京参考	徐虹
12月18日	国内29家图书馆　倡议共建“中国记忆”	参考消息・北京参考	赖雨晨、陈寂
5月6日	“缤纷国图”推15场演出	北京娱乐信报	张学军
6月1日	“4号线儿童大学”首进国图	北京娱乐信报	王萌
7月1日	金波国图公益开讲	北京娱乐信报	张学军
8月17日	国图公开课讲“抗战”	北京娱乐信报	王萌
12月11日	国图馆网可查日战犯罪行	北京娱乐信报	王萌
12月14日	王家新“向经典致敬”	北京娱乐信报	张学军
12月28日	“国图讲坛”致敬经典	北京娱乐信报	王萌
1月4日	小年轻国图当讲师　老人预约学QQ微信85后专教“老粉儿”触网	法制晚报	耿学清
8月7日	国图抗战公开课将开讲	京华时报	张然
1月5日	《我们的文字》昨日首发	北京晨报	
2月10日	国图征集古籍“靓照”	北京晨报	王岐丰
2月12日	去国图“聆听经典过大年”	北京晨报	李澄
4月19日	国图公开课推出千场讲座	北京晨报	王岐丰
7月24日	于丹：梦是给自己取暖的《有梦不觉人生寒》新书首发	北京晨报	刘婷
8月4日	桑达克童书插画展国图开幕	北京晨报	刘婷

8月12日	国图公开课开讲抗战	北京晨报	王岐丰
12月12日	日本战犯审判史料每日发布	北京晨报	王岐丰
4月7日	国图少儿馆里家长要当好“导师”	劳动午报	乔木
8月27日	首都职工登台演绎民族豪情	劳动午报	白莹
5月11日	文字是民族的根——读《我们的文字》	首都建设报	林颐
9月14日	抗战老兵故事进地铁	首都建设报	李博
12月18日	国家典籍博物馆宋元善拓展开幕	首都建设报	贾玎玎
1月7日	《中国古代物质文化》获新京报2014年度图书孙机：希望大家了解祖先的物质文化	新京报	姜妍
1月28日	到国图免费听红学讲座	新京报	陈瑶
2月9日	书法名家教写“福”字	新京报	浦峰、陈瑶
10月17日	民警进国图讲反恐朝阳群众变“特警”	新京报	王贵彬、李禹潼
12月29日	国家图书馆致函本报表谢忱　2012年起《蚌埠日报》被国家图书馆纳入馆藏范围，本报样报缴送工作获肯定	蚌埠日报	沈明堂
5月21日	顶级古籍修复专家　来鄂带徒传艺	长江日报	黄征、刘莎莎
4月24日	对中国文字“察言观色”	大众日报	潘启雯
12月14日	平原《任氏族谱》捐赠国家图书馆	德州晚报	王志强、王芳、王曼曼
6月19日	甘肃古籍修复技艺迈向“国家级”	东营日报	范培珅
6月2日	《中华再造善本·续编》文献保护利用研讨会召开	甘肃日报	施秀萍
6月23日	国家级古籍修复技艺传习中心甘肃传习所在省图书馆揭牌	甘肃日报	施秀萍
10月10日	全国图书馆文献缩微工作成果展在邕展出	广西日报	李湘萍
3月21日	国家图书馆中国记忆项目巨作《我们的文字》出版　网络雷语带来文字危机	广州日报	吴波
11月16日	贵阳孔学堂“牵手”国家图书馆	贵阳日报	
2月10日	中国最古老琴谱亮相博物馆	贵州日报	

8月28日	“民国时期文献保护计划”宣传推广活动走进贵州	贵州日报	郑文丰
10月9日	我省多管齐下促进古籍挽救与保护	贵州日报	曹雯
10月29日	国家图书馆助力孔学堂建设	贵州日报	周静
8月11日	图书馆里“读”京剧	河南日报	刘洋
5月21日	图文：古籍修复：战战兢兢与时间赛跑——专家解析行业之困	湖北日报	别鸣
12月28日	150余部湖南省藏珍贵古籍展出	湖南日报	
8月29日	网络书香·数字图书馆建设与服务宣传推广项目（吉林站）系列活动启幕	吉林日报	孟凌云、陈昕雨
9月17日	3年抢救性采访22位抗联战士	解放日报	施晨露
3月26日	多彩童年　书香为伴	今晚报	曹彤
3月27日	“少年儿童阅读年”启动	今晚报	刘桂芳
9月15日	范石甫画集被中国国家图书馆等收藏	京江晚报	张春华
6月19日	我省古籍修复技艺迈向“国家级”	兰州日报	
6月1日	朗读：让爱多一种表达	辽宁日报	王志庚
10月31日	数字图书馆　在线阅尽天下书	南方都市报	朱希彬
12月18日	古籍修复师徒相承	南方日报	周豫
10月11日	全国图书馆文献缩微工作成果展在广西图书馆开展　古董技术不落伍　文献缩微藏宝库	南国早报	龚文颖
9月3日	《中华抗战期刊丛编》首发	南京日报	肖姗
3月22日	“部级领导干部历史文化讲座”成书　解析传统文化的“根”与“魂”	南宁晚报	宗和
12月7日	首份民国文献整理现状报告发布	青年报	刘昕璐
10月23日	“国家级古籍修复技艺传习中心——陕西传习所”在陕图成立	陕西日报	曹瑞
7月1日	明代金陵本《本草纲目》修复完成	深圳特区报	王惟一
9月23日	古籍私藏：鲜为人知的文化护佑	收藏快报	李洋
3月25日	推广经典阅读　弘扬优秀传统文化 少年儿童阅读年活动明启动	天津日报	周凡恺

1月9日	过硬装裱工艺为古书画“护航”	文汇报	许旸
6月15日	童书百年溯源流（附照片）	文汇报	李晶
7月1日	中国非物质文化遗产摄影展本报记者任世琛作品展出	西部商报	张子艺
7月27日	首届藏文古籍修复培训班开班，并成立藏文古籍修复中心	西藏日报	冯骥
12月17日	国家级古籍修复技艺传习所广东省分所揭牌 古籍修复人才紧缺	新快报	周雯
12月18日	古籍修复传习所广东分所成立	信息时报	蒋隽、徐敏、叶伟报
6月17日	国家图书馆古籍馆馆长赴迪庆参加学术交流	云南经济日报	和茂文
5月8日	巧为古籍换上新装	浙江日报	刘慧
12月11日	老漫画，民国初表达	浙江日报	李月红
8月25日	两岸绘本阅读推广论坛郑州举行“绘本是孩子最好的陪伴”	郑州晚报	尚新娇、王世瑾
9月17日	国家图书馆和市图书馆赠送我区30000册图书	重庆晨报	
1月3日	赖少其书画作品及文史资料展开幕　展览将持续到本月15日	中山日报	桐桐

台港澳

日期	标题	媒体	作者
6月13日	新青年激活古印刷术	大公报	孙琳
8月7日	两岸玄览论坛　佛陀纪念馆登场	民众日报	陈景宝
11月6日	两校获赠内地电子图书系统　内含大量教学资源提升教与学成效	澳门日报	
4月13日	《我们的文字》如沙里淘金般对中国文字“察言观色”	文汇报	潘启雯
8月5日	两岸古籍专家齐聚　谈维护与推广	旺报	李怡芸
8月7日	两岸玄览论坛　古籍永流传	中国时报	柯宗纬
7月1日	总统陈庆炎伉俪访华　我国赠300本书籍给中国国家图书馆	联合早报	蔡永伟

二、网络媒体

日期	标题	媒体	作者
1月1日	羊年春节春联网络征集启动　凸显互联网新媒体思维	新华网	隋笑飞
1月7日	《我们的文字》中国记忆国家图书馆首发	新华网	
1月13日	（锐新闻）北京开通京城首个地铁图书馆	新华网	熊琳、谢晗
1月23日	中国古籍保护协会成立	新华网	隋笑飞
2月9日	2015年“我与中华古籍”摄影大赛及优秀作品巡展活动启动	新华网	隋笑飞、程千懿
3月19日	国家图书馆馆长迎羊年首批读者系列活动开启	新华网	
3月26日	22个少儿图书馆参与2015年“全国少年儿童阅读年”	新华网	周润健
4月16日	《任继愈文集》面世	新华网	隋笑飞
4月17日	“国图公开课”启动在即	新华网	周玮
4月21日	汉学家钱存训纪念展亮相国家图书馆	新华网	隋笑飞
4月21日	国图副馆长魏大威：信息化时代里，图书馆更有其不可替代的作用	新华网	梁赛玉、薛艳雯
4月28日	圆明园四十景展在国家图书馆开展“样式雷图档”等珍贵文献亮相	新华网	李峥巍
5月5日	“东京审判”的庭审证据首次在全球范围内完整出版	新华网	张建
5月6日	《远东国际军事法庭证据文献集成》及“索引、附录”出版	新华网	
5月8日	“民国时期文献保护计划”取得重要成果	新华网	张建松、孙丽萍
5月11日	53卷铁证如山，还原东京审判真相	新华网	孙丽萍、张建松
5月11日	北京首个实体地铁图书馆开业	新华网	丁静
5月23日	中国记忆“我们的文字”展览在广安开幕	新华网	刘秦君
6月12日	中国文化部举办多项活动迎接文化遗产日	新华网	周玮

6月25日	湖州市副市长闵云向国家图书馆赠送钱山漾文化遗址全套发掘报告	新华网	邢广利
6月26日	歌唱家金波将首次在国家图书馆举办公益讲座	新华网	
6月29日	大型套装图书《李铎》入藏国家图书馆（国家典籍博物馆）	新华网	
8月5日	桑达克童书插画展来到中国：帮孩子驯服内心的野兽	新华网	史竞男、许雨婷
8月12日	2015年中国图书馆年会将于12月中旬在广州举行	新华网	王莹
8月14日	国图举办抗战纪念展　众多珍贵文献首次展出	新华网	桂洋
8月19日	首家以抗联将领冯仲云命名的图书馆落户黑龙江	新华网	马知遥
9月1日	黄河全国扬琴研修班在北京国家图书馆举行	新华网	
9月15日	熊召政诗文书法展在京开幕	新华网	史竞男
9月29日	166幅农民画亮相国图：绘新疆新景　展农村新貌	新华网	周玮
9月29日	2015年“春雨工程”——全国文化志愿者边疆行之“绘新疆新景　展农村新貌”——庆祝新疆维吾尔自治区成立六十周年新疆农民画展	新华网	高延明
9月30日	“庆祝新疆维吾尔自治区成立60周年农民画展”在京开幕	新华网	
10月10日	《清代家集丛刊》出版　传承百年家风	新华网	曹典
10月15日	“我与中华古籍”摄影图片展在黄浦社区举行	新华网	徐晓峰、毛玉琴
10月16日	甲骨文记忆展在国图举行　观众可免费参观	新华网	史竞男
11月19日	“中国珍贵典籍史话丛书”：以史话再现典籍历史　非戏说演义	新华网	周玮
12月9日	清代“样式雷”图档亮相澳国图“大清世相”展组图	新华网	
12月10日	《国际检察局讯问记录》等抗战史料在国家图书馆发布	新华网	史竞男
12月10日	王家新：临摹历代书法向经典致敬	新华网	陶一萍
12月17日	国内29家图书馆倡议共建“中国记忆”	新华网	赖雨晨、陈寂
12月24日	《老友记—G弦上的咏叹调》朱亦兵分享会揭幕	新华网	

3月26日	“2015全国少年儿童阅读年”系列活动启动仪式在天津举行	新华网天津频道	周润健
8月7日	“传承文明服务社会——全国图书馆文献缩微工作成果展”在津开幕	新华网天津频道	
1月12日	京城首现地铁图书馆　免费提供精品电子书籍	中国新闻网	杜燕
1月23日	中国古籍保护协会在京成立	中国新闻网	应妮
2月6日	著名书法家与小学生共同写“福”字	中国新闻网	
4月8日	纽约少年堵车路上吹拉弹唱　真实演绎如何快乐学音乐	中国新闻网	
4月21日	国家图书馆举办“钱存训先生纪念展”	中国新闻网	应妮
5月6日	东京审判庭审证据首次完整出版　档案曾全部散失	中国新闻网	邹瑞玥
5月15日	国家图书馆展出珍贵西域文献及征集修复保护成果	中国新闻网	应妮
5月20日	湖北古籍修复技艺传习所成立　40万册古籍待修复	中国新闻网	曹旭峰
5月27日	中国百年童书展老少皆宜　娃可看新书家长可怀旧	中国新闻网	应妮
5月29日	《远东国际军事法庭证据文献集成》全球首发	中国新闻网	阮煜琳
6月12日	新中国成立以来首次全面展示珍贵古籍雕版	中国新闻网	应妮
6月30日	新加坡总统及夫人向国图捐赠300余册中英文图书	中国新闻网	应妮
7月6日	海内外民间珍贵古籍藏品将首次大规模集中展示	中国新闻网	应妮
8月3日	“欢迎来到野兽国”图画书大师桑达克插图展举行	中国新闻网	应妮
8月11日	国图公开课计划推专题课程　整合多种文献资源	中国新闻网	上官云
8月16日	“抗战时期古籍抢救保护史迹研讨会”在京举行	中国新闻网	应妮
8月18日	中国首个以东北抗日联军将领命名图书馆开馆	中国新闻网	魏来
8月24日	“中国与东京审判”文献研究专家座谈会在沪举行	中国新闻网	邹瑞玥
9月15日	湖北文联主席熊召政诗文书法展亮相国家图书馆	中国新闻网	应妮
10月14日	“甲骨文记忆展”亮相国家典籍博物馆现罕见人头骨	中国新闻网	应妮
10月26日	“甲骨文记忆”主题展研讨会在国家图书馆举行	中国新闻网	应妮
11月6日	著名学者陈垣诞辰135周年纪念展亮相国家典籍博物馆	中国新闻网	应妮

11月20日	国家图书馆为珍贵典籍修史立传　讲述传承背后的故事	中国新闻网	应妮
12月10日	国图官网上线“日本战犯罪行审判史料编译”专题	中国新闻网	应妮
12月10日	北宋拓《神策军碑》《九成宫醴泉铭》等国宝级碑拓亮相	中国新闻网	应妮
12月14日	国图公开课首次走出国家图书馆举办线下特别活动	中国新闻网	应妮
4月28日	全国图书馆文献缩微工作成果展首次巡展在南昌开幕	中国新闻网江西频道	温凌云
1月4日	羊年春节春联网络征集　优秀作品将登网络春晚舞台	人民网	王鹤瑾
1月13日	京城首个地铁图书馆开馆　扫二维码读国图书	人民网	
2月10日	2015“我与中华古籍”摄影大赛及优秀作品巡展启动	人民网	
4月16日	历时四年编纂《任继愈文集》面世	人民网	
4月20日	“互联网＋”时代国家图书馆推出“三大法宝”	人民网	陈苑
4月20日	“世界读书日”国家图书馆“烹饪”两道文化“大餐”	人民网	陈苑
4月20日	韩永进谈“互联网＋”时代图书馆阅读	人民网	王鹤瑾
4月23日	“国图公开课”开讲　周国平分享读书“三不”原则	人民网	黄维
4月24日	石家庄市图书馆举办第十届“文津图书奖”获奖图书展览	人民网	杨文娟
4月28日	“三山五园文化巡展——月圆明园四十景文化展”今日在京开幕	人民网	唐嘉艺
5月11日	北京首个地铁站内阅读驿站　落户4号线平安里站	人民网	魏娜
6月3日	专家开讲《食物本草》：让古籍里的文字“活”起来	人民网	王媛媛
6月15日	珍贵古籍雕版建国以来首次展出	人民网	王媛媛
7月13日	海内外民间珍贵古籍藏品首次集中亮相国图	人民网	黄维、刘居星
7月30日	“我与中华古籍”摄影大赛巡展湖北站在湖北省图书馆开幕	人民网	肖璐欣
8月12日	2015年中国文化馆年会10月举办　聚焦“全民艺术普及”	人民网	姚琼

8月14日	国图举办纪念反法西斯战争胜利70周年馆藏文献展	人民网	姚琼
8月14日	“国图公开课”抗战主题专题课程15日上线	人民网	
8月14日	国图公开课开讲“中国的抗日战争与日本的战后处理”	人民网	姚琼
8月25日	著名作家何建明痛陈“南京大屠杀的真相与思考”	人民网	姚琼
9月11日	2015年全国少儿阅读峰会推动少儿阅读发展	人民网	郑海鸥
9月16日	《中央档案馆藏日本侵华战犯笔供选编》出版发行	人民网	侯冰琪
9月29日	“庆祝新疆维吾尔自治区成立60周年农民画展”在京开幕	人民网	谭思宇
11月6日	纪念著名学者陈垣诞辰135周年展在京展出	人民网	孙琳
12月23日	“向经典致敬”王家新书法临摹展在京举办	人民网	
12月28日	150余部“国宝”亮相湖南省藏珍贵古籍特展	人民网	刘少兵、王昕晗
1月6日	《我们的文字》新书北京首发　展示文字与文化自醒力	光明网	
1月29日	中国古籍保护协会成立	光明网	
4月22日	中国图书馆学会第九次全国会员代表大会在国家图书馆召开	光明网	
4月22日	《任继愈文集》出版座谈会在国家图书馆召开	光明网	
4月22日	“民国时期文献保护计划”宣传推广活动在江苏举行	光明网	
4月23日	M地铁·图书馆文津图书奖主题推荐	光明网	
4月23日	4·23世界读书日国家图书馆全民阅读推广活动	光明网	
4月23日	国图公开课“读书推荐”专题好书推荐	光明网	
4月24日	陈力：古人也爱碎片化阅读	光明网	
4月24日	《文津听书》有声读物系列将陆续推出	光明网	
4月24日	庄建：读书如稼穑，勤耕致丰饶	光明网	庄建
4月24日	第十届文津图书奖专题	光明网	王坤宁
4月29日	国家图书馆举办“穿过一个世纪的脚步——钱存训先生纪念展”	光明网	

4月29日	国家图书馆推出首场“馆长公开课”	光明网	
5月1日	《圆明园四十景》原件再造版的前前后后	光明网	肖连兵
6月15日	国家图书馆举办非遗系列活动	光明网	
6月15日	国家图书馆（国家古籍保护中心）举办“册府千华——珍贵古籍雕版特展”召开“古代珍贵雕版保护研讨会”	光明网	
6月26日	《石渠宝笈》（精选配图版）赠书仪式在国家图书馆举行	光明网	
7月2日	国家图书馆人民法院分馆开馆	光明网	
7月2日	大型套装图书《李铎》入藏国家图书馆	光明网	
7月22日	“民间珍贵典籍收藏展”隆重开幕收藏名家出席民间珍贵古籍保护研讨会	光明网	
7月24日	“中华古籍普查志愿服务行动”在国家图书馆启动	光明网	
7月31日	暑期国图欢乐多　带你长知识带你嗨	光明网	张倩竹
8月4日	西藏自治区藏文古籍修复中心正式成立 著名寺庙古籍保护工作全面开展	光明网	
8月7日	册府千华——民间珍贵典籍收藏展	光明网	
8月13日	国家图书馆即将推出“国图公开课：中国的抗日战争与日本的战后处理”	光明网	
8月17日	“不朽的长城——纪念中国人民抗日战争暨世界反法西斯战争胜利70周年馆藏文献展”在国家图书馆举办	光明网	
8月19日	国家古籍保护中心召开“抗战时期古籍抢救保护史迹研讨会”	光明网	
8月25日	国家图书馆举行“冯仲云图书馆”揭牌暨“重走抗联路”主题纪念活动	光明网	
9月6日	国家古籍保护人才培训基地工作会议在贵阳召开	光明网	
9月14日	俄罗斯塔斯社捐赠俄文版《习近平谈治国理政》	光明网	
9月16日	2015年中华古籍普查志愿服务行动圆满结束	光明网	
9月23日	国家图书馆宣传员通讯员参观光明网	光明网	孙佳涵

10月9日	“书香养我——熊召政诗文书法展”在国家图书馆开幕	光明网
10月9日	2015年“春雨工程”全国文化志愿者边疆行之“绘新疆新景展农村新貌——庆祝新疆维吾尔自治区成立60周年新疆农民画展”在国家图书馆开幕	光明网
10月9日	国家图书馆启动《民国时期文献总目（图书卷）》编纂工作	光明网
10月9日	“波兰17世纪来华传教士卜弥格生平成就展”开幕	光明网
10月28日	任继愈先生族谱入藏国家图书馆	光明网
10月28日	甲骨文记忆展在国家图书馆开幕	光明网
11月9日	傲骨立天地　史学铸丰碑——纪念陈垣先生诞辰一百三十五周年展在京展出	光明网
12月7日	“中国珍贵典籍史话丛书”出版座谈会在国家图书馆召开	光明网
12月7日	数字图书馆推广工程“网络书香”阅读推广活动在贵州举办	光明网
12月7日	《中华古籍保护计划“十三五”时期规划纲要（征求意见稿）》专家审议会在京召开	光明网
12月21日	国家图书馆集中首发三套大型抗日文献	光明网
12月21日	国图多渠道发布“日本战犯罪行审判史料编译”专题	光明网
12月21日	“大家与你面对面”国图公开课首次走出国图举办线下特别活动	光明网
12月21日	宋元善拓展暨“经典与传承”主题研讨会在国家图书馆举行	光明网
12月30日	《国家图书馆古籍普查登记目录》正式出版全国普查登记与成果出版跨入并行新阶段	光明网
12月30日	31家图书馆联合倡议抢救记忆资源	光明网
12月30日	国家图书馆“古籍保护与现代科技”主题展示区亮相广州、研讨会成功举办	光明网
12月30日	数字图书馆推广工程体验区亮相2015年中国图书馆年会	光明网

12月30日	2015年中国图书馆年会在广州召开	光明网	
12月30日	哈莱姆合唱团唱响国图艺术中心文化众筹助力演出市场	光明网	
12月30日	“大清世相”展览在澳大利亚国家图书馆展出	光明网	
12月30日	王家新做客“国图讲坛”畅谈“书法的临摹与传承”	光明网	
2月10日	中华古籍保护计划实施八年取得丰硕成果	国际在线	张军勇
9月3日	“中国记忆”遇上“英国故事”中英专家共议“口述的历史”	国际在线	万佳艺
9月12日	中国国家图书馆代表团访问土耳其　探讨加强合作与交流	国际在线	范珣
9月22日	国家图书馆举办波兰17世纪来华传教士卜弥格生平成就展	国际在线	杨晨
12月2日	广州即将举办2015年中国图书馆年会	国际在线	陈惠婷、史拓
4月17日	4·23世界读书日国家图书馆将举办大型阅读推广活动	央广网	张庶卓
4月23日	世界读书日国家图书馆推广全民阅读活动	央广网	张庶卓
5月12日	地铁图书馆——“悬挂”在墙壁上的图书	央广网	
8月10日	北京国家图书馆成暑期里“静心”圣地	央广网	
9月26日	国家图书馆向新疆基层图书馆推送电子图书	央广网	蒋雪娇、潘静
11月7日	国图举办纪念陈垣先生诞辰一百三十五周年展	央广网	张庶卓
12月3日	2015图书馆年会（专题）	央广网	
1月3日	China: a history in ink	央视网	
1月9日	书法家走进农家院　送福到家庆新年	央视网	寇德印、孙吟冰
2月5日	2015羊年春节春联征集活动　最终评出30副最佳春联	央视网	孙肖萌
8月26日	“两岸绘本阅读推广论坛”在国家图书馆少儿馆举办	央视网	
9月29日	国图推出国图公开课　为读者提供全新阅读和学习平台	央视网	
11月2日	国图少儿馆2015年优秀新书目	央视网	
8月24日	国家图书馆代表团访问毛里求斯	文化传通网	冯军
8月24日	国家图书馆代表团访问南非参加第81届国际图联大会	文化传通网	杨剑飞

12月10日	向经典致敬——王家新临摹历代书法经典作品展在京举行	艺术中国网	
8月7日	中国古籍保护协会刘惠平会长一行来霸州梵华精舍考察“古籍保护修复中心”筹备工作	中国佛教网	
8月17日	国家古籍保护中心关注三明学院“闽师之源”古籍文献	中国高校之窗网	康志亮
12月21日	国家图书馆副馆长刘惠平一行莅韩山师范学院调研	中国高校之窗网	
2月6日	国家图书馆藏传统楹联文献展在国图举行	中国广播网	张庶卓
2月7日	新疆金丝玉鉴赏投资指南一书被国家图书馆收藏	中国广播网	张雷
12月11日	国家典籍博物馆宋元善拓展暨“经典与传承”主题研讨会在国图举行	中国广播网	张庶卓
9月23日	国家图书馆：创新公众服务形式　推出国图公开课	中国经济网	王文慧
9月23日	魏大威：数字资源共享的资源总量已超过140TB	中国经济网	王文慧
9月23日	文化部：公共数字文化服务下一步会特别注意版权保护问题	中国经济网	王文慧
9月23日	文化部：数字文化资源通过网络建设向基层传送	中国经济网	王文慧
4月13日	中国图书馆学会第九次全国会员代表大会召开	中国科学技术学会网	
1月3日	民族书法贺新年　青年体会文字传承魅力	中国青年网	廖书曼、张楠
5月21日	体验书写甲骨文——“灿烂的中华文化”青少年体验活动在国家典籍博物馆举行	中国社会科学网	吕家佐
6月2日	国图少儿馆新馆“六一”开放	中国社会科学网	吕家佐
6月4日	图绘世界中国百年连环画展举办	中国社会科学网	张哲
6月13日	200余幅“非遗”图片亮相国家典籍博物馆	中国社会科学网	吕家佐
7月3日	国图将办“民间珍贵典籍收藏展”百余件海内外民间古籍珍藏将首次集中展示	中国社会科学网	吕家佐
8月30日	《词学季刊》终刊80年后影印出版	中国社会科学网	张春海
10月27日	弘扬巴蜀文化　抢救保护历代方志《四川历代方志集成》《重修四川通志稿》在蓉发布　宋育仁总纂《重修四川通志稿》首次影印出版	中国社会科学网	曾江、代坤
11月24日	一部精华版的中国文字百科全书	中国社会科学网	李纲

11月29日	《晚清小说期刊辑存》出版　从期刊杂志一窥小说发展史	中国社会科学网	孙妙凝
2月9日	国家图书馆藏传统楹联文献展开展"百福墙"送祝福	中国网	辛闻
4月17日	国图公开课4·23世界读书日正式上线可用QQ关联登录	中国网	苏向东
4月21日	第二十个"世界读书日"国家图书馆最新推荐70本书单	中国网	刘璠
7月5日	著名军旅歌唱家金波在国家图书馆举办公益讲座	中国网	朱万明、潇潇
10月22日	一家·课堂　国家图书馆重阳特别活动	中国网	
4月18日	"国图公开课"4.23世界读书日将上线	中国文化传媒网	赵婷
12月10日	国家典籍博物馆宋元善拓展览开展	中国文艺网	蒲波
12月29日	书香质检·质量标准走进国家图书馆——"标发联"在世界标准日向国家图书馆赠书	中国质量新闻网	
5月21日	"书香校园"建言征集活动在国家典籍博物馆开幕	中青在线	蒋肖斌
9月18日	这个月，走进国图的"音乐厅"	中青在线	蒋肖斌
3月18日	国家图书馆志愿服务活动情况	紫光阁网	
4月30日	国图艺术中心重装开幕　迎"缤纷国图"首届春夏演出季	凤凰网	
6月3日	福建少儿图书馆举办"名家讲坛"塔卡教您读懂孩子	凤凰网	
7月3日	"缤纷国图"暑期演出季　邀您轻松一"夏"	凤凰网	
8月8日	两岸文化盛事　第二届玄览论坛在高雄佛陀纪念馆举行	凤凰网	
9月17日	纪念"九一八"东北抗日联军战士口述史即将出版	凤凰网	
10月12日	《石渠宝笈》经典赏析在国图开讲	凤凰网	
3月26日	"为生活重塑教育"演讲会系列	搜狐网	
6月12日	著名二胡演奏家张尊连公益讲座成功举办	搜狐网	
7月1日	著名板胡演奏家沈诚公益讲座在国图成功举办	搜狐网	
8月28日	徐阳全国院研修班在京落幕　办音乐会促师生交流	搜狐网	
9月7日	黄河全国扬琴研修班在京圆满举行	搜狐网	

12月7日	歌唱家赵云红大师公开课12月27日将在国图举办	搜狐网	
1月12日	汪东波：少儿阅读需要全社会共同关注	腾讯网	
6月23日	2015林文增全国笛子研修班7月在京举行	网易	
7月31日	图画书大师桑达克插画展8月国图少儿馆开幕	新浪网	
12月2日	寻找传承人：国图古画法传习院日前开学	新浪网	
3月18日	中国国家图书馆馆长韩永进会见伊朗驻华大使哈吉·阿里·阿斯哈	e线图情	
4月7日	国家图书馆馆长韩永进会见上海合作组织首席秘书长顾问沃洛比约夫一行	e线图情	
4月29日	中国国家图书馆馆长韩永进会见法国国家图书馆馆长布鲁诺·拉辛并出席签约及数字资源捐赠仪式	e线图情	
5月22日	“书香校园”雏鹰建言征集启动仪式在国家典籍博物馆举行	e线图情	
5月22日	国家图书馆举办“文津读书·青少年科普活动”	e线图情	
5月22日	中国图书馆学会2015年科技周活动在国家典籍博物馆举办	e线图情	
6月3日	师徒授受　薪火相传——“国家级古籍修复技艺传习中心复旦大学传习所”揭牌拜师仪式举行	e线图情	秦颖 郭新超
7月2日	国家图书馆人民法院分馆开馆	e线图情	
12月22日	国家级古籍修复技艺传习中心广东传习所揭牌暨拜师仪式在广东省立中山图书馆举行	e线图情	左都雯、张淑琼
3月27日	“国粹润童心——戏剧知识及原创图画书展”将持续至4月15日	百道网	文迅
9月21日	清光绪十七年版《丰润县志》获国家图书馆收藏	渤海新闻网	徐喆、刘倩、杨闳
7月24日	《沙河之光——烈士英名录》入藏国家图书馆	长城网	刘杨
3月30日	明清《德州志》被国家图书馆收藏	德州新闻网	井璐
6月3日	师徒授受　薪火相传——“国家级古籍修复技艺传习中心复旦大学传习所”揭牌拜师仪式举行	复旦大学新闻文化网	秦颖

11月5日	国家图书馆副馆长张志清研究馆员在我校开展主题讲座	复旦大学新闻文化网	王启元
6月13日	中国非物质文化遗产摄影展在京开幕	海峡之声网	任婧、张子枫
10月28日	孔学堂与国家图书馆合力推动传统文化数字图书平台建设新格局	孔学堂官网	田钰琳
7月30日	斗门文学作品被国家图书馆收录	南方网	崔汝枝
12月3日	2015年中国图书馆年会新闻发布会	南方网	
12月25日	德州平原县任氏族谱再续修　入选国家图书馆馆藏	齐鲁网	闫长丽、于晶琪
7月13日	国家图书馆向咸安区图书馆捐赠图书共计1.5万册	咸宁新闻网	王莉、胡光
6月27日	郑庆云国图“文津雅集”讲述甲骨文演变史	雅昌艺术网	
10月10日	南大教授主编清代家族文学丛书今日正式发行	扬子晚报网	侯印国、杨甜子
7月27日	西藏自治区158部古籍列入国家珍贵古籍名录	中国西藏新闻网	冯骥
8月5日	两岸古籍整理与维护研讨会台北登场	中评网	黄文杰

年度大事记

年度大事记

一 月

9日，中共中央政治局原常委、全国政协原主席贾庆林到国家典籍博物馆参观。文化部党组书记、部长雒树刚，九三学社中央副主席印红，文化部办公厅主任于群，国家图书馆馆长、党委书记韩永进，副馆长、党委副书记刘惠平，副馆长李虹霖，馆长助理孙一钢，以及清史专家阎崇年、北京语言大学教授石定果等陪同参观。

9日，国家图书馆举行2015年记者座谈会，国家图书馆馆长、党委书记韩永进，馆长助理孙一钢出席会议，文化部新闻信息处副处长张雪超，近50位媒体记者参加会议。

12日，国家图书馆与京港地铁共同启动京城首家地铁图书馆。北京市交通委员会委员容军、国家图书馆馆长韩永进、北京京港地铁有限公司总经理王绍基等出席本次活动，M地铁·图书馆正式开馆，首期主题活动——“我们的文字”拉开帷幕。

23日，中国古籍保护协会第一次会员代表大会暨协会成立大会在国家图书馆隆重召开。文化部党组副书记、副部长杨志今出席成立大会并为中国古籍保护协会揭牌。国家图书馆副馆长刘惠平当选协会会长。100余人参加会议。

24日，“2015年省级古籍保护中心工作会议”在国家图书馆举行。国家图书馆馆长、国家古籍保护中心主任韩永进就2014年中华古籍保护计划工作进展和2015年重点工作做主旨报告。70余人参加会议。

二 月

5日，2015年国家图书馆中层干部工作会议在国家图书馆综合楼召开，研究部署2015年全馆工作。国家图书馆馆长、党委书记韩永进做重要讲话，分析当前图书馆事业发展面临的新形势和新任务，与会代表围绕学习贯彻习近平同志有关文化建设一系列讲话精神，围绕2015年国家图书馆的工作，结合实际进行热烈讨论。

2月6日至3月6日，由国家图书馆主办，中国楹联学会支持的“国家图书馆藏传统楹联文献展”在国家典籍博物馆举行，同时展览现场还举行“名家带你写春联”活动。国家图书馆馆长、党委书记韩永进，中国书法家协会党组书记陈洪武，国家图书馆副馆长张志清、李虹霖等出席活动。

10 日，2015 年国家图书馆员工大会召开，表彰先进集体和个人，总结 2014 年工作，部署 2015 年任务。

13 日，国家图书馆馆长韩永进会见俄罗斯塔斯社北京分社社长安德烈 · 基里洛夫一行，馆长助理孙一钢陪同会见。

16 日，文化部党组成员、副部长丁伟，机关服务局副局长步士忠，机关服务局保卫处处长汤清桦，公共文化司事业发展处副调研员张剑一行来到国家图书馆检查安全工作。北京市海淀区消防支队、北京市公安局文保总队的警员一同检查。国家图书馆馆长、党委书记韩永进，副馆长王军，馆长助理孙一钢，以及相关部处负责人陪同检查。

19 日，国家图书馆馆长韩永进，副馆长陈力、张志清、魏大威、王军、李虹霖，馆长助理孙一钢、汪东波，在总馆北区向读者拜年，致以新春的祝福。韩永进向前三位入馆读者赠送文津图书奖获奖图书，向到馆读者赠送国家图书馆特色精美纪念品。国家图书馆围绕“书香过大年”主题，推出楹联展、“网络书香过大年”等一系列别具特色的春节活动。

27 日，文化部党组书记、部长雒树刚，党组副书记、副部长杨志今来到国家图书馆调研，办公厅主任于群、政策法规司司长饶权、人事司司长张雅芳、财务司司长赵雯、公共文化司司长张永新参与调研。国家图书馆领导班子成员和相关部门负责人陪同调研。

三　月

6 日，国家图书馆召开 2015 年党风廉政建设工作会议。会议传达习近平和王岐山同志在十八届中央纪委五次全会上的重要讲话、文化部 2015 年党风廉政建设工作会议精神，总结国家图书馆 2014 年党风廉政建设工作，并部署 2015 年工作。馆长、党委书记韩永进在会上就贯彻落实中央和文化部精神，进一步推进国家图书馆党风廉政建设和反腐败工作做重要讲话。

10 日，“千年古郡　九朝神韵——正定历史文化展”在国家典籍博物馆开幕。国家图书馆馆长、党委书记兼国家典籍博物馆馆长韩永进，石家庄市副市长、正定县委书记王韶华，河北省社会学科院副院长孙继民出席开幕式并致辞，著名建筑学家梁思成哲嗣梁再冰先生出席活动。来自国家图书馆、石家庄市、正定县的相关部门领导及部分专家学者、媒体记者 100 余人参加活动。

17 日，国家图书馆馆长韩永进会见来访的伊朗驻华大使哈吉 · 阿里 · 阿斯哈一行。双方认为在两馆 2014 年签署的合作备忘录基础上应开展交流与合作，配合“一带一路”发展战略，以图书馆作为载体，加深两国的文化交流和相互了解。

22—29 日，国家图书馆副馆长张志清率代表团一行 5 人应邀赴美国、加拿大进行业务交流。代表团参访加拿大多伦多大学东亚图书馆和加拿大安大略皇家博物馆，出席在芝加哥举行的美国东亚图书馆年会。

25 日至 26 日，由国家图书馆主办、武汉市文化局承办、武汉图书馆协办的“数字图书馆推广工程 2015 年宣传员培训班”在武汉召开。来自全国 75 家省、市级公共级图书馆的宣传工作负责人 80 余人参加培训。

四 月

2 日，国家图书馆馆长韩永进会见来访的上海合作组织首席秘书长顾问沃洛比约夫先生与新奥集团股份有限公司海外业务投资与管理部总监冈察洛夫先生。冈察洛夫邀请韩永进馆长参加今年 9 月在俄罗斯举办的“丝绸之路国际文化论坛”。馆长助理孙一钢参加会见并在会见后与俄罗斯来宾就具体合作事宜进行详细讨论。

5 日，国家图书馆副馆长刘惠平会见来访的泰国文化部长威拉 · 洛朴乍纳叻一行，馆长助理孙一钢参加会见。会见结束后，洛朴乍纳叻一行参观中国国家典籍博物馆和总馆北区阅览室。

9 日，中国图书馆学会第九次全国会员代表大会在国家图书馆召开。大会审议通过《继往开来　开拓创新　努力促进我国图书馆事业全面发展——中国图书馆学会第八届理事会工作报告》《中国图书馆学会第八届理事会财务收支情况报告》、修订后的《中国图书馆学会章程》和《中国图书馆学会会员会费标准及管理办法》，选举产生第九届理事会、常务理事和学会负责人，通过第九届理事会副秘书长名单、聘请学会顾问的决定和授予名誉理事的决定。国家图书馆馆长、党委书记韩永进当选为理事长。来自中国图书馆学会各分支机构和各省、自治区、直辖市图书馆学会代表和特邀嘉宾 400 余人出席大会。

13 日，国家图书馆馆长韩永进会见来访的澳大利亚首都领地首席部长安德鲁 · 巴尔和澳大利亚国家图书馆馆长安妮 · 玛丽 · 史沃特里奇一行。双方希望以两馆即将合作举办的“清代：中国人的生活”展览为契机，加强两馆的深入交流与合作，推动中澳两国之间的文化交流。

15 日，由国家图书馆和任继愈研究会联合主办的“《任继愈文集》出版座谈会”在国家图书馆古籍馆举行。全国政协常委、民族和宗教委员会主任朱维群，文化部副部长杨志今，国家图书馆馆长韩永进，原馆长詹福瑞，副馆长刘惠平、张志清，中国社会科学院、国家新闻出版广电总局、部分高等院校、中国无神论学会、任继愈研究会等相关领导和专家学者，任继愈家乡的代表和亲属等参加会议。

15日，"民国时期文献保护计划"宣传推广项目江苏站系列活动在南京图书馆启动，活动主要由"民国时期文献保护计划"成果展、民国时期文献保护工作培训、讲座等系列内容组成。国家图书馆副馆长、中国图书馆学会副理事长陈力，江苏省文化厅党组成员、南京图书馆党委书记方标军，南京图书馆馆长徐小跃、副馆长全勤出席仪式。来自国家图书馆相关领域的专家和江苏省公共图书馆、高校图书馆及相关单位百余名学员参加活动。

18日至25日，应台湾古籍保护学会的邀请，国家图书馆副馆长、中国古籍保护协会会长刘惠平一行3人赴台北参加由台湾古籍保护学会主办的"第四届古籍保护与流传学术研讨会"。来自大陆、台湾和香港古籍保护与研究的专家学者60余人与会。

21日，国家图书馆（国家古籍保护中心）在总馆北区稽古厅举办"钱存训先生纪念展"。国家图书馆副馆长张志清，美国哈佛大学哈佛燕京图书馆馆长郑炯文、芝加哥大学东亚图书馆馆长周原等国内外专家学者出席展览活动。

24日，国家图书馆首场"馆长公开课"在国图艺术中心举办。国家图书馆馆长、党委书记韩永进作为首讲的主讲人，以"中国梦　国图梦——中华民族伟大复兴中的国家图书馆"为主题做讲座。讲座由国家图书馆馆长助理孙一钢主持。在馆的馆领导以及国家图书馆各部门员工参加活动。

24至26日，中国国家图书馆副馆长陈力一行5人应突尼斯国家图书馆邀请访问该馆。访问期间，陈力与加哈馆长进行了工作会谈，中国国家图书馆与突尼斯国家图书馆共同签署《中国国家图书馆与突尼斯国家图书馆合作协议书》。中国驻突尼斯使馆文化参赞沈中文和突尼斯文化部国际合作司司长阿瓦尼出席签字仪式。

23日，在第二十个世界读书日，国家图书馆在国图艺术中心举办大型阅读推广活动，启动"国图公开课"并举行首场特别活动，倡导全民阅读，建设学习型社会。活动现场，国家图书馆馆长韩永进、北京师范大学教授王宁和读者代表共同开启国图公开课。天文学家、科普作家卞毓麟先生和哲学家、作家周国平先生为读者带来两场直播形式的演讲。第十届文津图书奖作为国图公开课的一次特别活动内容，正式揭晓获奖图书。

27至30日，中国国家图书馆副馆长陈力出席首届中国与阿拉伯国家图书馆及信息领域专家会议。中国国家图书馆和阿盟秘书处共同签署《中国国家图书馆与阿拉伯联盟秘书处谅解备忘录》，阿盟秘书处代表阿盟各成员国图书馆向中国图书馆机构捐赠5312册阿拉伯文出版物，以供中国研究人员使用。

28日，中国国家图书馆馆长韩永进会见来访的法国国家图书馆馆长布鲁诺·拉辛一行，副馆长张志清、馆长助理孙一钢陪同会见。借拉辛先生一行到访之机，两馆续签《中国国家图书馆与法国国家图书馆合作协议》，拉辛还代表法国国家图书馆向中国国家图书馆捐赠该馆馆藏《圆明园四十景图》的数字版本，这是“海外中华古籍调查暨数字化合作项目”开展以来的第一项重要成果，为该计划拉开序幕。

28日，“三山五园文化巡展——圆明园四十景文化展”在国家典籍博物馆开幕。在开幕式上，上海远东出版社向中国国家图书馆赠送原件再造版《圆明园四十景》，这件以原质地、原大小复制再造的《圆明园四十景图》也成为此次展览的一大亮点。

28日，由国家图书馆主办的“全国图书馆文献缩微工作成果展”全国巡展活动在江西省图书馆启动。国家图书馆、江西省图书馆的有关领导，以及全国图书馆文献缩微复制中心各成员馆的技术部主任、新闻媒体、读者等百余人出席启动仪式。

五　月

11日至15日，中国国家图书馆馆长助理孙一钢率代表团一行5人应邀赴朝鲜进行业务交流。访问期间，孙一钢会见朝鲜人民大学习堂总长辛梧尹，副总长成自立等。双方就馆际交流、定期互访、数字图书馆建设、拓展活动、企业合作、馆员培训、中国之窗赠书活动等方面进行深入探讨，并就亚洲图书馆联盟建设有关问题商讨交流。14日，驻朝鲜使馆公使衔参赞张承刚、文化参赞沈晓刚在使馆会见代表团。

15日至29日，国家图书馆（国家古籍保护中心）在总馆北区举办“册府千华——西域文献保护成果展”。国家图书馆副馆长、党委副书记刘惠平，副馆长张志清，以及来自北京大学、中国人民大学、首都师范大学的专家学者参观展览。展览期间，国家图书馆以举办学术讲座、专家座谈会等多种形式，从多角度阐释馆藏西域文献的史料价值、学术价值。

17日，“文津读书·2015年青少年科普活动”在国家图书馆正式启动。国家图书馆馆长助理汪东波、中国友好和平发展基金会代秘书长贾伶、联合技术管理公司董事总经理蓝沛文出席启动仪式并致辞。来自中科青云实验学校等多所中学的学生、老师和家长约200

多人参加首场活动。

17日至24日，国家图书馆副馆长、国家典籍博物馆常务副馆长李虹霖率代表团一行5人应邀赴法国、英国进行访问。访问期间，代表团首次代表国家典籍博物馆对卢浮宫、大英博物馆等世界级博物馆进行访问，并与相关负责人举行会谈，双方不仅就博物馆管理与服务等问题交换经验，还表达了未来合作办展等方面的合作意愿。

20日，在世界博物馆日之际，国家典籍博物馆举办“青少年走进典籍博物馆互动体验系列活动”之“灿烂的中华文化”，来自中科院附属实验学校的青少年参加体验活动。本次活动以“灿烂的中华文化”为主题，分为听文字故事、看甲骨文展品、书写活动、探寻活动、展示分享五个环节，使青少年体验到中华文化的博大精深，发挥了国家典籍博物馆的社会教育作用。

21日，“书香校园”雏鹰建言征集启动仪式在国家典籍博物馆举行。本次活动由国家典籍博物馆、北京教育科学研究院主办，国家图书馆展览部、北京市青少年科技创新学院、北京市101中学承办，160余名师生作为代表参加启动仪式。国家图书馆副馆长、党委副书记刘惠平结合国家典籍博物馆馆藏经典文献，为学生们提供阅读推荐书单，来自北京市101中学的学生代表采用文字、图形等多种形式向全市中学生发起阅读建言。

27日，“炫彩童年——中国百年童书展”在国家典籍博物馆开幕。本次展览由国家图书馆（国家典籍博物馆）主办，国家图书馆少年儿童馆、国家图书馆展览部联合承办，北京师范大学中国儿童文学研究中心协办。国家图书馆副馆长、党委副书记刘惠平，北京师范大学文学院教授、中国儿童文学研究中心主任王泉根，湖南省少年儿童图书馆书记杨柳先后致辞。来自全国各级公共图书馆、少年儿童图书馆的50余位馆长出席此次活动。

28日至29日，由国家图书馆主办、国家图书馆少年儿童馆承办的“中国儿童阅读发展论坛”在京召开。作为国家图书馆2015年国际儿童节系列活动之一，来自国内外知名儿童阅读研究专家，全国公共图书馆、少年儿童图书馆以及童书出版领域的从业人员共聚一堂，深入分析我国儿童阅读发展现状，交流研讨我国儿童阅读发展前景。

28日，国家图书馆馆长助理孙一钢会见来访的希腊驻华使馆公使衔参赞弗缇亚多女士和一等秘书科尼亚克斯先生等一行。双方表示愿意推进两国国家图书馆之间的交流，促成两馆间“合作谅解备忘录”的签署，并开展两馆间诸如古代文字研究等领域的具体合作。

六 月

9 日至 12 日，中国国家图书馆副馆长魏大威一行赴泰国参加第 23 届亚洲和大洋洲地区国家图书馆馆长会议，并于 6 月 12 日至 15 日赴新加坡访问。此次出访进一步加强中国国家图书馆与亚大地区各图书馆的交流和相互了解。

11 日，“我与中华古籍”摄影大赛优秀摄影作品巡展启动仪式在河北省图书馆启动。本次活动由国家古籍保护中心、中国图书馆学会和河北省文化厅主办，河北省图书馆（河北省古籍保护中心）和河北省图书馆学会承办。国家图书馆副馆长、国家古籍保护中心副主任张志清，河北省文化厅副厅长李新平等领导及新闻媒体、社会公众百余人出席启动仪式。仪式上，张志清副馆长和李新平副厅长先后致辞，并启动了巡展活动。

12 日，在我国第十个文化遗产日来临之际，“册府千华——珍贵古籍雕版特展”在国家典籍博物馆隆重开幕，这是新中国成立以来第一次对珍贵古籍雕版的全面展示。展览开幕当天，“古代珍贵雕版保护研讨会”召开，50 余位专家学者、古籍版片收藏单位代表和非遗技艺传承人等与会，共商古代雕版保护、传承工作。

13 日，在我国第十个“文化遗产日”之际，文化部非物质文化遗产司和国家图书馆联合推出“中国非物质文化遗产摄影展”“非遗公开课”和“非物质文化遗产保护讲座月”等多项活动，一系列形式多样、丰富多彩的展览、展演、讲座、论坛等活动，全方位、多角度地展示我国丰富的非物质文化遗产资源，宣传我国非物质文化遗产保护成果。

13 日，中国古籍保护网全新改版并正式上线运行。新版“中国古籍保护网”在栏目内容和功能应用上进一步优化和提升，网站分类更专业、设置更人性化，网站传递的信息量也更丰富，页面设计更加美观和规范。优化改版后，网站在信息发布、资源揭示等方面的质量和效率明显提升，“即时性、丰富性、引导性”作用得到进一步增强，受到用户广泛好评。

13 日，《石渠宝笈》（精选配图版）赠书仪式在国家图书馆举办。国家图书馆副馆长张志清，故宫出版社总编辑赵国英、副社长关琪，江西美术出版社社长汤华、副社长傅廷煦，宋平生、赵前等多位图书馆古籍版本研究领域的专家学者以及相关人员出席仪式。

18 日，国家图书馆副馆长刘惠平会见来访的新加坡驻华大使罗家良一行，馆长助理孙一钢参加会见。适逢新加坡建国 50 周年和中新建交 25 周年，双方希望通过一系列活动的举办推进两国文化领域的全面合作。

28 日，大型套装图书《李铎》入藏国家图书馆典藏仪式在国家典籍博物馆举行。著名书法家、中国人民革命军事博物馆研究馆员李铎先生，中国文联副主席、党组副书记、书记处书记李屹，中国书法家协会分党组书记、驻会副主席、秘书长陈洪武，中国人民革命军事博物馆馆长董长军，国家图书馆馆长韩永进、副馆长李虹霖等出席仪式。国家图书馆馆长助理孙一钢主持仪式。

29 日，国家图书馆副馆长刘惠平会见来访的毛里求斯政府文化代表团，并与毛里求斯艺术和文化部长巴布（Santaram Baboo）进行会谈。代表团成员还包括代理副部长拉吉王缇 · 拉姆茹吉雅（Rajwantee Ramrukheea），文化局长高乌桑 · 苏巴哈（Goowoothum Soobarah）。

30 日，新加坡总统陈庆炎及夫人徐美娟来访国家图书馆，捐赠 300 余册新加坡图书，并参观国家典籍博物馆展览。国家图书馆馆长韩永进、中国驻新加坡大使陈晓东等参与会见并陪同参观。

30 日，国家图书馆人民法院分馆在京开馆，最高人民法院常务副院长沈德咏、副院长贺荣，文化部副部长杨志今，国家图书馆馆长韩永进出席活动并共同开通国家图书馆人民法院分馆平台，沈德咏、韩永进分别代表合作双方致辞，文化部公共文化司巡视员刘小琴、办公厅副主任陈发奋，国家图书馆馆长助理孙一钢以及来自最高人民法院、国家图书馆等相关部门的负责同志参加活动。

七　月

10 日，“册府千华——民间珍贵典籍收藏展”在国家图书馆隆重开幕，这是新中国成立以来对海内外民间珍贵古籍藏品进行的首次集中展示。展览由国家图书馆（国家古籍保护中心）与中国古籍保护协会联合主办，邀请海内外 30 位著名私人收藏家参展，展出展品百余件。

13 日，在国家图书馆（国家古籍保护中心）的支持下，西藏自治区藏文古籍修复中心在拉萨正式挂牌成立，首届藏文古籍修复培训班开班。西藏自治区党委宣传部副部长、自治区文化厅厅长尼玛次仁，国家图书馆副馆长兼国家古籍保护中心副主任张志清，西藏自治区文化厅副厅长任淑琼，自治区人力资源和社会保障厅、西藏古籍保护中心领导出席仪式，来自布达拉宫、大昭寺、小昭寺、自治区档案局等重要古籍收藏单位和文物单位的 42 名学员参加仪式。

20 日，“中华古籍普查志愿服务行动”启动仪式在国家图书馆举行。此次志愿服务行动由中国古籍保护协会发起，国家古籍保护中心、国家图书馆古籍馆和国家图书馆出版社支持。旨在通过组织高校学生参加古籍普查，发动社会力量参与古籍保护，推动古籍普查登记工作在十三五时期全面完成。

27 日，国家图书馆副馆长、国家典籍博物馆常务副馆长李虹霖会见来访的澳大利亚悉尼动力博物馆馆长何玫馥、副馆长梅天惠一行。双方表示两馆可以在图书纸张、当代艺术、创意文化等领域开展合作。

22日至23日，2015年国家图书馆年中中层干部工作会议在国家图书馆召开。会议主要任务是学习贯彻文化部2015年全国文化厅局长座谈会暨“十三五”规划座谈会精神，总结国家图书馆上半年工作，部署下半年任务，研讨国家图书馆“十三五”规划。

八　月

4日至5日，国家图书馆馆长韩永进率代表团一行出席在台湾汉学研究中心召开的“鉴藏——两岸古籍整理与维护研讨会”，与两岸专家学者交流经验、分享成果，共同为古籍整理贡献力量。研讨会由台湾汉学研究中心、思源文博基金主办，邀请上海图书馆、北京故宫博物院等8家大陆机构，台北“故宫博物院”等10余家台湾机构出席。

5日，由国家图书馆主办，全国图书馆文献缩微复制中心和天津图书馆联合承办的“全国图书馆文献缩微工作成果展”全国巡展天津站正式启动。国家图书馆副馆长魏大威、天津市文广局社文处处长朱义海、天津图书馆馆长李培等同志出席开幕仪式。

14日，“不朽的长城——纪念中国人民抗日战争暨世界反法西斯战争胜利70周年馆藏文献展”在国家图书馆隆重举办。展览以文献为证，让历史说话，用史实发言，充分发挥文献史料在爱国主义教育和培育社会主义核心价值观中的独特作用。文化部党组书记、部长雒树刚出席开幕式并宣布展览开幕，国家文物局副局长宋新潮，文化部和国家文物局机关司局、文化部直属单位有关负责人，国家图书馆馆长韩永进以及在京馆领导班子成员，专家学者代表参加仪式。

14日至23日，应国际图联、毛里求斯国家图书馆邀请，中国国家图书馆副馆长刘惠平率代表团一行5人赴南非参加世界图书馆和信息大会——第81届国际图联大会，刘惠平代表中国国家图书馆参加国家图书馆馆长会议，与国际图联主席多纳・希德、前任主席辛妮卡・西皮莱以及新加坡、新西兰、法国等国家图书馆高层举行双边工作会谈，就相关事项进行协商，推动合作项目的顺利实施。代表团还访问毛里求斯国家图书馆。

15日，国家古籍保护中心、中国古籍保护协会召开“抗战时期古籍抢救保护史迹研讨会”。文化部、国家文物局、国家图书馆馆长及文物保护界专家学者，全国各省级古籍保护中心领导和参与此次征文活动的有关单位负责人、撰稿人等60余人出席会议，共同研讨抗战时期古籍抢救保护史迹。会议旨在使民众深入了解抗战时期古籍保护工作，缅怀图书馆和社会各界仁人志士在民族危亡之际抢救保护古籍的义举，揭露日本军国主义抢掠破坏中国文化典籍的罪行。

18 日至 20 日，“冯仲云图书馆”揭牌暨“重走抗联路”主题纪念活动在黑龙江省兴隆林业局举办。活动旨在纪念中国人民抗日战争暨世界反法西斯战争胜利 70 周年，缅怀东北抗日联军杰出领导人之一、新中国第一任国家图书馆馆长冯仲云同志，继承并发扬东北抗联精神。

27 日，国家图书馆副馆长刘惠平会见来访的阿联酋文化、青年与社会发展部部长助理（副部长级）哈希米一行。哈希米一行此次来华主要是参加第 22 届北京国际图书博览会，展览结束后部分图书将赠送给国家图书馆。

27 日至 28 日，全国图书馆标准化技术委员会第二届委员会成立大会暨标准化工作与图书馆事业发展研讨会在国家图书馆召开。第二届委员会主任委员韩永进在会上全面总结第一届委员会工作成果，通报第二届委员会换届情况并提出主要工作思路，与会委员就此开展专题研讨。

27 日至 28 日，国家古籍保护人才培训基地工作会议在贵州民族大学举办。国家图书馆副馆长、国家古籍保护中心副主任张志清，贵州省文化厅、贵州民族大学、贵州省图书馆等单位领导，以及全国 12 家培训基地负责人和部分古籍保护专家参加会议。

九　月

1 日，由国家图书馆党委组织的“铭记历史　筑梦中华”中国人民抗日战争暨世界反法西斯战争胜利 70 周年纪念歌会在国图艺术中心举行。来自国图合唱团以及主要业务部门 200 余位在职和离退休员工唱响激昂澎湃的抗战歌曲。国家图书馆馆长、党委书记韩永进，副馆长、党委副书记刘惠平，副馆长陈力、李虹霖，馆长助理孙一钢、汪东波，以及员工代表近 800 人参加。

9 日，国家图书馆馆长韩永进会见来访的俄罗斯塔斯社驻北京分社负责人基里洛夫一行。副馆长刘惠平陪同会见。受俄罗斯塔斯社社长谢尔盖 · 米哈依洛夫委托，基里洛夫代表塔斯社社长向国家图书馆捐赠俄文版《习近平谈治国理政》。韩永进代表国家图书馆接受捐赠并向塔斯社颁发捐赠证书。

10 日至 12 日，国家图书馆举办第三届图书馆现代技术学术研讨会。本届研讨会以“新时代，新思维，新挑战——‘互联网 +’背景下数字图书馆的战略规划与创新发展”为主题，共商“十三五”期间数字图书馆发展研究和战略规划。文化部文化科技司副司长李蔚，国家图书馆副馆长魏大威、馆长助理孙一钢出席会议。来自全国的 10 余位图书馆领域知名专家、40 多位全国副省级以上公共图书馆信息技术部门主任及业内技术骨干等参加会议。

11日至19日，中国国家图书馆馆长韩永进率代表团一行5人应邀赴土耳其、阿塞拜疆及伊朗进行业务交流。访问阿塞拜疆期间，韩永进与阿塞拜疆国家图书馆馆长凯利姆·塔希洛夫共同签署《中国国家图书馆与阿塞拜疆国家图书馆合作协议》，此次访问是两馆间首次交往，为进一步加强两国国家图书馆之间的沟通与合作奠定良好基础。

12日，“2015年中华古籍普查志愿服务行动”总结表彰会在国家图书馆召开。国家图书馆副馆长、党委副书记刘惠平，副馆长张志清出席会议，河北省图书馆副馆长顾玉青、中国文化报社公共文化部副主任李静以及来自京津冀的普查指导教师、高校志愿服务工作者、古籍普查志愿者共80余人参加大会。

14日，国家图书馆副馆长刘惠平会见匈牙利总理首席顾问苏奇·葛皂先生、匈牙利驻华使馆文化教育参赞宋妮雅女士等一行4人。双方表示，希望今后两国国家图书馆能够在原有基础上，不断拓展新的合作项目，特别是在数字图书馆领域。

15日，由国家图书馆、湖北省文化厅主办，湖北省文学艺术界联合会、湖北省中华文化促进会、湖北省图书馆承办的“书香养我——熊召政诗文书法展”在国家图书馆隆重开幕。全国政协副主席、中国文学艺术界联合会主席孙家正出席开幕式。国家图书馆副馆长、党委副书记刘惠平，湖北省文化厅党组书记、厅长雷文洁分别致辞。熊召政致答谢词并向国家图书馆赠送诗文书法作品。

16日，由国家图书馆，新疆维吾尔自治区文化厅主办，新疆维吾尔自治区图书馆承办，阿勒泰地区文化体育广播影视局、哈巴河县文化体育广播影视局协办的数字图书馆推广工程“网络书香”阅读推广活动在新疆维吾尔自治区阿勒泰地区举办。新疆地区40余位基层图书馆代表及社会公众参加活动。

16日，国家图书馆召开《民国时期文献总目（图书卷）》编纂工作专家座谈会，正式启动《民国时期文献总目（图书卷）》编纂工作。来自北京大学、北京师范大学、中国社会科学院的多位专家参加座谈会。国家图书馆副馆长陈力主持会议。

21日，国家图书馆馆长韩永进会见以日本出版贩卖株式会社社长平林彰为团长的第36次日本出版友好访华团一行12人。魏大威副馆长陪同会见。

21日，国家图书馆馆长韩永进会见来访的英国国家图书馆馆长罗利·凯丁。魏大威副馆长参加会见。双方表示，未来两馆在甲骨文的研究与保护、中文古籍的数字化与出版以及人员与技术的交流方面将有更大的进展。

21日，由国家图书馆与波兰驻华大使馆文化处合作举办的“中国文化西传的使者——波兰17世纪来华传教士卜弥格生平成就展”在国家图书馆开幕。国家图书馆副馆长刘惠平、波兰驻华大使馆文化处主任蔡梦灵出席开幕式并致辞。

25日，“铁军魂·中华情——纪念中国人民抗日战争胜利七十周年图片摄影展”在国家图书馆开幕。第十五届中央政治局委员、中央军委副主席迟浩田，北京新四军研究会名誉会长万海峰，第十二届全国人大法律委员会副主任委员张海阳，第十一届全国政协委员钱海皓，国家图书馆馆长韩永进，北京市委党史研究室主任李良，中国艺术节基金会会长田建平，以及新四军老战士和读者代表共300余人出席开幕式。

28日，由文化部公共文化司、新疆维吾尔自治区文化厅、国家图书馆共同主办的2015年“春雨工程”全国文化志愿者边疆行之“绘新疆新景　展农村新貌——庆祝新疆维吾尔自治区成立60周年新疆农民画展”在国家图书馆开幕。国家图书馆馆长韩永进、新疆维吾尔自治区文化厅厅长穆合塔尔·买合苏提出席仪式并分别致辞，来自国家艺术基金管理中心、中国文化传媒集团有限公司、中国美术馆等单位有关领导、新疆农民画作者代表参加活动。

十　月

14日，由国家图书馆（国家典籍博物馆）主办的甲骨文记忆展在国家典籍博物馆开幕。国家图书馆馆领导班子成员集体参观展览。展览精选65件代表性甲骨文珍品集中展出，通过甲骨实物展示、场景还原、考古发掘图片资料、学者们研究成果的集锦以及器物的展示，深入浅出地探寻甲骨背后的秘密。

23日，《任氏族谱》捐赠仪式在国家图书馆举行。国家图书馆馆长韩永进、副馆长张志清、《任氏族谱》总纂修任万平、平原县委宣传部有关负责人出席仪式。韩永进代表国家图书馆接受赠书，并向任万平颁发捐赠证书。

26日，“甲骨文记忆”研讨会在国家典籍博物馆举行。研讨会主题是“甲骨文在中华文化传承中的作用”。国家图书馆馆长韩永进、副馆长李虹霖、首都师范大学甲骨文研究中心主任黄天树，以及来自全国的甲骨文领域研究专家、甲骨收藏单位代表共20余人与会。

十一月

3至4日，国家图书馆馆长助理孙一钢、台港澳交流处处长张煦赴香港出席第九次中文文献资源共建共享理事会会议。孙一钢出席由香港中央图书馆举办的“回顾与前瞻——中文文献资源共建共享的机遇”座谈会，并做发言。张煦代表理事会秘书处做工作报告。

4日至6日，世界数字图书馆执行委员会会议及合作伙伴会议在埃及亚历山大召开。中国国家图书馆副馆长魏大威作为世界数字图书馆项目执委会委员应邀赴埃参会。

6日，由国家图书馆、北京师范大学、江门市人民政府联合主办的“傲骨立天地　史学铸丰碑——纪念陈垣先生诞辰一百三十五周年展”在国家典籍博物馆开幕。中央编办原副主任黄文平，中国侨联原副主席唐闻生，国家图书馆馆长韩永进、副馆长李虹霖，北京师范大学党委副书记刘利，江门市副市长钟军，江门市蓬江区委常委、宣传部长何莲，蓬江区副区长文丽，陈垣先生嫡孙陈智超等出席开幕式。

9日，《中华古籍保护计划“十三五”时期规划纲要（征求意见稿）》专家审议会在国家图书馆召开。文化部公共文化司巡视员刘小琴，国家图书馆副馆长、国家古籍保护中心副主任张志清，全国古籍保护工作专家委员会部分委员、部分省级古籍保护中心和高校图书馆负责人共30余人出席会议。

9日，国家图书馆2015年度消防应急演练成功举行。国家图书馆副馆长王军以及各部处负责同志、员工代表观摩演练。来自国家图书馆、紫竹院街道办事处、首体南路消防中队等单位的600余人参加演练。

10日至17日，韩国国立中央图书馆代表团一行5人由企划进修部部长柳政荣率领到访国家图书馆，进行两馆间第18次业务交流活动。在两场业务交流会上，双方分别就图书馆提高读者满意度方案、图书馆决策服务的实践等内容深入探讨，馆长助理孙一钢、汪东波分别出席交流会。

17日至19日，中国文影协、全国文影标2015年年会暨学术研讨会在福建省泉州市召开。国家图书馆副馆长、中国文影协理事长、全国文影标主任委员魏大威，中国文影协副理事长徐建华、杨成斌，福建省图书馆、泉州市图书馆以及来自全国各公共图书馆、高校图书馆、档案馆、科研单位的60余位代表参加会议。

20日，由国家图书馆（国家古籍保护中心）主办的“中国珍贵典籍史话丛书”出版座谈会在国家图书馆召开。国家图书馆副馆长张志清、馆长助理汪东波出席会议，来自国家图书馆、中国社会科学院、北京大学等10余家单位的40余位专家学者参加座谈。

24日至12月1日，中国国家图书馆馆长助理汪东波率团赴日，开展为期8天的中日两国国家图书馆第三十四次业务交流活动。此次交流中，双方就过去一年的总体工作各自发表基调报告，围绕“为视障人士提供服务”“音像资料等非书资料的收集、保存与利用”两个主题，相互介绍业务开展情况，并按惯例商议“中国国家图书馆与日本国立国会图书馆关于交流协作的意向书”条款。

26 日，全国古籍保护工作部际联席会议在文化部召开。文化部部长雒树刚出席会议并作重要讲话，文化部副部长杨志今主持会议。全国古籍保护工作部际联席会议成员单位以及全国人大教科文卫委员会文化室有关负责人参会。会上，文化部公共文化司司长张永新介绍“十二五”时期古籍保护工作进展情况和“十三五”重点工作；国家图书馆馆长、国家古籍保护中心主任韩永进汇报第五批《国家珍贵古籍名录》及全国古籍重点保护单位评审情况。

27 日，由国家图书馆主办，贵州省文化厅、贵州省图书馆承办，黔西南州文体广电新闻出版局协办的数字图书馆推广工程“网络书香”阅读推广活动在贵州省黔西南州举办。国家图书馆向贵州地区 10 家基层图书馆分别捐赠 3 万册图书和期刊，还将包括 5000 册电子图书、200 种电子期刊、6000 集精品视频、3.2 万张图片资源、26 万条政府公开信息资源等近 4TB 优秀数字资源通过硬盘方式共享给贵州省县级以上基层图书馆。

十二月

2 日，国家图书馆馆长韩永进率队赴故宫博物院学习参观，故宫博物院院长单霁翔、副院长娄玮会见韩永进一行。国家图书馆相关部门负责同志参加活动。会见中，单霁翔就故宫博物院文创开发、人才培训、观众互动活动等方面做简要介绍。

2 日，中国古籍保护协会与松岭（上海）股权投资基金管理有限公司战略合作框架协议签约仪式在国家图书馆举行。国家图书馆副馆长、中国古籍保护协会常务副会长张志清与松岭公司法人代表蔡晨分别代表甲乙双方在协议书上签字。这标志着中国古籍保护协会在加强行业建设、探索引入社会力量参与古籍保护工作、促进中华古籍保护事业发展上迈出重要一步。

3 日，“国图公开课专家座谈会”在国家图书馆召开。会议旨在总结“国图公开课”2015 年的建设进展，探讨未来发展规划及合作共建模式，大力推进“国图公开课”建设。国家图书馆馆长、党委书记韩永进，副馆长、党委副书记刘惠平，副馆长魏大威，以及部分公开课、图书馆界专家代表，国家图书馆相关部处负责同志出席会议。

10 日，第二个“南京大屠杀死难者国家公祭日”到来前夕，国家图书馆官网、微博、微信平台正式上线“日本战犯罪行审判史料编译”专题，推动抗战历史研究和抗战历史普及教育，提供第一手史料支撑。为驳斥日本右翼保守势力歪曲否认侵华历史言论提供强有力的武器和佐证，服务国家战略大局。

10 日，《国际检察局讯问记录》《抗日战争史料丛编：第二辑》与《中华抗战期刊》新书发布仪式暨抗战文献出版座谈会在国家图书馆举行。国家图书馆馆长、党委书记韩永进，中国社会科学院近代史研究所所长、党委书记王建朗，江苏省档案局副局长张姬雯，上海交通大学东京审判研究中心主任程兆奇分别致辞。会议由国家图书馆副馆长陈力主持，国内相关领域研究专家以及“东京审判”中国法官梅汝璈的子女等 40 余人参加座谈会。

10 日，由国家艺术基金资助，国家图书馆（国家典籍博物馆）、中国书法家协会主办的宋元善拓暨全国书法临摹展、“经典与传承”主题研讨会、王家新临摹历代书法经典作品展在国家图书馆举行。部分书法家将临摹作品捐赠给国家图书馆，国家图书馆馆长、国家典籍博物馆馆长韩永进为书法家代表颁发捐赠证书。

14 日，国家图书馆与北京市教育委员会在北京市第三十五中学“志成讲堂”联合举办国图公开课“书香燕京”特别活动“大家与你面对面——古琴与中华传统文化”。活动中，国家级非物质文化遗产古琴艺术项目代表性传承人丁承运先生为同学们及北京市各区县图书馆主管及 57 所中小学“中国文化读书社”负责人做古琴知识讲座。

16 日，“中国记忆项目资源共建共享研讨会”在广州举办。国家图书馆、各地公共图书馆以及高校和研究机构图书馆等全国 31 家图书馆的负责人、专家首次就口述史料、影音资料等文献资源的共建共享进行了专题工作研讨，共同向全国图书馆界发出抢救和建设记忆资源的倡议，并启动首个全国图书馆系统的记忆资源共建共享项目——图书馆学家专题。

16 日至 17 日，2015 年中国图书馆年会在广州白云国际会议中心举行。文化部副部长杨志今，广东省委常委、宣传部部长慎海雄，国家图书馆名誉馆长、中国志愿服务基金会理事长周和平，国家图书馆馆长韩永进出席开幕式，副馆长刘惠平、陈力、张志清，馆长助理孙一钢等参加相关活动。数字图书馆推广工程体验区、“古籍保护与现代科技”主题展示区亮相年会。

22 日，“纽约哈莱姆合唱团创团 20 周年亚洲巡演北京音乐会”在国家图书馆国图艺术中心举行。这是国图艺术中心首次以众筹模式成功举办演出活动，获得业界人士及音乐爱好者良好反响。

26 日，中国书法家协会副主席、青少年工作委员会主任委员王家新先生做客“国图讲坛”，为广大读者和书法爱好者做题为“向经典致敬——书法的临摹与传承”的书法讲座。国家图书馆副馆长兼国家典籍博物馆常务副馆长李虹霖出席讲座。

12 月，第一部收藏过百万的大馆普查登记目录——《国家图书馆古籍普查登记目录》正式出版，这标志着全国古籍普查登记工作进入普查登记与成果出版并行的新阶段。

综合索引

15 项文化行业标准正式出版发行（照），100
2011—2015 年自建数字资源光盘入藏量对比（图），61
2011—2020 年国家古籍整理出版规划项目，208
2012—2015 年数字化资源建设量对比（图），126—27
2014 年度北京印刷质量大奖提名奖，209
2014 年度全国文化系统优秀调研成果，199
2014 年度全国优秀古籍图书奖，209
《2014 中国公共图书馆事业发展基础数据概览》，197
2015 年处级干部名单（表），279
2015 年度创新奖名单，284
2015 年度读者门户系统各类资源使用量统计（按页次计算）（图），136
2015 年度服务标兵名单，283
“2015 年度馆长特别奖”，284
2015 年度先进集体名单，283
“2015 年非物质文化遗产保护讲座月”活动，82，115—16，305—08，378
2015 年各类文献入藏明细表（正式馆藏），269
《2015 年公共文化工作社会影响力分析报告》，76
2015 年古籍修复基础培训班（照），84
2015 年馆领导名录（表），279
《2015 年国家图书馆数字资源征集办法》，129
《2015 年国家图书馆网络信息保存项目工作方案》，145
“2015 年国图科技周之网络信息保存科普”宣传活动，146
2015 年记者座谈会，372
《2015 年民国时期文献保护工作方案》，157
2015 年全国省级及副省级市公共图书馆参考咨询工作会议合影，90
2015 年全国优秀审读报告评比活动优秀奖，209
2015 年省级古籍保护中心工作会议，159
《2015 年数字图书馆推广工程工作任务（专项资金）申报说明》，154
《2015 年推广工程数字阅读推广系列活动方案》，154
2015 年中国图书馆年会展览会最佳展示奖，153，176
2015 中国非物质文化遗产摄影展，8，45，85
2015 中国国际影响力优秀学术期刊，205
21 世纪教育研究院，43
“5·23”项目，74，126
Aleph 系统，131
Aleph 系统中文文献书目数据校验程序开发项目，144
CIBN 互联网电视改版，77
HeawonHyun，165
IPTV 服务，78
《ISO、IFLA 图书馆标准体系研究》，101
ISO/TC171 年会（28 次），111
ISSN 国际中心与 ISSN 中国国家中心座谈会合影（照），88
ISSN 中国国家中心，88
MonikaSchneidereit-Gast 女士，165
《MOOC 环境下的图书馆服务创新》，200
M 地铁·图书馆，11，43，78，80，140，180，347，363，372
—海报（照），80
OPAC 检索数量，76
OPAC 系统，132
“RDA 的理论与实践”培训班，106，113
“RDA 的挑战和未来方向”专题讲座，106，310
《RDA 全视角解读》，106
RDA 中文元数据注册工作，66

A

阿甲，96
阿勒泰地区文化体育广播影视局，173，382
阿盟秘书处，14，221，223，376
阿塞拜疆国家图书馆，14，221，227，228，382
安德烈·基里洛夫，373
安德鲁·巴尔，374
安防设施建设与维护，243
安徽省图书馆，85，94，171，176，297，317
安妮·玛丽·史沃特里奇，374
安平秋，32，34，343
安庆博物馆，62
安全保卫工作，243，245，285，322
—总结表彰会，245
安全培训与宣传，243
安顺市图书馆，235
奥克兰博物馆，231

澳大利亚国家图书馆，86，220，289，366，374
澳门中央图书馆，165，221—22，228—29，291

B

“八项规定”落实工作，251
巴彦县兴隆镇，27
白云峰，105，280，288
百度学术，132
“百年新韵文津芬芳”主题赛诗活动，17，255—56，261
百县馆长论坛，14
版权信息管理系统，134
《版权制度中的公有领域研究——兼论图书馆对公有领域资源的利用》，195
办公自动化系统，133
办理读者证卡数量，76
保定市图书馆，104，163
北京大学，32，34，70，83—85，100，102，104，161，166，174，178，180，204，209，213—14，223，227，287，291，376，382，384
—图书馆，209，213，223，287
《北京大学图书馆藏程砚秋玉霜簃戏曲珍本丛刊》，209，213
北京电视台，81，82，111
北京电影学院，65
《北京电影学院毕业联合作品》，65
北京歌华有线，77，154
北京国际旅游商品博览会（4届），86
北京航空航天大学，85
北京九门爵士音乐周（10届），121
北京钧天坊古琴文化艺术传播有限公司，65
“北京礼物”旅游商品大赛（12），8，86，286
北京奇想飞航文化传播有限公司，118
北京师范大学，29，34，44，85，104，119，174，177—78，180，292，375，377，382，384
—图书馆，178，292
—中国儿童文学研究中心，44，377
北京市出版人才百人工程，214
北京市第三十五中学，83，386
北京市海淀区人民政府，118
北京市海淀区委宣传部，118
北京市汉龙实业有限公司，102
北京市教育委员会，83，315，386
北京市文化产业发展的奖励项目，218
北京市文化创新发展专项资金，209
北京市文化创新发展专项资金2015年度扶持项目单位，209
北京外国语大学，85，88
北京文博会（10届），86
北美东亚图书馆理事会，220，287
北美东亚图书馆年会，223
北平法文书店，51
《比利的工厂》图画书，97
边疆文献研究，10，75
编辑与出版工作，204
卞毓麟，31，83，313，375
标准出版机构自律维权发展联盟，116
标准化工作项目征集与立项工作，100
标准化工作与图书馆事业发展研讨会，101—02，197，293，381
标准图书捐赠仪式（照），116
标准知识普及与维权成果展示活动，116
“缤纷国图”演出季，41，121，355，368
波兰17世纪来华传教士卜弥格生平成就展，228，365，383
《伯力审判庭审记录》，158
博士后科研工作站，193，195
—出站报告鉴定会（照），196
博士论文抽检，126
卜书庆，95，103，273
布达拉宫，12，164—65，379
布鲁诺·拉辛，39
步平，28，83，177，180
部级科研项目立项名单（表），274
部级领导干部历史文化讲座，10，72—74，105，300—02，304—06，308—11，325，357
—概况，74
《部级领导干部历史文化讲座工作手册》，10，74
部委分馆，10，72—74，105—06，294，325
—馆长联席会议，105—106，294
—最高人民法院分馆，10，105，343，350，364，369，379

C

财务工作，16，252，260，328
财政预算资金，16
蔡晨，112，385
蔡方柏，114，301

蔡武，22，144
参加国际会议数量，14
参加境外展览及商议办展数量，14
参考咨询部，75，91—92，105，243，255，259，262，280，283—84，288—89
参考咨询服务情况，76
“灿烂的中华文化”活动，8，81，367，377
《藏书报》，29，153
曹海花，161
曹旻，91，299
曹宁，96，287，298—99，353
曹树金，103
曹文轩，97
册府千华，8，84—86，161，163—64，170，262，293，316—18，340，346—48，364，376，378—79
昌黎培训基地，257，262，264
长期保存数据总量历年增长情况（图），61
常熟市图书馆，97
朝阳区图书馆，97
陈彬斌，174
陈灿培，68，223，254，255
陈发奋，105，379
陈红彦，161，226，273，281，287—88，298
陈建华，176
陈力，6，16，28，87，95，177—82，217，220，223—24，260，287，290—91，295，297—98，346，349，351，363，373，375，381—82，386
陈凌，115
陈胜利，100
陈树年，103
陈垣先生诞辰135周年纪念展，119
陈志亮，165
谌洪敏，98
成鑫，147，298
程焕文，165
程兆奇，182，347，386
重庆图书馆，95，151，160，177，180，352
《重庆图书馆藏〈刘赞廷藏稿〉》，177
《重修四川通志稿》，215，294，367
“重走抗联路”主题纪念活动，7，27，249，344，364，381
出版物交换单位名址库改版升级，66
出版物交换数量，57
出访详情，14，287
初景利，93，298
《楚辞文献丛刊》，8，209，213，286
触摸屏展示服务，79
传统文化图典资源库，209，217
崔喜梅，96

D

“大清世相”展览，86，230，289，360，366
“大数据”系列讲座，82
《大数据环境下的图书馆》，200
大型抗战文献，12
大学生青年志愿者，109
单向空间，43
“当代重要人物”专题资料，67
档案虫霉防治一般规则专家讨论会，63
档案管理系统，133，251，318
党风廉政建设工作，17，250—51，259—60，373
党纪工团工作，17
党建工作，247，248，249，329
《党委工作简报》，17
党委理论中心组召开“三严三实”专题教育学习扩大会（照），248
党员学习教育工作，249
党政军文献信息专题咨询全年数量，10
到馆读者服务工作，76
到馆读者人次、文献流通册次统计表，271
到馆小读者系列新春活动，80
《道法自然，天地同和——论古琴的文化精神》课程，83
德国波恩大学，83
《德国柏林国家图书馆藏〈永乐大典〉》，207
邓美莲，221，228—29，291
邓少滨，96，350
低幼悦读会，80
迪庆州图书馆，162，172，297
地方平面媒体报道（表），354
《地方志人物传记资料丛刊·西南卷》，186
地铁16号线进馆施工配合工作，246
地铁平安里站，180
地铁图书馆，43，140，339，341，359，361—62，366，372
《第四批国家珍贵古籍名录图录》，209，213
《第五批国家珍贵古籍名录图录》，12，151

典藏阅览部，62，97，107，110，190—91，255，259，262—63，280，283—85，288
典籍博物馆，8，40，44—46，79，81，84—86，117—20，124，163，206，225—26，242—43，246，252，256，279，300—07，325，327，330，339—40，343，345，347—48，352，356，361，367—69，372—74，376—79，383—84，386—87
—微信公众号，79
典籍文化之旅综合班，81
“典籍文化走进校园”巡展，85
“典籍智慧生活”活动，8，81
“典籍中的春节”活动，78
电子报纸呈缴，125，130—31，268
《电子文件存档格式规定》，218
丁承运主讲国图公开课专题课程（照），30
丁光清，94
定宜庄，227
“东北抗日联军”专题资料，7，26—28，68，180，368
《东北抗日联军口述史》，27
《东北抗日联军十四年苦斗简史》，27
《东北抗日联军游击实录》，26
东北抗日联军专题，26—28，68，180，306，310，361，368，381
—记忆空间，28
—老战士口述史料，7，27
《东京审判出版工程（第二期、第三期）》，209，211
《东京审判出版工程第三期——国际检察局讯问记录》，208，210
东京审判资源库，7，12，27，158，179，183
东文文献采访数量，56
东文文献加工数量，59
东亚同文会，189
“读览天下”商用移动资源，58，129，135
读书推荐活动，30—31，43，83，363
读书周活动，109
读者调查新模式，108
读者竞猜活动，43
读者门户系统，9，135—36，141，145
读者需求及满意度调查表，108
读者证卡办理数量，268
—统计（表），273
读者咨询服务，141
杜伟生，114
《杜伟生古籍修复技法》教学片，62
短彩信服务，140
段晴，84
段勇，28
段周武，175
“对日战犯审判文献精选编译”专题资料，12，158
对外交流与合作，207，219—23，225，227，229，231
—合作项目，219，221，222
对外经贸大学，85
敦煌遗书数字化与数据库维护工作，57
敦煌遗书展，85
多媒体信息展示系统，133

E

俄文文献采访数量，56
俄文文献加工数量，59
“儿童与阅读”沙龙研讨会，97，293
“儿童阅读推广进校园”活动，11
“儿童阅读与推广”海峡两岸研讨会，97，293
“二十四史研读”系列讲座，82，300，303
《二战时期日军暴行报刊资料汇编》，190

F

法国国家图书馆，14，39，118，220—22，224—25，290，349，369，376
法国绘本童书展，86，109
法国驻华使馆，86，109
法律参考阅览室，72，272
法制晚报，82，111，355
反腐败工作，17，250，260，373
反恐防恐安全培训，245
范并思，96，147，298
方标军，178，375
方志地理文献开发，187
方自金，178，212—16，281，287
防汛工作，246
非物质文化遗产保护讲座月，82，115—16，305—08，378
“非物质文化遗产中的文字传承”展览，8，85，339，347
非遗公开课，378
非正式出版文献编目加工数量，59

费慰梅，49—50
《分层次检索模式与缩微文献利用》，102
“烽火中的记忆·国图与抗战”学术征文，7
冯立昇，214
冯明珠，226
冯松光，28
冯忆罗，27—28
冯仲云事迹展览，27
冯仲云图书馆，7，27—28，249，344，251，364，381
凤凰财经，27
佛山广电局，77
佛山图书馆，77
《佛说观弥勒菩萨上生兜率天经》（五代后唐天成二年刻本），47
《佛说弥勒菩萨上生经》，9
弗缇亚多女士，377
服务保障工作，244
服务宣传周，108
福建省图书馆，73，79，83，89，92—93，102，117，298，309，384
抚州市图书馆，98
赴澳大利亚图书馆业务交流，220，230
赴朝鲜业务交流，220
赴国外及港、澳、台交流，219—20
赴日本国立国会图书馆业务交流（34 次），220
赴土耳其国家图书馆，220
赴新西兰图书馆业务交流，230
复旦大学，83，151，160，169，215，369，370
副馆长王军到河北省承德县调研（照），242
副馆长王军实地考察河北省承德拟选项目用地（照），23
副馆长张志清为《清代家集丛刊》揭幕（照），215
副馆长张志清一行访问美国芝加哥富地博物馆（照），223
傅熹年，31

G

甘肃省图书馆，85，94，151，153，175，223
感谢状，178，180，181
干部管理工作，236
冈察洛夫，374
高丙中，116，307
高雄市立图书馆，226
高永基，165
歌华双向交互数字电视平台，77
各部处信息系统分布图，143
各国议会数据库，72
各类文献编目加工总量，267
各类文献登记总量，267
各类咨询件数，76，268
各阅览室与服务点接待读者人次统计表，271
各种来源数字资源建设和发布情况汇总表，131
“跟着习总书记读外文原版经典”阅读推广展区，109
工会工作，3，247，252，262
—干部培训班，254，262
公共数字文化“十三五”规划专家论证会，154
公共数字文化专题新闻发布会，154，294
《公共图书馆法》，13，198，205
公共图书馆评估指标，100
公共文化机构法人治理结构，13，198—99
公共文化司，7，13，24—25，28，32，92，98—99，101，105，119，150，164，167，174，197，373，379，383—85
公益性展览、讲座、培训活动举办数量，11
公有领域图书版权筛查，129，195
“公有领域图书版权筛查与甄别”项目，129
公有领域图书数字化加工工作，146
龚隐雷，116，307
共青团工作，3，247，254，329
购书经费（表），266
“古村落保护发展的问题与对策”讲座，115，308
古代珍贵雕版保护研讨会，164，292，378
《古籍保护参考》，153
古籍保护技术和藏文古籍修复培训班，152
古籍保护科技文化部重点实验室，63，161
《古籍保护理论与实践》，169
古籍保护人才培养工作，151，165—66
古籍保护人才专业硕士培养协议，151
《古籍保护条例》，13，152，198
古籍保护相关标准规范建设工作，152
古籍保护宣传推广工作，153
《古籍保护研究》，152，169
古籍保护与流传学术会议（4 届），220，222，287，375
“古籍保护与现代科技”研讨会，153，169，294，345，365，386
《古籍保护原理与方法》，151
古籍馆，34，37—38，62—64，86，107，113—114，124，

161，168，186—89，212，214，243，272，281，283—84，287—89，358，375，379
—文献修复组，62，114，289
古籍及特藏文献采访数量，57
古籍数字化工作，57，151—52
“古籍文献及修复用纸张纤维原料与显微图谱”项目，62
古籍文献建设情况，57
古籍文献信息资源组织情况，59
古籍文献整理与研究工作，12
古籍修复行业用品规范化工作，153
古籍修复培训工作，62
古籍修复提高班，113
“古籍修复知识网络系统”项目，217
古籍修复专家朱振彬收徒仪式，62
古籍影印丛书查询数据，217
古籍原生性保护工作，153
古籍整理出版工作，152
古琴名家名琴名曲系列，66
顾玉青，344，382
“关爱夕阳”老年课堂，11，18，82，110，263
“关乎未来的重要农业文化遗产”讲座，115，303
《关于加快构建现代公共文化服务体系的意见》分析报告，76
观众参观 2015 中国非物质文化遗产摄影展（照），45
官方网站建设，77
官方微博，31，42，78
官方微信公众号，78
—用户数，78
官方新浪微博粉丝总数，78
馆藏东京审判图片展，85
《馆藏东亚同文书院中国调查资料汇编》，190
《馆藏蒙疆新报》，158
馆藏普通古籍数字化工作，152
“馆藏三件早期印刷品修复用纸自行抄造”项目，62
馆藏善本缩微胶片数字化工作，151
馆藏特色数字化资源，125，130，268
馆藏文献总量，9，267
馆藏重大出版整理项目，185，189
“馆藏自建数字资源与纸质文献整合展示”专项，130
馆发文件目录，4，321—22
馆级科研项目，15，196，274
—立项名单（表），274
馆际互借与文献传递系统，76，132
馆领导视频专访，16
馆领导为安全保卫工作先进部处颁发奖牌（照），245
馆领导向读者拜年，373
馆聘律师组织协调管理工作，252
馆情通报会，17，254
馆史档案资料概况，318
“馆史资料征集、整理与研究”项目，15
《馆属企业监督管理办法（暂行）》，16
馆属企业统计数据，267
馆外奖励（表），285
馆长公开课，6，235，364，375
馆长午餐会，17，254
光明网，16，27，31，78，363—66
广东省档案保护技术培训班，62
广东省古籍保护中心，169
广东省立中山图书馆，85，90，94，152，170，176，208，212，292，296，369
广东中山农家书屋，77
《广西历代文献集成桂学文库》，187
广西图书馆，85，181，317
广西图书馆学会，181
广西文化厅，181，298
归档情况统计表，319
规划发展年，6—7，234，324
贵州民族大学，151，162，165，381
—图书馆，162
贵州省图书馆，85，93，157，162，165，171，174，179，180，318，381，385
贵州省图书馆学会，180
郭辉，116
郭向东，112
《国粹戏剧图画书》，86，107
国防大学图书馆，100
国际儿童读物联盟，97
国际关系史图文库，72
国际广播电台，31，82—83，111，155
国际互借工作统计表，272
国际互联网信息保存联盟年会，146
国际及港澳台交流与合作，14
《国际检查局询问记录》，12
国际图联大会（81 届），220，226，288，366，380
国际图书峰会，220，289
国际组织数据库，72
国际组织与外国政府出版物订到数量，56

国际组织与外国政府出版物加工数量，59
国际组织与外国政府出版物网络资源整合服务平台，67
国家标准化管理委员会，101，116，220，290
国家出版基金，8，208，209，210，211
国家档案局，111
国家第一历史档案馆，62
国家典籍博物馆，45—46，81，85—86，117—20，124，163，206，225—26，252，256，279，300—07，325，327，330，339—40，343，345，348，352，356，361，367—69，372—74，376—79，383—84，386—87
国家动漫公共素材库，132，284，350
国家古籍保护人才培训基地，12，151，165—66，293，364，381
—工作会议，151，165，166，293，364，381
国家古籍保护中心，21，24—25，28—29，32—34，62，104，112，150—53，159—67，169—70，213，215，258，279，281，283，285，287—88，294，326，347，364，367，372，375—76，378—81，384—85
—办公室，25，33，62，112，152—53，213，283，287—88，294
国家古籍整理出版专项经费资助项目，8，208，212
国家海洋局南海信息中心，10，75
国家级古籍修复技艺传习所，12，151，358
国家级古籍修复技艺传习中心，151，160，168，169，343，349，356，357，369
—各地分所揭牌暨拜师仪式，160，168，349，369
国家级古籍修复中心，12，165
国家级科研项目立项名单（表），273
国家科技支撑计划，15，77
国家立法决策服务项目，72
国家清史纂修项目，208
国家社科基金后期资助项目，15，208
国家社科基金项目，15，81，194
国家“十三五”重点文化设施项目，20
国家书目（2014），9，278，325
“国家数字图书馆”应用程序建设，58，135
国家数字图书馆建设，123—25，127，129，131，133，135，137，139，141，143，145，147，207，326
国家数字图书馆专区，78
国家数字图书馆资源建设及服务经费（表），266
《国家图书馆2014年度财务工作报告》，252
《国家图书馆2015年工作要点》，252
—全文，324
《国家图书馆博士后科研工作站管理办法》，195
《国家图书馆部委分馆调研汇报及下一步合作建议》，105
《国家图书馆藏抄稿本日记选编》，186
国家图书馆藏传统楹联文献展，85，367，368，372
《国家图书馆藏甲骨全集》，189
《国家图书馆藏民国时期政府出版物目录》，208
《国家图书馆藏清代女性著作》，187
《国家图书馆藏清代样式雷图档》，209
《国家图书馆藏稀见清人别集丛刊》，189
《国家图书馆藏样式雷图档·圆明园卷》，8，189，209，212
国家图书馆出版社，8，16，34，43，75，100，167，178，186，190—91，203，207，210—18，252，267，281，286—87，322，349，379
国家图书馆服务平台，31
《国家图书馆服务英语实用手册》，17，255
《国家图书馆概论》，13，198
国家图书馆古籍普查登记目录》，168，365，387
《国家图书馆关于“十三五”时期支持少数民族事业发展相关项目、工程及政策措施的建议》，198
国家图书馆海外民国时期文献数字化加工规范（2015年）》，157
国家图书馆海外民国时期文献数字化加工规范》，12
《国家图书馆互联网信息保存中心工作规划》，145
国家图书馆科研项目，190
《国家图书馆年鉴》197，203，207
《国家图书馆“三严三实”专题教育实施方案》，6，248，259
《国家图书馆“十三五”规划纲要》，7，23—24，197
国家图书馆数据类型，145
国家图书馆数字共享空间，82，110
国家图书馆数字资源总量，125
《国家图书馆网络安全管理办法》，141
《国家图书馆网络公众信息服务管理办法》，16，323
—全文，330
国家图书馆网络系统，124
“国家图书馆文献战略储备库”项目，22
《国家图书馆文献资源整合总体规划》，60
《国家图书馆信访工作办法》全文，333
《国家图书馆学刊》，203，205
《国家图书馆舆情专报》，76
《国家图书馆域名调整工作规划及工作预案》，143
《国家图书馆域名调整工作调查表》，143
《国家图书馆域名调整信息系统批次列表》，143

国家图书馆展览部，44
《国家图书馆战略储备库研究报告》，198
国家文化科技提升计划项目，63，201，217
国家文物局，8，10—11，25，28，47，62，150，162，164，167，380
国家文献信息资源总库，7，8，23
国家文献战略储备库建设，9，20，22—23，242
《国家文献战略储备库建设研究报告》，22
国家文献战略储备库项目，9，19—20，22—23，242
—概况，20
《国家文献战略储备库项目建议书》，22
国家新闻出版广电总局，95，167，209，211—12，216，285—86，375
国家艺术基金专家评审活动，144
《国家珍贵古籍名录》，12，151—53，160，166—67，170，213，275，292，326，385
《国立北平图书馆现藏中国官书目录》，188
国情概况数据库，72
国图公开课，10，19，29—31，41—43，77—78，83，124，126，132，146，155—56，173，180，256，284，294，313，315，325，341—42，346—48，352—56，359，361—68，375，385—86
—概况，29
—开启仪式（照），29
—网站，42，83
—详情（表），313
—专家座谈会，385
“国图公开课·读书推荐”专栏，43，363
《国图公开课视频资源对象数据加工标准》，31
《国图公开课视频资源元数据加工标准》，31
“国图公开课书香燕京”特别活动，83
《国图简报民国时期文献保护专报》，158
国图讲坛，43，82，114—16，300—12，355，366，386
—流动讲坛，82，89，117，303—05，309—12
“国图外文文献服务”微博，79
国图艺术中心，11，19，40—41，120—22，133，257，259，263，281，288，325，366，368，375，381，386
“国图与抗战”学术活动，7，249
—论文集，249
“国图中文外借”微信，79，110
国外及港、澳、台重要来访，219—20
国务院发展研究中心，105
国有资产简况，266
国资管理工作，16

H

哈巴河县文化体育广播影视局，173，382
哈吉·阿里·阿斯哈，374
海淀中小学校外教育基地，41
《海军公报（1929—1937）》，188
《海南全书》，187
海南省图书馆，97
海外古籍登记平台，14
海外古籍合作出版工作，39
海外合作协议，14
海外文化中心数字图书馆资源配置工作，156
海外中国问题研究资料中心，72，272
海外中国学研究资料中心网站，72
《海外中华古籍书目书志丛刊》，14，39
海外中华古籍书目数据库，39
海外中华古籍调查暨数字化合作项目，14，19，39，151，221，223—25，376
—领导小组，39
“海外中华古籍调查暨数字化合作项目”报告，14，39，151，221，223—25，376
《海外中华古籍珍本丛刊》，14，39
海西州图书馆，172
海峡两岸档案暨缩微学术交流会，111
海峡两岸古籍高峰论坛，222
海峡两岸古籍论坛（2 届），220，287
海峡两岸学术交流活动，14，102
“海之声”演出项目，121
邯郸学院图书馆，62
韩国国立中央图书馆，221，229—30，288，291，384
韩洪，179
韩永进，6，16，24—25，27—29，32—36，39，45，46，69，101，105，117，119，159，166—67，174，182，212，220，222，224—29，245，250，257，260—61，263，279，288—91，338，340，342，344—45，349，352，362，369，372—76，379—86
“汉唐盛世与丝绸之路”讲座，115，301
《汉文古籍特藏藏品定级》，152
《汉字与中华文化》课程，83
《翰墨流芳——国家图书馆馆藏精品大展图录》，209
“行业重点十三五”规划，7

合作协议，12，14，39，75，112，157，216—17，221，224，228，349，375—76，382，385
何光伦，215
何玫馥，380
何明星，88
何振作，94
《和平是什么》，97
河北博物院，104
河北大学，104
河北省古籍普查工作，12，104
河北师范大学，104
《河洛文化文献丛书》，187
河南省图书馆，85，93，317，345
贺荣，105，379
《黑龙江历代方志集成》，216
黑龙江省地方志办公室，216
黑龙江省图书馆，94，175
黑龙江省兴隆林业局，27，381
红学重要文献展，8
洪琼君，97
侯汉清，103
后勤服务工作，16，244
后勤服务管理中心，107，244，281，283，333
呼叫中心接待读者数量，76
胡光，96，370
胡小菁，95
湖北省图书馆，93，118—19，175，382
湖北省文化厅，118，382
湖北省文学艺术界联合会，118，382
湖北省中华文化促进会，118，382
湖南省藏国家珍贵古籍特展，170，318
湖南省少儿馆，174
湖南省社会科学院图书馆，170
湖南师范大学图书馆，170
湖南图书馆，94，163，170，318
互联网服务，131，135，143
《互联网思维下的图书馆服务模式探索》，200
“互联网信息的保存与利用”主题论坛，146
“花艺花事”活动，82
华东师范大学，95，96，174，215
《华南抗战史料汇编》，157，178
华南文献保护论坛（8 届），165
华侨大学图书馆，97
“华严颂”朗诵音乐会，120
黄坤明，29，30
黄曼，174
黄艳，181
黄勇，121
会议详情（表），292
霍力岩，147，298
霍瑞娟，98，281，287—88

J

机构设置与调整，3，233，235
《基藏库期刊合流调整方案》，63
《基藏库文献外迁工作方案》，63
基层图书馆数字资源提升活动，13，60，146，156，174
《基于大数据管理与云技术平台的数字档案馆建设框架研究》，102
“基于互联网电视平台的数字图书馆应用与示范”项目，78，277
吉林省图书馆，91，93—94，98
纪检监察审计工作，3，247，250
纪念陈垣先生诞辰 135 周年展，85，366，384
“纪念中国人民抗日战争胜利 70 周年”系列讲座，82，306—11
寄语数图互动区，141
加艾尔·贝格，88
加拿大安大略皇家博物馆，223，374
加拿大多伦多大学东亚图书馆，223，374
加拿大图书馆，220，287
《佳联赏析》，8，86
家谱文化体验区，69
“家庭和谐、幼子成长”主题情感沙龙座谈会，261
甲骨保存保护项目，63
甲骨文记忆研讨会，346，352，383
甲骨文记忆展，8，78，133，284，317，339—40，345，360—61，365，383
贾贵荣，217，281，289
贾君枝，103
贾庆林，243，372
“艰难与辉煌”巡览，85
监管审计工作，16
江华，68
江门市人民政府，119，384

《江苏省常州市图书馆古籍普查登记目录》，207
江苏省档案局（馆），217
“江苏省民国文献概览”讲座，178
江苏省图书馆学会，178
江西省图书馆，85，94，98，316，376
《江西省政府公报》（民国），177
姜波，115
姜刚杰，162，174
讲座情况，82
—详情（表），300
焦光明书法精品展，86
接待到馆读者人次，11，76，267
结项科研项目（表），277
解答各类咨询数量，11
金昌市图书馆，235
《金刚般若波罗蜜经》（晚唐五代刻本），47
《金刚经》，9，47，49，225
金日成综合大学电子图书馆，225
《金石书画人物传记资料丛刊》，186
金武刚，147
金燕芳，102
金以林，180
《近代国学文献集成》，208
《近代著名图书馆馆刊荟萃五编》，189
京港地铁，11，42—43，180，372
京港地铁有限公司，11，372
《京华时报》，27
“京剧明星公开课”活动，82，300
“经典与传承”主题研讨会，365，367，386
竞争情报类咨询数量，75
举办博士后学术讲座（照），196

K

开放链接系统，60
《开源节流工作分解实施方案》，16
康新宇，96
康瑜，97
《抗日战争的细节》，180
抗日战争胜利 70 周年图片摄影展，7，45，86，243，256，383
《抗日战争史料丛编：第二辑》，8，12，158，181—82，209，211，386
《抗日战争珍稀史料丛编》，208—10
《抗战大后方稀见短刊汇编》，177
抗战及对日战犯审判文献开发情况，188
抗战胜利 70 周年馆藏文献展，7，25，158
抗战胜利 70 周年纪念歌会，7，249，259，381
抗战胜利 70 周年纪念活动，7，25，177，249，254，259，308—81
抗战胜利 70 周年联合国资料特藏文献网络展，7，106
抗战胜利 70 周年线上线下专题文献展览，7
抗战胜利 70 周年重点出版物，209
抗战时期古籍抢救保护典型事例，29
抗战时期古籍抢救保护古籍重要事例征集和大型研讨会，153
抗战时期古籍抢救保护史迹大型报道，29，153
《抗战时期古籍抢救保护史迹文集》，28—29，153
抗战时期古籍抢救保护史迹研讨会，7，28，293，338，361，380
抗战时期古籍抢救保护重要事例征集，28
抗战时期图片资源库，12，158
《抗战时期英国驻华大使馆档案资料汇编》，157，178
抗战主题电子书，180
抗战主题音乐会，7
《〈考工记〉研究文献辑刊》，187
“考古学视野下的海上丝绸之路”讲座，115，308
柯平，101—02
科技参考咨询专题培训班，91
科技查新中心，11
科技咨询辅导性咨询数量，75
“科举文化”系列讲座，84，305—06，308，310—12，341
科学评估中心，11
科研立项情况，194，265，273
科研立项与结项统计，273
科研项目概况，194
科研资助经费数量，15
可移动文物修复资质，10，62
克莱蒙·乌里，89
克里斯·奥利弗，106
孔爱萍，116，308
《昆曲》课程，83
昆曲艺术赏析系列讲座，82，116，306—08

L

《拉贝日记》，180

来访详情，14，289
“赖少其书画作品及文献”展览，85
老干部俱乐部，18，258
—乒乓球俱乐部，264
老年大学，18，85，110，113，258
老年读者绿色通道，11，82，111
《老子绎读》，209，216，286
雷文洁，118，382
离退休服务与管理工作，3，247，256
离退休干部党小组长及协管工作骨干培训会，17，257
离退休员工秋游首都博物馆（照），257
黎城摄影图片展，86
黎盛翔，179
黎玉藏革命历史文献，68，69
—捐赠国家图书馆（照），68
李迪华，115
李东来，101
《李铎》，340，344，346—47，360，364，379
李虹霖，39，115，117—19，220，225，227，257，260，279，288—90，372—73，377，379，381，383—84，387
李鸿良，116，306，308
李华伟，195，288
李际宁，226，343
李进，94
李景贤，114
李君如，33—34
李俊国，44
李克强，22
李美嫦，221，229，291
李秋香，115
李水城，115
李晓明，94，102，274，281，288
李晓泉，181
李煦诞辰360周年特展，8，85，316
李永钢，94
李致忠，32—34，83，160，164，195，226，277，300，340，343
—主讲古书版本鉴定（照），83
李忠昊，112
历代藏书家名贤手稿与古籍特展，226
《历代伦理学文献辑刊》，187
历力（人名），173
历史档案修复保护研讨会，63
历史文献综合服务系统，209
立法决策服务部，33，72，92，105，152，262，280，283，284，288
—机构知识库，72
立法决策服务工作，10，93，105
立法决策服务平台，72—74，93，105—06，294
—服务年会，105
—《立法决策服务平台季刊》，74
立法支撑研究，13，198
联机公共目录检索系统，132
联络人制度，142
梁鸿，43
两岸古籍整理与维护研讨会，220，222，226，288，370，380
“两会”服务项目，10，73—74，93，105，142，325
辽宁省图书馆，83，89，93，303，304，309，310，311，312
林登昱，169
林明，165，169
林世田，226，278，281，288，341
林文宝，96—97
林育毅，102
林洙，49—50
“零事件”汇报制度，142
刘楚华，116，305
刘洪辉，212，296
刘惠平，31—32，34，35—36，44，112，118，161，164，212，220，226，228—29，257，259—60，262—64，279，287，288—91，367，372，374—83，385—86
刘家真，161
刘建明，113
刘菊娇，98
刘俊瑞，100
刘利，119，178，384
刘庆柱，115
刘炜，99—100
刘细文，100
刘小琴，24—25，28，93，99—101，105，116，298，379，384
刘绪源，96，309
刘延东，22
刘永泽，118
刘云山，22

刘兹恒，102
“留住乡村的内在美”讲座，115
《流动图书车车载装置通用技术条件》，101
柳河，98
“六一”亲子嘉年华活动，262
漏洞扫描工作，142
卢海燕，93，105，280，288，298
卢云辉，162
陆苗耕，114
罗伯特·珀克斯，227
罗翀，95，295
罗家良，220，225，290，378
罗杰·米罗，97
罗利·凯丁，382
罗马化数据库回溯性数据格式转换，66
罗平，94
罗援少将福建巡讲，117
洛杉矶公共图书馆，221，223，291
洛杉矶汉庭顿图书馆，223
洛阳市地方史志办公室，187
雒树刚，6—7，25—26，30，79，144，159，167，249，260，322，372—73，380，385
雒树刚出席抗战胜利 70 周年文献展开幕式（照），26
雒树刚在 2015 年度国家艺术基金专家大会上讲话（照），144
吕舟，115

M

马大正，177，254
马莱克国家图书馆与博物馆，228
马小彬，215
马亚鹏，93
马振岗，114
盲文出版社，42—43
毛里求斯国家图书馆，220，226—27，288，380
毛雅君，103，180，217，278—79，289，323，348
每日课堂，84，133，134
《每日舆情摘报》，76
美国艾默里大学图书馆，39
美国藏二战盟军联合军事会议记录，12
美国藏陆海军联合情报处报告，12
美国东亚图书馆年会，39，374
美国国家档案馆藏纸质抗战档案和日本战争罪行专题档案数字化回归工作，12，157
美国亨廷顿图书馆，39，209，212
—版画展，86
《美国亨廷顿图书馆藏〈永乐大典〉》，209，212
美国芝加哥大学东亚图书馆，39
美国芝加哥富地博物馆，223
“魅力女性”情感沙龙会，253
《弥勒下生经》（五代北宋初刻本），9，47，49
《缅怀冯仲云　重走抗联路》，28
面向残障人士数字图书馆，11
民国法律法规数据库，72
“民国贵州文化的前世今生”专题报告，180
《民国江苏司法档案辑录》，157，178
《民国时期地方概况资料汇编》，188
《民国时期公藏书目汇编》，188
《民国时期孔教会资料汇编》，208
《民国时期社会调查资料续编》，188
民国时期缩微文献，12
民国时期文献保护工作汇报，180—181
民国时期文献保护工作培训班，158，178—79，295，297—98
民国时期文献保护计划，7，12，26—27，99，113，134，142，149，157—58，178—82，188，207，215，217，316—18，327，349，351—52，357，359，363，375
—概况，157
—宣传推广，12，99，158，178—79，181，349，351—52，357，363，375
—展览，178，180
《民国时期文献保护计划“十三五”规划》，157
民国时期文献保护暨整理出版研讨会，178—179
民国时期文献保护项目，63
民国时期文献编目培训班，113
民国时期文献书目数据普查登记项目协议，157
“民国时期文献脱酸研究与脱酸设备研制”项目，12，63，158
民国时期文献整理出版项目专家评审会，177，292
民国时期文献总库，189，209，217
《民国时期文献总目（图书卷）》，351，365
—编纂工作，12，158，180—81，293，382
《民国时期音乐文献汇编》，188
《民国时期中国文学史著作廿七种》，188
民国图书馆学著作数据库，189

民国文献开发，188
《民国文献类编》，188，208
民国文献析出图画辑录项目组，190
民国文献资料丛编出版情况，188
《民国浙江续通志稿》，177
民间珍贵典籍收藏展，86，153，164，293，317，338，340，343，364，367，379
《民间珍贵典籍收藏展图录》，153
民间珍贵古籍保护研讨会，164，293，344，350，364
闵庆文，115
“名家带你写春联”活动，81，372
名家特邀作品展，86，118
《明清法制史料辑刊（第三编）》，186
“明清善本再造精品化出版”项目，209，218
莫里斯·桑达克童书插画展，86，108，317，353

N

《那达慕的现代传承与意义阐释》，194
南海数字图书馆，10，75
《南海图籍录》，10，75
南京大学，75，83，204，214，215
—中国南海研究协同创新中心，75
南京图书馆，89，106，113，150，178，180，226，292，375
《南京图书馆古籍普查登记目录》，150
南开大学，102，104，178
《内蒙古自治区图书馆古籍普查登记目录》，207
倪晓建，112
年度大事记，372
年度媒体合作度分析报告，76
年鉴新方志阅览室，107
年中中层干部工作会议，380
牛津大学博德利图书馆，14，39，207，221，225
《牛津大学博德利图书馆藏〈永乐大典〉》，207
牛津大学图书馆，39
纽约哈莱姆合唱团创团20周年亚洲巡演北京音乐会，121，386
女员工专场观影活动，253

O

欧盟数字图书馆馆长，79

P

培训、讲座、参观、展览等各项活动共接待读者人次，268
培训情况，84
—详情（表），295
培训中心，84，97，113，114
彭康，173
彭云，33—34，36
平凉市图书馆，175
平林彰，220，291，382
蒲公英童书馆，108，109
《普林斯顿大学葛思德东方图书馆藏中文古籍书目》，209，212
普通古籍开发，186

Q

齐东方，115
“齐家文化：‘前丝绸之路’的重要奠基者”讲座，115
《祁承㸁藏书及文献学思想研究》，194
祁庆，116，307
企业信息服务平台，11
钱存训先生纪念展，86，153，161，316，342，347，361，375
钱振荣，116，307
黔西南州文体广电新闻出版局，174，385
秦小燕，181
青年岗位能手，261
青少年教育基地，81
青少年走进典籍博物馆互动体验系列活动，377
“清代：中国人的生活”展览，374
《清代阿拉善和硕特旗蒙古文档案选编》，208
“清代的中西交通及其特点”讲座，115，309
《清代家集丛刊》，187，208，209，212，215，360
—出版座谈会，214，294
清华大学，29，34，50，83，85，178，205，214，230，286，293
《清华大学图书馆藏稀见方志丛刊》，214，293
《清季外交史料》，187
“清末民初报刊漫画史料的整理与研究”科研项目，190，278
《清末民国旧体诗词结社文献续编》，187

情感沙龙座谈会，253，261
庆赏昇平卡通系列文创礼品，8，86
邱嘉怡，165
邱蔚晴，165
衢州市委宣传部，215
《衢州文献集成》，187，216
—发布会，215
衢州文献整理学术研讨会，215—16
衢州学院，215
趣味春联填填看游戏，155
全馆流通书刊册次，267
全国残疾人阅读指导委员会，82
全国第三期少数民族古籍修复技术培训班，62
全国书法篆刻作品展（11 届），86，118，340
全国副省级以上公共图书馆决策咨询服务培训班，92
全国公共图书馆技术部主任会议，94
全国公共图书馆讲座联盟，83，89，327
《全国公共图书馆事业发展“十三五”规划》，7，197，327
全国公共图书馆数字缩微建设工作，93
全国公共图书馆缩微技术培训班，94
《全国公共图书馆缩微文献联合目录》，218
全国公共文化发展中心，100
全国古籍保护工作部级联席会议，151
—成员单位，167，385
全国古籍保护技术培训班，161，295，297
全国古籍普查登记工作，11，150，168，326，387
全国古籍普查登记基本数据库，12，150
《全国古籍普查登记目录》，12，150，168，207，326
全国古籍普查培训班暨全国党校古籍普查培训班（31 期），161
全国古籍普查平台，150
全国古籍书志编纂培训班，160，295
全国古籍修复工作管理系统，150
全国古籍修复技术培训班（18 期），62，295
全国古籍重点保护单位，12，151，167，292，326，385
《全国基层文化人才队伍培训“十三五”规划》，197
全国巾帼建功标兵，261
全国巾帼文明岗，17，261
全国联合编目中心，13，87—88，326
—成员馆数量，13
—数据数量，13
全国民族文字古籍普查培训班（4 期），162
全国人大机关图书馆，105
全国人大信息中心，73，105
全国少儿图书馆数字阅读培训班，146，173，298
全国少年儿童经典阅读年系列活动，86，107
《全国少年儿童图书馆基本藏书目录（2015）》，13，81，191
“全国少年儿童主题阅读年”活动，11
全国少数民族古籍修复技术培训班（3 期），162
全国省级公共图书馆决策咨询服务协作平台，14，72，75，89，91—92，93，293
—培训暨工作会议，91—92
全国省级及副省级市公共图书馆参考咨询工作会议，75，89—90
全国数字图书馆建设与服务联席会议（16 次），99
《全国图书馆标准化工作“十三五”规划》，197
全国图书馆标准化技术委员会，13—14，100—01，152，197，293，327，381
—研讨会，101，381
全国图书馆参考咨询协作网，89—91，327
—西北五省公共图书馆馆长培训班，91
—业务培训班，90—91
全国图书馆讲座联盟，14
全国图书馆未成年人服务提升计划，99，327
全国图书馆文献缩微复制中心，13，57，93—94，218，376，380
全国图书馆文献缩微工作
—成果展全国巡展，85，316—18，349—50，356—57，361—62，376，380
—三十年成果展，24
—“十三五”规划预研座谈会，24
《全国图书馆文献缩微工作“十三五”时期规划纲要》编制概况，24
全国文化系统 2015 年度课题研究与调研项目，15
全国文化系统优秀调研成果，15，199
全国文明单位，17，249，285
全国文献编目工作研讨会（4 届），95
全国文献影像技术标准化技术委员会，13，14，102，111，294
全国西方文献修复技术培训班（4 期），165
全国性资源共建共享工作，13
全国艺术科学规划项目，15，194
全国优秀图书馆学期刊，204
全国政协机关图书馆，105
全媒体服务工作，13

全民健身运动，253
全民阅读论坛（9届），14
全年办理读者证卡数量，11
全年补藏各类型文献数量，9
全年入藏各类型文献数量，9
全年制作各类型文献书目数据数量，9
全勤（人名），178
《群体性孤独：为什么我们对科技期待更多，对彼此却不能更亲密？》，42
群众性文化活动，253

R

热门检索词排名（表），139
人才队伍建设，3，67，176，233—34，325，328
《人类简史：从动物到上帝》，42
《人民日报》，16，42
人民网，16，27，42，73，78，362—63
  —官方微博，78
人员结构（表）282
《任继愈文集》出版座谈会，212，292，338，342，349，363，374
任继愈先生族谱，69，352，365
任智富，98
日本存藏《永乐大典》出版工作，39
《日本强掳中国赴日劳工档案汇编》，208，210—11
“日本战犯罪行审判史料编译”专题，182，345—46，362，365，385
“日本战争罪行、抗日战争系列文献资料”整理出版工作，12，326
《荣福圣母玛利亚的玫瑰经》（意大利文），50
荣杰，262，288
荣新江，84，304
《融摄与传习》，169
弱势群体服务，81

S

“三八”系列活动，261
《三才杂字》，9，25
“三定”方案，15
“三山五园”讲座，303—304
“三山五园”丝巾，86，286
三山五园文化巡展，8，85，118，316，340，362，376
“三严三实”专题教育，6，76，248，259—60，264
桑达克书友会，86，109
“晒晒我的文津书架”活动，78
《山东八路军抗战年战果统计表》，26
山东省图书馆“公共文化机构建立法人治理结构”实地调研（照），199
山东邹城四山摩崖石刻拓片，52
陕西省图书馆，90
善本古籍开发，186
善本特藏文献回迁工作，37，38
《商标公报（1923—1948）》，188
上海崇明县图书馆，99
上海交通大学，95，179，182—83，208—10，386
上海世纪出版集团，118
上海市浦东新区档案局，102
上海图书奖，209
“上海音乐学院民族音乐学科的昨天与今天”展览，86
上海远东出版社，118，376
少数民族古籍保护工作，152
少数民族文字古籍和出土文献普查工作，152
“少数民族文字文物的辨伪”讲座，84，306
少数民族语言特色专题资源库，172
少儿服务，80
少儿绘画活动，155
少儿图书采购，65
少年儿童馆，11，19，36—37，44，65，80，86，96—97，107—09，146，191，280，285，325，350，377
  —迁址开放，11，19，36—37
“设计之都”建设与科技文化融合领域储备课题，217
设拉子图书馆，228
社会公众服务工作，76
社会教育部，82，115，117，227，281，283—84，288
社科类咨询数量，75
《社区图书馆服务规范》，100
申晓娟，96，101，280，288
《沈从文的后半生》，42
沈德咏，105，379
沈津，160，213
审计工作，16，247，250，251，328
“生态文明视野下乡村文明价值的另类解读——乡村遇工业文明衰，逢生态文明兴”讲座，115，310
省级古籍保护中心工作会议，24，159，292，372

省情概况数据库，72，92
省、市、县三级公共图书馆业务规范研制工作，13
省、市、县图书馆业务规范研制工作，198
十八届五中全会精神学习培训班，6，248
“十二五”国家重点图书出版规划项目，208
《“十二五”时期服务发展政策、服务制度及服务主要数据分析》，24，197
《“十二五”时期馆藏发展政策、管理制度及资源建设主要数据分析》，197
《“十三五”时期我国文化发展面临问题研究》，76
《石渠宝笈》（精选配图版），350，364，378
石小梅，116，307
《拾贝集》，43
史籍史料开发，186
史义军，28
世界标准日，82，116，310，368
世界博物馆日，81，377
世界读书日，16，29，31，41，82，155，242，313，339，342，346，362—63，366，368，375
世界数字图书馆执行委员会会议及合作伙伴会议，220，229，384
“世界遗产和文化战略”讲座，115，302
世界遗产数据库，72
事业单位人事制度改革，233—34
《视觉启蒙——国家图书馆藏清末民初报刊漫画集成》，190
《是什么带来力量》，42
手机门户，9，58，80，126，129，134，135，141
手机知网，58，129，135
《首都博物馆藏清代契约文书》，208
首都联合职工大学国家图书馆分校，62，84
首都师范大学，85，161，215，376，383
首都图书馆，77，97，180，223，227，230
首届向全国推荐中华优秀传统文化普及图书，209，216
首届中国与阿拉伯国家图书馆及信息领域专家大会，220，287
首批国家古籍保护人才培养基地，169
“书目数据库在传播学研究方面的价值与利用——worldcat为例”会议报告，88
“书是怎么产生的”活动，81
书香社会建构中的儿童图书馆服务创新座谈会，96，292
“书香校园”雏鹰建言征集启动仪式，8，81，347，368—69，377
《书香养我——熊召政诗文书法展作品集》，119
《书志》，152，160
数据管理与分析系统，144
《数学与人文》读书推荐节目，83
《数转模技术的应用探析》，103
数字出版工作，209，217
数字电视服务，77，78
数字电视图书馆平台，155
《数字馆藏元数据著录规范》，9，60
数字化资源情况，125
《数字缩微技术的应用与前景分析》，103
数字缩微建设单位，14，93
《数字图书馆安全管理指南》，100
数字图书馆发展研究专报，199
数字图书馆服务，11，81，123，135，141，154，172，175，278，327
数字图书馆建设与服务案例征集活动，156
数字图书馆体验区，79，98，141，156
数字图书馆推广工程，10，13，16，42，77，89—90，128，141，145，149，154—56，171—77，251，277，280，294—97，299，326—27，349，352，365，374，382，385—86
—培训工作，156，171—73，176，295，374
—体验区，156，175—76，365，386
—“网络书香”阅读推广活动，173—174，365，382，385
—项目绩效评价，16
—咨询数量，77
—资源建设工作，155，174，177，294
《数字图书馆推广工程2015年度工作计划》，154
《数字图书馆推广工程2015年宣传工作方案》，154
数字图书馆网络体系，13，172
数字图书馆研究，199
数字图书馆业务平台，13
数字信息保存与保护工作，60
数字资源部，96—97，105，113，152，245，255，259，280，283—84，287—89，330—31
数字资源发布，9，130，136，268
数字资源加工数量，77
数字资源建设，72，123，125，129—31，145—47，154—55，176，228，268，293，324，352
数字资源门户系统，60
数字资源全年保存数量，10

数字资源信息组织情况，60
数字资源展示体验区，141
《数字资源长期保存技术的研究与实践》，208
数字资源长期保存情况，61
数字资源征集工作，129
数字资源总量，9，61，125，268，324
司莉，103
“丝绸的记忆”巡展，85
“丝绸之路”数字图书馆，14
“丝绸之路”图书馆联盟，14
丝绸之路国际文化论坛，374
丝绸之路沿线图书馆交流与合作，14
《丝绸之路与丝路之绸》课程，83
《四部丛刊》，186
《四部丛刊四编》，186
《四川历代方志集成》，215—16，294
四川省图书馆，93，176，213，215，299
四川艺术职业学院，176，299
寺庙藏文古籍保护工作，12
松岭（上海）股权投资基金管理有限公司，112
《宋代地方的官民信息沟通与治理秩序》，208
《宋拓本兰亭序》，14
宋文，95
宋文珍，96
宋新潮，25，380
《宋游似藏兰亭本》，39，293
《宋元方志经济资料丛刊》，187
宋元善拓暨全国书法临摹展，85，120，318，339，352，386
搜狐网，27，43，368，369
苏品红，33，279，288，295
苏思棣，116，305
《碎金》，9，52
孙伯阳，215，274，279，287
孙春兰，10，74
孙继民，117，373
孙建君，115
孙莉莉，96
孙若风，101
孙卫，95
孙一钢，27，33—36，92，100，105，220，224—25，229—30，260，263，273，279，281，287—91，352，372—79，381，383—84，386
缩微工作成果展全国巡展，24，85
缩微设备全国巡检，94，95
缩微文献部，151，201，262，281，283—84，288
缩微文献建设情况，57
缩微文献书目数据加工数量，58
“缩微文献长期保存保护研究”课题，64，201，278

T

塔里木油田数字图书馆触摸屏资源建设，79
“拓片修复技术规范与质量要求”国家标准，62，152
《拓片修复技术规范与质量要求》，152
台北“故宫博物院”，226，380
台东大学儿童文学研究所，96—97
台港澳平面媒体报道（表），358
台港澳文献采访数量，56
台港澳文献加二数量，58
台湾佛陀纪念馆，222，291
台湾汉学研究中心，220，222，226，290，380
泰达图书馆，77
“谈谈徽州文书与徽学”讲座，84，300
谭金花，115
“探秘增强现实技术在《西游记》绘本中的应用”活动，81
汤恒，34
唐亚明，97
特殊群体服务工作，11
腾讯公司，11，81—82
腾讯网，42，369
体制改革工作，15
天津师范大学，104，151
天津图书馆，85，93，97，102，151—52，163，317，380
“天山廊道的丝绸之路”讲座，115，304
田世宏，116
田周玲，161，274，289
通辽市图书馆，235
同方知网，174
童圣江，213，349
统一用户管理系统，13，79，83，132，145，154—55
—相关数据，79
突尼斯国家图书馆，14，220，287，223—24，375
图书馆标准规范体系，13，327
《图书馆参考咨询服务规范》，100

图书馆读者服务周，79
图书馆服务宣传周，82，108
图书馆公开课暨推广工程 2015 年资源联建培训班，175
《图书馆馆藏资源数字化加工规范　第 5 部分：视频资源》，101
《图书馆行业条码》，101
《图书馆决策参考》，199
“图书馆科技参考咨询工作”专题报告，91
“图书馆面向残疾人的服务模式与规范研究”项目，11，81
图书馆事业发展研究，193，197
图书馆事业发展支撑研究，13
图书馆事业发展中长期规划研究，197
图书馆事业发展状况调查与研究，197
《图书馆数字资源长期保存信息包封装规范》，100
图书馆数字资源制作和服务，154
图书馆现代技术学术研讨会（3 届），14，293，381
图书馆新媒体服务培训班，113
图书馆信用体系建设，110
图书馆业务自动化管理系统，131
《图书馆政策发展研究》，199
图书馆政策研究，193，197—99，327
《图书馆知识产权工作指南》，146
图书馆知识产权理论与实践研究，146
“图书专架”读者服务，8，110
《图像语义信息可视化交互研究》，208
土耳其国家图书馆，14，146，221，227，228
“推进文化创新，共享经典阅读”主题活动，109

W

外购数据库，80，125，127，128，130—33，135，268
—概况，127
—类型及数量（表），127，268
—所含主要内容单元（表），128
海外古籍回归工作，14，39
“外交官亲历”系列讲座，82，114，301—03，308，310—12
外文报刊订到数量，57
外文报刊加工数量，59
外文采编部，66—67，95，97，106，255，259，280，283，287—89
外文电子资源元数据清洗项目，67
外文实体电子资源订到数量，57
外文实体电子资源加工数量，59
外文书目数据回溯加工数量，59
外文数字资源建设数量，57
外文文献信息资源组织情况，59
外文文献阅览区，109
外文文献资源建设情况，56
《丸之内审判文献汇编》，158
《晚清小说期刊辑存》，208，294，352，368
《万万没想到：用理工科思维理解世界》，42
《万物运转的秘密：给青少年的物理世界入门书》，42
汪东波，89，95，101，103，220，230，257，260，263，279—80，289，291，369，373，376，381，384
《汪伪政府公报汇刊》，177
王凤友，162
王浩，94
王家新临摹历代书法经典作品展，86，120，367，386
王嘉陵，213，215，343
王建朗，182，386
王军，23，38，147，220，230—31，242，245—46，257，260，263，289，298，373，384
王开玺，115
王乐春，111
王莉，162，370
王美英，213
王泉根，44，377
王韶华，117，373
王绍平，95
王涛，214
王晓秋，180
王洋，87
王尧，33—34
王志庚，97，278，280，288，348，357
王子舟，227
网络安全管理制度，141
网络安全事件处理流程，142
网络采集专家论证会（照），145
网络导航和网络采集资源，131
网络导航资源，128
网络和平台建设，154
网络媒体报道（表），359
“网络书香”阅读推广活动，13，98，155—56，170—71，173—74，351，357，365，382，385
网络书香·数字图书馆建设与服务宣传推广项目，98

—吉林站活动，98
—江西站活动，98
—浙江站活动，98
网络书香过大年，155—56，170—71，373
“网络书香过大年”新春系列活动，155—56，170，373
网络书香推广工程畅游空间展览，155
网络信息采集工作，128
《网络信息资源采集与保存》，199
网络信息资源建设情况，128
网络与软硬件基础设施管理工作，16
网站访问量，11，76，171，268
威拉·洛朴乍纳叻，374
微博微信累计用户，16
微信服务，78，140
韦正，115
唯一标识符系统，13，130，154
维多利亚州立图书馆，230—31
“为盲胞读书”公益活动，11，77，81
“为生活而教育”活动，82
“为生活重塑教育”主题沙龙，43，368
慰问困难员工，254
魏大威，6，98，102，112，143，174—75，220，229，260，263，277，279，288—91，350，352，354，359，367，373，378，380—82，384—85
文创产品开发，86
文化部非遗司，45
文化部公共数字文化建设项目论证会，154
文化部国家科技提升计划项目，15
文化部国家文化创新工程，78
文化部国家文化科技提升计划项目，201
文化部科技创新项目，201
文化部老年大学西区分校，113
文化部领导调研，373
文化部视频会议系统国家图书馆节点建设，135
文化部网络安全和信息化办公室，142
文化部五四红旗团组织，17，255
文化产业发展专项资金项目，16，209
“文化发展改革决策参考”项目，76
文化行业标准化工作体系，13
文化行业标准化研究项目，15，100—01
文化领域舆情咨询系列项目，76
文化养老，18，258
“文化遗产保育与发展的内涵及其乡村实践探索”讲座，115，309
文化遗产日，45，115，153，343，359，378
“文化遗产日”专题，45，115，153，343，359，378
文化志愿者服务总队，256
《文化资源交互数字电视展示与服务规范》，78
“文化资源数字化关键技术及应用示范”项目，77
文津出版基金，194
文津读书·2015年青少年科普活动，376
文津讲坛，29，83，125，130，133，136，243，300—12
“文津经典诵读”项目，58，80，84，133，140
文津科普图书进校园，44
“文津十年”主题活动，43
文津搜索系统，9，60，124，132，136—41，143，145
—每月独立访客数统计（图），137
—每月页面访问量统计（图），138
—日均页面访问量统计（图），137
—文献类型访问量统计（图），139
—用户行为类型统计（图），140
—资源库访问量统计（图），138
《文津听书》有声读物系列，43，363
“文津图书奖”专题，11，19，30，41—45，78，82，85，110，316，325，339—42，346—48，354，362—63，373，375
—读者荐书活动，43
—评选推广活动，41
《文求堂书目》，14，39，208
文物鉴定与修复专业，62
《文献》，206
《文献搬迁安全管理规定》，63
文献保护工作情况，62
《文献保护研究简报》，63
文献捐赠，46，49，65，68—70，175，221，223—25，378
文献流通数量，11
文献数字化加工中心项目，134
文献提供中心，76，288
“文献脱酸剂和脱酸系统”专利，15
文献外迁调整工作，63
《文献为证：钓鱼岛图籍录》，10，75
文献信息资源保存保护工作，10，60
文献信息资源建设工作，56
文献信息资源整合揭示工作，9
文献信息资源组织工作，58
文献修复情况，62

“文献用纸保存寿命评估体系研究”项目，63，274
文献整理与开发，185—87，189，191
文学艺术文献开发，187
“我的网站要存档”宣传活动，146
“我国文化场馆语言文字应用调查及对策研究”项目，199
—研究报告，15，199
“我来当主讲”老年读者系列主讲活动，82，111
“我们的文字”项目，8，9，45，68，78，82，85，129，171，285，300，339，341，342，348，349，354，355，356，358，359，363，372
“我是刻版印刷造书匠”课程，81
“我是小小讲解员”课程，81
“我与书之缘”主题活动，109
“我与中华古籍”摄影大赛，12，98，153，163，169，258，294，316，342—44，347，350—51，359—62，378
《“我与中华古籍”摄影大赛优秀作品选》，153
《“我与中华古籍”优秀征文作品选》，153，294
沃洛比约夫，220，289，369，374
乌丙安，116，305
巫白慧手稿资料、图书捐赠，70
吴格，160
吴贵飙，162
吴建中，99
吴可读，51
“五四”表彰大会，261
武汉大学信息管理学院，85
武汉大学中国边界与海洋研究院，75
武汉图书馆，171，374
武汉文化局，171

X

《西班牙藏中国古籍书录》，208—09，212
《西班牙藏中文古籍目录》，14，39
西式传统手工精装书装帧培训，114
“西文古籍传统烫金技术研究”项目，62
西文古籍修复，170
西文文献采访数量，56
西文文献加工数量，59
西文文献修复技术攻关工作，62
西夏文古籍文献，52
西夏文纸本文献，9，52
《西洋小说发达史略》（英文），51
西域典籍讲座，84
西域文献保护成果展，86，153，161，316，346，348—49，376
西藏古籍保护工作专项，12，165
西藏自治区藏文古籍修复中心，12，152，164，364，379
西藏藏文古籍修复中心揭牌仪式，164
西藏古籍保护中心，152
西藏首届藏文古籍修复培训班，164
西藏图书馆，62，152，153，172，235
《西藏自治区图书馆古籍目录·文集卷》，152
西藏宗教系统、各大寺庙古籍普查工作，152
悉尼动力博物馆，220，290，379
“喜马拉雅FM”APP，80
戏剧知识及原创图画书展，86，107，316，347，348，369
系统设备运行保障和日常维修工作，244
厦门市图书馆，89，117，303
“先秦诸子百家系列”讲座，84
现场代查数量，76
“乡村，诗意的栖居”系列讲座，82，115，302—04，306，308—10，312
“乡村设计与乡村手工业复兴”讲座，115
“乡村与设计之美”讲座，115，302
“乡土文化与乡土建筑”讲座，115，304
《乡镇图书馆管理规范》，101
香港康乐及文化事务署，221—22，229，291
香港中央图书馆，221—22，229，291，384
向文化部信息刊物报送稿件数量，16
肖晓梅，165
消防应急演练，246，384
《协同信息检索行为研究》，208
《写给儿童的中国历史》，42
谢辰生，28
谢强，173，289，297
新版手机门户建设，134
新春经典朗诵音乐会，120
新华社，16，73
新华网，27，42，83，359，360，361
新加坡国家图书馆管理局，225—26
新加坡图书馆，220，288，350
新加坡中国文化中心图书馆图书采购，65
新疆地区汉文古籍普查，152
新疆古籍保护工作专项，12
新疆洛浦县山普鲁出土毛毯系列研究讲座，84，309

《新疆农民画参展作品集》，119
新疆青少年出版社，86，107，349
新疆维吾尔自治区成立六十周年新疆农民画展，85
新疆维吾尔自治区成立六十周年新疆农民画作品进京展，8，119
新疆维吾尔自治区古籍保护中心，152
《新疆维吾尔自治区入选国家珍贵古籍名录图录》，152
新疆图书馆，90，165，173，297，382
新疆文化厅，119，173，382，383
《新疆维吾尔自治区珍贵古籍图录》，12
新浪网，27，369
新媒体服务，77
新入藏珍贵文献，19，47，51
《新入藏珍贵文献之《西洋小说发达史略》(照)，51
新书推荐专题库，72
“新四军在抗日根据地的历史地位和作用”讲座，7，309
新闻出版改革发展项目库，209
新闻媒体报道数量，15
新西兰年画展，86
新西兰图书馆业务交流，220
新阅读研究所，97
《新中国古籍影印丛书总目》，208
信息安全建设，123，141，172
信息管理专业在职研究生学历教育，84
信息技术部，67，105，107，111，124，142—44，199，245，281，283—84，287—89，318，330，381
信息系统等级保护工作，142
熊召政诗文书法展，8，86，118—19，317，344，351，360—61，365，382
熊召政向国家图书馆赠送诗文书法作品（照），118
熊宗仁，180
虚拟参考咨询系统，132
徐建华，102，384
徐俊，34
徐开云，97
徐小跃，178，375
徐晓军，98，169，343
徐欣禄，181
徐雁平，215
徐燕峰，98
徐贻聪，114
徐艺乙，116
徐州市图书馆，79
许刚，28
许建业，89
许俊松，94
许其亮，10，74
许兆恺，102
宣传推广工作，15，153
玄览论坛（2届），220，226，288，368
“炫彩童年”亲子活动，254，262
炫彩童年——中国百年童书展（照），44
学术成果概况，194
学术讲座资源建设情况，58
学位论文编目加工数量，58
学位论文采访数量，56

Y

亚洲及大洋洲地区国家图书馆馆长会议，220，288，378
《掩不住的阳光》手稿捐赠国家图书馆（照），46
《谚语集》，9
羊年楹联展览，86
杨成斌，102，384
杨东平，43，302
杨光，36
杨健，178
杨利丽，165
杨利群，162
杨柳，147，288，298，377
杨玉良，169，297
杨泽世，101
杨志今，7，31—32，105，167，170，176，212，372—73，375，379，385—86
杨子湘，97
姚晓霞，100
《耶路撒冷三千年》，42
《业界动态》，199
业界培训工作，113
业界业务指导与合作，75，87
业务处，105，217，287
业务合作平台建设，13
业务统计数据，265，267
“‘一带一路’的文物、经济发展与文化交流的情况”讲座，115，312
一带一路系列讲座，82，115，301—02，304，308—12

一体化民国文献整本脱酸设备，15
一种基于数字电视的图书借阅系统，77
伊朗德黑兰大学中央图书馆，14，221，228
伊朗国家图书馆，146，220
伊朗议会图书馆，228
伊斯法罕公共图书馆，228
移动服务，58，78，80，140，141
移动阅读平台，80，135，140—41，154—55，327
易向军，94
《〈逸周书〉研究文献辑刊》，186
音像制品和电子出版物采访数量，56
音像制品和电子出版物加工数量，58
音像资源接受捐赠宣传，65
殷梦霞，34，215，217，281，287—88
“印象数图”国家数字图书馆体验区，79，156
印象未来畅想区，141
“印一本自己的书”课程，81
英国国家图书馆，63，220，225，227，289—91，382
　—口述历史馆，227
“楹联文化”系列讲座，83，300—01，354
应用系统和平台建设，123，131
《永乐大典》高清数字资源，14，39，221，225
优秀共青团评选，261
优秀图书评奖，209
游珮芸，97
《又见文津——历届“文津图书奖”获奖图书书评集萃》，43
于代军，100
榆中县图书馆，44
“与书为友，诚信借还”倡议活动，109
羽毛球团体赛，253，262
《羽毛》图画书，97
域名调整工作，16，60，132—34，136
　—概况，143
《欲与书为友》主题文章，109
元数据仓储情况，60
元数据改造，9，60，65
员工大会，373
员工队伍建设，15，329
员工运动会（11 届），17，253，263，329
《原创绘本 100》，80
　—书目研制工作，191
原生性文献保护研究，158
《圆明园四十景图》数字版本，14
《圆明园四十景图咏》，118
圆明园四十景文化展，8，85，118，316，376
“缘来是你”青年新年联谊会，263
《远东国际军事法庭庭审记录》，27，182—83，209—10，286
《远东国际军事法庭庭审记录索引、附录》，210
《远东国际军事法庭证据文献集成》，182—83，340—41，359，361
《远东国际军事法庭证据文献集成索引、附录》，209
阅读平台专题，140
云南省少数民族语文指导工作委员会办公室，172
云南省图书馆，151，162，166，172，297
云南省图书馆古籍修复中心，162

Z

藏文古籍修复技术培训班，162
泽波（人名），176
曾红辉，181
曾辉，115
曾永义，116，305
詹福瑞，212，375
展览情况，85
　—详情（表），316
张高丽，22
张宏喜，114
张姬雯，182，217，386
张剑，215，354，373
张杰，115
张洁，226，288
张靖，165
张李江，91，297，299
张丽芬，213
张佩煌，92
张鹏翼，103
张奇伟，178
张琦，115
张岂之，212
张淑平，165
张曙光，194，261
张素敏，91
张玮，194，287
张煦，288，383—84

张阳，111
张永新，31—32，167，373，385
张振涛，116，305
张志清，25，28，33—36，38—39，69，112，159，161—62，164—66，170，212，214—16，220，223，260，263，279，281，287—91，370，373—79，381—86
张智雄，101
掌上国图，31，58，78，129，140，154，183
赵斌，116
《赵城金藏》，29
赵嘉，160，215
赵嘉福老师及重庆图书馆弟子古籍修复成果展，160
赵坚，116
赵亮，100，341
赵前，34，298，378
赵瑞军，98
哲蚌寺，12，165
哲学宗教文献开发，187
浙江图书馆，98，151，161，163，169，171—72，187，213，216，296
浙江艺术职业学院，172，296
珍贵古籍雕版特展，85，153，163，226，317，347，364，378
珍贵古籍雕版特展上杭州十竹斋木版水印传人做现场演示（照），163
《珍贵古籍雕版特展图录》，153
珍贵古籍雕版展，8
珍贵文献入藏，9
征集数字资源 2015 年度验收资源量统计（表），130
征集资源，60，126，129，131，133，136，146
正定历史文化展，8，85，117，242，316，338，373
《正面抗日战场》，180
正式入藏各类文献量，267
郑智明，102
政府采购监督工作，251
政府采购信息统计数据，267
政府采购总额，266—67
《政府信息公开公众满意度测评与管理创新研究》，208
芝加哥大学图书馆，223，287
《脂砚斋重评石头记已卯本》，208
职称评审工作，15，236，323
职工代表大会，17，252，260
《职责图》，225
智能手机使用知识讲座，18
智能手机应用操作培训班，263
中阿数字图书馆电子门户网站，221
中阿图书馆及信息领域专家会议，14
中办档案图书馆资料室，105
中办数字图书服务平台，10
中编办信息中心，105
中层干部工作会议，372，380
中层以上领导干部观看廉政专题教育片，260
中法中国研究信息资源网，72
《中共对于抗日民族统一战线的主张》，26
中国百年连环画展，86，108，316，348，367
中国百年童书展，8，44，85—86，129，226，256，262，316，338，350，361，377
中国边疆文献研究中心，10，75
中国博士后科学基金项目，15
中国残联，11，82
中国城图书馆和盖蒂博物馆，223
“中国传统经典的对外翻译与传播”讲座，83，307—09
《中国传统文化图典资源库》，209
“中国传统音乐文化”讲座，83，302—05
《中国大发明》课程，83
中国档案学会，111
“中国的抗日战争与日本的战后处理”专题讲座，7，83，180，314，363—64
《中国的抗日战争与日本的战后处理》课程，83
“中国典籍与文化”系列讲座，84，300，302—06，308—12
中国儿童阅读发展论坛，14，96，292，349，377
中国非物质文化遗产摄影展，8，45，85，353，358，370，378
“中国非物质文化遗产中的民间智慧”讲座，115
《中国古代典籍简史》，85
《中国古代物质文化》，42，356
《中国古典戏曲学大系·中国国家图书馆卷》，189
中国古籍保护网，153，378
中国古籍保护协会，14，19，28，31—33，104，112，133，153，159，163—64，235，281，292，317，326，339，342，352，354，359，361，363，367，372，375，379—80，385
—成立大会，14，31
—秘书处，133，235，281
《中国古籍保护协会会费标准及管理办法》，33
《中国古籍保护协会章程》，33

《中国古籍珍本丛刊》，8，152，208
—广东省立中山图书馆卷，212
“中国古今经典小说研究”系列讲座，82，311
中国国际广播电台，31，83，155
中国国家图书馆藏木刻版画精品展，230—31
“中国国家图书馆传承中华传统文化的使命”专题演讲，226
《中国国家图书馆与阿拉伯联盟秘书处谅解备忘录》，223—24，376
《中国国家图书馆与阿塞拜疆国家图书馆合作协议》，224，349，376
《中国国家图书馆与法国国家图书馆合作协议》，224
《中国国家图书馆与突尼斯国家图书馆合作协议书》，224，375
《中国国家图书馆与伊朗德黑兰大学中央图书馆合作谅解备忘录》，228
《中国机读目录格式》，101
中国记忆，7，26—28，67，180，205，227，283，285，324，344—45，348，355—56，359—60，366，386
—丛书，27
—东北抗联资源，27，180
—资源共建共享研讨会，386
《“中国记忆”与冯仲云图书馆》，28
《中国近代出版史料长编》，189
中国科学技术情报学会科技查新专业委员会，11
中国科学院文献情报中心，12，93，95，100，163，230
中国历代人物传记资源平台，209
中国历史人物传记数据库，189，217
中国盲人数字图书馆网站，82
中国人民大学，34，83，94，161，294，376
《中国人民抗日战争纪念馆藏日本强掳中国赴日劳工档案汇编》，209
中国少年儿童出版社，97
中国社会科学院，12，34，70，83，115，151，164，166，177，180，182，205，212，214—15，223，227，375，382，384，386
《中国摄影家》杂志社，45
《中国省别全志》，189
中国市情概况数据库，75，92，93
中国市情数据库，14
中国书法家协会，118，120，373，379，386
《中国图书馆分类法》编委会，103
中国图书馆年会展览会，85，153，156，169，176，318
《中国图书馆年鉴》，13，197，203，206
《中国图书馆史》，13
《中国图书馆事业发展报告（蓝皮书）》，13，197
《中国图书馆学报》，203，277，281，286
—创刊60周年文选，204
中国图书馆学会，7，14，44，79，95，98—99，101，105，153，163，178—81，242，256，258，281，284，286—88，292，295，297—98，316—18，327，342，349，351，363，367，369，374—75，378
—会员代表大会，14，242，256，292，363，367，374
—秘书处，98，281，284，287，288
—信息组织专业委员会，95
中国网络电视台网站，78
《中国文化报》，28，153
中国文化产品交易博览会（10届），86
《中国文化年鉴2015》，209，217
中国文献影像技术协会，111
中国五矿集团，97
中国学导航专题库，72
“中国影印古籍丛书书目查询系统”数据库，209
《中国珍贵典籍史话丛书》，152，166—67，340
—出版座谈会，166—67，384
中国政法大学，85，198
中国质检出版社，116，117
中韩第18次业务交流，229
《中华大典·艺术典·音乐分典》，8
中华古籍保护计划，7，11，16，24—25，32，85，142，149—50，153，159，165—66，168—70，207，226，294，327，343，352，365—66，372，384
—概况，150
《中华古籍保护计划“十三五”时期规划纲要》，24—25，150，294
中华古籍普查志愿服务行动，12，104，153，344，350，351，364，379，382
—表彰会，382
中华古籍资源库，12
《中华古籍总目》，150
—天津卷，12
《中华抗战期刊》，12，158，181—82，294，386
中华人民共和国法律法规信息服务系统，72
中华书局，34，189
中华文化经典导读、海外中华古籍数字化回归项目领导小组，33，235，322

《中华文化经典导读工作实施方案》，33
中华寻根网，69
中华优秀出版物奖（5届），209，210，286
《中华优秀传统文化百部经典》编纂工作，8，34，292
—项目概况，33
《中华优秀传统文化文库》编纂项目工作组，133，235，288
《中华再造善本》数据库，209，213，217
《中华再造善本续编》展示与文献保护利用研讨会（照），208
《中华再造善本总目》，8，152，207
《中华珍贵典籍史话丛书》，8，12
中华珍贵典籍资源库，151，160，326
“中日战事史料征辑会资料整理与研究”工作，7
中山大学，151，160，165，169，170
中山大学图书馆国家级古籍修复中心，165
中外文地图捐赠，68
中文采编部，63，65，105，245，259，262，280，283
中文期刊报纸加工数量，58
中文期刊报纸入藏数量，56
中文商业数据库元数据收集，66
中文数字馆藏整合，60
中文图书采访数量，56
中文图书借阅区，79，109，110，271
中文图书书目数据制作数量，58
中文图书阅览区，8，108，109，110，271
—抗战图书专架，8
中文文献信息资源组织情况，58
中文文献资源共建共享合作会议，220，222，229，383
中文文献资源共建共享合作项目，229
中文文献资源建设情况，56
中文引进数据库使用统计，66
中文资料采访数量，56
“中文字符数转模技术研究”项目，201，274
中宣部抗战研究项目，12
中央财经大学，85
中央党校图书馆，100，161
中央电视台，16，82，111
中央国家机关五四红旗团委，17，255
中央民族大学，34，85
中央平面媒体报道（表），338
中央人民广播电台，43
中央文化管理干部学院，173，175—76，298—99
中央文化企业国有资本经营预算支出项目，209
中央文化企业数字化转型升级工作，209，217
《中印海上安全问题研究》，195
中组部图书馆，105
钟海珍，179
钟俊杰，94
仲岩，99，181
众筹模式演出活动，121
众筹音乐，122
重大古籍新发现，9
重大活动安保任务，242
重大展览，19，44，98
重点教育科研和生产单位的信息服务，71，75
重点图书出版，207—08
重点文化工程建，11
重点信息系统渗透测试工作，142
重要文件选编，207，321—25，327，329，331，333，335
舟山市图书馆，98
“周边安全环境和软实力建设”讲座，117，303
周崇润，161
周德明，101
周国平，31，83，311，313，342，355，362，375
周建文，94，98
周末故事会，80
周旖，165
周贞德，165
朱进，171，295
朱启臻，115
朱维群，212，375
朱宇凡，195
朱振斌，113
朱志敏，177，180
珠海市斗门区图书馆，85
《瞩望新轴心时代——在新世纪的哲学思考》，42
著名图书馆藏稀见方志丛刊，214
专藏文献建设，72
专题口述资源，9
专题数字资源建设，72
传记文献开发，186
咨询档案整理工作，72
咨询工作统计（表），272
资产总量，266—67
资源探索乐园游戏，155

《子藏·法家部·商君书卷》，187
《子藏·法家部·慎子卷》，187
自建数字资源入藏情况，60
综合文献开发，187
综合阅览室室内格局优化调整，107
总馆南区机房改造项目，124
总馆南区网络系统，124
总馆南区维修改造工程，37，242，244
总馆南区综合阅览室，111
总咨询台累计口头咨询数量，76
“走进典籍博物馆大课堂”系列活动，8，81
最高人民法院信息中心，105
“做自己的首席安全官——反恐防恐在身边”走进国家图书馆专场活动，243，245

（衡中青编制）